LES GRANDES DÉCONVENUES

ROMAIN BERTRAND

LES GRANDES DÉCONVENUES

La Renaissance, Sumatra, les frères Parmentier

ÉDITIONS DU SEUIL
57, rue Gaston Tessier, Paris XIXe

Ce livre est publié dans la collection
L'UNIVERS HISTORIQUE
fondée par Michel Winock et Jacques Julliard
et dirigée par Patrick Boucheron et Paulin Ismard

Image de couverture : Serat Selarasa (1804),
British Library, MSS Jav. 28, f° 6r.

Le *Serat Selarasa* (« Épopée de Selarasa ») narre les aventures du prince Selarasa et de ses frères cadets. Forcés de fuir la tyrannie instaurée par leur frère aîné dans le royaume du Champa, au Vietnam, ils embarquent à bord d'un navire figuré tel une frégate néerlandaise du XIXe siècle. Les héros sont représentés dans le « style *wayang* » de Java Est, c'est-à-dire vus de profil comme des marionnettes de cuir peint.

ISBN 978-2-02-154531-9

www.seuil.com

« Cette méchanceté qu'on nomme la victoire. »

Victor HUGO,
Les Quatre Vents de l'esprit (1881)

À Sarah, pour tout – et bien plus encore
En mémoire d'Odile Ras, qui fit pour moi de Dieppe
un refuge plus qu'un lieu d'étude

Jean Ango, Jean Parmentier : pour peu que nous ne soyons ni nés à Dieppe ni férus d'histoire maritime, ces noms ne nous disent rien. Pourtant, ils sont synonymes, au XIX*e siècle, de la participation de la France à l'aventure des Grandes découvertes.*

Plus exactement, une poignée d'érudits tentent à l'époque d'imposer l'idée selon laquelle le voyage de Jean et Raoul Parmentier à Sumatra, en 1529, constitue la preuve d'une contribution hexagonale significative à l'exploration du monde. L'armateur de l'expédition, Jean Ango, se trouve hissé au rang de mécène visionnaire. Passant outre les atermoiements de François Ier, il aurait, de son propre chef, conçu et mis en œuvre un vaste programme d'expansion maritime. Pour l'amour de la patrie aussi bien que par désir de connaissance, il aurait lancé ses nefs à l'assaut de l'Afrique, des Amériques et de l'Asie, « portant jusqu'aux extrémités du monde le pavillon français et la civilisation chrétienne[1] ».

Lorsque, oublié depuis le XVI*e siècle, le récit de la navigation des frères Parmentier refait surface à l'orée des années 1830[2], tout concourt à lui donner le lustre de la légende. Si la notion de Grandes découvertes fait ses premiers pas sur la scène publique, ses créateurs la destinent avant tout aux accomplissements des Portugais et des Espagnols. Cette exclusive ibérique a valeur de camouflet pour les soutiens savants de la monarchie de Juillet, qui s'affairent à justifier*

1. Jean-Benoît COCHET, *Galerie dieppoise. Notices biographiques sur les hommes célèbres ou utiles de Dieppe et de l'arrondissement*, Dieppe, E. Delevoye, 1862, p. 14 (lettre de l'abbé Cochet à la Chambre de commerce de Dieppe, 28 janvier 1849).

2. Louis ESTANCELIN, *Recherches sur les voyages et découvertes des navigateurs normands en Afrique, dans les Indes orientales et en Amérique*, Paris, Delaunay, 1832, p. 241-312.

la conquête d'Alger en dotant la France d'un pedigree en matière de rapport aux sociétés lointaines.

En 1840, Jules Michelet, par amour, invente la Renaissance[3]. *Il n'en faut pas plus pour que le périple des frères Parmentier, idéalement situé au mitan du règne de François Ier, soit érigé en jalon de l'entrée de l'Europe en « modernité », d'autant que Jean Ango s'est campé – non sans succès – en humaniste aux idées larges. Dieppe devient l'avant-poste des Temps nouveaux, et Jean Parmentier un Grand découvreur injustement méconnu.*

Dans la France des années 1880, il fait même office de pionnier de l'empire. Alors qu'un corps expéditionnaire tricolore s'est emparé de plusieurs ports de Madagascar et qu'un autre vient de conquérir la capitale vietnamienne de Hué, la nouvelle édition du Discours de la navigation des frères Parmentier[4] *tombe à point nommé. Puisque les Normands ont traversé l'océan Indien et rallié l'Asie du Sud-Est bien avant les Britanniques, Paris peut sans rougir, sinon de colère, y faire valoir ses droits contre Londres.*

Qu'on ne s'y trompe pas : faite de quelques mensonges et d'une nuée de demi-vérités, la légende est un Léviathan, un colosse aux pieds agiles qui ne se laisse pas facilement abattre. C'est un « ouvrage fait à l'aiguille », pour emprunter une expression au récit de voyage du fidèle compagnon des frères Parmentier, Pierre Crignon – dont le propos nous servira un temps (mais un temps seulement) de fil rouge.

L'histoire maritime a longtemps tenu les voyages de conquête et d'exploration pour des objets prédéfinis. Si elle cherchait parfois noise au scénario de la légende, elle ne mégotait jamais ses frontières. L'histoire commençait avec le départ des nefs et s'arrêtait à leur naufrage ou à leur retour à bon port : entre-temps, elle ne quittait guère le pont.

Ce parti pris emportait deux conséquences dommageables. D'une part, le récit événementiel de la vie de bord laissait dans l'ombre l'histoire sociale des équipages et de leurs pratiques – quoique les marins aient aussi les pieds sur terre, et parfois la tête dans les étoiles. D'autre part, les sociétés lointaines frôlées par les Européens n'avaient d'autre

3. Lucien FEBVRE, « Comment Jules Michelet inventa la Renaissance » (1950), *Le Genre humain*, 1993, 27-1, p. 77-87.

4. Charles SCHEFER (éd.), *Le Discours de la navigation de Jean et Raoul Parmentier de Dieppe. Voyage à Sumatra en 1529. Description de l'isle de Sainct-Dominigo*, Paris, E. Leroux, 1883.

consistance que celle du fantasme ou du préjugé. De Sumatra, on ne nous disait jamais grand-chose.

Pour remédier à cet état de faits, il faut mener de front plusieurs opérations. Tout d'abord, tailler plus larges les cartes, les chronologies et les causalités du récit : partir du drame normand pour zoomer sur la tragédie dieppoise, replacer la côte occidentale de Sumatra au cœur des espaces autrement vastes de l'océan Indien et du monde malais, faire de la navigation transocéanique une modalité parmi d'autres d'un « capitalisme aventurier » qui n'a d'aloi que celui des monnaies.

Ensuite, user de la biographie du héros « moderne » afin de remettre la notion même de « modernité » sur le métier en montrant, par le biais de comparaisons ciblées, que celle-ci ne peut s'énoncer qu'au pluriel : celui des savoirs (lettrés et subalternes) comme celui des sociétés (européennes et extra-européennes). Jean Parmentier appartient à un entre-temps élusif, que l'on a souvent défini par défaut : la « première modernité » serait un âge brouillon – une adolescence difficile lors de laquelle se dissiperaient les excès de l'enfance médiévale et s'esquisseraient les traits harmonieux d'une civilisation adulte.

Or, pas plus qu'une autre cette période n'est un prologue : il faut lui rendre, avec le feu de sa violence, l'éclat de ses vérités – celles du marin comme celles du géographe. On a beau vouloir faire rentrer le voyage des frères Parmentier dans le patron d'une histoire lisse de l'humanisme ou de la « science nautique », rien n'y fait : le vêtement bâille de tous côtés. Là où le mauvais vernis du Progrès se craquelle, d'autres formes de savoir, d'autres styles de pensée surgissent, qui nous rappellent à quel point nous avons été différents de nous-mêmes – ou du moins de ce que nous croyons naïvement avoir toujours été. Sensibles, mêlant les pouvoirs de l'analogie aux leçons de l'expérience, rationnels à leur manière, ces savoirs spécifient une pratique ordinaire de connaissance qui fut celle des « petites mains » de l'« âge des Découvertes ».

Enfin, il est impossible de quitter les pénates douillets de la légende, c'est-à-dire d'échapper au « point de vue du vaisseau [*européen*] *en armes à l'ancre dans la rade*[5] *», sans conférer à l'Insulinde, par les moyens documentaires à disposition, la même épaisseur, la même*

5. Jacob Cornelis VAN LEUR, *Indonesian Trade and Society. Essays in Asian Social and Economic History* (1940), La Haye, Van Hoeve, 1967, p. 270.

densité qu'à l'Europe. Sumatra n'est pas un isolat primitif, mais un monde complexe, relié de longue date à la péninsule Arabique, à l'Inde, à la Chine impériale. Les marchands étrangers n'en aperçoivent que la devanture littorale. Mais, sitôt franchies les portes des cités-États côtières, s'entrouvrent les chemins d'une histoire pluricentenaire.

Il faut accepter, guidés tantôt par un chroniqueur malais, tantôt par un émissaire hollandais, de pousser ces portes et d'emprunter ces chemins. Il faut serpenter au fond des vallées où germent le riz et l'islam, gravir les piémonts émaillés de hameaux et de lieux sacrés autrefois dédiés à Shiva, arpenter les hauts-plateaux du pays minangkabau où résonne encore l'écho de la légende d'Alexandre le Grand, remonter les rivières jalonnées de pontons de troc et, pour finir, s'aventurer au cœur des brumes, parmi les « gens de la forêt » – bref : aller là où naît, avec le poivre et le camphre, la « première mondialisation ».

Ni gloire ni rançon : il ne s'agit en aucun cas d'épurer l'Histoire pour en apurer les comptes, mais, au contraire, de redistribuer l'étrangeté entre l'ensemble des acteurs en présence. De refaire du passé, en somme, le lieu et l'étalon d'une distance à l'égard de nous-mêmes.

La Renaissance, Jean Parmentier, Sumatra : trois énigmes.

I

La Normandie en 1450 : une ode au désastre.

La Grande peste et ses répliques, la guerre de Cent Ans et son train de carnages, les Bourguignons et leurs chevauchées sanguinaires, la curée des Grandes compagnies, les « roberies » des Écorcheurs, les razzias anglaises, de mauvais hivers et de méchants printemps : à l'issue d'un siècle de calamités, l'économie est à l'arrêt.

Dépeuplées, isolées, livrées aux décombres et à l'immondice, les villes peinent à retrouver un semblant de vie sociale. À Dieppe, l'épidémie a emporté un tiers des 6 000 habitants, de sorte qu'il a fallu enterrer « grand foison de corps » dans des cimetières improvisés[1]. Dans les registres notariés, ce ne sont, des décennies durant, que « terres gastes » et « vides places » : labours et pâtures rendus au chardon, maisons en ruine, mangées par le lierre et le sureau[2]. Dans son *Histoire de Charles VII* (1472), Thomas Basin, natif de Caudebec, se souvient :

> Nous avons vu, de nos yeux, les très vastes étendues de la Champagne, de la Beauce, de la Brie, du Gâtinais, du pays de Chartres et de Dreux, du Maine, du Perche, du Vexin français aussi bien que normand, du Beauvaisis, du pays de Caux, depuis la Seine jusqu'à Amiens et Abbeville, du pays de Senlis, du Soissonnais, du Valois jusqu'à Laon et au-delà,

1. La formule se trouve dans l'acte de cession par Remond de Palemade, pour un florin d'or, d'une parcelle située près de l'église Saint-Rémy, et ce afin d'y inhumer les corps en surnombre (ADSM, G 8112, rentes et donations de l'église Saint-Jacques de Dieppe, 3 juillet 1351, dans *Bulletin de la Commission des antiquités de la Seine-Inférieure*, 1897, 10-3, p. 95-96). Souillé par la guerre et les épidémies, le cimetière de Saint-Jacques est « réconcilié », c'est-à-dire reconsacré, en 1424 puis en 1520 (ADSM, G 150 et G 223, f° 17r).

2. Charles de ROBILLARD DE BEAUREPAIRE, *L'État des campagnes de la Haute-Normandie dans les derniers temps du Moyen Âge*, Évreux, P. Huet, 1865, p. 294-314.

vers le Hainaut, toutes ces régions totalement désertées, en friche, vides d'habitants, couvertes de broussailles et de ronces. Quant à la plupart des régions où les arbres poussent bien, elles se sont couvertes d'épaisses forêts. […]

S'il était possible de pratiquer quelque culture, c'était seulement autour et à l'intérieur des villes, des places fortes et des châteaux, à la distance d'où le guetteur, de sa tour ou de son échauguette, peut voir l'arrivée des bandits […]. Aussi ce qui était cultivé quasiment à la dérobée autour des lieux fortifiés représentait-il bien peu de chose, à peu près rien en comparaison des immensités désertées, sans personne pour les mettre en culture. […]

Ce ne fut pas pendant une courte période que [le pays de Caux] resta vide, désert. Il s'écoula plus de dix années durant lesquelles toutes les terres cultivables furent couvertes de saules, d'arbres divers, de ronces, de buissons, se transformant en forêts impénétrables. Tout juste demeurèrent quelques traces des routes et des chemins[3].

Partout triomphe l'épine ; le mort-bois envahit les champs, grignote les talus qui défendent les vergers, abolit jusqu'au souvenir des sentiers. Le retour de la forêt, un damier de halliers en lieu et place de la mosaïque des arpents emblavés : c'est cela, surtout, qui frappe l'esprit des contemporains[4]. Jamais, depuis les grands défrichements des XIe-XIIIe siècles, la plaine n'avait reculé[5]. Thomas Basin n'exagère pas l'insécurité régnant en ces années 1420-1450 dans les zones sylvestres, puisque la forêt de Lyons, à l'ouest de Rouen, est alors un véritable coupe-gorge, où même les verdiers – les gardes forestiers – sont régulièrement rossés et détroussés[6]. Dans la forêt voisine du Neubourg, qui reprend à la même

3. Thomas Basin, *Histoire de Charles VII et Louis XI* (c. 1470-1485), éd. et trad. J. Blanchard, F. Collard et Y. de Kisch, Paris, Pocket, 2018, II.1, p. 88-89.

4. En 1484, un député du bailliage de Caux se souvient qu'au sortir de l'occupation anglaise « le pays était devenu tout à fait sauvage » et que « le chemin public ne se distinguait pas d'avec le reste du sol » (Adhelm Bernier, éd., *Journal des États généraux de France tenus à Tours en 1484 sous le règne de Charles VIII, rédigé en latin par Jehan Masselin*, Paris, Imprimerie royale, 1835, p. 565).

5. Sur les grands défrichements des XIe-XIIIe siècles, cf. Jules Sion, *Les Paysans de la Normandie orientale. Étude géographique sur les populations rurales du Caux et du Bray, du Vexin normand et de la vallée de Seine*, Paris, Armand Colin, 1908, p. 130-135, et Léopold Delisle, *Études sur la condition de la classe agricole et l'état de l'agriculture en Normandie au Moyen Âge*, Évreux, Ch. Hérissey, 1851, p. 400 *sq.*

6. Bruno Nardeux, « Une "forêt" royale au Moyen Âge : le pays de Lyons, en Normandie (vers 1100-vers 1450) », thèse d'histoire de l'université de Rouen, 2017,

époque ses droits sur les essarts, on dit judicieusement que « les bois sont venus en France par les Anglais[7] », dans la foulée de l'invasion de 1417. Hors les murailles des bourgs, nul n'est plus à l'abri, et ce quel que soit son habit. En février 1429, c'est un prêtre du nom de Regnault Gosselin qui, lors d'une chevauchée de Dieppe à Rouen, se fait « ôter » sa monture, son épée, sa bourse, ses éperons et ses guêtres par des briscards du comte d'Aumale[8].

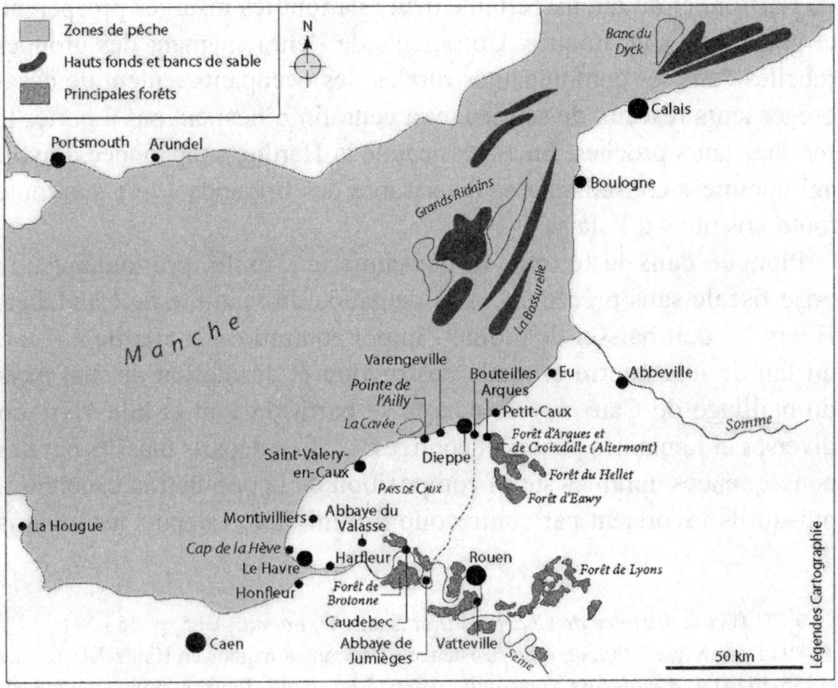

CARTE 1. La Haute-Normandie au début du XVIe siècle

p. 515 *sq.* La forêt de Lyons a particulièrement souffert des retombées de la rébellion de 1434, puisqu'en 1439 encore les fermes y sont « vacantes et de nulle valeur pour ce que personne ne les a mises à prix et que le peuple de ladite forêt s'est absenté à l'occasion de la guerre » (Bertrand PÂRIS, éd., *Mémoriaux de la Chambre des comptes de Normandie, XIVe-XVIIe siècle*, Paris, Éditions généalogiques de la Voûte, 2014, VIII-16, n° 40.300, p. 321, lettre du lieutenant du bailli de Gisors, 28 avril 1439).

7. André PLAISSE, *La Baronnie du Neubourg. Essai d'histoire agraire, économique et sociale*, Paris, PUF, 1961, p. 328.

8. ADSM, G 504, RVD 1429, f° 54v. Le malheureux curé, qui devait apporter à Rouen les comptes de la harengaison, est en sus contraint par les soudards à s'acquitter d'une rançon composée de deux marcs d'argent, d'un bonnet et d'un « tissu de soye ».

En 1435, la révolte des paysans cauchois – vite et violemment liquidée, faute de soutiens nobiliaires – enclenche un long cycle de répression. Les Anglais multiplient les exécutions et les arrestations préventives : « Sillonnant en groupes importants le pays de Caux jusque dans ses moindres recoins, ils le mettent à feu ou à sang, ou les deux à la fois[9]. » Les collines se couvrent de potences et les places de billots : trente-trois hommes sont mis à mort à Rouen, dix à Lisieux, cinq à Gisors, deux à Caudebec[10]. L'amour de la patrie, peut-être, la haine de l'affront et du larcin, certainement : partout les insurgés prospèrent, et partout ils sont traqués. Conscients de l'enracinement des groupes rebelles dans les communautés rurales, les occupants tentent de désagréger leurs réseaux de soutien, et à cette fin n'hésitent pas à porter le fer chez leurs proches. En 1435, Jeanne la Hardie, soupçonnée d'avoir agi comme « conseillante et favorisante des brigands », est « enfouie toute vivante » à Falaise[11].

Plongée dans la terreur, la paysannerie s'exile, provoquant une crise fiscale sans précédent. À la demande du vicomte de Caudebec, Henry VI doit baisser de moitié l'impôt commun – la « taille » – car, du fait de « la guerre et totale destruction et désolation du plat pays du bailliage de Caux », « le peuple se partit du tout et alla vivre en diverses et lointaines parties et contrées »[12]. Ces départs massifs ont des conséquences durables sur la composition de la population cauchoise, puisqu'ils favorisent par contrecoup l'immigration depuis les régions

9. T. Basin, *Histoire de Charles VII et Louis XI*, *op. cit.*, III.5, p. 153.

10. Dominique Goulay, « La résistance à l'occupant anglais en Haute-Normandie (1435-1444) », *Annales de Normandie*, 1986, 36-1, p. 44. Pour un point critique sur le débat ancien et récurrent concernant les motivations « patriotiques » et/ou antifiscales et antiseigneuriales des « rebelles » normands, cf. Vincent Challet, « Tuchins et brigands des bois : communautés paysannes et mouvements d'autodéfense en Normandie pendant la guerre de Cent Ans », dans Catherine Bougy et Sophie Poirey (dir.), *Images de la contestation du pouvoir dans le monde normand (x^e^-xviiie siècle)*, Caen, Presses universitaires de Caen, 2007, p. 135-146.

11. Siméon Luce (éd.), *Chronique du Mont-Saint-Michel (1343-1468)*, Paris, Firmin Didot, 1883, vol. 2, doc. CLXXII, p. 66 (Caen, 26 avril 1435), cité dans V. Challet, « Tuchins et brigands des bois… », art. cit., p. 141.

12. B. Pâris (éd.), *Mémoriaux de la Chambre des comptes de Normandie*, *op. cit.*, II-4, n° 29.918, p. 56 (mandement des gens des comptes au sergent C. Le Chevalier portant remise de 40 livres, 31 octobre 1446), et n° 29.072-29.074, p. 74 (lettres d'Henry VI au vicomte de Caudebec portant remise de la moitié des tailles aux contribuables du bailliage, Rouen, 26 mars 1446).

connexes. Au fil des ans, les fermes abandonnées sont reprises par des étrangers, des « horsains », venus en grande majorité de Picardie[13].

En 1449-1450, la reconquête par Charles VII des dernières places tenues par les Anglais se paie au prix fort. Les échevins de Rouen poussent les hauts cris : tandis que les halles de la Haute-Vieille-Tour restent pour moitié désespérément vides, le produit des rentes et louages s'avère quasi nul, tant les « lieux déserts et démolis » mitent le tissu urbain[14]. La campagne grouille de bandits et de déserteurs qui, faute de bourgeois, rançonnent les simples paysans. Basin, encore :

> Il y avait d'innombrables hommes dépravés, dépourvus d'honneur : par lâcheté, par haine des Anglais, avides du bien d'autrui ou conscients de leurs crimes et désireux d'échapper à la justice, ils avaient quitté leurs maisons et leurs champs, n'avaient pas rallié les places et les châteaux des Français ni rejoint leurs troupes, mais, tels des bêtes sauvages, tels des loups, installés au plus profond des forêts, dans des lieux inaccessibles, ils en sortaient, pressés par la faim, presque toujours de nuit, plus rarement de jour, faisaient irruption dans les chaumières des paysans, leur volaient leurs biens et les emmenaient captifs dans leurs repaires introuvables des bois. Une fois là-bas, ils les contraignaient à apporter au jour et à l'heure fixés d'avance de fortes sommes d'argent et tout ce qu'ils estimaient leur être nécessaire : c'était la rançon de leur libération [...]. Les hommes de ce genre, capables du pire, qu'on surnommait habituellement « les brigands » [car ils portaient fréquemment la brigandine, armure légère signe de leurs origines militaires], sévissaient en nombre extraordinaire en Normandie, dans les provinces voisines et dans les régions occupées par les Anglais, persécutant les habitants et dévastant les campagnes[15].

13. Henri Cahingt, *Arques, 1454-1459. La vie au bailliage de Caux au lendemain de la guerre de Cent Ans*, Luneray, Bertout, 1984, p. 85-87, 93, 101 (notaire royal d'Arques, 14 janvier 1455, 27 octobre 1455 et 25 septembre 1457).

14. Comptes de 1447-1448 (AMR, XXI), cités dans Dominique Leost, « Les métiers rouennais au lendemain de la reconquête française (1449-1455) », *Annales de Normandie*, 1993, 43-2, p. 142, et comptes de 1456-1457 et de 1457-1458 (ADSM, 3E1/ANC/XX2), cités dans Anne Kucab, « Les comptabilités rouennaises conservées de la seconde moitié du XVe siècle : d'une histoire de la ville à celle de la vie quotidienne », *Comptabilité(s)*, 2019, 12, p. 26.

15. T. Basin, *Histoire de Charles VII et Louis XI*, *op. cit.*, II.6, p. 98, et III.5, p. 155. Pour la présentation complète de ce portrait d'une Normandie en ruine, cf. Jean-Louis Goglin, « Thomas Basin, témoin de la misère normande », *Annales de Normandie*, 1980, 30-2, p. 91-101. Professeur de droit canonique à l'université de

Un chant anonyme – étrangement inséré dans un recueil manuscrit de comptines galantes – dit mieux encore cet incessant maraudage des gens d'armes, qui acculent à la famine une paysannerie dénutrie[16] :

> *Ils viennent par grande ruderie*
> *Demander ce que n'avons mie*
> *Et nous donnent maint horion* [*coup violent*].
> *Encore faut-il que l'on leur dise :*
> *Mes bons seigneurs je vous en prie,*
> *Prenez tout ce que nous avons.*
> *Je leur donnasse volontiers*
> *Si je pensais avoir de quoi,*
> *Mais sur ma foi tous mes deniers*
> *Et tout mon bien est hors de moi.*
> *Je ne puis faire courtoisie*
> *Car pauvreté me contrarie*
> *Et me tient en sujétion.*
> *Je n'ai plus ami ni amie,*
> *En France ni en Normandie,*
> *Qui me donnât un porion* [*un poireau*][17].

La façade maritime du pays de Caux n'a pas moins souffert que les plaines du pays de Bray. Bourgs et hameaux ont été pillés et « arsés » (incendiés) par l'un ou l'autre des belligérants, et parfois même par plusieurs – Anglais, Bourguignons, Français, Bretons, Flamands à l'occasion. La population du royaume de France, qui était de l'ordre de 20 millions d'âmes à l'orée du XIVe siècle, a été divisée par deux.

Caen, Basin est le premier évêque à se rallier à Charles VII au moment de la reconquête de la Normandie. Mais comme il prend fait et cause pour les Bourguignons en 1465, Louis XI refuse de le laisser réintégrer son évêché de Lisieux.

16. Ce maraudage, qui est le fait des Français aussi bien que des Anglais, n'implique pas seulement les déserteurs, mais aussi les supplétifs cassés de leurs gages, c'est-à-dire remerciés (Anne Curry, « L'occupation anglaise du XVe siècle : la discipline militaire et le problème des gens "vivant sur le païs" », dans Jean-Yves Marin, dir., *La Normandie dans la guerre de Cent Ans, 1346-1450*, Milan, Skira, 1999, p. 47-49).

17. *Chansonnier, dit manuscrit de Bayeux* (BNF, ms. Fr. 9346), c. 1505-1510, f° 4r. Composé pour le duc Charles III de Bourbon (1490-1527), le manuscrit contient également, outre quelques chants anti-Anglais, une louange du sénéchal de Normandie – ce qui situe tout ou partie de la matière avant l'extinction de cette charge en 1499.

En Haute-Normandie, l'effondrement démographique est vertigineux : Dieppe, qui abritait 972 contribuables du fouage en 1425, n'en compte plus que 92 en 1452[18]. Tandis que « le quartier du Pollet a été du tout abattu et désédifié par la guerre et les tenants des lieux éloignés en plusieurs pays », les maisons et les jardinets du centre-ville débordent « de fiens et d'ordures »[19]. Les manoirs alentour n'ont pas été épargnés, dont les Anglais sont allés jusqu'à déposer les parements de plomb pour les fondre et fabriquer des boulets de couleuvrines[20]. Dans les rares villages n'ayant pas été entièrement désertés, il n'y a plus cagnotte qui vive. En 1446, tous les habitants de la seigneurie de Longueville-sur-Scie, près de Dieppe, sont exemptés du paiement de la « taille » car

> à l'occasion des guerres et de la subversion du pays de Caux, le comté […] a été et est encore de présent inhabité, désert et en voie de totale destruction, parce que la grande partie du peuple qui y soulait être [qui y demeurait d'ordinaire] est mort[e] par pestilence, mortalité ou autrement, et le demeurant s'est transporté en d'étranges nations, et pour les autres, leurs héritages et terres labourables, par discontinuation de labeur, sont en bois et broussailles et leurs maisons et édifices ruineux[21].

Les rentes ne rentrent plus : même en consentant des dégrèvements de 30 à 50 %, les seigneurs – écuyers, barons ou abbés – ne trouvent

18. Michel MOLLAT, *Le Commerce maritime normand à la fin du Moyen Âge*, Paris, Plon, 1952, p. 68 (d'après les rôles de fouage figurant dans ADSM, G 501 et G 513).

19. ADSM, G 508, RVD 1448, f° 1r, et Philippe LARDIN, « Les transformations de la ville de Dieppe pendant la guerre de Cent Ans », dans Pierre BOUET et François NEVEUX (dir.), *Les Villes normandes au Moyen Âge*, Caen, Presses universitaires de Caen, 2006, p. 96 (ADSM, G 506, RVD 1476-1477, f° 16v).

20. B. PÂRIS (éd.), *Mémoriaux de la Chambre des comptes de Normandie*, *op. cit.*, IX-18, n° 40 559, p. 222 (lettre du maître de charpenterie du roi J. Rouxel au bailli de Gisors, 7 décembre 1450).

21. ADSM, C 2818 (lettres de remise de taille de Henry VI, 1446), cité dans Philippe LARDIN, « La Normandie orientale à la fin de la guerre de Cent Ans », dans François PERNOT et Valérie TOUREILLE (dir.), *Lendemains de guerre... De l'Antiquité au monde contemporain : les hommes, l'espace et le récit, l'économie et le politique*, Bruxelles, Peter Lang, 2010, p. 277. En 1443, la paroisse Saint-Sauveur de Dives-sur-Mer, à Cabourg, est dispensée de l'impôt car ses habitants, après avoir été rançonnés de 700 saluts d'or, ont été dévalisés à l'occasion de la foire hebdomadaire (B. PÂRIS, éd., *Mémoriaux de la Chambre des comptes de Normandie*, *op. cit.*, II-1, n° 28.481, p. 104, lettres de remise de taille de Henry VI, 29 novembre 1443).

personne à qui louer leurs champs. Envahis par le chiendent et les genêts, ne rapportant plus rien, ils sont dits, dans les terriers, « en non-valeur[22] ». Chose inouïe : la terre, qui vaut désormais moins que les bras qui la travaillent, est parfois cédée gratuitement à qui veut bien la débroussailler. En 1448, dans la baronnie de Quincampoix,

> pour ce que les héritages sont pleins de si grands arbres, épines, buissons et autres encombrements que nul ne les voudrait prendre pour mettre en état de labourer, les donne Monseigneur [l'abbé de Saint-Ouen de Rouen] jusqu'à neuf ans à venir sans en faire nulle autre redevance, sinon de les essarter seulement[23].

Il faut tout rebâtir : les murailles, les fermes, les granges, les moulins à blé et à foulon, tout est « tourné en ruine[24] ». Plus un marchand, plus un bateau, des nuées de veuves et d'orphelins, des mendiants et des nécessiteux bien plus que les Hôtels-Dieu ne peuvent en héberger[25].

22. Les « terriers » sont les registres descriptifs des coutumes, des avoirs fonciers et des redevances des seigneuries. Pour une longue série d'exemples de terres « en non-valeur » au sortir de l'occupation anglaise, ainsi que pour des données sur l'effondrement des rentes, cf. Ch. de ROBILLARD DE BEAUREPAIRE, *L'État des campagnes de la Haute-Normandie…, op. cit.*, p. 311-319. De 1437 à 1440, le paiement des rentes dues à l'archevêque de Rouen est tout bonnement suspendu « pour la destruction du pays et pauvreté de ceux qui les doivent » (ADSM, G 43, témoignages des doyens devant l'official, Pentecôte 1440, f°s 5v-6r). En 1446, par suite de la « destruction totale du pays de Caux », presque toutes les cures des territoires restant en l'obéissance de l'archevêque sont dites « en non-valeur » (ADSM, G 44, comptes de l'archevêché, 1445-1446, f°s 2v-3v). Preuve additionnelle de l'ampleur de la dévastation, ce n'est pas avant 1510 à Louviers ou 1520 à Montivilliers que les biens « en non-valeur » rapportent à nouveau (Bruno SINTIC, *Petites villes de Normandie. Pont-Audemer, Harfleur, Louviers, Neufchâtel, villes secondaires de la région de Rouen*, Caen, Presses universitaires de Caen, 2011, p. 112).

23. Ch. de ROBILLARD DE BEAUREPAIRE, *L'État des campagnes de la Haute-Normandie…, op. cit.*, p. 308.

24. B. PÂRIS (éd.), *Mémoriaux de la Chambre des comptes de Normandie, op. cit.*, VII.13, n° 36.634, p. 114 (état des rentes dues au roi par la vicomté de Caudebec, 18 juin 1452 : « les terres sont eserves en bois et buissons, les maisons chues et tournées en ruine »). Cf. la longue liste de bâtiments détruits dans Ch. de ROBILLARD DE BEAUREPAIRE, *L'État des campagnes de la Haute-Normandie…, op. cit.*, p. 311-319.

25. Thomas BASIN, toujours : « Quel misérable spectacle que ces bandes, ces hordes d'indigents et de mendiants des deux sexes sur les places, dans les hospices de Rouen, dans chacune des villes et places fortes de toute la Normandie ! » (*Histoire de Charles VII et Louis XI, op. cit.*, III.5, p. 155). Sur l'important pourcentage

Un monde en lambeaux.

*

* *

La Normandie en 1520 : des villes puissantes et prospères, aux rues et aux places empierrées, maillées de halles et de fontaines, surplombées par des châteaux flambant neufs, lovées le long de quais croulant sous les nefs, où vibrionnent les hottiers. La Seine livrée aux cris des gabariers et aux jurons des lamaneurs de Quillebeuf[26] ; blés, draps, harengs charroyés en tous sens. Et autour des villes, une mer d'orge et de froment d'où émergent çà et là, barricadées derrière de hautes haies de hêtres, des fermes robustes, ceintes d'étables et de pommeraies[27].

Grâce à la conversion de son Échiquier en Parlement permanent, octroyée par Louis XII en 1499, grâce aussi aux prodigieuses largesses de son archevêque, le cardinal Georges Ier d'Amboise, qui règne sur la ville de 1498 à sa mort en 1510, Rouen n'a jamais été aussi fringante. Les maisons en pan de bois à deux, trois, voire quatre étages y dégorgent leurs pignons sur des rues bondées, saturées d'échoppes et d'ouvroirs[28]. Moins crayeuse et plus cossue, la pierre de Vernon détrône celle de Saint-Leu. Le tout nouveau Palais de justice étale au ciel la dentelle de ses pinacles et de ses lucarnes à meneaux[29] ; la galerie de l'hôtel de Bourgtheroulde s'orne de bas-reliefs illustrant les *Triomphes* de Pétrarque.

---

de veuves dans les rôles de fouage – dans les années 1500 encore –, cf. B. SINTIC, *Petites villes de Normandie*..., *op. cit.*, p. 328-331.

26. Les « lamaneurs » ou « lamans » de Quillebeuf sont les pilotes guidant les nefs le long des méandres de la Seine entre Caudebec et Rouen.

27. Sur l'écrasante prédominance des blés (froment, orge, avoine, seigle), des « vesces » (légumineuses) et des oléagineuses comme la « rabette » (une variété de chou-rave) dans les cultures normandes aux XVe et XVIe siècles, cf. Ch. de ROBILLARD DE BEAUREPAIRE, *L'État des campagnes de la Haute-Normandie*..., *op. cit.*, p. 37 *sq.*

28. Un « ouvroir » désigne un atelier d'artisan donnant sur rue.

29. En 1517, un voyageur italien, Antonio de Beatis, ne tarit pas d'éloges sur Rouen et ses monuments gothiques (Marc H. SMITH, « Rouen-Gaillon : témoignages italiens sur la Normandie de Georges d'Amboise », dans Bernard PECK *et al.*, dir., *L'Architecture de la Renaissance en Normandie*, vol. 1, *Regards sur les chantiers de la Renaissance*, Caen, Presses universitaires de Caen, 2003, p. 4-6).

À n'en pas douter, le doigt de Dieu est sur la ville – ou plutôt : une phalange de l'index de Saint-Ouen y trouve refuge, translatée en grande pompe dans l'église éponyme en 1517[30]. La même année, ce ne sont pas moins de deux cents bourgeois, précédés de cinquante arbalétriers et vêtus de « longues robes de satin et de damas », qui accueillent François Ier à l'occasion de son « entrée » dans la ville. Le souverain – de qui l'on espère la réduction des droits sur les boissons, du quart au huitième – se voit gratifié d'un triomphe à la romaine et d'une salamandre d'or[31]. En 1518, les édiles déplacent et agrandissent le Neuf-Marché : les « épiceries » venues de Lisbonne, les laines de Burgos, les harengs de Flandre, les cuirs d'Irlande, l'alun d'Italie, le pastel de Bordeaux, le sucre de Madère, le coton du Levant s'y vendent à haut prix[32]. Partout flotte l'odeur mielleuse du profit.

Tout n'est pas que splendeurs diaphanes : l'opulence favorise l'excès, notamment parmi les élites. L'archevêque lui-même se fait morigéner en 1513 par le chapitre de la cathédrale Notre-Dame pour avoir, en compagnie de chanoines, « fait des mommons », autrement dit pris part à des mascarades, et ce « en habits indécents »[33]. Dans leur mise comme dans leur mobilier, les magistrats du Parlement se laissent aller à un luxe tapageur. Devant l'évidence de leurs mœurs « déréglées », que signale leur goût immodéré des banquets donnés « pour gloire et ostentation », il faut leur interdire de parader « en chausses bouffantes

30. François POMMERAY, *Histoire des archevêques de Rouen*, Rouen, Laurens Maurry, 1667, p. 604.

31. Charles de ROBILLARD DE BEAUREPAIRE, *L'Entrée de François Ier, roi de France, dans la ville de Rouen en août 1517*, Rouen, H. Boissel, 1867, p. XL, LLI.

32. Concernant les transformations urbanistiques et architecturales de Rouen, cf. Bernard GAUTHIEZ, « Les maisons de Rouen, XIIe-XVIIIe siècles », *Archéologie médiévale*, 1993, 23, p. 147-156. Sur le vaste chantier du Neuf-Marché, cf. Philippe CAILLEUX, *Trois paroisses de Rouen, XIIIe-XVe siècle. Saint-Lô, Notre-Dame-la-Ronde et Saint-Herbland. Étude de topographie et d'urbanisme*, Mont-Saint-Aignan, Presses universitaires de Rouen et du Havre, 2018, p. 125. Pour les principales marchandises achetées et vendues sur la place rouennaise, cf. M. MOLLAT, *Le Commerce maritime normand*..., *op. cit.*, p. 121 (1532-1533), 130 (1477-1478) et 230 (1509) ; Francis BRUMONT, « Rouen, la voide et le pastel (vers 1500-vers 1650) », *Annales de Normandie*, 2016, 66-1, p. 47-63 ; et Philippe CAILLEUX, « La vicomté de l'Eau de Rouen aux XIVe et XVe siècles », dans Mathieu ARNOUX et Anne-Marie FLAMBARD-HÉRICHER (dir.), *La Normandie dans l'économie européenne (XIIe-XVIIe siècle)*, Caen, CRAHM, 2010, p. 65-80.

33. ADSM, G 2149 (délibérations capitulaires de Notre-Dame de Rouen), 6 janvier 1513, fº 24r-v.

et en pourpoints tailladés » ainsi que de porter, à l'imitation des gandins de la cour, « les cheveux ras et la barbe longue ». Dignité oblige, il leur est également défendu de se rendre « aux jeux de paume, tripots et autres lieux » de mauvaise vie, ainsi que de « porter des masques, des poignards et d'aller aux mômeries »[34], ces défilés carnavalesques moquant l'apparat des puissants. Faisant d'autant plus montre de fermeté qu'il se doit d'expier ses incartades, l'archevêque fait retirer en 1522 du calendrier liturgique les fêtes les plus licencieuses – celles de Saint-Martial, de la Translation de Saint-Martin et de Thomas Martyr, qui donnent lieu à paillardise aux abords des églises[35].

En soixante-dix ans, la Normandie est passée de carême à ripaille. Soixante-dix ans : moins de trois générations. Ce qu'ont enduré leurs grands-pères, les enfants peinent à l'imaginer. Rouen, bien sûr, ne s'est pas refaite en un jour. La reprise démographique est lente, et heurtée[36]. Ce n'est que tard dans le XVIe siècle que la France retrouve un niveau de population égal à celui qu'elle avait connu à l'orée du XIVe siècle[37]. Bien des zones désertées au temps de l'occupation anglaise demeurent incultes des décennies durant. En 1480, aux abords de la forêt de Brotonne, non loin de l'abbaye de Jumièges, les aigles et les loups pullulent, dont les verdiers achètent les dépouilles 5 sols pièce[38]. En 1488 encore, les terres proches de la forêt de Lyons sont

34. Amable FLOQUET, *Histoire du Parlement de Normandie*, Rouen, E. Frère, 1840, vol. 1, p. 512-513 (9 juin 1540), et vol. 2, p. 50, 57-58 (7 janvier 1541) et 93 (février 1542).

35. F. POMMERAY, *Histoire des archevêques de Rouen*, *op. cit.*, p. 605.

36. Pour une analyse détaillée des fluctuations de la démographie normande du début du XIVe siècle au milieu du XVIe siècle, cf. Guy BOIS, *Crise du féodalisme*, Paris, Presses de la FNSP, 1981, p. 58-70, et Jean-Noël BIRABEN et Noël BONNEUIL, « Population et économie en pays de Caux aux XVIe et XVIIe siècles », *Populations*, 1986, 41-6, p. 937-960.

37. Emmanuel LE ROY LADURIE, *Les Paysans français d'Ancien Régime. Du XIVe au XVIIIe siècle*, Paris, Éditions Points, coll. « Points histoire », 2016, p. 50-51.

38. B. PÂRIS (éd.), *Mémoriaux de la Chambre des comptes de Normandie*, *op. cit.*, VII.14, n° 42.929-42.931, p. 269 (quittance de Jean du Quesne, 5 sols pour une aigle et 5 sols pour un loup en forêt de Brotonne, 1480-1481). Le lien entre la prolifération des loups et les ravages de la guerre est reconnu dès la période de l'occupation anglaise. En 1421, Henry V prend une ordonnance sur « la destruction des loups dans le bailliage de Caux » car, « à l'occasion de nos guerres », ceux-ci ont « dévoré plusieurs créatures humaines », plongeant dans la peur les paysans, qui « n'osent laisser leurs enfants vaquer en leurs labours ». De grandes battues « avec gens et chiens » et édification de « haies » provisoires pour piéger les bêtes sont organisées (« Rôles

couvertes de « grands bois, buissons, épines, bruyères, fougères » et autres « excroissances »[39] arbustives. Le saule, qui pousse vite et dru, forme partout des taillis qui empêchent de herser les champs. Ce n'est donc pas par effet de manche qu'un député du bailliage de Caux rappelle, lors des États généraux de 1484, que les armées ennemies ne se sont pas contentées de décimer les hommes, mais qu'elles ont « fait périr, pour ainsi dire, le sol même[40] ».

La menace de l'invasion étrangère et les déprédations des soldatesques ne disparaissent pas avec la fin de la guerre de Cent Ans. Au plus fort de la guerre du Bien public[41], en 1465, puis en 1467-1468, les troupes bretonnes occupent Caen, laissant la ville criblée de maisons « ruyneuses et inhabitées[42] ». L'inquiétude est telle, dans la région, qu'un envoyé du bailli veut « prendre guide pour le mener de Falaise à Vire et ramener jusqu'audit lieu pour le danger des Bretons[43] ». En 1472, l'armée bourguignonne, ayant échoué à s'emparer de Beauvais, dévaste la Picardie et le pays de Caux. Échaudé par ses revers, Charles le Téméraire ne met plus aucun frein à sa férocité. Il n'est jusqu'à son chambellan, le pragmatique Philippe de Commynes, qui ne s'effraie de sa violence :

> Il commença exploit de guerre brutal et mauvais, dont il n'avait jamais usé : c'était de faire mettre les feux partout où il arrivait. [...] Il prit de Beauvais son chemin en Normandie, vint devant Eu, qui lui fut rendue, et Saint-Valéry [en Caux], et fit mettre les feux par tout ce quartier

---

normands et français et autres pièces tirés des archives de Londres par Bréquigny en 1764, 1765 et 1766 », *Mémoires de la Société des antiquaires de Normandie*, 1858, 23, p. 190-191, n° 1063, 13 décembre 1421).

39. B. Nardeux, « Une “forêt” royale au Moyen Âge... », thèse citée, p. 522.

40. A. Bernier (éd.), *Journal des États généraux de France tenus à Tours en 1484*..., *op. cit.*, p. 553.

41. La guerre du Bien public, qui éclate au printemps 1465, désigne la révolte d'une partie de la haute noblesse contre Louis XI. Le comte de Lorraine et les ducs de Berry, de Bretagne et de Bourbon joignent leurs forces à celles des Bourguignons, obligeant le roi à faire appel aux troupes italiennes du duc de Milan. Le conflit se clôt par une série de traités séparés, signés d'octobre à décembre 1465.

42. Denise Angers, « Une ville à la recherche d'elle-même : Caen (1450-1500) », dans P. Bouet et F. Neveux (dir.), *Les Villes normandes au Moyen Âge*, *op. cit.*, p. 307.

43. B. Pâris (éd.), *Mémoriaux de la Chambre des comptes de Normandie*, *op. cit.*, VII.13, n° 44.984, p. 215 (mandement du bailli de Caen au vicomte de Vire pour le paiement de 60 sols à Olivier de Verson, 14 juillet 1468).

jusqu'aux portes de Dieppe. Il prit Neufchâtel et la fit brûler, et tout le pays de Caux, ou la plupart, jusqu'aux portes de Rouen[44].

Si Commynes déserte les rangs bourguignons, quittant nuitamment le camp de siège dressé devant Eu, début août 1472, pour rejoindre Louis XI aux Ponts-de-Cé, c'est évidemment parce qu'il guigne depuis longtemps le service des Français, dont la fortune ne fait plus de doute. Mais c'est peut-être aussi qu'il ne supporte plus la débauche de sang de son maître, qui a ordonné sans ciller, deux mois auparavant, le massacre des habitants de Nesle, pourchassés et égorgés jusque dans le chœur de la collégiale de la ville[45]. La violence de la campagne de Normandie inspire à Jean Molinet, pourtant le plus loyal porte-plume des Bourguignons, un vibrant *Testament de la Guerre* dans lequel cette dernière

Laisse aux abbayes grandes
Clochers rompus, cloîtres gâtés,
Greniers sans blés, troncs sans offrandes,
Celliers sans vin, fours sans pâtés
[*Et*] *au pauvre plat pays*
Châteaux rompus, hôtels brûlés
Femmes pleurant, gens ébahis
Bergers battus et affolés,
Marchands meurtris et dérobés,
De grands couteaux et de courbés

44. Philippe de COMMYNES, *Mémoires sur Louis XI*, éd. J. DUFOURNET, Paris, Gallimard, 1979, III.10, p. 249-250. Pour le pillage et l'incendie de hameaux par les Bourguignons près d'Arques, cf. ADSM, G 521, RVD 1471-1472, f° 44r-v (Bouteilles), et B. PÂRIS (éd.), *Mémoriaux de la Chambre des comptes de Normandie*, *op. cit.*, VII.16, n° 34.408, p. 243-244 (Archelles, 3 août 1473). La destruction est telle qu'en de nombreux lieux, le paiement des rentes dues aux chapelains de Notre-Dame de Rouen est annulé (ADSM, G 4737, comptes des receveurs du collège de Darnetal, remise d'arrérages de rente à Jehan Légier « pour l'année que les Bourguignons furent au pais de Caux », 1493, f° 12r). Dieppe n'est pas occupée par les Bourguignons mais, pour se préparer à leurs assauts, on y aménage des « boullevertz [des terre-pleins] ès deux côtés de la tour du moulin [à vent du Pollet] », ce qui rend ce dernier « vacant et inutile » deux ans durant (ADSM, G 526, RVD 1475-1476, f° 21r).

45. Michael DEPRETER, « "Moult cruaultéz et inhumanitéz y furent faictes". Stratégie, justice et propagande de guerre sous Charles de Bourgogne (1465-1477) », *Le Moyen Âge*, 2015, 121-1, p. 41.

Et corbeaux criant à tous lès [*de tous côtés*]
Famine dessus les gibets[46].

La décennie qui suit n'est guère plus paisible. Sur terre, sur mer, le danger guette. En 1485, le capitaine du château de Dieppe, le sieur Malet de Graville[47], ordonne que soient « promptement équipés et avitaillés deux ou trois navires de guerre pour faire la garde et sûreté des navires faisant la pêche pour cette saison », à charge pour les pêcheurs d'en supporter la dépense sur leur gain. En 1489, la ville se voit sommée de gréer sur ses propres deniers « plusieurs bons navires de guerre » pour patrouiller le long des côtes. En 1492, nouvelle alarme – et nouveaux frais : il faut débourser au débotté 5 000 livres pour aider les troupes royales, à savoir un « bon grand nombre de gens de guerre », à « résister aux Anglais descendus à Calais »[48]. La seule rumeur d'une approche de l'ennemi jette les bourgs dans la panique : à Pont-Audemer, en 1495, on répare à la va-vite les ponts-levis car « le bruit court d'une descente des Anglais[49] ». Les messagers de pied battent la campagne, collectant les informations sur les préparatifs de défense et relayant, d'un bailli à l'autre, les avertissements quant à « la menace de la flotte anglaise devant les côtes[50] ».

46. Noël Dupire (éd.), *Les Faictz et Dictz de feu de bonne mémoire Maistre Jehan Molinet (1531)*, Paris, Société des anciens textes français, 1937, vol. 2, VII.33-36 et VII.49-56, p. 719-720. Même déploration dans sa *Ressource du petit peuple* (1477), où ce ne sont plus que « Pastoureaux sans brebis / Clercs sans habits, prêtres sans bréviaires / Châteaux sans tours, granges sans fouragiz / Bourgs sans logis, étables sans seuils / Chambres sans lits, hôtels sans luminaires / Murs sans parfaire, églises sans refaire / Villes sans maires et cloîtres sans nonettes ».

47. Capitaine de Saint-Malo, de Dieppe et de Honfleur, Louis Malet de Graville, héritier d'un puissant lignage normand, est nommé amiral de France en 1487 (Mathieu Deldicque, « De grands mécènes de la Renaissance en Normandie et à Rouen autour de 1500 : les Malet de Graville », dans Sandra Provini, Xavier Bonnier et Gérard Milhe Poutingon, dir., *La Renaissance à Rouen. L'essor artistique et culturel dans la Normandie des décennies 1480-1530*, Mont-Saint-Aignan, Presses universitaires de Rouen et du Havre, 2019, p. 64-65).

48. AMD, Lang. 1C/L8/4-5 (6 janvier 1485 et 12 novembre 1489) et 3C/L12/3 (Charles VIII au bailli de Caux, 9 octobre 1492).

49. B. Sintic, *Petites villes de Normandie*..., *op. cit.*, p. 180.

50. Guérard Pollin se voit par exemple défrayé de 30 sols « pour des liaisons entre Honfleur et les villes de la province en raison d'une menace de la flotte anglaise devant nos côtes » (B. Pâris, éd., *Mémoriaux de la Chambre des comptes de Normandie*,

Dans les années 1510 encore, le renouveau des hostilités entre Louis XII et Henry VIII désigne le littoral cauchois aux attaques anglaises. En mai 1512, une escadre ennemie, composée d'une quinzaine de nefs, capture « une barque de Dieppe et quelques pêcheurs de maquereaux et des poissonniers ». Or, l'amiral d'Angleterre « baille sauf-conduit auxdits poissonniers d'aller quérir leur rançon, [ce] qui est signe de guerre[51] ». La volonté d'en découdre est réciproque : trois mois plus tard, lors de la bataille de Saint-Mathieu, au large de Brest, la *Nef-de-Dieppe* mène la vie dure, sept heures durant, aux vaisseaux de l'amiral Edward Howard[52]. Ainsi le poète Jean Doublet – rejeton d'une puissante famille d'armateurs dieppois – peut-il chanter, bravache comme jamais :

Droit à son front la mutine Angleterre,
Tremblant, nous voit le long du salé bord
Que nos aïeux vinrent conquérir,
Ces blonds soudards du gelé Nord.
L'Espagne sobre et la Flandre ivrognesse,
Qui çà et là nos eaux soulaient tenir [*avaient l'habitude de tenir*],
Ont senti de quelle jeunesse
Un port de Dieppe peut fournir. […]
Mainte forêt dans l'eau même en fut arse [*incendiée*],

---

op. cit., VII.14, n° 42.940, p. 272, quittance de la vicomté de Pont-Audemer, 15 janvier 1482).

51. « Alain de Chantrezac, lieutenant du duc de la Trémoille, à M. d'Aumont », Caen, 20 mai 1512 (BNF, ms. Fr. 3925, f° 113r), cité dans Alfred Spont, *Letters and Papers Relating to the War with France, 1512-1513*, Londres, Navy Records Society, 1897, n° 10, p. 17-18. Les préparatifs vont également bon train côté français, puisque, afin d'« obvier à la descente que le Roy d'Angleterre se prépare de faire en brief en ses royaumes », Louis XII établit en janvier 1512 Guyon Le Roy du Chillou comme « lieutenant général des armées de mer », avec autorité sur l'ensemble des navires de Normandie et de Bretagne. Il lui enjoint, dans sa lettre de nomination, de « faire courses, prinses et autres exploictz de guerre au dommage desdits ennemis » (AMH, FA, AA 16, commission donnée à Guyon Le Roy, Blois, 25 janvier 1512, f° 1v). Le souverain dépêche au même moment à Rouen le vice-amiral de France, René de Clermont, afin de « visiter tous les navires desdits pays et les ports [et de] faire tenir prêts navires et gens de pied le long de la côte » (Blois, 22 février 1512).

52. « Plainte de Rigaut de Berquetot, capitaine de la *Nef-de-Dieppe*, contre le vice-amiral de France René de Clermont », Blois, 29 décembre 1512 (AN, V/5/1044), cité dans A. Spont, *Letters and Papers*…, *op. cit.*, n° 43, p. 65-67. La *Nef-de-Dieppe* jauge 336 tonneaux et perd 32 hommes dans la bataille.

Maints Espagnols et maints Flamands rôtis,
Et mainte âme en son sang éparse
Sur l'azuré champ de Thétis [*la nymphe marine*][53].

La préparation des défenses côtières mobilise des quantités importantes d'hommes et de ressources. Au printemps 1512, 500 à 600 hommes du « plat pays » sont mis en garnison à Veulettes-sur-Mer et « 400 mariniers menés et conduits en la ville de Honfleur pour servir le roi en son armée de mer ». Des remparts sont installés sur les falaises de Chef-de-Caux, à la pointe du cap de la Hève, et tous les « abbés, prieurs et gros personnages de l'Église » sommés d'approvisionner les places fortes du littoral sur leurs réserves. Les habitants de Caudebec et de Montivilliers sont quant à eux « contraints à porter vivres en la ville de Harfleur ». En mars 1513, une levée générale est décrétée, qui concerne « tous les mariniers qui sont sur et le long du rivage de la mer » au Tréport, à Eu, à Fécamp, à Harfleur et à Dieppe. En septembre de la même année, le lieutenant général du roi en Normandie, Louis de Brézé, ordonne la saisie à Dieppe de quatre nefs de bon tonnage – *La Rose*, *Le Sacre*, *La Françoise* et *La Lévrière*. Il réquisitionne en outre, pour les convoyer jusqu'à Honfleur, 180 « officiers et mariniers[54] ». En période de conflit, la demande en matelots, en navires, en gréements et en provisions est incessante, qui saigne à blanc les cités portuaires.

Lors même que la guerre fait rage au loin, elle coûte cher, puisqu'il faut assurer l'entretien des armées du roi. Pour financer les expéditions d'Italie de Charles VIII, de Louis XII et de François Ier, les bourgeois de Dieppe doivent dépocher des sommes considérables : 3 000 livres en 1494 « pour le recouvrement du royaume de Naples », 4 500 livres en 1503, 2 300 en 1512, autant en 1513 et 2 000 en 1515. En 1522, faisant contre mauvais cœur bonne fortune, ils n'acceptent de payer « 2 700 livres pour la solde des gens de guerre sur la frontière [le

53. Jean Doublet, *Élégies de Jan Doublet, Dieppoys*, Paris, Charles Langelier, 1559, n° 21, p. 33.

54. « Extraits de quittances d'Antoine et Jean de Clercy », mars 1513 (BNF, ms. Fr. 26113, n° 1306), « Louis de Brézé à Jehan Blancbaston », Honfleur, 7 septembre 1513 (AN, K 79, n° 12), et « Quittance de 18 livres à Grégoire le Francoys pour un voyage par lui fait le 6 mars 1513 », Honfleur, 6 mars 1514 (BNF, ms. Fr. 26113, n° 1353), dans A. Spont, *Letters and Papers...*, *op. cit.*, n° 61, p. 101-103, n° 91, p. 180-183, et n° 102, p. 195-196.

littoral du pays de Caux] » qu'en contrepartie d'un accroissement de la quantité de sel détaxé à laquelle ils ont droit pour leur pêche[55]. La fin des hostilités aussi a un coût, et non des moindres. En 1527, la quote-part de Dieppe dans le paiement de la rançon de François Ier, capturé lors de la bataille de Pavie, en Lombardie, s'élève à 8 000 livres[56].

L'obligation du logement des troupes royales – pour des durées variant de quelques jours à quelques mois – constitue le cauchemar des communes, qui déploient des trésors de diplomatie pour y échapper. Certaines municipalités n'hésitent pas à soudoyer les officiers pour qu'ils dévient la route de leurs compagnies. Ainsi les notables de Pont-Audemer chargent-ils en 1513 le receveur de la ville de « divertir le chemin de 500 lansquenets » en « donnant tel pot-de-vin qu'il jugera bon être aux commissaires » qui les commandent[57]. C'est que les soldats, qui consomment plus qu'ils ne règlent, sont toujours source de grabuge, et plus encore lorsqu'ils n'ont plus de guerre à mener. En 1523, à la fin des guerres d'Italie, les soudards démobilisés commettent tant d'exactions dans les campagnes que François Ier doit prendre un édit punissant des pires tourments les « oiseux, méchants, meurtriers, rapteurs de femmes et de filles, loups ravissants faits pour nuire à chacun, blasphémateurs et renieurs de Dieu coutumiers de battre, mutiler, chasser et mettre le bonhomme hors de sa maison[58] ».

À l'instar de la guerre, la peste ne quitte jamais vraiment les campagnes normandes. À Harfleur, elle frappe à intervalles réguliers de 1502 à 1522 – au grand dam de la municipalité qui doit recruter en toute hâte, et payer grassement, gardes-malades, fossoyeurs et collecteurs de cadavres[59]. Dans les trois premières décennies du siècle, on la voit encore rôder à Pont-Audemer, à Bayeux et à Avranches. Dieppe, en 1507, est considérée par ses échevins « fort sujette d'elle-même à

55. AMD, Lang. 3C/L12/5-6, 9, 13, 18 et 3C/L13/5 (3 juin 1494, 18 juin 1503, 14 septembre 1512, 14 mai 1513, 1er avril 1515 et 22 avril 1522). En 1568, c'est pour le « licenciement des troupes étrangères du Roy », appelées « troupes de troubles », que les bourgeois de Dieppe doivent débourser 3 500 livres (AMD, Lang. 3C/L14/1-5, 15 mai-27 juillet 1568).

56. AMD, Lang. 1C/L5/1-7 (29 mars 1527-21 février 1529). Le paiement, en deux tranches de 4 000 livres, est étalé jusqu'en 1529.

57. B. Sintic, *Petites villes de Normandie…*, *op. cit.*, p. 198-205 (AMPA, CRV, 1513, fos52-53).

58. A. Floquet, *Histoire du Parlement de Normandie*, *op. cit.*, vol. 2, p. 19-20 (édit du 14 septembre 1523).

59. B. Sintic, *Petites villes de Normandie…*, *op. cit.*, p. 26-28.

la maladie de peste[60] ». À Rouen – carrefour de tous les bacilles –, elle décime les faubourgs en 1503, puis sévit presque sans interruption de 1518 à 1524 et de 1534 à 1539[61]. Dès 1512, la municipalité y nomme des « sergents de la charité » chargés de « marquer les maisons tachées de la maladie de peste ». Les expédients sont, hélas, d'une efficacité limitée. Appelé en 1517 à la rescousse par les édiles, le docteur Naguerel conseille sagement, d'une part de « se recommander à Dieu et à ses saints, qui sont les remèdes principaux », de l'autre d'éviter de consommer « les fruits gardés plus de vingt-quatre heures[62] ». Pour comble de malheur, les épidémies avancent en rangs serrés, le typhus et la coqueluche déferlant sur les villes anémiées. La mort ne se déplace pas pour rien : les gens meurent « par séries, en paquets, en grappes[63] ».

Quant au menu fretin des fléaux – grêles et gels précoces, disettes d'avril, sécheresses estivales –, il continue d'autant plus à accabler la paysannerie que celle-ci, passé les années 1500, se trouve de nouveau à la merci des seigneurs, qui multiplient corvées et prélèvements. Douloureux paradoxe : la prospérité retrouvée réarme les prétentions seigneuriales, de sorte que le cens et le champart réduisent à peau de chagrin le surplus des laboureurs[64]. Si le manque de bras faisait en 1450 le jeu des paysans, l'abondance de main-d'œuvre joue désormais en faveur des grands propriétaires fonciers, abbayes et baronnies en

60. AMD, Lang. C8/L2/1 (3 février 1507), f° 2r.

61. Louis PORQUET, *La Peste en Normandie du XIVe au XVIIe siècle*, Paris, A. Coccoz, 1898, p. 30, 39, 106 et 128, et ADSM, G 2149, G 2150 et G 2154 (délibérations capitulaires de Notre-Dame de Rouen : cas de peste en 1515, 1518-1519, 1531-1533). Omniprésente des décennies durant dans la vie de la cité, la maladie fait l'objet d'un chant royal présenté au Puy de l'Immaculée Conception (Gustave PANEL, *Un chant royal présenté aux palinods de Rouen par Guygnart, apothicaire, XVIe siècle*, Rouen, E. Marguery, 1891).

62. Gustave PANEL, *Préoccupations principales pour l'hygiène et la santé publiques à Rouen. Résumé historique de 1389 à 1870*, Rouen, E. Cagniard, 1888, p. 8-9.

63. Philippe CONTAMINE, *La Vie quotidienne pendant la guerre de Cent Ans. France et Angleterre*, Paris, Hachette, 1976, p. 42.

64. Payé en gerbes, le champart équivaut au dixième ou au onzième des blés récoltés. C'est précisément dans les premières années du XVIe siècle, période de monétarisation accélérée des paiements, qu'il se transforme en cens, de sorte que les deux systèmes de prélèvement coexistent jusque dans les années 1530 (Charles de ROBILLARD DE BEAUREPAIRE, *Notes sur les services fieffés*, Rouen, E. Cagniard, 1886, p. 30).

tête[65]. Les rentes et les droits sur les biens et les bêtes ont été élagués, les « vilains services » pour partie abolis, mais lorsque vient l'un des quatre termes de l'an où il faut régler au seigneur les « regards » – la Saint-Michel, Noël, Pâques et la Saint-Jean –, quand il faut curer ses étangs, cueillir pour lui le roncin ou lui apporter les « gerbes du champart » sitôt la faux remisée, l'implacable domination des puissants sur les humbles éclate à nouveau[66].

Certaines redevances dues aux seigneurs, qui perdurent depuis des siècles alors même qu'elles ne possèdent plus aucune raison d'être économique, semblent d'ailleurs n'avoir d'autre finalité que d'obliger ceux qui s'en acquittent à faire publiquement montre, et même étalage, de leur soumission. Attestée à la fin du XIVe siècle et toujours en vigueur en 1499, une coutume veut ainsi que les habitants du « fief Crespin », sis rue de la Boucherie à Dieppe, ne soient affranchis du paiement des taxes ordinaires qu'à cette seule condition :

> porter le Jour des Rois à la vicomté, dans trois bassines, trois têtes de porc crues ayant en leurs gueules des oranges ou pommes rouges, couronnées d'une aune et demi de saucisse, avec quatre pieds de porcs et cinq sols dans une tasse ou hanap d'argent, accompagnés de tambours et violons et pour faire hommage audit seigneur [l'archevêque de Rouen][67].

Le revenu seigneurial se transforme considérablement dans la première moitié du XVIe siècle. La part des « censives » – champs et fermes loués aux paysans sous forme de baux – diminue fortement au

65. Sur le renchérissement conséquent des baux dans les années 1500-1520, cf. Ch. de ROBILLARD DE BEAUREPAIRE, *L'État des campagnes de la Haute-Normandie...*, *op. cit.*, p. 31, et n. 1 p. 330, G. BOIS, *Crise du féodalisme*, *op. cit.*, p. 154-158, et Jacques BOTTIN, *Seigneurs et paysans (1540-1650)*, Paris, Le Sycomore, 1983, p. 154, 173-176.

66. L. DELISLE, *Études sur la condition de la classe agricole...*, *op. cit.*, p. 56, 75 *sq.* La plupart des servitudes ont été rachetées sous forme de rentes aux XIIe et XIIIe siècles. Les « regards » sont les « menues rentes » en nature, composées de poules, d'œufs, de perdrix et de pinsons, de carpes et de barbeaux, etc. Sur l'étiolement et le rachat des ultimes « services fieffés » au XVIe siècle, cf. Ch. de ROBILLARD DE BEAUREPAIRE, *Notes sur les services fieffés*, *op. cit.*, p. 19-29.

67. AMD, Lang. 5C/L2/6 (1499). Le rituel est déjà décrit dans le coutumier compilé en 1396 par Guillaume Tieullier, à cette différence près que c'est au son d'un ménestrel, et non de violons, que l'hommage doit s'effectuer (Emmanuel COPPINGER, éd., *Le Coustumier de la Vicomté de Dieppe de Guillaume Tieullier*, Dieppe, Imp. P. Leprêtre, 1884, p. 4, ADSM, G 851).

profit de celle de la « réserve », exploitée directement par le seigneur et majoritairement composée de bois, dont le prix ne cesse de grimper[68]. Pour étendre leurs domaines forestiers, les seigneurs mettent de plus en plus à mal le droit de « banon », c'est-à-dire de libre pâture communale. Il en va ainsi dans la forêt d'Aliermont, située aux environs de Dieppe et d'Arques, où le roi fait ouvrir en 1518 une enquête contre « les communautés et autres particuliers circonvoisins d'icelle qui, sous ombre [prétexte] de certains droits d'usage prétendus en icelle, la coupent, l'abattent, la gâtent, la dépopulent et la rendent inutile[69] ».

Alors qu'ils ont de tout temps permis aux manants de se procurer leur bois de chauffe et de construction, les droits d'affouage et de marronnage sont tronqués, voire révoqués. Les amendes pleuvent – non seulement sur les fagotiers du dimanche, mais aussi sur les porchers qui continuent, au nom du droit de panage, à faire vaquer leurs bêtes dans les sous-bois[70]. L'ébéniste ne peut plus s'y fournir en alisier, non

68. Xavier PAGAZANI, *La Demeure noble en Haute-Normandie, 1450-1600*, Tours, Presses universitaires François-Rabelais, 2014, p. 65-66. Dans les registres de comptes seigneuriaux de la fin du XVe et du début du XVIe siècle, les « censives » s'appellent le « domaine fieffé » et la « réserve », le « domaine non fieffé ». Au XVIIe siècle, les bénéfices tirés de l'exploitation du bois représentent 16,5 % des revenus de la baronnie de Fécamp et 60,9 % de ceux du comté d'Eu (Guy LEMARCHAND, *La Fin du féodalisme dans le pays de Caux. Conjoncture économique et démographique et structure sociale dans une région de grande culture, de la crise du XVIIe siècle à la stabilisation de la Révolution, 1640-1795*, Paris, CTHS, 1989, p. 19-20).

69. ADSM, G 934 (extrait du cahier de réformation de la forêt de Craudalle, 12 mars 1518). Croixdalle (Craudalle) est l'ancien nom de la forêt d'Aliermont. À la différence des autres forêts du pays de Caux, celle-ci relève du temporel de l'archevêque de Rouen, et non du domaine royal. La demande de « réformation » de François Ier provoque dès lors un violent conflit avec Georges II d'Amboise, ce dernier assignant même les agents royaux de la Table de marbre rouennaise devant le Parlement de Paris pour détention illégale de ses verdiers. Un arbitrage établit une démarcation entre la forêt d'Aliermont et celle, contiguë, de Hellet, adjugée à la Couronne (ADSM, G 935, sentence rendue par la Chambre des eaux et forêts en la Table de marbre du Palais à Paris dans le procès entre Vaast Le Prévost, procureur général du roi, et G. d'Amboise, 1542). Sur l'enclosure de la plupart des forêts normandes par le biais des « enquêtes de réformation » ordonnées par le pouvoir royal, cf. G. BOIS, *Crise du féodalisme*, *op. cit.*, p. 185.

70. De 1518 à 1525, une querelle oppose l'abbé de Jumièges aux habitants des hameaux de Mesnil et de Yainville à propos des droits d'usage de la forêt locale. Les villageois se refusant à accepter le jugement qui confirme l'abbé dans ses prétentions, leurs bêtes leur sont purement et simplement confisquées (Giuliano PROCACCI, *Classi sociali e monarchia assoluta nella Francia della prima meta del secolo XVI*,

plus que le tourneur en buis. Utilisés pour la confection des flèches et des cordes d'arcs, le frêne et le tilleul sont mis en « défends » par les verdiers, à l'égal du chêne et des essences précieuses formant le « vif bois ». Les charbonniers, les forgerons, les briquetiers, les tuiliers, les potiers, les verriers, les chaufourniers[71] : l'ensemble des artisans œuvrant par nécessité de braise au cœur des sylves sont priés de les quitter sans délai. C'est tout le petit peuple des forêts, perpétuellement en quête de bûches et de brindilles, qui se voit exproprier[72].

Les gages des manœuvres et des valets – qui restent nominalement stables, de 1450 à 1530, à 2 sous 6 deniers la journée ouvrée – sont rognés par l'inflation, que nourrit une très forte demande de « subsistances » et qu'aggrave un déficit chronique de métaux précieux[73]. Des plus modestes aux plus riches, l'écart de salaire est faramineux. Dans les années 1510, un maçon gagne 20 livres à l'année, un palefrenier 12, un cuisinier 8 – et un conseiller du Parlement 375[74]. Beaucoup de domestiques ne voient même jamais la couleur de l'argent : ils ne travaillent que pour « la vie et le vêtement[75] ».

Impossible, par ailleurs, dans les campagnes, de compenser par un surcroît de productivité la décrue des salaires et l'augmentation des loyers. La terre du pays de Caux est ingrate : fine pellicule de limon déposée sur un immense plateau de craie veiné de silex, elle donne

---

Turin, Einaudi, 1955, p. 86-87). Pour de longues séries d'amendes infligées par les verdiers à des ramasseurs de « vif bois » dans la forêt de Croixdalle, cf. ADSM, G 930 (« Amendes et exploits des plès […] de la verderie de la forest de Craudalle », 1533-1535), G 931 (*ibid.*, 1535-1536), G 932 (*ibid.*, 1536-1538) et G 933 (*ibid.*, 1538-1539).

71. Les chaufourniers sont les ouvriers conducteurs des fours à chaux.

72. L. Delisle, *Études sur la condition de la classe agricole…*, *op. cit.*, p. 346, 359-360 ; Michel Devèze, *La Vie de la forêt française au XVIe siècle*, Paris, SEVPEN, 1961, vol. 1, en particulier p. 129-131 et 160-164 ; Michel Philippe, « La forêt de Lyons au milieu du XVIe siècle », *Études normandes*, 1992, 41-4, p. 62-84.

73. Denis Richet, « Croissance et blocage en France du XVe au XVIIIe siècle », *Annales ESC*, 1968, 23-4, p. 765, et G. Bois, *Crise du féodalisme*, *op. cit.*, p. 102-109. La hausse des prix touche tous les biens de consommation courante et toutes les matières premières (G. Procacci, *Classi sociali e monarchia assoluta nella Francia…*, *op. cit.*, p. 91-96).

74. Ch. de Robillard de Beaurepaire, *L'État des campagnes de la Haute-Normandie…*, *op. cit.*, p. 237 (p. 244 *sq.* pour le salaire journalier de 2 sous 6 deniers à Dieppe dans les années 1480-1490, d'après ADSM, G 535 *sq.*), et X. Pagazani, *La Demeure noble en Haute-Normandie*, *op. cit.*, p. 36-37.

75. G. Bois, *Crise du féodalisme*, *op. cit.*, p. 42.

bien mais s'épuise vite[76]. Tous les dix ans, il faut « marner » des sols devenus trop acides, autrement dit les amender au moyen de la craie tendre remontée à dos d'homme depuis le fond de puits branlants. Le ciel n'aide pas à la tâche : en dépit de pluies hivernales d'une abondance proverbiale, l'eau manque au temps de la montaison, faute de sources[77]. Rien à espérer, non plus, du côté d'une amélioration de l'outillage : la technologie agricole n'évolue pas d'un iota. Du XVe au XVIIIe siècle, inventaire après inventaire, ce sont mêmes herses et semblables charrues[78]. Les repas aussi se suivent et se ressemblent : œufs, lard, fromage, pain – de froment les années fastes, de méteil[79] quand les temps sont durs –, légumes du « préau » (la section potagère du « gardin[80] »), soupe de pois, huile de noix, parfois un peu de mauvais vin de Picardie, plus souvent de la carpe que du hareng, presque jamais de viandes fraîches, à l'exception de l'oie des jours de noces, du mouton de l'Ascension et des bécasses prises au filet[81].

Dans ces conditions de précarité alimentaire et de stagnation du revenu agricole, le moindre incident climatique attise les braises de

76. En 1729, le rendement moyen des champs de froment du pays du Caux est de 10,1 quintaux à l'hectare, ce qui situe la région parmi les terres très productives du royaume (G. LEMARCHAND, *La Fin du féodalisme dans le pays de Caux*..., *op. cit.*, p. 14).

77. Jules SION, *Les Paysans de la Normandie orientale*..., *op. cit.*, p. 53-65. L'obligation de « marnage » des terres, sur tout ou partie des champs et des pâtures, figure fréquemment dans les baux (Ch. de ROBILLARD DE BEAUREPAIRE, *L'État des campagnes de la Haute-Normandie*..., *op. cit.*, p. 18-21, et L. DELISLE, *Études sur la condition de la classe agricole*..., *op. cit.*, p. 260 *sq.*). L'autre option pour diminuer l'acidité du sol, non moins coûteuse en énergie, est de le saupoudrer de cendres de « varech » (goémon), riches en soude – une pratique documentée à la fin du XVIIIe siècle en pays de Caux (François ROZIER, *Cours complet d'agriculture théorique, pratique, économique*..., Paris, Rue et Maison Serpente, 1796, vol. 9, p. 550).

78. Jean-Marie PESEZ, *Archéologie du village et de la maison rurale au Moyen Âge*, Lyon, Presses universitaires de Lyon, 1998, p. 101-139 ; G. BOIS, *Crise du féodalisme*, *op. cit.*, p. 311-312 ; L. DELISLE, *Études sur la condition de la classe agricole*..., *op. cit.*, p. 191-192 ; Ch. de ROBILLARD DE BEAUREPAIRE, *L'État des campagnes de la Haute-Normandie*..., *op. cit.*, p. 391-396.

79. Le méteil est un mélange de blé et d'autres céréales, usuellement de l'orge ou du seigle.

80. Déformation cauchoise de « jardin ».

81. L. DELISLE, *Études sur la condition de la classe agricole*..., *op. cit.*, p. 189-190 et 381, et Ch. de ROBILLARD DE BEAUREPAIRE, *L'État des campagnes de la Haute-Normandie*..., *op. cit.*, n. 1, p. 269 (repas de vendangeurs à Gaillon en 1460 et 1462) et 270 (mouton de l'Ascension offert aux maçons de la cathédrale de Rouen, « comme il est accoutumé », 1500).

la misère. En 1519, un « horrible vent déracine les arbres, ébranle les maisons et découvre un tiers de celles de Rouen » ; en 1523, il y a « une forte gelée dont tous les blés sont perdus », de sorte que le pain n'est plus à la portée des bourses modestes. En 1529, l'envolée des prix est telle que, six semaines durant, il faut distribuer chaque jour aux pauvres, dans le cimetière de Saint-Maclou, six mines de blé[82]. Quoique d'une bien moindre intensité qu'aux siècles précédents, la guerre, les épidémies, les impôts, les mauvaises récoltes restent donc, au XVIe siècle, l'ordinaire du « commun peuple ». Rouen et ses avant-ports – Dieppe, Fécamp, Honfleur, Le Havre à compter de 1517 – ne forment que quelques îlots d'opulence : il faut les imaginer flanqués d'immensités laborieuses, engoncées dans une pauvreté pluriséculaire. Au *presto* du mince liseré côtier s'oppose le *lento* du vaste plateau agricole. Pour un marin, dix paysans.

Il n'empêche que, revenu d'entre les morts, Thomas Basin n'en croirait pas ses yeux. Le monde du bocage s'est profondément transformé au sortir du XVe siècle[83]. On y croise désormais le chemin de cet être autrefois chimérique : le paysan riche. Profitant de conditions de fermage rendues plus avantageuses par la décroissance démographique et le pressant besoin de trésorerie des petites seigneuries, un groupe de laboureurs aisés a vu le jour : des « coqs de village » assurant le gîte et le couvert à des légions d'affins, de dépendants et de trimardeurs[84]. Propriétaires de la quasi-totalité des aumailles et des chartils[85], écoulant eux-mêmes leur production à la

82. François FARIN, *Histoire de la ville de Rouen*, Rouen, Louis du Souillet, 1731, vol. 1, XXXVIII-XXXIX, p. 174 et 177, et Noël TAILLEPIED, *Recveil des antiquitez et singularitez de la ville de Rouen*, Rouen, Martin le Mesgissier, 1601, p. 205-207. Les années de mauvaise récolte, le prix du blé peut littéralement doubler : il est de 30 sols la mine en 1521 et en 1522, mais seulement de 15 sols en 1524 – *idem* pour le vin, qui vaut par poinçon 10 à 12 livres en 1524, mais seulement 3 livres en 1525 (ADSM, G 4637, recette des cens et rentes du collège de la Commune de Notre-Dame de Rouen, 1521-1522, annotation au f°1r, s.d.).

83. Les pays de Caux et de Bray sont plus précisément des mélanges de « bocage à grandes mailles » et d'*openfield* céréalier. L'aspect bocager est plus marqué le long de la bande côtière et dans le Petit-Caux, d'autant que les « clos-masures » sont cerclés de haies vives.

84. Marc BLOCH, *Les Caractères originaux de l'agriculture française* (1931), Paris, Armand Colin, 1968, vol. 1, p. 191.

85. Les « aumailles » sont les bêtes à cornes et les « chartils », les grandes charrettes utilisées pour transporter les gerbes. Il est à noter que l'une des particularités de

halle aux grains du bourg voisin, ils règnent sur la société rurale, à mi-distance des abbés absents et des hobereaux appauvris.

Leur fortune reste bien sûr toute relative. En pays de Caux, où prévaut l'extrême émiettement de la propriété foncière[86], la véritable aisance rurale commence avec la possession de 15 à 30 hectares de terres arables, dans le cadre des « fermes à une charrue », autonomes en termes de capacité de labourage. La situation du hameau du Bosc-Asselin, au nord-est de Rouen, en 1524, est de ce point de vue typique. Le « plus grand terrien de la paroisse », un dénommé Antoine de Béthencourt, exploite 33 acres de terres, dont 17 semées en blés – lesquelles donnent au mieux, les années sans gelées, 3 000 gerbes. Hormis ledit Béthencourt, il n'y a sur place que quatre laboureurs, qui ne possèdent chacun pas plus de 25 acres de champs. « Le reste des paroissiens, qui sont en nombre [de] dix ou douze feux [soit de 40 à 60 personnes], sont manouvriers et pauvres gens. » Tout, ici, suinte la débine : la quête du dimanche ne rapporte que trois ou quatre deniers[87]. Des champs de blé, une paire de juments, quelques bêtes à cornes ou à laine, une pommeraie : cet humble patrimoine suffit à démarquer ses détenteurs de la condition commune[88]. Quand les écuelles des « bordiers », qui n'exploitent que des lopins et n'ont pas de cheptel, restent presque vides, les huches des gros fermiers ne désemplissent pas.

Faute d'enracinement dans les villes comme de maîtrise des circuits de commercialisation du produit agricole, les « coqs de village »

---

la paysannerie normande, de plus en plus marquée à compter de l'occupation anglaise, est de faire usage de chevaux plutôt que de bœufs pour le labourage.

86. Dans les années 1510-1530, la parcellisation de la propriété foncière est telle, dans les villages de la vallée de la Seine, que les trois quarts des paysans y exploitent moins de 5 hectares de terres (G. Procacci, *Classi sociali e monarchia assoluta nella Francia*..., *op. cit.*, p. 50-52).

87. ADSM, G 1939, n° 15 (information sur les revenus du Bosc-Asselin pendant le déport de cure, dépositions du prêtre Pierre du Creux et des laboureurs Pierre Le Moyne et Jehan Billot, 1524).

88. G. Bois, *Crise du féodalisme*, *op. cit.*, p. 139, 162, 164-166, 245. Comme en d'autres terroirs de l'Ouest, la fenêtre d'opportunité autorisant ces trajectoires rurales d'enrichissement, ouverte au sortir de la guerre de Cent Ans par la crise démographique, se referme dès la seconde moitié du XVIe siècle sous l'effet conjugué du remembrement seigneurial de l'espace bocager et de l'entrée en lice, sur le marché des baux et des fieffes, des classes marchandes citadines, puis de la bourgeoisie d'offices (Louis Merle, *La Métairie et l'Évolution agraire de la Gâtine poitevine*, Paris, SEVPEN, 1958, p. 90-92).

échouent la plupart du temps à convertir leur richesse en prestige, partant à accéder à un statut social supérieur. Il existe évidemment quelques exceptions à cette règle, et celles-ci sont d'autant plus significatives qu'elles permettent d'entrevoir, par-delà l'image d'une paysannerie homogène, véhiculée par des élites vivant à bonne distance des rustres, un monde rural extrêmement stratifié. Ainsi, dans la région d'Aliermont, au sud-est de Dieppe, du cas de la famille Saunier. Ses membres sont, dans les années 1470, de petits laboureurs : ils possèdent tout juste 10 hectares de terres. Mais, à compter des années 1530, ils prennent à ferme un moulin, pour 300 livres par an, puis les dîmes d'une paroisse, pour 213 livres, et enfin le manoir seigneurial du lieu[89]. À Veules, à Saint-Aubin et à Blosseville, le long de la portion de côte comprise entre Dieppe et Saint-Valéry-en-Caux, un simple paysan du nom de Mahiet Lambert acquiert entre 1486 et 1506, avec l'aide de ses cousins, près de 25 hectares de terres pour la somme rondelette de 600 livres. Fort de ce pécule, il marie sa fille à un seigneur local[90].

Les moyens humains et financiers des « coqs de village » paraissent dérisoires en comparaison de ceux des grandes seigneuries, comme le comté de Longueville ou les abbayes du Valasse et de Montivilliers, qui possèdent des centaines, parfois des milliers d'hectares, et qui emploient des armées de servants et de moissonneurs[91]. Ils forment néanmoins une élite économique locale avec laquelle l'Église et l'État doivent compter – et au denier près. Autour de leurs fermes-masures se dessinent de petits halos de prospérité. C'est l'époque où l'on peut déjà s'ébahir, comme un peu plus tard Jean Doublet, de l'abondance ordinaire des fruits et des blés :

89. G. Bois, *Crise du féodalisme*, *op. cit.*, p. 142-143. Pour une trajectoire d'ascension similaire en pays de Caen, couronnée par une accession précoce à la noblesse (laquelle autorise la concentration des terres au moyen de l'usage du droit de « retrait lignager »), cf. M. Boudin, « Du laboureur aisé au gentilhomme campagnard. Les Perrote de Cairon, de Bretteville-l'Orgueilleuse (1380-1480) », *Annales de Normandie*, 1963, 13-4, p. 237-268.

90. G. Procacci, *Classi sociali e monarchia assoluta nella Francia…*, *op. cit.*, p. 63-64 (ADSM, D 351).

91. L'abbaye cistercienne du Valasse possède près de 4 500 hectares de terres (Alain Avenel, Jean-Marie Cahagne et Alexis Grelois, *Le Valasse*, t. II, *La Seigneurie, 1157-1791*, Rouen, Éd. des Falaises, 2010). Sur la moisson des « blairies » (les champs de blé), cf. le texte de Georges Dubosc, « La moisson : les "aoûteux" » (1898), dans Id., *Par-ci, par-là. Études normandes de mœurs et d'histoire VI*, Rouen, H. Defontaine, 1929, p. 31-48.

L'heur de ma main fera voir dans nos granches [*granges*]
Les purs froments, jusqu'aux tuiles tassées
Et, du doux revenu des branches,
Nos celliers jusqu'à l'arc pressés[92].

Plus étonnant encore : les bourgs dépeuplés de la côte sont devenus des cités florissantes, en prise sur les grands flux de négoce européens. La laine d'Écosse, le drap de Flandre, la soie de Venise, le vin de Beaune, le raisin de Corinthe : tout cabote à fond de cale entre Anvers et Gibraltar. Sur les quais de Dieppe se côtoient brasseurs de bière hollandais, marchands flamands et pilotes portugais. En 1507, les échevins de la ville décident d'acquérir une maison et un lot de terrains appartenant à l'héritage du bourgeois Étienne Eude afin d'édifier une nouvelle place près de l'Hôtel commun. La raison en est le succès des marchés, qui se tiennent trois fois par semaine, le mardi, le jeudi et le samedi. Alors que les étals sont dressés « dans une rue étroite et [sur une] petite place nommée le Marché assis, joignant du cimetière de Saint-Jacques à l'endroit du chœur de ladite église », il y a invariablement « grande affluence ». Or,

> la place est de trop petite estente [étendue] pour recueillir le peuple et marchandises qui y affluent chacun jour de marché, tellement que partie du peuple se retire aucunes fois dedans ledit cimetière [et qu'à] cause du tumulte qui se fait aucunes fois en dit marché à l'endroit du chœur d'icelle église, le service divin ne se peut bonnement faire ni ouïr en bonne dévotion, ains en est le peuple troublé et tout scandalisé et ledit service empêché. [Et] à raison de la grande multitude de peuple qui y afflue, les gens anciens ou débiles et femmes enceintes n'y osent bonnement fréquenter pour avoir leurs provisions et nécessités sans eux mettre en danger de leurs personnes pour la grande presse qui y est bien souvent, et principalement au jour de samedi[93].

Problèmes de riches…

92. J. Doublet, *Élégies…*, *op. cit.*, n° 16, p. 23. Jean Doublet, qui se donne « trois fois neuf ans » en 1559, est né en 1532 (*ibid.*, n° 9, p. 14).

93. AMD, Lang. C8/L2/1 (information faite à Dieppe par Nicolas de Manneville, 3 février 1507), f°s 1v-2r. Parmi les déposants listés au f° 2v figurent David Miffant le Jeune (âgé de 41 ans ou environ), Nicolas de Bures le Jeune (27 ans), Jean Doublet (43 ans) et Jean Ango (19 ans).

*

* *

Comme après chaque grande fauchaison, le regain a lieu sur une courte période, en moins d'un demi-siècle : de 1475 à 1520. La reprise démographique et économique se prépare à bas bruit au fil des décennies, mais ne se donne à voir vraiment qu'au sortir des années 1510 – de là l'impression du « beau règne » de François Ier.

Ce qui autorise ce redressement, c'est une combinaison rare de facteurs sanitaires et politiques. Compte tenu de conditions de départ catastrophiques, il ne serait pas même incongru de parler d'un alignement des astres[94]. Après avoir connu son point d'étiage démographique dans les années 1440, la Normandie retrouve vers 1475 un nombre d'habitants presque équivalent à celui d'avant la Grande peste[95]. Si la fin de l'occupation anglaise permet le retour au pays des exilés, elle ne suffit pas à expliquer ce renversement de tendance : il s'y ajoute une donne biologique. C'est dans un bassin réduit de population pérenne, ayant acquis de meilleures défenses immunitaires contre des maladies récurrentes, que se déverse le sang neuf de migrants venus des quatre coins du royaume. Ce repeuplement se trouve par ailleurs facilité et favorisé par une vigoureuse politique d'incitations fiscales. Consenties par des souverains plus que jamais soucieux de récompenser la loyauté de leurs sujets, les remises d'impôts et les dispenses de contributions

94. Pour la compréhension des dynamiques de ce redressement, cf. G. Bois, *Crise du féodalisme*, *op. cit.*, p. 154-155, 279 et 309-328.

95. Concernant les mouvements démographiques d'ensemble, cf. la mise au point de Georges Bottin, « La population : les grands rythmes démographiques », dans *La Normandie au XVe siècle : art et histoire. Actes du colloque organisé par les Archives départementales de la Manche, 2-5 décembre 1998*, Saint-Lô, Archives départementales de la Manche, 1999, p. 25-29. Une fraction de leurs habitants originels regagnent les villes côtières du pays de Caux à la fin des années 1440 (P. Lardin, « La Normandie orientale à la fin de la guerre de Cent Ans », art. cit., p. 279-284). Dans les années 1470, du fait d'un solde migratoire positif, la population dieppoise retrouve presque son niveau du début du XVe siècle : quartier du Pollet compris, on dénombre 805 contribuables du fouage en 1472, contre 972 en 1425 (ADSM, G 522, RVD 1472-1473, f°s 29v-30r). Cette reprise démographique se poursuit jusqu'à l'orée du XVIe siècle, avec 1 049 assujettis au fouage en 1485 et 1 172 en 1492 (Pierre Giraud, « La population dieppoise à travers les âges », *Bulletin des Amys du Vieux Dieppe*, 1932, 38-1/2, p. 43).

permettent aux cités éprouvées par la guerre de financer la rénovation puis l'amélioration de leurs infrastructures – murailles, ponts, jetées, léproseries[96]. Dans le même temps, de brèves mais plus fréquentes périodes de paix avec les ennemis de toujours – l'Espagne et l'Angleterre – restaurent les liens de négoce le long de la façade atlantique.

Le cycle vertueux de la croissance s'enclenche : une population plus nombreuse et plus robuste produit et consomme plus – les industries locales prospèrent, les exportations et les importations s'envolent, les profits courent pour quelque temps plus vite que les prix[97]. À peu de choses et à peu de gens près, on pourrait se croire revenu au temps du prime essor capitaliste, quelque part dans le premier tiers du XIVe siècle.

Mais la nature même des richesses et des pouvoirs a beaucoup changé. En Haute-Normandie comme partout ailleurs dans le royaume de France, de nouvelles élites, des notabilités inédites s'emparent des institutions communales et accaparent les offices liés au service du roi. Une nouvelle « classe » – qui fut longtemps le tracas

96. Dès la période de l'occupation anglaise, Dieppe bénéficie sans discontinuer de diverses largesses royales : exemption de la gabelle, de l'imposition foraine et du quart sur le vin et le cidre en 1420, décharge de l'aide de la coutume sur la vente du hareng pêché en 1423, droit de détourner la rivière d'Arques pour le bénéfice des « métiers de draperie et de teinturerie » en 1434, affranchissement du « droit de quatrième » en 1450, permission de prélever 3 000 hêtres en la forêt d'Arques « pour les fortifications » en 1474, exemption de 450 livres de taxes levées par l'élection d'Arques en 1483, permission de prendre du sel au magasin et à bord des navires en 1499, etc. Cf. AMD, Lang. C1/L3/1 (lettres patentes de Henry V, 1er janvier 1420) et C1/L8/1 (arrêt de la Cour des comptes de Rouen, 9 février 1423), ADSM, G 877, n° 1 (lettres patentes de Henry VI, 4 octobre 1434), *Recueil général des Édits, Déclarations, Lettres-Patentes et Arrests du Conseil d'État, donnés en faveur des habitants de la ville de Dieppe*, Dieppe, Pierre Pillon, 1700, doc. 7 (octrois du 24 mars 1440 et lettres patentes de Charles VII, 17 octobre 1450), et David ASSELINE, *Antiquités et chroniques de la ville de Dieppe*, éd. M. HARDY *et al.*, Rouen, C. Métérie, 1874, vol. 1, p. 199, 202 et 205 (lettres patentes de Louis XI, 20 décembre 1474, et de Louis XII, 12 mai 1499). De Charles VII à François Ier, tous les souverains français reconduisent l'ensemble des privilèges et franchises de la ville.

97. G. BOIS, *Crise du féodalisme*, *op. cit.*, p. 49-72, 124 et 309-328. L'histoire du déclin puis du renouveau de l'activité textile dans la région de Montivilliers illustre parfaitement cette dynamique. Florissante à compter des années 1340, la production drapière y tombe au point mort dans la période 1415-1450. Elle repart progressivement dans les années 1470 avant de grimper en flèche au tournant du siècle (Mathieu ARNOUX et Jacques BOTTIN, « Autour de Rouen et Paris : modalités d'intégration d'un espace drapier, XIIIe-XVIe siècle », *Revue d'histoire moderne et contemporaine*, 2001, 48-2, p. 162-191).

des marxistes – voit le jour et donne de la voix. Elle est composée de marchands opulents qui achètent à tour de bras les fiefs et les seigneuries que bradent des gentilshommes désargentés. Ayant fait main basse sur les bailliages et les vicomtés, ils se font construire d'imposants manoirs et envoient leurs fils conquérir une licence de droit et une charge au Parlement[98]. Nantis de « lettres de relief de noblesse » rachetant la condition laborieuse de leurs aïeux, se proclamant « honorables hommes » dans les registres de greffiers complaisants, achetant le silence social sur leurs origines à coups de fêtes et de banquets, se délectant à jouer les évergètes au petit pied, offrant qui un vitrail à l'église, qui une rente à l'Hôtel-Dieu, ils forment, à mi-chemin du monde de la boutique et de celui des cours princières, un groupe innommé mais animé déjà de l'esprit de corps, une façon de « quatrième état » dans l'État.

La ruée vers les seigneuries prend une telle ampleur que la Couronne ne peut que l'entériner. En 1467, en récompense de leur loyauté lors des sièges de la ville, durant lesquels ils ont enduré « pauvreté, famine, mortalité et autres peines et misères », Louis XI autorise les bourgeois de Rouen à acquérir des fiefs nobles. En 1470, l'ordonnance des « francs-fiefs » anoblit tous ceux qui, en Normandie, sont propriétaires de tels fiefs depuis quarante ans au moins, « ensemble leur postérité et lignée née et à naître », à condition qu'ils « vivent noblement et suivent les armes » – et moyennant le paiement collectif de la somme de 47 250 livres[99]. Cette campagne d'anoblissements est la plus importante jamais menée dans la région : en un tournemain, elle transforme 388 marchands, juristes et artisans en nobliaux[100].

98. Pour un aperçu de cette intrication croissante des milieux marchand, nobiliaire et juridique à Rouen au sortir du XVe siècle, cf. Jean-Louis ROCH, « Au sujet des élites rouennaises aux derniers siècles du Moyen Âge », dans Élisabeth LALOU, Bruno LEPEUPLE et Jean-Louis ROCH (dir.), *Des châteaux et des sources*, Mont-Saint-Aignan, Presses universitaires de Rouen et du Havre, 2018, p. 429-448, et Philippe LEVAUDEL, « Les conseillers de Rouen dans le tabellionage à la fin du XVe siècle », dans Jean-Louis ROCH (dir.), *Tabellionages au Moyen Âge en Normandie. Un notariat à découvrir*, Mont-Saint-Aignan, Presses universitaires de Rouen et du Havre, 2014, p. 97-107.

99. Marquis de PASTORET, *Ordonnances des Rois de France de la Troisième race...*, Paris, Imprimerie nationale, 1814-1820, vol. 16, p. 579-581 (Rouen, 13 juin 1467), et vol. 17, p. 337-341 (Montils-lès-Tours, novembre 1470).

100. G. PROCACCI, *Classi sociali e monarchia assoluta nella Francia...*, *op. cit.*, p. 117. Si l'on ne peut établir la distribution sociale des « anoblis aux francs-fiefs »,

François Ier, qui confirme en 1517 ces « anoblis aux francs-fiefs » dans leurs droits, n'est pas en reste quand il s'agit de faire payer rubis sur l'ongle aux riches bourgeois l'obtention de la prééminence aristocratique. Sous son règne, marqué par un déficit des finances publiques aussi vertigineux que chronique, le nombre d'anoblissements explose en Normandie. Tandis qu'on en dénombre 45 sous Louis XI, 41 sous Charles VIII et 26 sous Louis XII, il en autorise plus de 130[101]. Ce déluge de titres provoque d'étranges situations. On trouve en 1523 à Blangy, entre Dieppe et Abbeville, un « gentilhomme travaillant la verrerie », lequel descend de façonniers ayant « tenu fournaise en la forêt d'Eu »[102]. Par-delà ce cas d'espèce, c'est toute la physionomie de la domination rurale qui se trouve chambardée par ces brusques distensions de la classe seigneuriale. En lieu et place de hobereaux partageant le quotidien agricole de leurs fermiers, on voit s'installer, dans les campagnes du pays de Caux, des citadins qui ne résident que par intermittence sur leurs terres – et qui s'y connaissent mieux en taux

---

faute de données suffisantes, un essai de sociologie des anoblis de Normandie des années 1460 à la fin du XVIIe siècle donne les résultats suivants : 57 % d'officiers du roi, 14 % de marchands, 14 % de militaires et 10 % d'hommes de loi (James Wood, *The Nobility of the Election of Bayeux, 1463-1666. Continuity Through Change*, Princeton, Princeton University Press, 1980, p. 55).

101. Jean-Richard Bloch, *L'Anoblissement en France au temps de François Ier. Essai d'une définition de la condition juridique et sociale de la noblesse au début du XVIe siècle*, Paris, Félix Alcan, 1934, p. 195. Ces 165 anoblissements normands, avec des pics en 1522 puis en 1543-1544, représentent plus de 90 % des 183 anoblissements documentés pour le règne de François Ier – ce qui n'est guère étonnant puisqu'ils forment une source de rentrées fiscales en période de crises budgétaires, et que la Normandie est alors l'une des provinces les plus prospères du royaume. Le roi ne prête pas aux riches : il leur emprunte. Il faut souligner que le nombre d'anoblis avancé par Bloch n'inclut que les détenteurs de lettres d'anoblissement. Or, le taux d'« anoblissement taisible », par seule détention de fiefs nobles, paraît des plus conséquents en Normandie : il est de 14 % dans l'élection de Bayeux sur la période 1463-1666 (J. Wood, *The Nobility of the Election of Bayeux*..., *op. cit.*, p. 55).

102. Il s'agit d'un dénommé Richard Brossard. Bien que reconnu noble, il est imposé, et son titre ne sera pas validé en 1556 par les commissaires des francs-fiefs (Rovert d'Estaintot, éd., « Roole de la perquisition faite des personnes nobles du bailliage de Caux, Évreux, Gisors commençant le 19 juin 1523. Vertu des lettres données à Lyon le 16 juin 1522 », *Revue historique, nobiliaire et biographique*, 1869, 7, n° 113, p. 130-131). De nombreux nobles d'extraction récente sont alors tombés ou retombés dans la pauvreté : Jean Le Bouren est « noble mais pauvre » et vit de la charité d'un autre seigneur ; Jean et Philippe de Sanrie « sont aventuriers et n'ont rien » (*ibid.*, n° 157, p. 301, et *ibid.*, 1868, 6, n° 85, p. 440).

d'usure qu'en labours, comme le négociant espagnol Alonse de Civille, anobli en 1518 et propriétaire d'un fief près de Caudebec[103]. Les Pelletier, les Lefebvre, les Langlois, les Danois, les Leroux : la fine fleur de la boutique et de la magistrature rouennaises investit dans les quarts et les huitièmes de fiefs[104].

Bien sûr, aux niveaux supérieurs, nul ne s'y trompe : à ces « bourgeois gentilshommes », qui sont de véritables « métis sociaux[105] », ni la grande bourgeoisie ni l'aristocratie de souche n'accordent la reconnaissance qu'ils quêtent éperdument. Leurs mains calleuses, leur parler étoilé de dialectismes cauchois, leur irrépressible soif de titres – de propriété –, leur goût de la chicane judiciaire : tout les trahit, tout dénote leur condition de parvenus. À preuve, le fait qu'en dépit de leurs efforts pour contracter des unions à particules, ils ne se marient qu'entre eux : calculé à l'échelle d'une petite ville comme Châteaudun, le taux d'endogamie du groupe atteint 85 %[106]. Les « honorables hommes » ont beau se dire seigneur de ceci ou vicomte de cela, leurs armoiries sentent la caque.

Soit le cas de Pierre II Busquet, dont une enquête de lignage établit en 1533, sans l'ombre d'un doute, qu'il est le fils d'un maître verdier et le petit-fils d'un marchand enrichi par la « guerre de course »

103. J.-R. Bloch, *L'Anoblissement en France au temps de François Ier..., op. cit.*, p. 161. Également d'origine espagnole, le marchand rouennais Pierre de Saldaigne est quant à lui anobli en 1522 (*ibid.*, p. 168). Le contraste ne peut qu'être marqué entre la quête de raffinement de ces messieurs des villes et les mœurs rustiques des gentilshommes campagnards. Ces derniers, qui ne s'embarrassent guère des « formalités de table » et autres cérémonials, affectionnent les jeux violents et ne rechignent ni aux beuveries ni à la paillardise, comme le prouvent leurs lettres de rémission (Pierre de Vaissière, *Gentilshommes campagnards de l'Ancienne France. Étude sur la condition, l'état social et les mœurs de la noblesse de province du XVIe au XVIIIe siècle*, Paris, Perrin et Cie, 1903, p. 123-131). Du point de vue des paysans, le choix doit être entre Charybde et Scylla : si les hobereaux exercent à leur encontre une violence sociale et physique conséquente, les nouveaux anoblis les accablent d'une violence symbolique inédite.

104. Auguste Beaucousin (éd.), *Registre des fiefs et arrière-fiefs du pays de Caux en 1503*, Rouen, A. Lestringant, 1891, p. 12, 117, 274 (Pelletier), 121 (Leroux), 143 (Le Danois), 278 (Lefebvre) et 219 (Langlois), et X. Pagazani, *La Demeure noble en Haute-Normandie, op. cit.*, p. 75-77.

105. Robert Mandrou, « Les soulèvements populaires et la société française du XVIIe siècle », *Annales ESC*, 1949, 14-4, p. 764.

106. Marcel Couturier, *Recherches sur les structures sociales de Châteaudun, 1525-1789*, Paris, SEVPEN, 1969, p. 223.

– entendez le brigandage maritime. Qu'importe : puisque l'homme « vit noblement », le voilà confirmé dans ses privilèges[107]. Voyez encore ce Raoul Bretel, marchand du Havre, qui, dans les premières décennies du XVIe siècle, achète des fiefs par brassées, puis, en 1552, se proclame « seigneur de Vertot, de Gremonville et de Saint-Rémy » et se décerne de lui-même le titre d'écuyer. Son fils, également prénommé Raoul, fait ses études de droit à Paris et obtient un office au Parlement de Rouen – véritable pépinière de transfuges. Il se fait désormais appeler Monsieur de Saint-Rémy[108]. Son petit-fils – le troisième Raoul de la lignée – le remplace en 1622 dans la charge de « président à mortier » (président de chambre) du Parlement. N'ayant jamais porté les armes, il se fait confectionner un blason surmonté d'un heaume formidable.

La boulimie de reconnaissance des marchands les expose à de graves déconvenues : disposer d'une bourse bien garnie ne suffit pas toujours à faire fi du *numerus clausus*. En 1554, les magistrats examinateurs du Parlement de Rouen refusent tout net d'admettre un Quintanadoine, héritier d'une puissante dynastie de négociants d'origine espagnole : « La cour dit que vous avez très mal étudié, que vous êtes très ignorant, non seulement des choses ardues et requises à l'état où vous prétendez être reçu, mais aussi des petites choses dont ceux qui, nouvellement, ont commencé à étudier, ne sont pas ignorants. » La même année, un autre rejeton de la bourgeoisie d'affaires, Antoine de Civille, se voit éconduit pour avoir triché lors de son examen[109].

107. X. PAGAZANI, *La Demeure noble en Haute-Normandie*, *op. cit.*, p. 23 (ADSM, 3B/142, arrêt du Parlement de Rouen du 13 mars 1533, f° 222). Un vitrail de l'église de Villequier représentant une nef de « course » normande abordant deux navires espagnols a été financé, en 1523, par « Robert et Jehan Busquet ». Certains croient reconnaître dans cette nef le navire-amiral de la flottille pirate de Jean Fleury, *La Salamandre*.

108. Georges HUPPERT, *Bourgeois et gentilshommes en France au XVIe siècle*, Paris, Flammarion, 1983, p. 53-54. Pour d'autres trajectoires de ce type, cf. B. SINTIC, *Petites villes de Normandie…*, *op. cit.*, p. 319-322. Concernant le caractère clé de l'accès à la magistrature parlementaire dans la consolidation de l'ascension sociale des élites rouennaises, cf. Jonathan DEWALD, *The Formation of a Provincial Nobility. The Magistrates of the Parlement of Rouen (1499-1610)*, Princeton, Princeton University Press, 1980.

109. A. FLOQUET, *Histoire du Parlement de Normandie*, *op. cit.*, vol. 1, p. 382 (18 juillet 1554) et 385 (8 juin 1554). Sur les Quintanadoine (Quintanadueñas) et les Civille, également d'origine espagnole, cf. M. MOLLAT, *Le Commerce maritime normand…*, *op. cit.*, p. 510-522.

On imagine bien qu'en Normandie, où les guerres ont fait table rase de la noblesse d'épée et disloqué les vieux terroirs féodaux, la situation se prête tout particulièrement à ces surprenantes entreprises de transformisme social. Les ports, surtout, constituent les creusets où s'opère – merveilleuse alchimie – la transmutation de la richesse en titres et privilèges. Aux états généraux de 1614, les gentilshommes normands, toute honte bue, demandent « qu'il soit loisible à la noblesse de faire le grand trafic et d'équiper navires à cet effet, sans pour ce être estimés dérogeants [indignes de leur condition] ». L'argument ? « Cela rendra l'État puissant et les cadets seront employés. »[110]

*

* *

À Dieppe, où la harengaison[111] est mère de toutes les fortunes, une poignée de familles – les Eude, les Loutrel, les Miffant, les Doublet, les Blancbaston – accaparent, dans le dernier tiers du XVe siècle, les positions d'« hôtes-vendeurs[112] ». Ces derniers officient comme intermédiaires entre les équipages de pêche et les

110. X. PAGAZANI, *La Demeure noble en Haute-Normandie*, *op. cit.*, p. 34. La requête vise à légitimer un état de fait ancien. En Normandie et en Bretagne, du fait du privilège de la « noblesse dormante », les cas de nobles armant des nefs de pêche ou de négoce ou s'adonnant à la « guerre de course » sont attestés tout du long du XVIe siècle – à Saint-Brieuc en 1503, vers Lannion en 1516, dans le Cotentin dans les années 1550 (Michel NASSIET, « Les structures sociales des noblesses normande et bretonne à l'époque moderne », dans Ariane BOLTANSKI et Alain HUGON, dir., *Les Noblesses normandes, XVIe-XIXe siècle*, Rennes, Presses universitaires de Rennes, 2011, p. 39).

111. Le terme de « harengaison » désigne la campagne annuelle de pêche aux harengs. Selon un document de 1383, la saison de la pêche au hareng « entre la Somme et la Seine » s'étend « depuis la Saint-Michel jusqu'à la Chandeleur », autrement dit du 29 septembre au 2 février (AMD, Lang. C3/L13/1, lettres patentes du 20 février 1383 autorisant la levée à Dieppe d'une taxe de 3 francs par last de hareng pêché pour couvrir les frais d'armement des barges de l'escorte de pêche). Sur la période 1406-1492, le hareng représente en moyenne 90 % des revenus de la vicomté de Dieppe (Philippe LARDIN, *Dieppe au Moyen Âge. Des origines à Jehan Ango*, Dieppe, P. Lardin, 2023, p. 373).

112. En 1475, 34 « hôtes-vendeurs » patronnent 183 navires déchargeant 530 tonnes de harengs. En 1474, les Loutrel accaparent 22,3 % des transactions d'« hostage », les Eude 13,6 % (Michel MOLLAT, *Comptabilité du port de Dieppe au XVe siècle*, Paris, Armand Colin, 1951, p. 32 et 117).

receveurs des recettes de la vicomté, laquelle appartient au temporel de l'archevêque de Rouen[113]. Ils épargnent aux capitaines un temps précieux en réglant en leur nom les « acquits » dus sur le produit de la pêche – soit, selon la « coutume », un dixième de la valeur des prises jusqu'à 4 450 harengs et, au-delà, l'équivalent de 1 000 pièces au meilleur prix[114]. Seul le récépissé du paiement de ces droits, matérialisé sous la forme d'une petite « enseigne de plomb[115] », donne lieu au sésame du « congé », le droit de déchargement et de vente aux mareyeurs. Pour prix de leurs services, les « hôtes-vendeurs » perçoivent 12 deniers par livre de poisson vendu : il leur est interdit, sous peine d'amende, de faire le moindre profit complémentaire sur le produit d'une « marée ». De toutes leurs transactions, il leur faut nécessairement rendre « bon compte et loyal[116] » aux pêcheurs.

Pour les sergents de la vicomté qui surveillent les transactions[117], il n'est pas toujours facile de s'y retrouver, car certains « hôtes-vendeurs » ne limitent pas leurs activités à cette fonction de courtiers. Armant leurs propres navires, ils en écoulent eux-mêmes les « pesqueries » : harengs de septembre à janvier, soles et seiches au printemps,

113. Pour une présentation synthétique du système, cf. Michel Mollat, *La Vie quotidienne des gens de mer en Atlantique, IXe-XVIe siècle*, Paris, Hachette, 1983, p. 109-112, et Philippe Lardin, « L'activité du port de Dieppe à travers la comptabilité de l'archevêque de Rouen », dans Patrick Boucheron et Élisabeth Mornet (dir.), *Ports maritimes et ports fluviaux au Moyen Âge. Actes du 35e congrès de la Société des historiens médiévistes de l'enseignement supérieur (La Rochelle, 2004)*, Paris, Publications de la Sorbonne, 2005, p. 171-182.

114. « Prend Monseigneur de chacune nef venue au hable de Dyeppe quant elle apporte 4 450 harens ou au dessus un millier ou l'argent que le millier aura esté vendu à la meilleure vente ; et se la nef n'a tant peschié de harens comme 4 450, il prent de ce que la nef a apporté le dixième, ou le dixième dû de l'argent qu'il aura esté vendu » (ADSM, G 500, acquis de harengs frais, de la Saint-Michel à Noël 1414, fo 1r). Pour les maquereaux, l'acquit est de 8 sols par millier avant Pâques, de 14 après (E. Coppinger, éd., *Le Coustumier de la Vicomté de Dieppe…*, *op. cit.*, p. 74-75).

115. ADSM, G 505, RVD 1437-1438, fo 34r (paiement de « Robinet Fère estanmier pour plomb prins de lui à plusseurs et diverses fois pour faire les enseignes des acquis menus de ladicte Vicomté »).

116. E. Coppinger (éd.), *Le Coustumier de la Vicomté de Dieppe…*, *op. cit.*, p. 94-96.

117. En 1483, c'est à « Jehan de Bulletot, sergent » qu'incombe la tâche de « garder les droittures de monsr au fait de compter le harenc venant des navires » (ADSM, G 535, RVD 1483-1484, fo 24r).

maquereaux au début de l'été[118]. Dieppe est une ville moyenne, qui compte 1 018 foyers fiscaux en 1464, 800 en 1473, 1 075 en 1492, soit de 4 000 à 5 300 contribuables[119]. En incluant dans ce calcul les nobles, les membres du clergé, les gens d'armes et les pauvres, tous dispensés du paiement des taxes ordinaires, on parvient à un chiffre maximal de 10 000 habitants au sortir du XVe siècle[120]. Les notables n'y forment donc pas une société à part : ils ne sont que des *primus inter pares*, de vivants exemples d'une réussite financière que tout un chacun peut – en théorie – émuler. Du maître de nef à l'« hôte-vendeur », la différence sociale apparaît considérable, mais elle est de degré, non de nature. Les Loutrel, les Eude, les Miffant : tous ont commencé filets ou grappins d'abordage en main, à bord des cordiers et des crevelles[121].

Le pouvoir des notables n'est pas absolu. Il est borné en amont par la seigneurie et en aval par le charivari. D'un côté, l'archevêque de Rouen conserve jalousement ses prérogatives de haute justice, et entretient à cette fin un bailli et un bourreau[122]. De l'autre, la confrérie du Soleret, qui joue un rôle clé lors des fêtes de la Nativité et de l'Assomption de la Vierge en confectionnant les « feux et fusées » qui les ponctuent, exerce en ces occasions une rude magistrature morale sur les puissants. Selon un chroniqueur du XVIIe siècle, cette confrérie tire en effet son nom d'un renfoncement de la partie externe de

118. Pour les saisons de pêche des diverses espèces, cf. Michel Claude GUIBERT, *Mémoires pour servir à l'histoire de la ville de Dieppe*, Paris, Maisonneuve et Cie, 1878, vol. 1, p. 280, 289-290 et 293-295.

119. D'après les rôles de fouage contenus dans ADSM, G 518, RVD 1463-1464, fos 13v-14r ; G 522, RVD 1472-1473, fos 29v-30r ; et G 538, RVD 1491-1492, fo 5v. Il s'agit de chiffres concernant Dieppe proprement dite, c'est-à-dire les paroisses de Saint-Rémy et de Saint-Jacques et le quartier du Pollet : nous ne prenons pas en compte les contribuables de Bouteilles.

120. P. LARDIN, *Dieppe au Moyen Âge…*, *op. cit.*, p. 282. Le nombre de nobles résidant à Dieppe est difficile à évaluer. On en compte une quinzaine en la paroisse de Saint-Rémy en 1479 (ADSM, G 872, liste des « noms et surnoms des personnes nobles, exemps à cause de leur demeurance en franc-lieu […] en la paroisse Saint-Rémi », 1479-1480). Dans la seconde moitié du XVe siècle, les deux principales familles nobles résidant à Dieppe sont les Desmarets et les Longueil (P. LARDIN, *ibid.*, p. 473-479).

121. Les « cordiers » et les « crevelles » sont des bâtiments de petit tonnage destinés, le long des côtes du pays de Caux, à la pêche au hareng et au maquereau.

122. En 1499, le détenteur de cet office se nomme Cardin Paris (ADSM, C 2907, compte de la vicomté de Montivillier, 30 sous pour un messager chargé d'aller requérir et faire venir le bourreau de Dieppe, Pâques 1499).

la voûte de l'église Saint-Jacques : un « petit solier [une terrasse] de forme plate et bordé de balustres, pavé et sans toit ». Or,

> cet endroit est très commode pour y brûler les fusées et les grandes figures que ceux de la confrérie du Soleret y ont faites avec des lattes, des branches et du papier peint, et façonnées à la ressemblance des personnes particulières qui ont commis quelques actions dignes de répréhension ou de risée. Car ce sont les matières de la juridiction du Soleret, lequel punit toujours du feu, sans autre forme et formalité de justice. Ce qui toutefois s'exécute après que ces figures ont été tirées de cet endroit-là par le moyen de deux grosses cordes, et qu'elles ont été exposées en l'air sur un plancher de pareille étoffe, à la vue d'un très grand nombre de peuple[123].

Ceux qui ont transgressé les règles de la bienséance ou outrepassé leurs pouvoirs sont moqués et brûlés en effigie, ainsi qu'il advient à « un riche marchand qui avait été trouvé dans des blés avec une fille », à une « femme d'avocat » ayant dupé les convives du banquet de l'Assomption en leur servant des tripes au lieu de ragoût, et à deux voisins d'un rang certain – un tonnelier-cabaretier et un « homme de robe » – se chamaillant à propos d'un coq[124]. Quoique épisodique et

123. D. ASSELINE, *Antiquités et chroniques de la ville de Dieppe*, *op. cit.*, vol. 1, p. 194. Le terme de « soleret » désigne aussi, en ancien français, la chaussure des gens d'armes, composée de lames d'acier articulées (Émile LITTRÉ, *Dictionnaire de la langue française*, Paris, Hachette et Cie, 1872, vol. II-2, p. 1967). La confrérie du Soleret est mentionnée dans un mandement de l'archevêque de Rouen François Rouxel de Médavy du 10 juin 1686, lequel « fait défenses aux frères de ladite Confrérie de faire représenter tels spectacles [d'une statue de la Vierge s'élevant dans les airs par le moyen d'artifices mécaniques] à peine de révocation de la Confrérie et d'excommunication actuelle des contrevenants » (Abbé de la ROQUE, *Mémoires de l'Église, contenant ce qui s'y passe tous les jours de plus considérable dans toutes les Parties du Monde*, Paris, Jean Guignard, 1693, vol. 1, p. 687-688).

124. M. C. GUIBERT, *Mémoires pour servir à l'histoire de la ville de Dieppe*, *op. cit.*, vol. 2, p. 319-320. On connaît d'autres cas locaux et contemporains de charivaris visant des particuliers, mais ils sont bien moins institutionnalisés que la « justice du Soleret ». En 1506, un prêtre d'Aconville, dans l'Eure, est condamné à trois jours de prison et 40 sous d'amende par l'officialité de Rouen pour avoir « composé et fait jouer publiquement une farce » ridiculisant l'un de ses paroissiens (ADSM, G 357, registre des émoluments vicariaux, 1506-1507, f° 16v). Il existe en revanche à Rouen, depuis le XIVe siècle, une confrérie ludique appelée l'« Abbaye des Conards » : elle organise chaque année un carnaval – les « Hauts Jours de l'abbé » – au cours duquel sont jugés de manière paillarde, et parfois moqués en effigie, des clercs au

parodique, la justice du Soleret constitue un redoutable mécanisme de rappel à l'ordre des notables. Nul n'est à l'abri de voir sa pingrerie, ses incartades ou son iniquité exposées au vu et au su de tous : pas même un Eude, un Miffant ou un Loutrel.

La position cardinale de ces familles dans la vie publique dieppoise remonte, pour la plupart d'entre elles, aux années 1360[125]. Dès cette époque, elles convoitent les offices rémunérateurs : Bérenger Loutrel est receveur des « aides » – les impôts indirects – des vicomtés d'Aumale, de Neufchâtel et de Gournay en 1382, Jeannin Loutrel, sénéchal de Dieppe en 1438, Jean Loutrel, receveur des « aides » du roi à Lisieux en 1461[126]. Actifs dans le négoce du sel aussi bien que dans l'industrie de la cervoise, les Eude sont anoblis par Charles VI en 1389[127]. Partisan des Anglais[128] puis des Bourguignons, Baudouin

---

comportement contraire à leur état. Cette « Abbaye » fait également jouer de nombreuses « farces » et « moralités » satiriques, à tonalité souvent anti-ecclésiastique (André CORVISIER, « Une société ludique au XVIe siècle : l'Abbaye des Conards de Rouen », *Annales de Normandie*, 1977, 27-2, p. 188).

125. Sur la trajectoire des Miffant, des Eude et des Loutrel, de la fin du XIVe à la fin du XVIe siècle, cf. M. MOLLAT, *Le Commerce maritime normand..., op. cit.*, en particulier p. 45-46, 61 et 479-481, Philippe LARDIN, « La pluriactivité dans le port de Dieppe : hôtes-vendeurs et guerre de course à la fin du Moyen Âge », *Annales de Bretagne et des pays de l'Ouest*, 2013, 120-2, p. 17-38, et ID., *Dieppe au Moyen Âge..., op. cit.*, p. 434-455. Sur les Blancbaston, cf. M. MOLLAT, *Comptabilité du port de Dieppe au XVe siècle, op. cit.*, p. 16, et P. LARDIN, *Dieppe au Moyen Âge..., op. cit.* p. 462-463 et 504. Michel Blancbaston est receveur de la vicomté de 1447 à 1452 et de 1470 à 1477. Son fils Jehan lui succède dans cette charge jusqu'en 1492 (ADSM, G 507-513 et G 520-538). Des processus similaires de « notabilisation » d'armateurs sont visibles à Rouen (Catherine VINCENT, « Fortune maritime et vie paroissiale dans la seconde moitié du XVe siècle : Saint-Vincent de Rouen », dans Philippe MASSON et Michel VERGÉ-FRANCESCHI, dir., *La France et la Mer au siècle des Grandes découvertes*, Paris, Tallandier, 1993, p. 239-249).

126. Les Loutrel n'abandonnent pas pour autant le mareyage. En 1408, un Jean Loutrel est toujours « hôte-vendeur » (ADSM, G 499, RVD 1408-1409, fº 20r).

127. Pierre-François LEBEURIER, *État des anoblis en Normandie de 1545 à 1561*, Évreux, P. Huet, 1866, p. 59 (anoblissement de Renaut Eude, en mai 1389, moyennant 80 livres).

128. Baudouin Eude, Jean Loutrel et David Miffant signent en 1419 avec le duc d'Exeter le traité de reddition de Dieppe. Moyennant la garantie des propriétés et la conservation des privilèges des manants et des bourgeois, ils s'engagent à demeurer en l'obéissance de Henry V et à lui livrer intacte toute l'artillerie de la ville (« Rôles normands et français et autres pièces tirés des archives de Londres... », art. cit., p. 58-59, nº 319, 9 mars 1419). Tous les bourgeois ayant accepté la reddition en sont

Eude doit certes quitter Dieppe à la cloche de bois en 1435, lors de la reconquête de la ville par les Français. Mais, après avoir purgé une courte peine de prison à Rouen, il obtient le pardon du roi et la garantie de ses franchises.

En 1444, ayant acquis une petite seigneurie dans la région d'Osmonville, il excipe du titre d'écuyer[129]. Il en use encore en 1457, alors que la région est entièrement repassée sous le contrôle des Valois – indice sans équivoque de la mansuétude dont Charles VII, soucieux de remettre au plus vite l'économie en ordre de marche, continue à faire preuve à l'égard des notables ayant tourné casaque au temps de l'occupation anglaise. Le demi-siècle qui suit est celui de l'enkystement foncier du clan familial. Le registre des fiefs et arrière-fiefs du pays de Caux de 1503 montre que les Eude détiennent alors, dans la vicomté d'Arques, une quinzaine de fiefs, de quarts de fiefs et de huitièmes de fiefs – à Luneray, Catteville, Blosseville, Veules, Neufville, Épineville, Graincourt, etc.[130]. La terre offre un bon rapport : on y plante des écus, il y pousse des armoiries.

---

rapidement récompensés, puisqu'un Miffant devient contrôleur du grenier à sel de Dieppe en septembre 1419, suivi dans le même office par un Loutrel en février 1420. En mars 1419, Jehan Blancbaston est également confirmé dans l'office de receveur de la vicomté de Dieppe après que le temporel de l'archevêque de Rouen – faute d'allégeance de ce dernier – a été « mis en la main du roi » (B. Pâris, éd., *Mémoriaux de la Chambre des comptes de Normandie*, *op. cit.*, I-3, n° 23.642-23.643, p. 137, lettres de provision d'offices, et « Rôles normands et français et autres pièces tirés des archives de Londres… », art. cit., p. 219, n° 1250, 8-22 mars 1419).

129. A. Beaucousin (éd.), *Registre des fiefs et arrière-fiefs*, *op. cit.*, p. 101 (Osmonville, « fief de haubert »), et ADSM, G 1699 (enquête sur les nobles du Val de Dun, 1457 : « Baudouin Eude, demeurant à Dieppe »). Un autre Eude domicilié à Dieppe possède à la même époque un fief noble à Gueuteville-en-Caux, dont il se dessaisit en 1450 au profit de son fils aîné à l'occasion du mariage de ce dernier avec la fille d'un bourgeois de Rouen (ADSM, G 4573, contrat de mariage entre « Robert Eude le Jeune, fils aisné de Robert Eude, bourgeois de Dieppe, et Jehanne, fille de Nicolas Marguerie, bourgeois de Rouen », 1er janvier 1450).

130. A. Beaucousin (éd.), *Registre des fiefs et arrière-fiefs…*, *op. cit.*, p. 79, 80, 139, 141-143 et 155. Les Eude apparaissent, dans le dernier tiers du XVe siècle, très engagés dans les transactions sur le marché immobilier dieppois. Cf. AMD, Lang. C8/L1/1-2, 16 (1er mai 1477 et 21 octobre 1487 sur la question des servitudes « des maisons dites la *Pomme d'or* et l'*Écu de France* » de Pierre et Étienne Eude, sises rue de la Fessarderie, sur la place du marché ; 5 juillet 1530 pour la vente de « la maison dite le *Porc-épic* » par Catherine Landry, veuve de Vincent Eude).

Les Miffant, quant à eux, ne s'interdisent aucune source d'enrichissement[131]. En 1409, David Miffant, qui est « hôte-vendeur » et loge sur les quais, dans la partie la plus huppée de Dieppe, arme en guerre une petite nef qui dépouille les harenguiers britanniques[132]. Son fils David s'empare, dans les années 1420, du lucratif office de grenetier du sel. Dans les années 1440, les Miffant, sans cesser pour autant d'agir comme armateurs, diversifient leurs placements. Ferme des moulins à eau, étals de boucherie, négoce du bois, brasserie : on les trouve dans presque chaque secteur économique[133]. Signe de respectabilité accrue, ils sont présents, à la fin des années 1470, au sein du conseil de la Fabrique de l'église Saint-Jacques – l'assemblée de laïcs chargés de l'administration des biens de la paroisse[134]. En 1482, c'est encore un Miffant qui siège comme « maître » de la puissante confrérie de l'Assomption de la Vierge, qui organise les fêtes de la mi-août[135].

En 1507 vient la consécration : Guieffroy Miffant, seigneur de Longueil, est fait écuyer et prend pour armoiries « trois bustes de femmes d'argent sur champ d'azur ». Pour asseoir leur rang, ses descendants

131. Sur la trajectoire de la famille Miffant du XIIIe au XVe siècle, cf. P. LARDIN, *Dieppe au Moyen Âge…*, *op. cit.*, p. 455-459.

132. ADSM, G 499, RVD 1408-1409, f° 20v (paiement d'acquits de harengs frais par « David Miffant pour tous ses hostes non rabatuz les francz ») et f° 30r (« congié de deschargement d'un vaissel d'Engleterre prins en la mer en escumerie [avec] sa barge » : acquits à régler sur des barils de flétans, de saumon et de morues salées, 29 juillet 1409).

133. ADSM, G 508, 1448, f°s 21v-22r (trois moulins de brasserie détenus par les Miffant).

134. Le document, daté d'avril 1477, est un contrat de prise à rente pour 50 livres annuelles d'un ensemble de maisons sis « en la Grant rue, où pend l'enseigne de l'*Escu de France* » par les bourgeois de la ville, lesquels souhaitent y domicilier l'Hôtel commun. Le paiement de la rente est gagé sur les « biens, meubles et héritages » de la Fabrique de l'église Saint-Jacques, représentée par David Miffant et « noble homme Thomas Berquetot, escuier ». Parmi les nombreux témoins « faisant foi des paroissiens » figurent notamment Jehan Ango, Collenet Diel, Pierrot Guillebert le Jeune, « noble homme Robert Eude, escuier », Vincent et Baudouin Eude le Jeune, Ancellet Miffant, Jean et Addan Doublet, Jean de Sainct-Morisse l'Aîné et quatre Loutrel : Guillaume, Jaquet, Rogier et Ancel (ADSM, G 8109, C21/L10, 30 avril 1477, *Bulletin de la Commission des antiquités de la Seine-Inférieure*, 1897, 10-3, p. 97). Concernant le fonctionnement des « fabriques » paroissiales, le plus souvent appelées « trésors », cf. Vincent TABBAGH, « Trésors et trésoriers des paroisses de Rouen, 1450-1530 », *Revue d'histoire de l'Église de France*, 1991, 198, p. 125-135.

135. D. ASSELINE, *Antiquités et chroniques de la ville de Dieppe*, *op. cit.*, vol. 1, p. 171. Un Eude et un De Bures ont exercé la même charge les années précédentes.

achètent fief sur fief et continuent à accumuler les offices, d'abord localement, puis dans les sièges de pouvoir plus lointains et plus importants. Un Miffant est ainsi grenetier du sel à Dieppe en 1530, un second, receveur des deniers communs de la ville en 1550. La même année, c'est encore un Miffant qui occupe la charge de notaire de la vicomté royale d'Arques[136]. À compter de 1536, Étienne Miffant siège comme conseiller au Parlement de Rouen[137]. L'intermariage entre grandes familles locales assurant la conservation des patrimoines, un Miffant épouse dans les années 1500 une Blancbaston ; l'un de ses fils convole bientôt avec une Eude[138].

Un inventaire après décès, dressé en 1559, offre un remarquable aperçu du mode de vie luxueux des Miffant, qui possèdent alors, à Dieppe, un jardin rue d'Écosse et plusieurs maisons dans la paroisse Saint-Rémy, rue du Haut-Pas et rue de la Beste-Vêtue. Jugez plutôt : vaisselle d'argent, meubles en noyer, coffres de cyprès, pourpoint de satin violet, « paire de mules à la façon d'Espagne », robes de damas et de taffetas, collerettes cousues de perles, patenôtres d'agates, bagues à rubis, écus et réaux en veux-tu en voilà, « tapisserie où sont figurés des oiseaux sauvages », petits tableaux pieux, « tapis de Turquie » – et, pour couronner le tout, une bibliothèque de près de 300 titres, contenant les classiques de l'Antiquité, des traités de médecine, de cosmographie et de droit civil, les *Adages* et les *Colloques* d'Érasme, un commentaire de l'humaniste Marsile Ficin et *La Marguerite des marguerites*, pieux poème-fleuve de la reine de Navarre[139]. L'opulence parle en faveur du blason : en 1574, Charles Miffant, « seigneur d'Ancourt, du fief de la Motte et du fief-ferme de Gourmecourt », obtient son anoblissement moyennant le versement de 1 000 livres[140]. D'écumeurs

136. AMD, Lang. C8/L3/8, 9 février 1550 (contrat pour le salaire du fontainier P. Toustain, à 50 sols par jour).

137. A. FLOQUET, *Histoire du Parlement de Normandie*, *op. cit.*, vol. 2, p. 53 (lettres patentes du 9 décembre 1542). Étienne Miffant est exclu du Parlement en 1540 car suspecté de « luthéranisme ». Il est réintégré, après enquête, en 1542.

138. Guieffroy Miffant avait épousé Jeanne de Blancbaston ; son fils Jean épouse en 1526 Catherine Eude (*Bulletin de la Commission des antiquités de la Seine-Inférieure*, 1897, 10-3, p. 285).

139. Charles LEROY (éd.), *Inventaire des biens meubles dépendant de la succession de Me Jehan Miffant et de celle de Nicolas Miffant, son fils (18 septembre 1559)*, Rouen, A. Lestringant, 1937, p. 42-55.

140. M. C. GUIBERT, *Mémoires pour servir à l'histoire de la ville de Dieppe*, *op. cit.*, vol. 1, p. 399-400, et P.-Fr. LEBEURIER, *État des anoblis en Normandie de 1545*

à châtelains : sur la longue durée du siècle, les Miffant ont accompli un parcours sans faute.

Quels que soient les offices que les membres de ces familles occupent et les titres dont peu à peu ils se parent, la pierre angulaire de leur puissance économique reste leur participation active aux instances municipales : tous ont été reçus comme « bourgeois ». Aux termes du *Coustumier de la Vicomté de Dieppe*, compilé à la fin du XIVe siècle, il suffit, pour rejoindre les rangs de la bourgeoisie, d'être « témoigné » par deux bourgeois en titre, ainsi que de s'acquitter d'une taxe de 7 sous 6 deniers, équitablement répartie entre l'archevêque de Rouen et le receveur de la seigneurie[141]. Un mandement d'Henry VI rappelle, en 1425, que Dieppe jouit du droit de

> recevoir les serments [de ceux voulant être bourgeois d'icelle ville] par deux des notables bourgeois de ladite ville, qui les témoignent être prud-hommes et loyaux, d'honnête vie et renommée, demeurant et faisant résidence, feu et lieu en icelle ville, et que iceux [candidats] jurent par leurs serments qu'ils garderont et aideront à garder [de] ladite ville lois, droits, franchises, libertés et privilèges d'icelle [et qu'ils accepteront de] contribuer aux tailles, aides, guets de jour et de nuit ou [à] toutes autres soumissions et examens institués ou imposés en ladite ville[142].

Tout est, pour l'impétrant, affaire de crédit : celui, social, que les notables du lieu lui reconnaissent en le jugeant « d'honnête vie et renommée », et celui, économique, dont il doit jouir pour pouvoir s'acquitter de sa part des impôts royaux. Il faut entendre ici l'entrée en bourgeoisie au double sens du terme, ancien et contemporain, puisque non content de permettre l'accès à la pleine et entière citoyenneté locale, donc de briguer les offices édilitaires[143], elle ouvre droit à d'im-

---

à 1561, *op. cit.*, n° 27, p. 6 (lettres d'anoblissement de Charles Miffant, Vincennes, mai 1574).

141. E. COPPINGER (éd.), *Le Coustumier de la Vicomté de Dieppe…*, *op. cit.*, p. 19-20. Les « estrangiers » sont par ailleurs redevables de droits supplémentaires de 9 deniers lors de la foire Saint-Denis et de 10 sous à l'occasion de la foire Saint-Jacques (ADSM, G 498, RVD 1408-1409, fº 4r).

142. AMD, Lang. C1/L4/4 (mandement d'Henry VI donné à Rouen, 17 août 1425).

143. Selon David ASSELINE, le nombre des échevins dieppois est porté de deux à quatre en 1448 (*Antiquités et chroniques de la ville de Dieppe*, *op. cit.*, vol. 1, p. 195). Si la présence d'officiers royaux s'accroît à Dieppe à compter des années 1460, la municipalité y gagne aussi graduellement en autonomie. En 1517, le contrôle

portants privilèges commerciaux. Au bout d'un an et un jour, et plus tôt encore s'il règle le droit d'« accensement », le nouveau bourgeois n'a en effet plus à payer aucune taxe sur les marchandises qu'il fait entrer ou sortir de la ville, ce qui lui procure un énorme avantage comparatif sur nombre de ses compétiteurs.

Dans le dernier tiers du XVe siècle, ce sont en moyenne une vingtaine d'hommes qui sont admis chaque année à la bourgeoisie dieppoise, avec une pointe à 37 en 1472-1473. La plupart semblent originaires des pays de Caux et de Bray ainsi que de la région rouennaise, mais on compte aussi parmi eux une appréciable proportion d'étrangers : ainsi, en 1474-1475, deux Espagnols et deux Écossais, ou en 1477-1478, deux Écossais et deux Bretons[144]. Cette ouverture en direction de la péninsule Ibérique et des îles Britanniques ne doit pas surprendre, puisqu'il s'agit à l'époque de deux régions avec lesquelles les marchands de Dieppe et de Rouen ont noué de puissants liens de négoce[145]. L'entrée en bourgeoisie facilite les alliances commerciales autant qu'elle les scelle et les garantit. Le « franc-mérel » – le jeton de métal réservé aux bourgeois[146] – équivaut à un bordereau de détaxe *ad vitam* : la solvabilité se porte en sautoir.

---

financier du bailli et du sénéchal de l'archevêque de Rouen s'y trouve révoqué par lettres royales (P. LARDIN, *Dieppe au Moyen Âge*..., *op. cit.*, p. 315-316).

144. ADSM, G 522, RVD 1472-1473, fos 20r-22r ; G 524, RVD 1474-1475, fos 5v-7r ; et G 528, RVD 1477-1478, fos 25v-26v. Pour une vue d'ensemble des accessions à la « bourgeoisie » sur la période 1446-1484, cf. P. LARDIN, *Dieppe au Moyen Âge*..., *op. cit.*, p. 279.

145. M. MOLLAT, *Le Commerce maritime normand*..., *op. cit.*, p. 114 (Espagne), 157-158 et 171 (Écosse), et ADSM, G 897 (mémoire touchant les droits dus à l'archevêque de Rouen à Dieppe par les « marchands, gens, maistres de nefs et marins du royaulme de Castille fréquentans marchandemment au royaulme de France », 1422). En 1525, les Écossais disposent même de leur propre chapelle en l'église Saint-Jacques (ADSM, G 5330, n° 2, information faite par Vincent Eude, lieutenant général à Dieppe du sénéchal de l'archevêché, touchant les ordres d'un dénommé Adrien Cowl « soit-disant prêtre », témoignage de David Miffant, 27 avril 1525, fo 1v).

146. Un « méreau » ou « mérel » désigne alors un bon-pour ou un laissez-passer prenant la forme d'un jeton métallique ou d'une rondelle de cuir (Michel PASTOUREAU, *Jetons, méreaux et médailles*, Turnhout, Brepols, 1984). Une affaire montre bien l'importance de cet insigne de « franchise ». En mai 1428, lors de l'ouverture des comptes de la harengaison, le receveur de la vicomté de Dieppe, Nicolas Pintel, refuse de bailler le « franc-mérel » à Robert Eude. Il lui réclame en conséquence le paiement de la « coutume » sur toutes ses ventes de « hareng nouvel » hors de la ville. Eude proteste tant et si bien qu'il entre en procès avec Guillaume de la Bare, le

*
* *

C'est dans l'une de ces listes de nouveaux bourgeois qu'apparaît pour la première fois, en 1463, dans le registre du receveur Pierre Raoullin, le nom de Jehan Ango, « natif de Rouen, qui, le 23e jour dudit mois [d'août], requit ladite bourgeoisie, fit les serments et fut témoigné suffisant par Jehannet Eude et Colenet Diel[147] ». Introduit dans la bonne société locale par un Eude : l'acmé de la cooptation. En février 1467, ledit Jehan Ango expédie en Angleterre, par l'intermédiaire d'un certain Jacques Dauphin, un baril d'huile et une pipe de vin ; en mars de la même année, il en fait venir dix juments[148]. En 1478, il y exporte du fer et du sucre, ainsi que des harengs en Bretagne. En 1481, il achète outre-Manche 16 muids d'orge, soit 400 hectolitres[149]. L'homme donne l'impression d'être un petit marchand touche-à-tout, ce qui ne l'empêche pas d'investir les offices locaux : en 1475, il est commis du grenetier du sel[150] – position stratégique, car même si les habitants de Dieppe sont dispensés du paiement de la gabelle par le privilège du « franc-salé », l'accès au sel, de qualité et en quantité, reste la clé du succès commercial : comment, autrement, « caquer » le hareng[151] ?

---

lieutenant du sénéchal Jehan Le Cauchois. Ce dernier profite de la bisbille pour faire dresser une liste de tous les « francs » de la cité, soit 39 hommes (ADSM, G 908, n° 26, actes des 15 mai 1428, 10 mars et 22 mai 1429).

147. ADSM, G 517, RVD 1462-1463, fº 5r (24 août 1463). Jehan Ango requiert une nouvelle fois la bourgeoisie l'année suivante sous le patronage de Rogerin Loutrel et Colenet Diel. Mais, cette fois, il « fait les serments *et* coutumes », autrement dit, il s'acquitte du droit d'accensement lui permettant de bénéficier d'une entière franchise commerciale (ADSM, G 517, RVD 1463-1464, fº 5v, 15 mai 1464).

148. L'importation de chevaux anglais est une spécialité dieppoise tout du long du XVe siècle : on en fait venir 409 en 1447-1448, 169 en 1478-1479 et 55 en 1479-1480 (Ch. de Robillard de Beaurepaire, *L'État des campagnes de la Haute-Normandie*..., *op. cit.*, p. 122).

149. M. Mollat, *Le Commerce maritime normand*..., *op. cit.*, p. 100 (ADSM, G 520-523) et p. 312 (ADSM, 3B, cour des Aides, 16 et 23 septembre 1504).

150. Philippe Lardin, « La famille Ango du milieu du XIVe au milieu du XVIe siècle », *Bulletin des Amys du Vieux Dieppe*, 2020, 133, p. 45 (ADSM, 3B, cour des Aides, 1475, fº 52).

151. « Caquer » le hareng signifie le mettre avec du sel dans une « caque » : une barrique.

Contrairement au mythe d'un homme « de basse extraction », forgé au XVIIe siècle par David Asseline dans ses *Antiquités et chroniques de la ville de Dieppe*[152], Jehan Ango n'est pas né sous une mauvaise étoile : il est issu d'une famille de notables rouennais. Son grand-père, Guillaume Ango, a fait fortune dans les années 1400 – dans le négoce de la laine, certes, mais aussi et surtout en spéculant frénétiquement sur les rentes[153]. Cette réussite en affaires lui a d'ailleurs permis d'accomplir un saut statutaire, puisqu'il a été anobli moyennant finances en 1404[154]. Le père de Jehan Ango, qui porte lui aussi le prénom de Guillaume, se révèle pour sa part piètre investisseur mais fin politique. Ayant épousé en 1427 Catherine Surreau, fille du receveur général de Normandie, il assoit son rang en rachetant la seigneurie de Bondeville au second mari de sa mère[155]. À partir de 1447, il

152. D. ASSELINE, *Antiquités et chroniques de la ville de Dieppe*, *op. cit.*, vol. 1, p. 236. Ce mythe est repris dans Jean Antoine Samson DESMARQUETS, *Mémoires chronologiques pour servir à l'histoire de Dieppe et à celle de la navigation françoise*, Paris, Desauges, 1785, vol. 1, p. 104 (« Ango, né d'un père d'une aisance médiocre »). L'entreprise de réécriture misérabiliste de la biographie d'Ango atteint son point fictionnel culminant dans une pièce jouée en 1835, où l'auteur, socialiste utopique opposé à la monarchie de Louis-Philippe, met en scène un duel entre « la royauté vile et couarde » de François Ier et « le peuple énergique » incarné par l'armateur (Félix PYAT, *Ango, drame en cinq actes, six tableaux, avec un épilogue*, Paris, A. Dupont, 1835, p. III et 101).

153. Sur l'origine lainière de la fortune de Guillaume Ango et de son cousin Henri, qui sont issus d'une famille de propriétaires terriens d'Isneauville (au nord de Rouen), cf. Jean-Louis ROCH, *Un autre monde du travail. La draperie en Normandie au Moyen Âge*, Mont-Saint-Aignan, Presses universitaires de Rouen et du Havre, 2013, p. 67 et 121. Pour la boulimie de fiefs, de rentes et de biens immobiliers de Guillaume Ango (mort en 1417), puis de son fils, cf. Ch. de ROBILLARD DE BEAUREPAIRE, *L'État des campagnes de la Haute-Normandie...*, *op. cit.*, p. 131, 134 et 163-170. Entre 1390 et 1403, Guillaume et Henri Ango achètent 438 rentes viagères pour près de 10 000 livres. Outre sur leur perception des règlements réguliers, qui leur rapportent 2 000 livres par an, ils misent sur les intérêts en cas de retards de paiements (P. LARDIN, « La famille Ango du milieu du XIVe au milieu du XVIe siècle », art. cit., p. 32).

154. Un acte du 16 septembre 1404 porte « anoblissement de Guillaume Ango et de sa postérité moyennant 520 livres » (Henri GOURDON DE GENOUILLAC, *Dictionnaire des anoblissements, 1270-1790...*, Paris, Bachelin-Deflorenne, 1869, vol. 1, p. 9).

155. Après la mort de Guillaume Ango en 1417, sa veuve, Agnès Le Tellier, se remarie avec Roger Mustel, détenteur de la juridiction de la vicomté de l'Eau et membre d'une puissante famille ayant donné deux maires à Rouen au XIVe siècle (P. LEVAUDEL, « Les conseillers de Rouen dans le tabellionage à la fin du XVe siècle », art. cit., p. 100). Au moyen du recouvrement d'arriérés de rentes, Mustel acquiert

cumule la charge de conseiller de la ville de Rouen et l'office de « garde des maîtres de la monnaie de Normandie », consistant à vérifier l'aloi des pièces du trésor municipal[156]. Son frère Richard – l'oncle de Jehan Ango, donc – acquiert en 1451 le fief de Bailleul, près de Saint-Valéry-en-Caux. Tous deux usent du titre d'écuyer. Rentes, fiefs, dignités : l'itinéraire balisé de la bourgeoisie de robe.

Avec de tels ascendants, on s'étonne que Jehan Ango soit parti cameloter du grain sur les quais de Dieppe plutôt que faire son droit. Mais, à compter des années 1440, son père traverse une mauvaise passe financière qui l'oblige à revendre la majeure partie de ses rentes, et même à s'endetter auprès d'un « lombard » (un usurier) : à sa mort, en 1472, ses biens sont un par un « passés par décret », autrement dit mis aux enchères pour rembourser ses créanciers. En 1477, pour éponger le reliquat des dettes paternelles, la fratrie est contrainte de se dessaisir de son ultime emblème de prestige : la seigneurie de Bondeville, cédée à Robert Surreau, bois, prés, moulin et colombier compris[157]. Le cousin de Jehan, Guillaume, parvient à préserver sa fortune, et même à conserver le fief de Veules. Mais ses propres frères vivent désormais loin des ors de la haute bourgeoisie : Roger est « maître des œuvres et réparations » de Rouen, Richard, chanoine de Coutances, Pierre, curé de Cany – une bourgade non loin de Fécamp[158].

---

plusieurs fiefs nobles pour le compte des enfants Ango. En 1427, l'héritage de ces derniers, devenus majeurs, est évalué à 7 700 livres : une fortune. Mais Mustel prélève sur cette somme, outre les frais de mariage des deux filles Ango (2 867 livres), des dépenses diverses et variées de bouche et d'entretien, de sorte qu'il ne leur doit plus que… 233 livres. Il s'acquitte de cette somme en leur donnant pour 40 livres de grains et pour 1 300 livres de sel (P. LARDIN, « La famille Ango du milieu du XIVe au milieu du XVIe siècle », art. cit., p. 34-37).

156. Élise WINTZ, *Charles VII et le conseil municipal rouennais. Communication, négociations, légitimité*, Heidelberg, Universitäts-Bibliothek, 2016, p. 96, 120, n. 18, 168, n. 31, et 192.

157. Jehan Ango est présenté dans un acte notarié d'avril 1469 comme un écuyer et le seigneur de Bondeville. Mais il semble qu'il n'ait accepté à l'époque la charge de ce fief que pour éviter qu'il soit saisi aux dépens de son père, à qui il le restitue très probablement sitôt la menace dissipée (P. LARDIN, « La famille Ango du milieu du XIVe au milieu du XVIe siècle », art. cit., p. 41, ADSM, G 9456, fo 7). Malheureusement, la seigneurie est mise en décret dès la mort de Guillaume Ango, de sorte que Jehan doit la racheter pour 1 800 livres au procureur du roi de Rouen, qui l'a acquise aux enchères (*ibid.*, p. 43, ADSM, 2E1/201, 16-23 janvier 1477).

158. P. LARDIN, « La famille Ango du milieu du XIVe au milieu du XVIe siècle », art. cit., p. 38 et 42-44.

Si l'impression d'ensemble est celle d'un effritement continu du patrimoine comme du renom familial, Jehan n'est pas un Petit Chose[159]. Bien qu'affaiblie économiquement, sa parentèle continue à appartenir aux strates supérieures – riches et lettrées – de la société normande. Ses réseaux familiaux lui procurent ainsi une assise financière dont peu de « maîtres de navires » disposent : pour renflouer sa trésorerie, il n'hésite pas à faire appel à son oncle, le chanoine Laurent Surreau[160].

Quoi qu'il en soit, passé les années 1480, on ne trouve quasiment plus trace du patronyme Ango dans les archives pendant des décennies[161], jusqu'à ce qu'en novembre 1514 un « honorable homme Jehan Ango, bourgeois de Dieppe » prenne à ferme la perception des recettes de la vicomté de Dieppe, Bouteilles et Le Pollet pour 4 000 livres par an – une somme reconduite à l'identique à chaque renouvellement du bail jusqu'en 1535, puis portée à 4 450 livres. Dès 1517, ce même Ango – fils du nouveau bourgeois de 1463 – est désigné dans le livre des recettes de l'archevêché comme « écuyer, receveur fermier de la terre et seigneurie de Dieppe[162] ». De nouveaux bourgeois à receveurs

159. Preuve de son aisance financière, Jehan Ango règle comptant en 1482, en monnaies d'or et d'argent, une rente de 150 livres (*ibid.*, p. 43, ADSM, $2^{E}1/207$, 31 juillet 1482).

160. Julien Félix, *Inventaire de Pierre Surreau, receveur général de Normandie, suivi du testament de Laurens Surreau*, Rouen, A. Lestringant, 1892, p. 185-186 (14 août 1476). Associé dès 1447 à la gestion de la bibliothèque capitulaire, Laurent Surreau est un bibliophile averti, qui joue un rôle important dans la circulation des manuscrits à Rouen (Monique Peyrafort-Huin, « D'un lecteur à l'autre : emprunts et circulation de manuscrits à Rouen à la fin du Moyen Âge », *Tabularia. Sources écrites des mondes normands médiévaux*, 2014, 14, p. 1-88).

161. Tout juste trouve-t-on de loin en loin mention de Jehan Ango agissant en qualité de bourgeois et au titre de témoin lors d'actes de cession ou d'acquisition de maisons et de rentes par la ville de Dieppe (par exemple ADSM, G 913, n° 5, acquisition par la ville d'une maison et place sises place des Hallettes, 30 janvier 1493).

162. ADSM, G 958 (baux généraux et particuliers des revenus de Dieppe, quittances données à Jehan Ango). L'ensemble des pièces ont été réunies – peut-être par Eugène Guénin – en un unique dossier au sein du registre. Les sommes se retrouvent logiquement dans la comptabilité générale de l'archevêché, sous la rubrique du revenu tiré de l'affermage des seigneuries de la temporalité. Cf. ADSM, G 96 (compte et état de la recette et mise du revenu de l'archevêché de Rouen, 1515-1516), f° 25r, G 97 (*ibid.*, 1516-1517), f° 24v, G 98 (*ibid.*, 1517-1518), f° 23v, G 99 (*ibid.*, 1518-1519, 5ᵉ section), f° 2r, G 100 (*ibid.*, 1519-1520), f° 23r, G 121 (*ibid.*, 1535-1536), f° 19r, et G 133 (*ibid.*, 1544-1545), f° 22v. L'affermage global de la seigneurie de Dieppe débute en 1495 au profit d'un « hôte-vendeur » nommé Roger Le Roux (P. Lardin, *Dieppe au Moyen Âge…*, *op. cit.*, p. 543, ADSM, G 82, f° 27r).

de seigneurie en un demi-siècle : pour n'être pas singulière, l'ascension sociale des Ango reste spectaculaire.

*
* *

Jean Ango : l'homme à qui l'archevêque de Rouen, Georges II d'Amboise, afferme en 1514 la perception des recettes de sa vicomté de Dieppe, cet homme qui se plaît à s'intituler « sieur de la Rivière » du nom du huitième de fief qu'il a acquis sur les terres du duché de Longueville[163], n'est pas un inconnu. Il a même eu plus que sa part de postérité : un ponton et un navire de dragage de Rouen, un pavillon de chirurgie digestive, un port de plaisance et un lycée de Dieppe portent son nom. Ainsi qu'un bistrot au Pollet, 20 quai du Carénage, « cuisine orientale, chorba maison à huit euros ». Les historiens – qui ont plus d'imagination qu'on ne le croit – disent de lui qu'il est « le Jacques Cœur du XVIe siècle », « le Médicis normand », « l'homme qui a fait trembler le roi de Portugal ». Ils lui prêtent le « rêve d'une Venise océane[164] », lui devinent des ambitions à faire pâlir un Richelieu, s'émerveillent de son goût du profit et des belles choses, lui attribuent la découverte française des Indes et des Amériques, font de lui tout à la fois un maître corsaire et un érudit humaniste : il est la Renaissance faite homme.

Dieppe a compté, en ses murs étendus,
Plus d'un habitant qu'eût jalousé Crésus.

163. Le domaine de la Rivière est situé à Offranville, à quelques kilomètres au sud-ouest de Dieppe (A. BEAUCOUSIN, éd., *Registre des fiefs et arrière-fiefs…*, *op. cit.*, p. 122). En 1544, Ango acquiert du seigneur de Flaix, Louis Frétel, pour la somme de 18 500 livres, un autre petit fief à Gerponville, à une dizaine de kilomètres de Fécamp (Alfred COVILLE, « Une aubaine à Lyon sous Henri II », *Revue historique*, 1904, 85-1, p. 75-76). En 1546, il est aussi porté détenteur du quart de fief noble de Saint-Pierre l'Avis et Sainte-Marguerite-sur-Fauville, relevant du duché de Longueville et anciennement propriété des Frétel (Charles de ROBILLARD DE BEAUREPAIRE, « Aveu de Jean Ango, 17 octobre 1546 », *Bulletin de la Commission des antiquités de la Seine-Inférieure*, 1895, 10-1, p. 257). La rencontre entre Ango et Frétel n'est pas fortuite, puisque ce dernier commande à l'époque plusieurs vaisseaux royaux mouillant à Harfleur et à Saint-Malo.

164. Guillaume MALAURIE, « Ango le Dieppois. Le rêve d'une Venise océane », *Historia*, 2016, 831, p. 60-66.

Entre ses citoyens, tous comblés de richesses,
D'Ango se distingua par ses larges noblesses
Et par l'insigne honneur de voir son souverain
Prendre place à sa table et lui donner la main.
Rival des Médicis, bienfaiteurs de Florence,
Aux beaux-arts consacrant sa prodigue opulence,
Il décora sa ville en fondant un palais
Dont les lambris dorés de ses rares succès
À toute la Neustrie [*la Normandie*] *attestaient la constance,*
Et dont l'immensité, la solide élégance,
De ses hardis calculs perpétuels témoins,
Révélaient chaque jour tous ses pénibles soins,
Et disaient aux Dieppois qu'une intrépide course [*guerre maritime*]
Des trésors les plus grands peut devenir la source[165].

À y bien regarder, Ango semble pourtant n'être qu'un Miffant comme les autres. Ayant hérité de son père une honorabilité propice à sa convoitise, il embrasse d'un même mouvement les affaires et les offices. Celui, tout d'abord, de grenetier du sel, dont il est pourvu en 1521[166] et qui le place au cœur des jeux de pouvoir locaux, voire régionaux. Produit dans les salines voisines du val de Bouteilles aussi bien qu'importé de Brouage ou de Setúbal, près de Lisbonne[167], le sel constitue, pour une cité tout entière tournée vers le négoce du hareng « caqué », une sorte d'or blanc dont les institutions, à chaque niveau, se disputent le bénéfice.

165. Anonyme, *Éloge de la ville de Dieppe : fragment inédit d'un poème sur l'industrie et le commerce français*, Paris-Dieppe, Dondey-Dupré, 1829, p. 10-11. Le poème contient plus bas l'inévitable comparaison avec « Jacques le financier, dans Bourges renaissant » (p. 15).

166. Ernest de Fréville, *Mémoire sur le commerce maritime de Rouen*, Rouen, Académie des Arts, 1849, vol. 2, doc. CVIII, p. 428 (BNF, Mélanges de Clairambault, vol. XXX, n° 5231 : « le grenetier de Dieppe », qui affrète un navire à Honfleur pour le duc d'Albany, 1521).

167. Sur les salines de Bouteilles, productrices d'un sel blanc appelé « sel de lie », cf. Suzanne Deck, « Les salines de Bouteilles », *Annales de Normandie*, 1964, 14-4, p. 451-452, et H. Cahingt, *Arques, 1454-1459*..., *op. cit.*, p. 66-70. Si l'exploitation des salines de Bouteilles décroît fortement dès les années 1450, le commerce avec Brouage connaît en revanche une embellie au XVIe siècle : de 1515 à 1530, les chargements des navires normands représentent 15 à 36 % de l'ensemble des achats de sel dans les ports de la baie de Noirmoutier (Claude Bouhier, « Les Normands et le commerce du sel. Les liens avec Noirmoutier, 1506-1547 », *Études normandes*, 1998, 37-2, p. 57).

Tout l'atteste, à commencer par les luttes dont il est l'objet et le théâtre : le grenier à sel de Dieppe – qui couvre non seulement l'ensemble du pays de Caux, mais aussi le comté d'Eu et une fraction du pays de Bray – forme un rouage critique de la vie économique. S'il fonctionne peu ou prou comme une centrale d'achat et de redistribution, il obéit à des contraintes particulières, liées au double statut fiscal du sel. Les Dieppois étant dispensés de longue date du paiement de la gabelle par le privilège royal du « franc-salé[168] », certaines opérations du grenetier n'ont aucune finalité commerciale : elles relèvent de la simple délivrance d'une quantité réglementaire de produit à qui de droit. En revanche, à l'égard des « gabellants », c'est-à-dire de tous ceux qui, ne résidant pas à Dieppe, s'y fournissent en « sel d'impôt », la logique redevient celle d'une marchandise négociée au prix du marché – et lourdement taxée[169].

Le grenetier doit donc endosser tour à tour des rôles distincts. Il lui faut d'une part, pour garnir ses entrepôts comme pour dégager un revenu de son activité, faire affaire avec les « marchands de sel », qui sont comme il se doit issus des principales familles de notables de la ville. Il s'agit là d'un milieu qu'Ango connaît d'autant mieux que son propre père y a appartenu : en 1502, Ango l'Ancien apparaît, au côté de Vincent Eude et de Guieffinot Miffant, comme l'un des trois principaux clients du grenetier Guillaume de Bures[170]. Le grenetier doit d'autre part veiller à fournir équitablement les bourgeois et les manants de Dieppe en sel détaxé, et pour cela non seulement s'assurer de leur qualité de

168. Le privilège de « franc-salé » est vaste, puisque « les manants et habitants de Dieppe peuvent à toujours prendre au Grenier à sel établi audit Dieppe, et salines acheter à bord des navires apportant en ladite ville, tout le sel, tant gros que délié, qui leur serait nécessaire, tant pour saler les harengs, morues, maquereaux qu'autres leurs provisions et estorements quelconques, et icelui sel mettre en leurs maisons et celliers tant qu'il leur en fût besoin et nécessaire pour lesdites provisions, salaisons, marchandises et estorements pour deux années à [la] fois » (AMD, AA2/8, lettres patentes de Henri II portant confirmation des privilèges de la ville de Dieppe, août 1547, f° 1r).

169. Jean-Marie VALLEZ, « Circonscriptions et régimes de l'impôt sur le sel en Normandie », *Annales de Normandie*, 1982, 1-2, en particulier p. 560-561.

170. Édouard LE CORBEILLER, « Notes dieppoises. Jean Ango », *Revue catholique de Normandie*, 1902, 12, p. 50 (reçu pour 575 livres de sel, 6 septembre 1502). La participation de Jehan Ango au négoce du sel est probablement plus ancienne et plus conséquente que ne le suggère cette mention tardive puisque, en 1478 déjà, on le voit s'associer au changeur rouennais Guillaume Restout pour fournir le grenier de Dieppe (P. LARDIN, « La famille Ango du milieu du XIVe au milieu du XVIe siècle », art. cit., p. 45).

« resséants », c'est-à-dire de résidents permanents, mais aussi contrôler au plus près la pesée de leurs livraisons – ce dont une consigne royale lui fait obligation[171]. Pour protéger son monopole aussi bien que les intérêts de la Couronne, il doit faire preuve d'une vigilance extrême, puisque la fraude va alors très probablement aussi bon train qu'à la fin du XIVe siècle, quand sergents et commissaires découvraient des barils de sel cachés dans des granges en ruine ou au pied des falaises[172].

Mais si l'approvisionnement et la distribution du sel sont la prérogative exclusive des grenetiers, qui prennent ce droit à bail auprès de l'archevêque de Rouen, son « droit de mesurage » leur échappe, qui s'acquiert également moyennant finances auprès de la Couronne[173]. Les mesureurs de sel disposant seuls de la prérogative d'étalonnage des muids[174] et s'efforçant de la facturer au prix fort, la situation se prête à de violents affrontements entre adjudicataires – des affrontements auxquels les édiles n'hésitent pas à prendre part. La ville perd ainsi un procès contre le mesureur de sel La Fontaine en 1505, mais l'emporte en 1555 contre un autre, dénommé Gauvin, que les échevins « condamnent par corps à mesurer le sel des bourgeois ou à donner des mesures[175] ».

Les hostilités font rage sur d'autres fronts. Le privilège de « francsalé » n'est pas concédé à perpétuité, mais établi par lettres patentes

171. Paul MARICHAL (éd.), *Catalogue des actes de François Ier*, Paris, Imprimerie nationale, 1889, vol. 1, p. 315-316, n° 1705 (permission de François Ier, Paris, 17 décembre 1522).

172. Philippe LARDIN, « Le sel à Dieppe à la fin du Moyen Âge. D'une ressource locale à un impôt royal », dans Christine HOËT-VAN CAUWENBERGHE, Armelle MASSE et Gilles PRILAUX (dir.), *Sel et société*, t. 2, *Santé, croyances, économie*, Villeneuve-d'Ascq, Presses universitaires du Septentrion, 2020, p. 492.

173. ADSM, G 875, n° 4 (copie de l'ordonnance de Charles VI du 5 septembre 1404 conditionnant le droit de mesurage du « sel blanc » de Bouteilles à l'usage de la « mesure de Paris », faite au profit du mesureur Martin Lebergier, Dieppe, 27 mai 1416). Quand elles le peuvent, les grandes familles locales investissent l'ensemble des offices liés au commerce et à l'impôt du sel. En 1434, lorsque le mesureur de sel Jacques Eude ratifie l'exemption des Dieppois en matière de paiement de droits sur le « sel de pêche », il ne s'engage pas seulement envers le grenetier Colin Miffant, mais aussi envers son propre parent, le contrôleur du sel Baudouin Eude (ADSM, G 898, accord entre les bourgeois de Dieppe et le mesureur de sel concernant certains droits, Rouen, 15-17 octobre 1434).

174. Mesure utilisée pour la pesée des grains, le muid vaut, à Dieppe, 25 hectolitres.

175. AMD, Lang. 1C/L10/1-10 (arrêt de la cour des Aides en faveur du mesureur La Fontaine, 23 avril 1505, et procès entre le grenetier du sel et le mesureur Gauvin, octobre 1554-3 décembre 1555).

pour une durée maximale de dix ans : il faut batailler ferme avec les juridictions supérieures pour en obtenir le renouvellement[176]. Le conflit peut aussi éclater avec les bourgs voisins, qui sont tout autant jaloux de la prééminence de Dieppe que désireux de s'arroger une portion de son pactole. En 1519, Saint-Valéry-en-Caux brandit la menace de l'érection de son propre grenier à sel, obligeant l'archevêque de Rouen à ester en justice devant le Grand conseil du roi[177]. Dans cette mêlée, le grenetier – Ango, donc – joue tantôt le rôle gratifiant de champion des intérêts municipaux, tantôt celui, de toute évidence moins reluisant, d'agent du fisc[178] [cf. Illustration 2].

La seconde charge détenue par Ango, celle de receveur des recettes de la vicomté, prise à bail auprès de l'archevêque de Rouen, lui assure encore plus de prestige et de revenus. Il perçoit non seulement les « acquits » dus sur le produit des pêches, mais aussi les taxes en numéraire et en nature sur les marchandises entrant à Dieppe : 1 denier par baril de bois et pour 3 gallons d'huile, 2 pour chaque tonneau de cervoise, 4 par charrette de grains et par centaine de peaux de veaux de lait, 6 par tonneau de vin et par poise de sel gris, 8 pour un drap de soie doré, 4 sous par tonneau de miel, un fromage d'Angleterre (« ni le pire ni le meilleur ») pour chaque lot de 25, etc.[179]. S'y ajoutent les patentes que doivent payer, pour chacun de leurs étals, les bouchers,

176. À compter de 1500, l'exemption de gabelle aux pêcheurs dieppois « pour l'apprêt des poissons de leurs pêches » leur est ainsi successivement accordée pour quatre ans (23 mars 1501), dix ans (14 février 1505), six ans (6 juin 1520), six ans (6 juillet 1528), neuf ans (11 février 1531) et cinq ans (16 juillet 1547). Passé 1550, la durée de reconduction du privilège devient ordinairement de trois ans – ainsi en 1559, 1566 et 1573 (AMD, Lang. 1C/L9/3, 5, 9, 11, 15 et 20-24).

177. ADSM, G 100 (compte et état de la recette et mise du revenu de l'archevêché de Rouen, 1519-1520), f°s 29v-30r : « Mise extraordinaire à cause du grenier à sel que prettendent de nouveau exiger les habitans de Sainct Valery en preiudice de Monsr et des habitans de Dieppe dont le procez est introduit au Grand conseil du Roy. » L'archevêque ne peut en revanche rien contre les décisions royales. Or, François Ier accorde en 1517 par lettres patentes à la ville du Havre-de-Grâce, tout juste fondée, une exemption de « tailles » et un droit de « franc-salé » pour une période de dix ans (AMH, FA, AA 2.1, lettres patentes du 8 octobre 1517).

178. Impossible, malheureusement, d'en apprendre plus sur l'activité d'Ango en la matière puisqu'un acte municipal constate en 1698 que, lors du bombardement de 1694, une maison a « brûlé avec les papiers du greffe du grenier à sel » (AMD, Lang. RA 2/52, 20 février 1698).

179. E. Coppinger (éd.), *Le Coustumier de la Vicomté de Dieppe…*, *op. cit.*, p. 28, 55, 62, 78-89.

les boulangers, les poissonniers, les merciers, les bottiers, les changeurs et les maréchaux-ferrants, ainsi qu'une pléthore de menues taxes touchant chaque aspect de la vie économique – droits de hallage, de criage, de tabellionage, etc.[180].

Ne nous y trompons pas : si Ango paie de 4 000 à 5 000 livres le bail des revenus de la vicomté, c'est qu'il espère en retirer de 7 000 à 8 000 livres[181]. Plaque tournante des échanges commerciaux entre le nord de la France, la Flandre, l'Écosse et l'Angleterre, Dieppe est une aubaine pour le fisc. Nul n'a mieux ni plus crûment résumé l'ampleur des recettes locales que l'archevêque de Rouen François II de Harlay : « C'est un Pérou que la boîte [le coffre aux acquits] et le hareng[182]. » En tant que bourgeois armant ses propres navires, Ango est en outre tout à la fois du côté du manche et de celui de la cognée : les droits de « Vase » – de mouillage dans le port – et de quayage dont il s'acquitte, c'est lui qui les encaisse.

La charge le met par ailleurs au contact d'un monde social autrement éblouissant que celui, douillet mais confiné, de la bourgeoisie cauchoise. Les archevêques de Rouen – Georges Ier d'Amboise, mort en 1510, puis son neveu, Georges II, jusqu'en 1550 – comptent parmi les plus puissants personnages du royaume : le premier manque de peu d'être élu pape en 1503 et devient le principal ministre de Louis XII, le second conquiert la tiare cardinalice en 1545[183]. Dans leur somptueux

180. En 1476, on dénombre dans la ville 35 étaux de bouchers, 12 de poissonniers, 9 de boulangers « vendant pain à leurs fenêtres ou aux halles », 3 de maréchaux-ferrants (les « fèvres ayant travaux à chevaux sur le pavement ») et 2 de boursiers (ADSM, G 527, RVD 1476-1477, f°s 21r-22r). Le droit de criage est perçu sur l'activité du crieur public lorsqu'il annonce le prix des denrées, celui de hallage doit être acquitté pour la mise en vente aux halles et celui de tabellionage concerne les actes notariaux.

181. En 1509, le bail s'élève à 2 500 livres (ADSM, G 539, RVD 1509-1510, f° 1r). En 1547, Jean Loutrel et son fils le prennent pour une durée de six ans moyennant 7 000 livres (E. Coppinger, éd., *Le Coustumier de la Vicomté de Dieppe*..., *op. cit.*, p. LX).

182. ADSM, G 965 (réponse sous forme de *marginalium* de F. de Harlay à un courrier de ses avoués à Dieppe, MM. Petit-Jan et Le Court), 24 octobre 1644 : « Hantez le plus que vous pourrez à la vicomté pour apprendre ce trictrac d'affaires, car c'est un Pérou que la Boitte et le harang. » Il ne s'agit pas d'une exagération. Les recettes tirées de la vicomté de Dieppe représentent plus de 70 % du revenu total du temporel de l'archevêque de Rouen dans les années 1460, et 50 à 60 % dans les années 1495-1500 (P. Lardin, *Dieppe au Moyen Âge*..., *op. cit.*, p. 542).

183. F. Pommeray, *Histoire des archevêques de Rouen*, *op. cit.*, p. 581-588 et 605-607.

château de Gaillon, véritable palais gothique décoré de tapisseries « à la mode de Turquie », de verrières historiées et d'un retable en marbre de Carrare[184], les Amboise mènent grand train. En décembre 1513, à l'occasion de son ordination sacerdotale, Georges II y donne un banquet « qui dure trois jours entiers à grande, joyeuse et somptueuse chair ». Les invités y dégustent, au son des ménestrels, du vin blanc de Beaune, de l'hypocras vermeil, du clairet et des crus plus délicats de Paris et d'Anjou[185].

Ango devient au fil des ans un véritable professionnel de la perception. Diversifiant sa clientèle au sein du clergé, il assure à compter de 1537, pour la somme forfaitaire de 400 livres par an, la collecte de la dîme des chanoines de la cathédrale de Rouen dans la vicomté de Dieppe. Il se plaint d'ailleurs très vite de ses conditions de travail, notamment

> des peines qu'il a eues à la recette pendant le temps de la guerre [entre François Ier et Charles Quint, de 1536 à 1538], qui aura duré deux ans, pendant lequel temps il était besoin qu'il fût chacun jour à cheval, lui ou ses gens, pour le recouvrement des deniers de ladite recette, où il a usé sa monture. [En conséquence de quoi les chanoines] lui ont accordé et donné une haquenée [une jument de petit trot, aisée à monter mais peu endurante] au moyen et parce qu'il ferait, encore cette année, ladite recette[186].

L'essentiel de la fortune de Jean Ango ne procède toutefois pas de la jouissance de ses offices, non plus que du paisible exercice du roulage ou de la pêche harenguière. En 1514, il est « victuailleur » (approvisionneur) pour un quart de la nef *La Normande*, commandée par

184. Laure FAGNART, « Les biens meubles du château de Gaillon », dans Jonathan DUMONT et Laure FAGNART (dir.), *Georges Ier d'Amboise, 1460-1510. Une figure plurielle de la Renaissance*, Rennes, Presses universitaires de Rennes, 2013, p. 169-187.

185. Ch. de ROBILLARD DE BEAUREPAIRE, *L'État des campagnes de la Haute-Normandie...*, *op. cit.*, p. 85, et ADSM, G 95 (compte et état de la recette et mise du revenu de l'archevêché de Rouen, 1513-1514), f° 30r, 18 décembre 1513 : 2 806 livres pour la « mise à cause du bancquet qui fut fait à l'entrée et joyeux advénement de Monseigneur ».

186. ADSM, G 2217 (comptes et états des recettes de Messeigneurs du chapitre de l'église cathédrale Notre-Dame de Rouen, 1538-1539), f° 16v. Cf. ADSM, G 3304, f° 73r, pour la prise à ferme de la dîme en 1537 (400 livres « aux termes de Chandeleur et Saint-Jean Baptiste »).

Jacques Maheut. Or, le navire, armé « en course », c'est-à-dire équipé d'artillerie légère[187], capture aux premiers jours d'avril, au large des côtes zélandaises où il s'était mis en chasse, une nef appartenant à des marchands de Lübeck et chargée de blé, de seigle et de bière. Bref, un honnête vaisseau de négoce, qui plus est battant pavillon d'une puissance amie de la France. La Zélande ayant légitimement porté plainte auprès du lieutenant de l'amiral à Dieppe, et ce dernier ne pouvant que constater que la « prise » n'a pas lieu d'être, les quatre armateurs de *La Normande* sont condamnés à rembourser le capitaine zélandais, et ce à proportion de leurs mises initiales dans l'entreprise – à savoir à hauteur de 20 écus d'or pour Jean Ango, 20 lions d'or pour Christophe de Prix, 10 écus d'or pour Mathieu Doublet et 4 écus soleil et 1 écu couronne pour Richard Héron[188].

Simple écart de conduite que cet acte de piraterie ?

*

* *

En 1521, un navire armé par Ango et placé sous le commandement des frères Michel et Guillaume Delisle, de Vatteville, s'empare d'une nef originaire de Porto et de son chargement : sucre, poudre et munitions pour 1 000 livres tournois[189]. En 1522, un maître de nef rouennais, Thomas Durant, témoigne devant le vice-amiral Guyon Le Roy du Chillou qu'ayant, en mars ou avril 1522, fait relâche dans le port de Lisbonne pour y livrer un lot de marchandises pour le compte du riche négociant Pierre de Saldaigne, il vit arriver, encadrés par quatre vaisseaux de guerre portugais, « une barque espagnole venant des Indes » et

187. En 1516, la nef *La Barbe*, armée « en course » par un bourgeois de Honfleur, porte « cinq grosses pièces de fer, deux faulcons de fer et trois faulconneaux de fonte », la plupart « garnis de bonettes » (protections d'amorce en papier) et tous « montés sur roues » (AMH, FA, EE 78, doc. 2, « Inventore faicte à Honneflеu des cordaiges artyllerie ustancilles qui sont en la nef nommée *La Barbe* », 27 septembre 1516, f° 2r).

188. Édouard GOSSELIN, *Documents authentiques et inédits pour servir à l'histoire de la marine normande et du commerce rouennais pendant les* XVI*e et* XVII*e siècles*, Rouen, H. Boissel, 1876, p. 21-22 (arrêt du Parlement de Rouen du 27 juin 1516).

189. Charles BRÉARD et Philippe BARREY, *Documents relatifs à la marine normande aux* XV*e et* XVI*e siècles*, Rouen, Société d'histoire de la Normandie, 1906, p. 255-257, doc. X, « Rétrocession à Guyon Le Roy d'un droit de prise sur un navire portugais amené à Dieppe », novembre 1521 (AMH, FA, EE 78).

« un galion de Dieppe dont étaient maître Jacques Morisse et capitaine Jehan Fain ». La raison de cette étrange escadre est des plus simples : tapis en embuscade quelque part au large des côtes, les Dieppois ont assailli la nef espagnole – prise de choix, car « elle était estimée à Lisbonne valoir plus de 200 000 ducats, et il y avait [en ses cales] huit caisses pleines de corail et de perles, trois coffres pleins de lingots d'or, sans comprendre l'or des compagnons, lesquels pouvaient avoir chacun six ou sept livres d'or, et deux cents casses de sucre fin[190] ».

Jacques de Saint-Morisse et ses comparses ne goûtent pas longtemps leur butin, puisqu'ils tombent peu après sur une flotte portugaise, laquelle les ramène à Lisbonne pour qu'ils y soient pendus haut et court. Heureusement pour les Français, un débat s'engage à la cour de Jean III quant au fait de savoir si le Portugal doit agir comme garde-côtes du roi d'Espagne. Le commun peuple, lui, est d'avis de dresser les gibets d'abord, de délibérer ensuite. Indécis, Jean III diffère l'exécution des prisonniers – dont le sort final nous demeure inconnu, mais qui croupissent cinq mois au moins dans les geôles lisboètes. Par l'entremise de l'un de leurs diplomates, les autorités espagnoles – qui en profitent pour louer le « grand devoir et amour » unissant la Castille et le Portugal – demandent rapidement la restitution de la nef et de sa cargaison, lesquelles appartiennent à un certain Alonso de Algaba, résident de Séville[191].

L'affaire – somme toute banale en un temps où les mers sont aussi malfamées qu'un tripot – n'a ici d'intérêt que parce que Jacques de

190. *Ibid.*, p. 267-268, doc. XIV, « Déposition faite devant le vice-amiral Guyon Le Roy par Thomas Durant, maître de nef [...] », 6 mai 1522 (AMH, FA, EE 83). Le procureur des habitants de Dieppe, Jean Terrien, qui a armé et avitaillé avec Ango la nef commandée par Fain et Saint-Morisse, déclare à l'automne 1522 que la barque espagnole venait des Antilles et qu'elle contenait, outre de l'or et des perles, « 300 cuirs de bœufs sauvages ». Terrien obtient de l'amiral de France, Guillaume Gouffier de Bonnivet, l'autorisation d'« user d'arrêt sur les personnes, biens et marchandises des sujets du Roy de Portugal [...] jusqu'à ce que justice et restitution des personnes desdits prisonniers, navire, or et marchandises lui ait été faite ». Il s'agit par conséquent d'une « lettre de marque et de représailles », mais sans montant limite explicite de « prises » (E. de FRÉVILLE, *Mémoire sur le commerce maritime de Rouen*, *op. cit.*, vol. 2, p. 430-431, doc. CIX, « Arrest sur les personnes et biens des Portugaloys », Paris, 3 septembre 1522, BNF, Fonds Moreau 754).

191. AGI, Indif. 420, L9, f°s 24v-26v (« Instrucciones al secretario Cristóbal Barroso », Palencia, 23 mai 1522) et f°s 41v-42r (« Real Cédula al secretario Cristóbal Barroso sobre nao de Alonso de Algaba », Valladolid, 16 septembre 1522).

Saint-Morisse et Jehan Fain sont tous deux au service d'Ango. Et que, l'année suivante, un troisième de ses capitaines, Jean Fleury, réalise ce qui est assurément l'un des plus beaux *hold-ups* maritimes du siècle. Faisant voile depuis Veracruz, trois nefs espagnoles convoient jusqu'à Séville un précieux chargement : une partie des trésors de l'empereur aztèque Moctezuma II, pillés par Cortés et ses hommes lors de la conquête de Mexico-Tenochtitlan, en août 1521. De l'aveu de Cortés lui-même, la cargaison, équivalant au « quint du roi[192] », comprend de l'or fondu pour 26 000 piastres, des esclaves et des joyaux – dont « de grands disques d'or, des panaches et des ouvrages en plumes[193] ». À la hauteur du cap Saint-Vincent, au sud de Lisbonne, Fleury fait main basse sur deux des trois caravelles, qu'il ramène à La Rochelle. On ignore le montant total de la prise, mais il doit être phénoménal, tant il plonge Cortés dans le désarroi et Charles Quint dans une colère noire.

Cette même année 1523, Fleury et son bras droit, Sylvestre Billes[194], enlèvent une autre nef de retour de La Hispaniola (Saint-Domingue), chargée selon le chroniqueur Herrera y Tordesillas de « 62 000 ducats d'or, 600 marcs de perles et 8 000 pesants de sucre ». S'ensuit la capture d'un bâtiment portugais au large de Tenerife, puis d'une

192. Le « quint du roi » est un impôt de conquête levé par le trésor royal. Il équivaut au cinquième des ressources rares pillées par les conquistadors – or, argent, pierres précieuses, etc.

193. Eugène GUÉNIN, *Ango et ses pilotes, d'après des documents inédits tirés des archives de France, de Portugal et d'Espagne*, Paris, M. Prudhomme, 1901, p. 20-23. Sur cet épisode, cf. le témoignage de l'un des deux lieutenants de Cortés en charge du convoi (AGI, Pat. 267, N 1, R 1, lettre d'Alonso de Ávila à Charles Quint, La Rochelle, 12 juin 1523) ainsi que les notations de Bernal DÍAZ DEL CASTILLO, *Historia verdadera de la conquista de la Nueva España*, éd. Joaquin RAMIREZ CABAÑAS, Mexico D. F., Pedro Robredo, 1939, vol. 2, II.159, p. 310-311.

194. Sylvestre Billes agit aussi indépendamment de Fleury et d'Ango. En 1524, à la tête de *La Barbe*, il capture deux bâtiments espagnols chargés de sucre et de mélasse. Contraint par une tempête à faire relâche dans un port breton, il se voit réclamer 10 % de sa « prise » par l'amiral du lieu. Mais *La Barbe* ayant Honfleur pour port d'attache, l'amiral de Normandie conteste le « droit du dixième » à son homologue breton – d'où procès au Parlement, et amples détails sur l'affaire (E. GUÉNIN, *Ango et ses pilotes…*, *op. cit.*, p. 32, arrêt du Parlement de Rouen du 22 décembre 1525). Chose notable, Billes est le seul des capitaines d'Ango à connaître une authentique trajectoire d'ascension sociale. Devenu capitaine de la marine royale, il est anobli par lettres données au Havre en juillet 1540 « pour les bons et agréables services faicts au fait de nos guerres sur ladite Marine » (P. MARICHAL, éd., *Catalogue des actes de François Ier…*, *op. cit.*, vol. 4, n° 11597, p. 131).

nef revenant d'Inde et dont la cargaison est estimée, à l'époque, à 180 000 ducats[195]. En 1524 et 1525, les prises s'enchaînent : une caravelle espagnole en route pour les Canaries et appartenant au marchand Vincent Ferdinand, une nef portugaise ralliant Tavira depuis les îles du Cap-Vert, propriété du négociant Johanes Viegas et dont tout l'équipage périt noyé, un navire flamand de retour de Hollande, une nef commandée par un certain António Jehan, abordée au sud-ouest du Portugal, à proximité du cap Saint-Vincent, un navire portugais venant de Calicut et chargé de vingt-quatre caisses de fil de soie, de seize pipes de clous de girofle, de poivre et de centaines de pièces « de taffetas de damas et satin », une nef génoise cabotant d'Anvers à Cadix et remplie de plomb, d'étain, de lin et de garance, etc.[196].

Contrairement à ce qui a parfois été avancé, les vaisseaux de Fleury n'opèrent pas aux Açores, et moins encore aux Caraïbes, mais dans la Manche et près des côtes ibériques, au débouché des ports de charge ou d'attache de leurs proies. C'est cela, précisément, qui inquiète et exaspère l'Espagne. Incarcéré à La Rochelle après la prise de sa nef, un vétéran des Amériques tire la sonnette d'alarme : dans une lettre secrète à Charles Quint, il affirme que la flottille de Fleury, pourvue de victuailles et de munitions pour un an, « va gagner directement l'Andalousie afin d'en écumer la côte et de s'emparer de ce qui vient

195. Sur la campagne de piraterie menée par Fleury contre les nefs de la *carrera de Indias* et le long des côtes ibériques en 1521-1523, cf. les données compilées par Rodrigo Alejandro de la O Torres, « De Corsarios, mares y costas. El corso en la construcción del espacio golfo-caribe, 1527-1620 », thèse d'histoire de l'université de Mérida (Yucatán), 2014, p. 66-67 et 70-72, Marco Oliveira Borges, « O corso francês contra a *Carreira da Índia* na primeira metade do século XVI », *Revista portuguesa de história*, 2021, 52, p. 308-325, et Fernando Pessanha, « A pirataria na foz do Guadiana na primeira mitade do sec. XVI », dans *XXIII Jornadas de historia de Ayamonte*, Ayuntamiento de Ayamonte, 2019, p. 76. Il faut ajouter aux « prises » accomplies par Fleury en personne celles faites par les navires qu'il finance sans les intégrer à sa flottille. En 1523, deux capitaines dieppois, Jehan Furon et René Abachaisne, commandant la nef *L'Espagnole* armée par Fleury, dévalisent ainsi un navire espagnol chargé de sucre et de poissons salés, puis le ramènent dans la baie de Noirmoutier (C. Bouhier, « Les Normands et le commerce du sel… », art. cit., p. 56).

196. E. Guénin, *Ango et ses pilotes…*, *op. cit.*, p. 24-30, 35, 38-40 et 52-54, et Ch. Bréard et P. Barrey, *Documents relatifs à la marine normande…*, *op. cit.*, p. 273-274, doc. XVI (« Déclaration de Jehan Jolys, capitaine de *La Salamandre*, devant l'amirauté de Harfleur », 8 novembre 1524, AMH, FA, EE 85), et p. 277-280, doc. XIX (« Enquête à Roscoff sur la capture d'un navire génois faite par Nicolas de Croixmare, capitaine sous la charge de Jean Fleury », 12 mai 1525, AMH, FA, EE 85).

des Indes [le Mexique] ». La menace n'est pas à prendre à la légère, puisque le Dieppois dispose de trois nefs de plus de 100 tonneaux et de cinq galions de 50 à 70 tonneaux[197].

Le nombre des prises et la valeur des cargaisons dérobées donnent le tournis. Mais il ne faut pas oublier que les mains qui tiennent le registre des méfaits de Fleury sont souvent de même nationalité que ses victimes, lesquelles demandent à cor et à cri réparation auprès de François Ier. Sommés par leurs maîtres d'agir vite et bien, les jurisconsultes et les ambassadeurs d'Espagne et de Portugal ont tout intérêt à assigner à un seul homme, aisément rattachable à la bourgeoisie dieppoise et rouennaise, le plus grand nombre possible de rapineries : à charge pour les Français de répartir la faute – et le dédommagement – de la façon dont ils l'entendent. Fleury, et par implication Ango, deviennent dès lors les bêtes noires des mémorialistes ibériques, qui exagèrent à dessein le rôle des Dieppois dans une campagne de piraterie généralisée. En 1531, les envoyés de Jean III leur font ainsi grief d'avoir pillé plus de trois cents bâtiments valant, cargaisons et gréements compris, un million de *cruzados*[198].

Capturé en 1527 avec 130 hommes d'équipage par les Biscayens au large du cap Finisterre, Jean Fleury paie au prix fort sa longue carrière de forban : il est exécuté dans la citadelle de Colmenar de Arenas, aux confins de l'Estrémadure, très exactement au beau milieu de nulle part. On ne sait ce qu'il advient de la plupart de ses marins, mais ses capitaines – Robin Le Boyde, Nicolas le Gascon, Robert Hélior, Michel de Strichan, Guillot Anise, etc., tous « maîtres de navires de

197. AGI, Pat. 267, N 2, R 8 (« Relación de los navios de armada de franceses que andan corriendo por la mar d'España hasta el Andaluzia de que es capitán Juan Florín Le Diepa »). Ce document n'est ni signé ni daté, mais figure parmi une série de missives envoyées en 1523 par Alonso de Ávila à Charles Quint pour le supplier d'œuvrer à sa libération. Conquistador de la première heure et fidèle serviteur de Cortés, Ávila est fait prisonnier par Fleury lors de l'abordage des nefs rapportant en Espagne l'or issu du pillage de Tenochtitlán. Il passe trois années dans les geôles rochelloises, puis repart aux Amériques prendre part à la conquête du Yucatán (Bernard GRUNBERG, *Dictionnaire des conquistadors de Mexico*, Paris, L'Harmattan, 2001, p. 379-386).

198. E. GUÉNIN, *Ango et ses pilotes*..., *op. cit.*, p. 93. Pour le détail des « prises » imputées à Ango par les Portugais, cf. le décompte d'Ana Maria PEREIRA FERREIRA, *Problemas marítimos entre Portugal e a França na primeira metade do século XVI*, Redondo, Patrimonia, 1995, p. 353-354.

la ville de Honfleur » – souquent encore sur les galères de Charles Quint en 1530[199].

D'autres membres des équipages de Fleury finissent leur vie dans la misère et la truanderie. En 1531, le chapitre de la cathédrale de Rouen juge comme « coupeur de bourse », c'est-à-dire pickpocket, un certain Nicolas Le Fromager, natif de Rouen et âgé d'une vingtaine d'années. En quête d'emploi, celui-ci s'est rendu « en la maison de Jean Ango, vicomte de Dieppe », puis s'en est « allé sur la mer à la nef de *La Salamandre* », commandée par « maître Vincent, de Honfleur ». Au terme de quelques mois de service, il est rentré à Rouen sans un sou en poche. Convaincus d'avoir affaire à un récidiviste, les chanoines le font examiner par le bourreau, lequel découvre sur son épaule une fleur de lys, marque des criminels déjà condamnés. Fustigé à coups de verge, le jeune homme nie avec la dernière énergie, arguant qu'il ne s'agit là que d'une cicatrice de la « maladie du clou » dont il a souffert une dizaine d'années auparavant, tant et si bien qu'il est relaxé. Le bailli, cependant, lui commande de « bien vivre sous peine de la hart [la pendaison][200] ».

Ango, lui, s'en sort sans une égratignure au portefeuille.

*

* *

On voit qu'il y a quelque peine à concilier l'image du bourgeois grenetier du sel, affairé à plaider la cause des privilèges dieppois devant la cour des Aides de Rouen, et celle de l'entrepreneur en piraterie, régentant une brigade de capitaines belliqueux. Ango le notable, Ango le brigand : l'historiographie du XIXe siècle s'est délectée de ce portrait

199. L'information figure dans la réponse faite en 1531 par Charles Quint à plusieurs réclamations de François Ier concernant l'application des clauses du traité de paix de Cambrai, signé le 3 août 1529. Bien qu'il tienne à préciser que « le cas est divers » et ne relève donc pas des dispositions ordinaires concernant les prisonniers de guerre, l'empereur accepte de procéder à la libération « des officiers de navires détenus par force ès gallères depuis la prinse faicte par les navires d'Espaigne à la nef de feu Jehan Fleury » (Charles WEISS, éd., *Papiers d'État du cardinal de Granvelle d'après les manuscrits de la bibliothèque de Besançon*, Paris, Imprimerie royale, 1841, vol. 1, p. 553, doc. CXVI, « Demandes diverses au nom du roi de France, et réponses faites de la part de l'empereur », juin 1531).

200. ADSM, G 3379 (sentences du chapitre de la cathédrale de Rouen), n° 18 (interrogatoire de Nicolas Le Fromager, 19 août 1531), f° 1r-v.

bifide, qui fait la part belle au fantasme d'une « race normande » indocile et vigoureuse. La réalité, pour être moins flatteuse, n'en est pas moins intéressante.

À l'instar de la plupart des bourgeois de Dieppe et de leurs homologues d'autres ports normands, au premier chef Honfleur[201], Jean Ango participe à l'armement et à l'avitaillement de quantité de navires de faible et de moyen tonnage, lesquels sont armés en guerre ou pour le commerce au gré de la conjoncture, politique et économique. La prudence commande de ne pas mettre tous ses œufs dans le même panier, et surtout de partager les risques : qu'il s'agisse de nefs, de gréements, de cargaisons ou de provisions de bouche pour les équipages, chacun investit dans les entreprises des autres, et ce quel que soit leur degré présumé de légalité.

Ce système de distribution des avances, des pertes et des bénéfices sous forme de « parts » se fonde sur une nette distinction entre les « bourgeois de la nef », autrement dit les propriétaires du navire et de ses gréements, et les « victuailleurs », à savoir les fournisseurs de vivres, de poudre à canon et de divers ustensiles de bord. Si tous sont dits « parsonniers », au sens d'associés ayant formé compagnie, les premiers sont bien plus affectés financièrement en cas d'avarie ou de naufrage[202]. Le système démultiplie à dessein les intervenants : une nef peut être financée par trois ou quatre « bourgeois » et pourvue par cinq ou six « avitailleurs »[203]. On est ainsi, à tout moment, un quart pirate et

201. Dans la seconde moitié du XVe siècle, Honfleur est dominée par une élite composée d'officiers du roi, de gros négociants et de militaires qui tous arment des nefs « en course » (Nathalie PALLU DE LA BARRIÈRE, « Entre carrière militaire, commerce maritime et guerre de course : richesse et distinction à Honfleur, XIVe-XVe siècles », dans Laurence JEAN-MARIE et Christophe MANEUVRIER, dir., *Distinction et supériorité sociale (Moyen Âge et époque moderne)*, Caen, CRAHM, 2010, p. 256-258).

202. Héritage de petites sociétés de mutualisation des risques maritimes remontant au XIIIe siècle, le terme de « parsonnier » se retrouve à l'époque dans toutes les communautés de « gens de mer », de la Provence à l'Aquitaine. Cf. tout particulièrement Jacques BERNARD, *Navires et gens de mer à Bordeaux (vers 1400-vers 1550)*, Paris, SEVPEN-EPHE, 1968, vol. 2, p. 527-588, et Alain GALLICÉ et Laurence MOAL, « Le convoi de la mer breton (1372-1559) », *Annales de Bretagne et des Pays de l'Ouest*, 2013, 120-2, p. 141-164.

203. Les principes de ce système sont clairement exposés dans le *Guidon de la mer*, un code de droit et d'assurance maritimes publié à Rouen à la fin du XVIe siècle et qui fait autorité jusqu'au sortir du XVIIe (Jean-Marie PARDESSUS, *Collection de lois maritimes antérieures au XVIIIe siècle*, Paris, Imprimerie royale, 1824, vol. 2, chap. XV, § IX-XIV, p. 418-420). Pour une illustration de son fonctionnement, cf. Sandrine

deux tiers marchand, d'autant que la « course » revêt de longue date le caractère d'une activité d'appoint durant la morte-saison de la pêche.

Les registres de recettes de la vicomté évoquent par exemple, en 1409, au chapitre des droits dus sur le fret entrant, 11 tonneaux et 9 pipes de vin provenant d'« un crayer [un petit trois-mâts] pris en écumerie[204] », c'est-à-dire par piraterie. En 1438, c'est un cousin de Baudouin Eude, un certain Rogerin, qui s'empare de la cargaison de blé, de draps, de peaux et de résine d'une nef anglaise. La même année, quelques « hôtes-vendeurs », dont Ancel Miffant, s'associent pour faire construire un bâtiment destiné à la « guerre de course »[205]. En 1451, plusieurs baleiniers, armés là encore pour partie par un Miffant, ramènent à Dieppe des navires chargés de bière, de futaines, de cuir, de morue, de saumon et de harengs saurs. Ils ont même opéré une véritable razzia sur les côtes britanniques, puisqu'ils déchargent

---

KWOCZ, « Marchands et marins havrais au XVIe siècle. Comment on préparait les expéditions maritimes en 1579 », *Études normandes*, 1992, 41-4, p. 25-36. En Normandie, au début du XVIe siècle, il existe une forme particulière de ce modèle : le « tiercement », où les charges et profits sont répartis au tiers entre les « bourgeois », les « avitailleurs » et l'équipage et le patron du navire (M. MOLLAT, *Le Commerce maritime normand*..., *op. cit.*, p. 408).

204. ADSM, G 499, RVD 1408-1409, f° 26r (« congié de deschargement d'un crayer pris en la mer en escumerie par ledit ballenier, XI tonneaulx et IX pippes pour lui [Dufour] et autres compagnons escumeurs », 27 avril 1409). Quelques mois après, le même Dufour déclare 17 tonneaux d'huile d'olive, 15 barils de savons, 15 balles de lavande, 2 balles de fil de coton, 1 balle de cannelle et 15 pièces de pelleterie (des fourrures) par suite du « despouillement d'une esqueute [une escute, un petit navire flamand] prinse en escumerie » (13 août 1409, f° 30r-v).

205. P. LARDIN, « La pluriactivité dans le port de Dieppe... », art. cit. (G 505, RVD 1437-1438, f°s 6v-7r et 24r). Organisée soit par des maîtres de navires locaux, soit par des hommes d'armes au service de la Couronne, la « course » est alors l'une des activités dominantes à Dieppe. En 1443, le sieur Pierre Féré, huissier d'armes du Dauphin, « entretient sur la mer grande compagnie de gens à ses dépens pour grêver et repeller les Anglais », par suite de quoi il a « gagné [sur ces derniers] plusieurs navires et marchandises » (AMD, Lang. 1C/L4/7, 10 octobre 1443). Dans les années 1450, le grand sénéchal Pierre de Brézé arme « en course », à Dieppe et à Honfleur, *La Marquise* et *La Romaine*, qui donnent la chasse aux galiotes anglaises en compagnie de nefs de Cherbourg et de Harfleur (Philippe CONTAMINE, « À l'abordage ! Pierre de Brézé, grand sénéchal de Normandie, et la guerre de course, 1452-1458 », dans Pierre BOUET et Véronique GAZEAU, dir., *La Normandie et l'Angleterre au Moyen Âge. Colloque de Cerisy-la-Salle, 4-7 octobre 2001*, Caen, CRAHM, 2003, p. 319-357, d'après Musée Condé, 1 AA 39, registre de comptes de Jean Leprince pour les navires de Pierre de Brézé).

encore, pêle-mêle, « robes, draps, linges, lits, couvertures et autres biens et ménages pris en la descente faite par eux en la ville d'Avonnelles [Arundel, près de Portsmouth][206] ».

Les liens entre les grandes familles de notables de la ville et les professionnels du brigandage maritime sont structurels. Ils tiennent autant de réseaux et de lieux communs de sociabilité que d'intérêts partagés. En 1453, c'est en compagnie du fils de l'écumeur Pierre Féré que trois rejetons de la bonne société – un Miffant, un Loutrel et un Doublet – s'encanaillent dans la taverne de l'*Hôtel de la Rade*, à grand renfort de chopines de vin[207].

En matière de larcins maritimes, la réputation des Dieppois n'est plus à faire. Ayant sans succès cherché à prendre du service comme matelot sur des vaisseaux de négoce, un certain « Jacques Fillie, natif de Dieppe », âgé de 18 ans et orphelin de père, trouve aisément à s'embaucher en 1423 auprès d'une bande de « larrons de mer » de Saint-Malo[208]. Dans les années 1520, c'est un marchand d'Angers nommé Lebailly qui fait appel aux compétences des Dieppois. On le voit mettre aux enchères, dans sa ville natale, trois nefs espagnoles « prises sur mer par des Dieppois » alors qu'elles s'en revenaient de Flandre : la *Sainte-Marie*, conduite par le « maître facteur » biscayen

206. ADSM, G 511, RVD 1450-1451, f°s 21v-22r (« prises » du baleinier *Le Dauphin* commandé par Ancelot Miffant et Jehan Le Roy) et 32v (acquits sur les produits de la razzia menée par six baleiniers, juillet 1450). Les baleiniers sont les navires privilégiés à l'époque pour la « course ». En 1425, Jean Doublet l'Ancien arme à Dieppe un baleinier nommé *La Trinité* pour participer au siège du Mont-Saint-Michel, entrepris par les Anglais. Le navire jauge 45 tonneaux et abrite 37 hommes d'équipage, dont 4 contremaîtres. Dans la même flotte, un baleinier anglais, *Le Cristofle*, accuse 30 tonneaux et porte 20 hommes (S. LUCE, éd., *Chronique du Mont-Saint-Michel*, *op. cit.*, vol. 1, doc. LV, p. 189-190, compte des paiements faits pour une flotte de vingt navires frétés à Rouen, Caen, Dieppe, Dantzig, Portsmouth, etc., 17 mars-20 juin 1425, d'après BNF ms. Fr. 4491, comptes de Pierre Surreau, receveur général des finances de Normandie, f°s 92-97).

207. P. LARDIN, *Dieppe au Moyen Âge*..., *op. cit.*, p. 524 (AN, JJ 182, n° 51, décembre 1453). La soirée finit mal, puisque à la suite d'une dispute liée à des dettes de jeu, Robert Féré blesse à mort, d'un coup de dague, Thomassin Le Fèvre. Il bénéficie néanmoins d'un pardon royal eu égard aux « œuvres [de son père] sur la mer contre les Anglais ». Commandant la nef *Le George*, Pierre Féré participe alors activement à la « guerre de course » (*ibid.*, p. 473, ADSM, G 511, f° 30r).

208. S. LUCE (éd.), *Chronique du Mont-Saint-Michel*, *op. cit.*, vol. 1, doc. LXXX, p. 243-244 (lettre de rémission accordée par Henry VI à J. Fillie de Dieppe, Rouen, mai 1426).

Martín Cazal, et deux navires appartenant à un certain Jacques López[209].

Loin d'interdire l'« écumerie » aux bourgeois, l'État les y encourage, et chacun y trouve son compte[210]. En 1475, le sieur de Gamaches, maréchal de France et pourfendeur patenté de Bourguignons, est chargé par Louis XI d'« obvier et résister aux mauvaises et damnables entreprises qu'ont intention et désir de faire sur nous, nos royaumes, pays et seigneuries, les Anglais nos anciens ennemis et autres nos rebelles et désobéissants sujets ». Il ordonne pour cela que soient équipés en guerre « tous les grands navires » du duché de Normandie et réquisitionne à Dieppe quatre nefs de négoce : *La Françoise*, *Le Volant de Dieppe*, la « nef Guillaume Delaplace » et la « nef Robin Guignard ». Mais, s'il contraint les maîtres de navires et les bourgeois de la ville à en assurer l'avitaillement pour une durée de quatre mois, et ce à hauteur de la coquette somme de 3 310 livres, il leur précise qu'ils pourront se rembourser intégralement de leur mise « sur les prises que feront ceux desdites nefs selon les lois et coutumes de la mer[211] ».

209. BNF, ms. Fr. 5500, f°s 278v-280r. L'acte ne précise pas le nom des capitaines dieppois impliqués dans cette affaire, laquelle est d'ailleurs jugée à leurs dépens. Pour justifier la revente des nefs et de leurs cargaisons, Lebailly argue de « certaines lettres de marque et de représailles » que François Ier lui a accordées, à hauteur de 10 000 ducats, pour la « restitution », autrement dit le dédommagement financier, d'un navire « qu'il dit lui avoir été pris depuis dix-huit ou vingt ans par les Espagnols ». Mais venant de signer une trêve avec son « frère et cousin le roi d'Aragon », François Ier accède à la supplique des deux marchands espagnols et ordonne que leurs vaisseaux et marchandises leur soient rendus sans délai. Les liens de Jean Lebailly avec le milieu des écumeurs cauchois ne sont pas qu'anecdotiques : le 19 mars 1517, il vend une nef appelée *Le Saint-Françoys* au Honfleurais Michel Ferey, l'un des fidèles comparses d'« écumerie » d'Ango (E. GUÉNIN, *Ango et ses pilotes*..., *op. cit.*, p. 36, sans indication du document d'origine).

210. Il faut attendre 1493 pour qu'une ordonnance royale mentionne les « prises, roberies et pilleries de navires » et accorde explicitement un surcroît d'autorité à l'amirauté pour les réprimer (ordonnance de Charles VIII relative à la juridiction des sentences de l'amirauté, 8 août 1493, transcrite dans Pierre PRÉTOU, *L'Invention de la piraterie en France au Moyen Âge*, Paris, PUF, 2021, p. 201-203). Cela étant, en 1463, la sentence d'un litige opposant l'archevêque de Rouen à l'amiral de France donne à ce dernier droit de juridiction à Dieppe sur les « débats et procès touchant et dépendant du fait de l'escumerie et gains de guerre advenus en la mer » (ADSM, G 881, jugement du différend entre le cardinal d'Estouteville et monseigneur de Montauban).

211. AMD, Lang. 1C/L8/3 (lettres patentes données le 11 avril 1475 à Vernon). Le texte dit joliment que ce droit de prélèvement sur les prises leur est concédé « afin qu'ils soient plus enclins de libéralement [réunir] ladite somme [de 3 310 livres] ». Il

La participation à la « course » se trouve réciproquement érigée en gage de respectabilité, voire en créance sur le trésor public. En 1555, pour faire valoir leurs droits à l'encontre d'un mesureur de sel dont ils jugent les tarifs abusifs, les marchands de Dieppe tiennent à informer les juridictions royales qu'ils ont « armé en guerre plusieurs vaisseaux [et qu'ils] en ont déjà pris cinq sur les sujets de l'Empereur[212] ». Puis, la main-d'œuvre qualifiée venant à manquer, la Couronne se rappelle opportunément que les bons forbans font d'excellents matelots. En 1507, un écumeur dieppois âgé de 60 ans, Henri Eudet, dit « Lansterlin », est condamné à mort à Rouen avec deux de ses complices. Son sort paraît scellé, puisque, avec sa nef, *La Marie-Gallant*, il a non seulement « pris part à un grand nombre de meurtres commis sur la mer », mais aussi détroussé en 1505 un navire de l'archiduc d'Autriche, allié stratégique de la France en Espagne. Pourtant, Eudet échappe à la potence en bénéficiant, sur la demande du roi, du « pardon de la Saint-Romain » – un privilège du chapitre de la cathédrale de Rouen lui permettant de gracier chaque année un prisonnier. Pourquoi une telle clémence ? C'est qu'informé par son amirauté de l'« habileté [du vieil homme] dans le métier de la mer », le souverain souhaite s'adjoindre ses services[213].

La pêche, la piraterie, le négoce se font ainsi avec les mêmes hommes, sur les mêmes nefs. Ils forment trois modalités, peu hiérarchisées en termes comptables, d'une prédation capitaliste des mers. Même le redoutable Jean Fleury n'a pas toujours été écumeur. Entre 1513 et 1520, il vient, à l'instar de quantité de placides rouliers bretons, charger du sel à Noirmoutier[214]. Dans le « blason » – la courte description versifiée – qu'il consacre à Dieppe en 1534, le poète auxerrois Pierre Grognet exprime de manière presque ingénue cette vérité d'une richesse amassée « par tous moyens, à cause de la mer » :

Dieppe est aussi belle ville
Qu'on peut voir, et assez civile,
Qui est dessus la mer assise

---

précise également que, « pour la connaissance et confirmation de ce droit, [il sera mis] en chacune desdites nefs un homme » qui rendra compte aux officiers du maréchal.

212. AMD, Lang. 1C/L8/3 (lettres patentes du 11 avril 1475) et 1C/L1/6 (sentence du grenier à sel contre le mesureur Gauvin, 27 septembre 1555).

213. Amable FLOQUET, *Histoire du privilège de Saint Romain*..., Rouen, F. Baudry, 1833, vol. 2, p. 378.

214. C. BOUHIER, « Les Normands et le commerce du sel... », art. cit., p. 56.

Sous un haut roc de belle guise.
Les marchands et les citoyens
Sont tous riches par tous moyens,
À cause de la mer exquise
Dont ils ont mainte marchandise[215].

Passons sur l'usage éhontément complaisant que les artisans de la légende de Jean Ango font du terme de « corsaire ». Outre qu'il faut un art consommé de l'auto-illusion pour voir dans le rançonnage d'une barque de négociants un haut fait d'armes, et que bien des nefs battant pavillon ami de la France font les frais de la furie de Fleury et consorts, aucun écumeur dieppois n'a jamais été officiellement autorisé *par avance* à dévaliser *à sa guise* les embarcations des ennemis du moment.

D'une part, les « lettres de marque » habilitant un particulier à « courir sus » aux bâtiments de telle ou telle nation obéissent à la logique d'un droit de représailles proportionné[216]. Elles ne sont délivrées par le roi qu'en compensation d'un préjudice, qu'il faut prouver, et elles ne permettent pas plus de « roberies sur mer » qu'il n'est nécessaire pour le remboursement du dommage initial – raison pour laquelle elles sont souvent limitées, en montant aussi bien qu'en durée[217]. D'autre part, la licéité des « prises » est toujours établie *ex post* par un jugement circonstancié de l'amiral – lequel, touchant 10 % sur le montant du butin, a, il est vrai, un intérêt certain à confondre un harenguier zélandais avec une nef de guerre anglaise[218].

215. Pierre GROGNET, *Le Second Volume des Motz dorez du grand et saige Cathon...*, Paris, Denys Janot pour Jehan Longis et Pierre Sergent, 1534, « Louenge et description de plusieurs bonnes villes et citez du noble Royaulme de France » (BNF Rés. P-YC-908), f° 61r-v.

216. Marie-Claire CHAVAROT, « La pratique des lettres de marque d'après les arrêts du Parlement (XIIIe-début XVe siècle) », *Bibliothèque de l'École des Chartes*, 1991, 149-1, p. 51-89.

217. Si Louis XI accorde en 1479 une « lettre de marque » aux bourgeois de Harfleur à l'encontre des Flamands et des Hollandais, c'est afin qu'ils « se revanchent de l'outrage que [ceux-ci] avaient faicte sur *La Barque de Harfleur* et autres » (E. de FRÉVILLE, *Mémoire sur le commerce maritime de Rouen*, *op. cit.*, vol. 2, doc. XCIII, p. 398, 25 février 1479).

218. Le droit de conserver « le dixième des gages faictes par la mer » vient de l'ordonnance de Charles VI établissant, le 7 décembre 1373, l'office d'amiral de France (Éric BARRÉ, « Le droit maritime médiéval en Normandie », *Annales de Normandie*, 1997, 47-5, p. 513-514). Ce « droit du dixième » est réitéré dans l'édit pris

Comme tout acte de justice arbitrant un différend entre intérêts, ce jugement peut être contesté par la partie s'estimant spoliée. L'affaire se trouve alors portée devant les juridictions supérieures : la Table de marbre de Rouen, en première instance[219], puis le Parlement – et parfois même le Grand conseil du roi. En matière d'« écumerie », il n'est pas rare qu'une brève bataille navale soit suivie de longs démêlés judiciaires. Le caractère indécidable de la légalité de la « guerre de course » tient précisément au fait que les actes des écumeurs ne peuvent être considérés comme conformes ou contraires au droit qu'au terme d'un parcours procédural. Un procès suffit à transformer un corsaire en pirate[220].

L'attitude de la Couronne à l'endroit de la piraterie dieppoise semble pour le moins fluctuante. Si François Ier tente à plusieurs reprises d'y mettre le holà pour ne pas s'aliéner le Portugal, Henri II, lui, la récompense : en 1557, c'est en reconnaissance de « leur activité à courir sus les vaisseaux des ennemis [et] à tenir la mer sûre » qu'il accorde aux bourgeois de Dieppe l'exemption de la cotisation pour l'entretien de 50 000 hommes de pied[221]. Mais les souverains ne délèguent en aucun cas directement à des particuliers une guerre navale qui reste la prérogative de l'amirauté. S'ils acceptent occasionnellement de faire cause et bourse communes avec les écumeurs, ils ne leur signent jamais de chèque en blanc. La chose se trouve rappelée dans un édit pris à Abbeville en juillet 1517, lequel condamne sans ambiguïté :

à Abbeville en juillet 1517 et « portant règlement pour la course maritime et la juridiction de l'amiral » (François-André ISAMBERT, *Recueil général des anciennes lois françaises*, Paris, Belin-Leprieur, 1848, vol. 12, n° 54, § 13, p. 143).

219. À compter de la création de la Table de marbre de Rouen, en 1508, une lieutenance-générale de l'amirauté s'y trouve domiciliée (Joachim DARSEL, « L'amirauté en Normandie. VI. Amirauté de Rouen, 1re partie », *Annales de Normandie*, 1973, 23-1, p. 41).

220. En matière de « course », le droit d'appel n'est pas une procédure fantoche, puisqu'il peut faire plier l'amirauté elle-même. En 1521, les marchands portugais Jorge Ruiz, Francisco Martim et André et Domingo Gomes font appel devant le Parlement de Rouen de la confiscation à Dieppe de leur navire (*Le Saint-Thomas*) et de sa cargaison par Guyon Le Roy du Chillou. Au terme de l'instruction, ils obtiennent gain de cause, partant la restitution intégrale de leurs biens (ANTT, CC, Parte I, mç. 42, nº 85, 4 janvier 1521, et Parte II, mç. 102, nº 32, 8 juillet 1522).

221. AMD, Lang. C1/L6/2 (lettres patentes données le 1er février 1557 à Abbeville).

> les irréparables maux, pilleries, larcins et meurtres par ci-devant commis [...] par nos sujets mêmes qui, sous ombre [prétexte] de nos guerres, et pour vouloir gagner ou autrement, mettent sus [attaquent] quelques navires, sans congé [autorisation] de notre dit amiral, et pillent, robent et détroussent les marchands de notre royaume et ceux de nos amis et alliés[222].

Le personnage du pirate porte à la rêverie. On pense Caraïbes, courage prolétaire, code d'honneur, drapeaux noirs sur lagons bleus. La « course » n'a pourtant rien de très glorieux. C'est une guerre non conventionnelle comme les autres : la seule loi qui la guide est celle du profit, avec tout ce que cela implique de mépris pour les vies humaines.

Soit une histoire d'« écumerie » parmi bien d'autres. En 1521, une nef de 200 tonneaux, *La Trinité*, armée par le notable rouennais Jean Bonshoms et le marchand dieppois Paul Le Maistre, arrive en rade de Savone au moment où les Espagnols attaquent le fort de Gênes. Le commandant qui se porte au secours de la place, le sieur Des Forges, requiert aussitôt leur aide – ou, plutôt, il réquisitionne leur navire. Les Normands obtempèrent et se rendent à Gênes, où on les équipe en artillerie. Faisant assaut d'ardeur patriotique, ils se préparent à livrer bataille, mais voyant que les Espagnols entament le blocus du port, et pressentant que les choses risquent de mal tourner, ils décident de transférer en toute hâte leur cargaison sur un autre navire, *La Sainte-Marie-de-Nice*. Bien leur en prend, car leur vaisseau est envoyé par le fond.

Ayant contracté les services du capitaine niçois, ils profitent d'un desserrement du blocus espagnol pour s'éclipser et vont faire provision d'alun, d'huile et de « drogues d'apothicairerie » à Civitavecchia. Au retour, ils parviennent par miracle à esquiver les escadres ennemies en Méditerranée et à remonter sans incident la côte portugaise. Mais parvenus près du cap Finisterre, au nord de l'Espagne, ils tombent sur « sept navires de guerre du Croisic » – comprenez : sur une flottille pirate bretonne[223]. La suite se passe de commentaire :

222. F.-A. Isambert, *Recueil général des anciennes lois françaises...*, *op. cit.*, vol. 12, n° 54, p. 137 (Abbeville, juillet 1517).

223. Sur les larrons de mer du Croisic, cf. Alain Gallicé, « Les bavures de l'action corsaire : l'exemple du Croisic, 1450-1540 », *Annales de Bretagne et des Pays de l'Ouest*, 2002, 109-3, p. 7-17. Il s'agit là de vaisseaux de petit gabarit (15 à

> Tout incontinent iceulx gens desdits navires bretons leur coururent sus, leur portant poignards et épées à l'estomac, en pendirent d'aucuns par les génitoires, leur baillèrent ribaudes par la tête, leur faisant sortir par les bouches et oreilles grand effusion de sang, brisèrent et rompirent coffres et casses étant audit navire, despollèrent [dénudèrent] et mirent en chemise les maîtres, contremaîtres, écrivain, gens et facteurs dudit navire, et en tel état les mirent hors d'icelui[224].

À une reprise au moins, le clan Ango se trouve directement impliqué dans ce type de batailles navales, qui relèvent du service de soi autant que du service du roi. En juillet 1555, au début de la guerre de Quatre-vingts ans avec l'Espagne, l'amiral de France charge le sieur De Fors, son lieutenant général à Dieppe, de mettre sur pied, aussi vite que possible, une flotte de « course » pour harceler les marchands flamands dans la Manche. De Fors s'y emploie avec énergie. Après avoir vaincu les réticences des bourgeois à armer leurs nefs en guerre, il recrute dans la ville, outre quelques soldats, de « jeunes hommes nourris et expérimentés en la marine et guerre navale ».

La flottille qui résulte de ses efforts est un assemblage hétéroclite de gros vaisseaux marchands – comme *La Barbe* et *La Lévrière*, qui jaugent respectivement 140 et 120 tonneaux – et de simples barques de pêche, telle *La Fergate*, d'un port de 15 tonneaux à peine[225]. Le com-

---

20 tonneaux), portant des équipages de 30 à 60 hommes. Ces derniers sont le plus souvent de simples mariniers, qui alternent la pêche et la « course ».

224. Charles BRÉARD, « Lettres patentes relatives à la prise d'un vaisseau en faveur de Jean Bonshoms et Paul Le Maistre (1524) », *Bulletin de la société de l'histoire de Normandie*, 1896, 8, p. 333-337 (BNF, ms. Fr. 5086, f°s 142r-145r, recensé dans P. MARICHAL, éd., *Catalogue des actes de François Ier..., op. cit.*, vol. 7, n° 25417, p. 425). Bonshoms et Le Maistre avaient esté en 1523 auprès de la Chancellerie de Bretagne afin d'obtenir la restitution de leur nef, ce qui avait provoqué l'ouverture d'une enquête (ADLA, B 28, livre de la Chancellerie de Bretagne, 1523, f° 123v).

225. Outre ces nefs, la flottille comprend notamment *L'Ange*, *La Palme* et *Le Soleil*, qui accusent 100 tonneaux chacun, *Le Saint-Ihan* (90 tonneaux), *L'Émerillon* et *La Belette* (60 tonneaux), *Le Petit Coq* (40 tonneaux), *Le Petit Dragon* (35 tonneaux) et *Le Redouté* (30 tonneaux). Il y a probablement là une fraction conséquente des vaisseaux de grand négoce et de pêche hauturière de Dieppe. Il faut toutefois noter que les tonnages déclarés des vaisseaux armés « en course » pour le service du roi ne sont pas d'une parfaite fiabilité. Dès 1518, l'amiral Guillaume Gouffier de Bonnivet se plaint de ce que plusieurs capitaines « ont fait metre iceulx navires de plus grant port qu'ilz ne sont et tellement que à ce moien leurs gaiges montent » (AMH, FA, EE 78, 8 mai 1518, f° 1r).

mandement en est confié à Louis de Bures : l'un des proches parents du mari de la fille aînée de Jean Ango, décédé quatre ans auparavant[226]. À la mi-août, juste après avoir pris la mer, les Dieppois se mettent en chasse d'un convoi de hourques zélandaises revenant de Cadix et qu'ils présument « chargées de toutes bonnes marchandises ». De la bataille qui s'ensuit, et qui coûte la vie à Louis de Bures, un récit publié en 1556 par Jean du Tillet livre une description aussi horrible que réaliste – à mille lieues (nautiques) de la fable de la flibuste :

> Les Dieppois se jetèrent sur lesdites hourques, où il fut tiré, tant d'une part que d'autre, infinis coups de canon de manière qu'il semblait un merveilleux infernal bruit [et l'on vit] des feux horribles, brûlant les vaisseaux sur la mer, des arbres [des mâts] rompus à grands coups de canon, [et l'on entendit] le cri terrible des combattants de part et d'autre, avec épouvantable engloutissement des vaisseaux mis en fond, et bruit des armes et des hommes, qui tout sanglants et à demi brûlés s'en allaient à la nage, desquels il en mourut autant noyés que tués et en si grand nombre qu'il n'est point de mémoire d'avoir vu tel combat en cette mer[227].

Le détail des affrontements est à l'avenant. Selon des témoignages de survivants zélandais, les belligérants commencent par s'embrocher au moyen de « piques de 19 pieds », puis se jettent tous dans la mêlée « sous un violent feu de mousqueterie ». Un marin dieppois a « la jambe emportée par un boulet », un autre « s'affaisse, les deux cuisses transpercées ». Pour finir, le feu prend sur *La Palme* et se propage aux bâtiments voisins, soudés bord à bord par les grappins d'abordage. Afin d'éviter d'être brûlés vifs, 300 Français sautent dans l'eau. Ils doivent alors, pour surnager, « se défaire de l'or, de l'argent et des

226. En juillet 1550, Jean Ango cède à Louis de Bures « la moitié d'un quart et seiziesme d'un navire nommé *La Marie* » (E. Guénin, *Ango et ses pilotes…*, *op. cit.*, p. 265, arrêt du Parlement de Rouen du 30 juillet 1604). En 1554, Louis de Bures, « sieur d'Espaneville [Épineville] », est grenetier du sel à Dieppe (ADSM, G 4729, certificat délivré par Louis de Bures aux chapelains du collège d'Albane de Rouen pour 8 boisseaux de sel à prendre sur les héritages de Guillaume Henry, 22 août 1554).

227. Jean du Tillet, *Brefves narrations des actes et faitz mémorables advenus depuis Pharamond, premier Roy des François…*, Rouen, Iehan du Gord, 1556, cité dans Jules Thieury, *Récits dieppois. Combat naval, 1555*, Dieppe, A. Marais, 1861, p. xii-xiii. Greffier du Parlement de Paris de 1521 à 1570, Jean du Tillet sert la Couronne française sous quatre monarques successifs, de François Ier à Charles IX. À compter des années 1540, il a notamment à charge d'inventorier le Trésor des Chartes.

réales [de grosses pièces espagnoles] qu'ils ont butinés » sur les vaisseaux ennemis. Certains, qui ne peuvent s'y résoudre, coulent à pic[228]. La mer se couvre de débris et de l'odeur des chairs calcinées.

On peut bien mettre des manches en dentelle au carnage, il n'en reste pas moins répugnant[229].

*

* *

Dans le cas d'Ango, l'opposition entre la figure de l'honnête bourgeois et celle du chef pirate – l'une rachetant opportunément l'autre – ne résiste de toute façon pas une minute à l'examen. Car l'ampleur et la fréquence de ses « prises » tiennent aux denses réseaux de patronage et de clientèle qu'au moyen de l'exercice de ses charges, il a tissés, et dans lesquels, de par ses offices, il se trouve pris. C'est l'entregent du grenetier et du receveur de vicomté qui permet les exactions du maître pirate. Sans les protections dont il dispose à la cour, sans les alliances qu'il s'est forgées à Rouen et au Havre, jamais Ango ne pourrait passer,

228. Pour le détail des opérations, cf. Charles de LA RONCIÈRE, *Histoire de la marine française*, Paris, Plon, 1906, vol. 3, p. 496-502. Pour les témoignages zélandais, cf. Charles PIOT, « La diplomatie concernant les affaires maritimes des Pays-Bas, vers le milieu du XVIe siècle jusqu'à la trêve de Vaucelles », *Bulletin de l'Académie royale des sciences, des lettres et des beaux-arts de Belgique*, 1875, XXXIV-40, n. 1 p. 861-862 (témoignages de Cornille Janszoon et Vriull Aelbrechtszoon, de la nef *Le Sampson*, âgés de 18 ans et examinés par le bailli de Middlebourg, 17 août 1555). Les deux jeunes hommes apportent cette intéressante précision qu'il y a, parmi les équipages dieppois, des Écossais, des Anglais, des Irlandais et des Hollandais.

229. S'il contient un grand nombre d'informations précises sur les préparatifs faits par De Fors et offre une chronologie complète de la campagne de piraterie de la flottille dieppoise, le second récit de la bataille reproduit dans l'ouvrage de Thieury – l'*Histoire de la bataille navalle, faicte par les Dieppois & Flamens*, publié à Paris par Olivier de Harsy en 1557 (J. THIEURY, *Récits dieppois…*, *op. cit.*, p. 3-39) – euphémise complètement les séquences d'abordage, encodées dans le langage de la guerre courtoise, avec échange inaugural de salutations entre les capitaines, éloge de la « vaillance » de tel ou tel, etc. Pour un récit plus héroïque encore de la bataille, représentée sur le mur de la galerie de l'aile nord du pavillon du Roi du château de Versailles, cf. *Galeries historiques du palais de Versailles*, Paris, De Fain et Thunot, 1842, p. 126-128. Desmarquets, lui, conclut lyriquement que « les lauriers des Dieppois furent bien trempés de leurs larmes » (*Mémoires chronologiques pour servir à l'histoire de Dieppe…*, *op. cit.*, vol. 1, p. 132-133).

comme il le fait si souvent, entre les mailles de la sanction judiciaire et de la réprimande royale.

Son premier cercle d'influence, à portée locale, résulte d'une série d'alliances matrimoniales : celle que lui-même contracte avec l'héritière d'une famille d'armateurs dieppois, Anne Guillebert[230], et celle qui unit sa fille aînée, Anne, à David de Bures, dont la famille, vieux lignage de marins et de mareyeurs cauchois[231], a été anoblie par l'ordonnance des « francs-fiefs » de 1470 et qui exerce comme conseiller au Parlement de Rouen à compter de 1519[232]. Deux mariages scellent également des liens durables et profitables entre le clan Ango et la puissante famille des Croismare, dont le patriarche, Robert, a occupé le siège

230. ADSM, 3B/565 (cour des Aides, 9 juillet 1567 : « Anne Guilbert veuve du deffunct Jehan Ango de son vivant seigneur de la Rivière capitaine de Dyeppe »). Si les archives sont peu disertes sur cette famille, les éléments épars réunis démontrent néanmoins qu'elle a suivi, des années 1470 aux années 1540, une trajectoire sociale ascendante en tous points similaire à celle du clan Ango. Un Pierre Guillebert agit comme « hôte-vendeur » lors de la harengaison de 1475 (ADSM, G 525, compte de la harengaison de Dieppe…, 1475, f° 33r). En compagnie de son fils et au côté de Jean Ango l'Ancien, il fait office de témoin lors d'une transaction de remise de rentes impliquant la Fabrique de l'église Saint-Jacques en 1477 (ADSM, G 8109, C21/L10, 30 avril 1477 : « Pierrot Guilbert » et « Pierrot Guilbert le Jeune »). Dans les années 1490, tout en continuant à exercer l'« hostage », il patronne une chapelle à Saint-Jacques (ADSM, G 538, RVD 1491-1492, f°s 3v et 8r, et G 1473, c. 1493-1495). Un acte notarié mentionne en 1509 un « défunt Robinet Guillebert » (AMD, Lang. C8/L1/6, vente de masures et portions de masures sises rue de la Boulangerie aux échevins de Dieppe par Me Jean Passavant, mai 1509). En 1545, le vicomte de la haute justice de Hautot-Saint-Sulpice reconnaît le statut de « franche aumône » d'une maison « sise Grande rue, où pend pour enseigne *Le Fardeau* », laquelle appartient à « M. Guillebert écuyer bourgeois de Dieppe » (AMD, Lang. C5/L1/7, lettres de franchise du 15 avril 1545). Un autre Guillebert siège en 1585 au conseil de la Fabrique de Saint-Jacques (ADSM, G 8118, comptes de la Fabrique de l'église Saint-Jacques de Dieppe, « Ordonnances faictes pour les fosses »). En 1607, on y trouve encore un « Pierre Guillebert lieutenant criminel au bailliage d'Arques » (ADSM, G 8113, « État des rentes appartenant au Trésor et Fabrique trouvez au compte rendu en l'an 1607 »).

231. Un Nicolas de Bures exerce comme « hôte-vendeur » lors de la harengaison de 1475 (ADSM, G 525, « Compte de la harengaison de Dieppe… », 1475, f° 32r).

232. A. FLOQUET, *Histoire du Parlement de Normandie*, *op. cit.*, vol. 1, p. 469-470. David de Bures entre dans sa charge le 12 novembre 1519 (*Liste des membres du Parlement de Rouen*, BNF, ms. Fr. 24113, c. 1701-1800, f° 58v). Guillaume de Bures se porte dans les mêmes années acquéreur de plusieurs maisons et portions de terrains dans la partie cossue de la paroisse Saint-Jacques, « derrière les louages à marché » (AMD, BB 1/1 et 3, 15 février 1510 et 26 novembre 1518).

archiépiscopal de Rouen jusqu'à sa mort en 1493. Tandis que la sœur de Jean, Perrette, épouse avant 1514 Jean de Croismare, seigneur de Saint-Just et magistrat en la cour des Aides de Rouen, sa seconde fille, Catherine, convole en 1537 en justes noces avec Jacques de Croismare, sieur des Alleurs[233]. Bien qu'ils lui dament le pion en matière d'offices et de titres, les Croismare et les De Bures appartiennent à la même classe ascendante de « bourgeois gentilshommes » qu'Ango – lequel apparaît ici comme le produit d'une situation sociale transitoire, le rejeton d'un entre-temps au cours duquel s'amenuisent les frontières entre la « robe » et la boutique.

Pour Ango, ces réseaux familiaux fonctionnent non seulement comme des circuits de collecte de capital, culturel et économique, mais aussi comme des viviers de recrutement d'hommes loyaux, susceptibles de le servir dans ses entreprises. En 1524, le frère de son gendre, Jacques de Bures, arme avec lui une nef qui fait main basse sur un vaisseau portugais chargé de sucre[234]. En 1525, un dénommé Nicolas de Croismare, ayant maille à partir avec l'amirauté de Roscoff à propos de la vente du chargement d'une nef génoise prise au large de Cadix, se dit « sous la charge du capitaine Fleury[235] », qui commande sa flottille pirate.

Plus significatifs et contraignants à l'époque que de nos jours, les liens de parrainage contribuent aussi à asseoir la notabilité d'Ango. Les baptêmes de ses enfants et de ses petits-enfants en l'église Saint-Rémy de Dieppe – et parfois à Rouen – lui offrent l'occasion d'inclure dans son orbe une pléthore de « nobles » et d'« honorables hommes » titulaires d'offices influents. Louis de Quièvremont, seigneur de

233. André VALIN, *Croixmare. Essai historique des origines à nos jours*, Fécamp, L. Durand, 1937, p. 22, et *Heures de la famille Ango*, c. 1514-1541, BNF, NAL 392, f° 6v (poème composé par Ango à l'occasion de la naissance de sa fille Marie, 28 juillet 1514). Le fief des Alleurs était situé sur l'actuelle commune d'Eslettes, au nord de Rouen. Les notes d'Ango dans son livre d'heures mentionnent par ailleurs trois de ses petits-fils, Nicolas, Robert et Charles, nés respectivement en octobre 1536, le 5 avril 1538 et en octobre 1541, mais nous ne savons strictement rien de leurs destinées (f°s 4r-5v).

234. AN, X/1C/253, n° 99-102 (1523-1524), cité dans Fabrice QUÉNÉA, « Des corsaires et des humanistes : Jean Ango, les élites dieppoises et leurs réseaux », *Chroniques d'histoire maritime de la SFHM*, 2021, 91, p. 46.

235. Ch. BRÉARD et P. BARREY, *Documents relatifs à la marine normande…*, *op. cit.*, doc. XIX, p. 278 (« Enquête à Roscoff sur la capture d'un navire génois… », 12 mai 1525, AMH, FA, EE 85, f° 1r).

Heudreville et conseiller au Parlement de Rouen, porte sa fille Marie sur les fonts baptismaux en 1514. Jean de Quièvremont, official (juge ecclésiastique) de l'évêché de Bayeux[236], parraine son petit-fils Jacques en 1533, et Robert Le Fournier, baron de Tournebu et receveur des tailles en l'élection de Caen, son petit-fils Robert en 1538[237]. À ce dernier il donne par surcroît pour marraine l'épouse de Jean Richart, seigneur de Colombelles et contrôleur de Caen[238]. L'implantation géographique de ces hommes est d'autant plus intéressante que l'on fait souvent de Rouen la seule et unique base arrière des réseaux de pouvoir d'Ango : d'évidence, la Basse-Normandie figure tout autant sur la carte de ses appétits[239].

Le deuxième cercle d'Ango regroupe l'ensemble de ses partenaires de négoce et de brigandage maritimes. On y trouve des notables du cru, tels le procureur des habitants de Dieppe Jean Terrien, les frères Nicolas et Guillebert Morel, et le « maître des ouvrages » honfleurais Michel Ferey. Ce dernier mène, à l'instar d'Ango, une double vie de bourgeois et d'entrepreneur en « écumerie ». Surnommé « Vauchouquet » du nom du fief qu'il a acquis aux environs de Honfleur, il est chargé, à compter de 1517, de l'exécution d'une partie des travaux de construction du nouveau port du Havre, notamment des tours de la jetée principale.

Fortune faite et ayant obtenu une place fieffée sur le Grand quai, il s'y fait bâtir en 1524 une vaste demeure baptisée *La Salamandre*[240]. En

236. Les Quièvremont sont fortunés : ils vendent en 1529 le fief avec manoir seigneurial de Caer, à Normanville, pour 5 200 livres (B. PÂRIS, éd., *Mémoriaux de la Chambre des comptes de Normandie*, *op. cit.*, VIII-16, n° 39.184, p. 310-312, Hondouville, 11 janvier 1529). Un Pierre de Quièvremont, conseiller en cour laïque, a été bailli de Dieppe en 1491 (ADSM, G 538, RVD 1491-1492, f° 7v).

237. Robert Le Fournier est receveur des tailles de Caen en 1532 et en 1538. Il décède en 1556 ou 1557 (Ch. de BOURGUEVILLE, *Les Recherches et Antiquitez de la Province de Neustrie*..., Caen, Vincent et Jean Le Fevre, 1588, vol. 2, p. 119, 127 et 159).

238. *Heures de la famille Ango*, ms. cit., f°s 4r (octobre 1541), 5v (mars 1533) et 6v (28 juillet 1514).

239. Ango possède des liens familiaux avec la Basse-Normandie. En 1526, une Perrette Ango, fille de Robert Ango, est dite « veuve de feu Marc Le Gallois, marchand à Lisieux » dans un acte de vente d'une moitié de sa maison à « Jean Ango, vicomte de Dieppe » (*Bulletin de la Commission des antiquités de la Seine-Inférieure*, 1905, p. 453, vente d'une moitié de maison par François de Sagon et Catherine Ango à Jean Ango, Rouen, 28 septembre 1526).

240. Charles BRÉARD, *Le Vieux Honfleur et ses marins. Biographies et récits maritimes*, Rouen, E. Cagniard, 1897, p. 101-102 ; Philippe LARDIN, *Entre tradition et*

1531, à l'époque où, tout en travaillant avec profit à l'aménagement du canal de l'Orne, près de Caen, il arme des nefs « en course », il est qualifié – avec un sens certain de l'euphémisme – de « pilote de mer[241] ». Signe de sa stature sociale aussi bien qu'indice de sa connivence avec les autorités, c'est chez lui que les officiers royaux logent à l'occasion de leurs missions d'inspection au Havre[242]. Courant les mers aussi bien que les offices, bénéficiant de la faveur de l'amirauté sans cesser pour autant de fréquenter la canaille, Ferey incarne, au même titre qu'Ango, une figure sociale ambivalente, propre aux sociétés littorales des débuts de l'époque moderne, où la faible emprise des pouvoirs et la concurrence des juridictions génèrent une « zone grise » propice à toutes les duplicités. Forban à mi-temps, Ferey finance sa quête d'honorabilité grâce au produit de ses rapines, tout comme il investit une part de ses revenus licites de maître maçon dans ses campagnes d'« écumerie ».

Mais, dès lors qu'il s'agit d'expéditions à destination de terres ou de mers lointaines, impliquant des prêts « à la grosse aventure », dont le taux d'intérêt peut atteindre 40 %[243], Ango sait aussi s'entourer d'authentiques professionnels de la finance, qu'il s'agisse de riches négociants natifs d'autres régions, comme le Troyen Simon Legras, ou des banquiers italiens établis à Rouen, tels les frères Alessandro et Zanobi Rucellai (Rousselay), originaires de Florence, ou le Génois Pietro de Spinola (Pierre Despinolles)[244].

---

modernité. Les premières années du Havre, 1517-1541, Mont-Saint-Aignan, Presses universitaires de Rouen et du Havre, 2003, p. 28-29 ; AMH, FA, DD 11, certificat concernant la construction d'une fontaine au Havre, 14 septembre 1518, f° 1r (« Michel Ferey maistre machon de l'ouvrage du port de Grâce »). La ferme du Val Chouquet se situe dans la commune de Vasouy, sur la côte, au nord-ouest d'Honfleur.

241. Ch. de BOURGUEVILLE, *Les Recherches et Antiquitez de la Province de Neustrie..., op. cit.*, vol. 2, p. 101.

242. Stéphano de MERVAL, *Documents relatifs à la fondation du Havre...*, Rouen, Ch. Métérie, 1875, p. 332, doc. LXXX (rapport au roi d'Antoine du Bourg et René de Becdelièvre, août-octobre 1532).

243. M. MOLLAT, *Le Commerce maritime normand..., op. cit.*, p. 166-167. Sur la place rouennaise, dans les années 1550, les marchands d'Orléans, comme les frères Bongars, se sont fait une spécialité des prêts « à la grosse aventure » pour les voyages des terre-neuviers. Le taux usuraire de ces « contrats à la grosse » se situe alors autour de 25-27 % (Bernard ALLAIRE, « Le commerce des fourrures à Paris et les pelleteries d'origine canadienne en France, 1500-1632 », thèse d'histoire de l'université Laval, 1995, n. 44, p. 62 et 69).

244. Sur les Rucellai, qui financent notamment les expéditions des frères Verrazano, cf. la synthèse de Bernard BECK, « Les Italiens de la mer. Marins et cartographes

À l'instar de tous les grands armateurs normands, Ango cultive aussi avec assiduité les faveurs des principaux officiers du roi, à commencer par ceux en charge des affaires maritimes. Il entretient des relations d'amitié et de commerce – c'est tout un – avec le vice-amiral Guyon Le Roy du Chillou, bâtisseur et capitaine du Havre de 1517 à 1528, ainsi qu'avec son successeur, Jean du Bec[245], et avec l'amiral Philippe Chabot de Brion. Ce dernier devient le principal artisan, en 1526, de la libération de François Ier, capturé par les troupes de Charles Quint à Pavie un an auparavant : c'est un vieux briscard de la cour, rompu à toutes les intrigues[246].

Ces hauts personnages dessinent, au côté de l'archevêque de Rouen Georges II d'Amboise, la bordure extérieure du troisième et dernier cercle d'influence et de protection dont bénéficie Ango : celui des relais directs dans l'entourage du roi. C'est ainsi par l'entremise de Chabot qu'il conquiert de haute lutte, en 1530, le Graal des écumeurs : une « lettre de marque et de représailles[247] » l'autorisant, trois mois durant, à « courir sus à prendre les personnes, navires, biens et

---

au service de la Normandie au XVIe siècle », *Annales de Normandie*, 2000, 29, p. 129-142. Appartenant à la famille Strozzi, qui s'allie en 1508 aux Médicis, les Rucellai sont l'une des plus puissantes familles de la scène florentine, et leurs réseaux financiers s'étendent dans toute l'Europe (Francis KENT, *Household and Lineage in Renaissance Florence. The Family Life of the Capponi, Ginori and Rucellai*, Princeton, Princeton University Press, 1977, en particulier p. 121 *sq.*).

245. En août 1529, Ango fait appel à Jean du Bec pour obtenir du Portugal compensation pour la capture de *La Marie* (E. GUÉNIN, *Ango et ses pilotes*..., *op. cit.*, p. 86). Du Bec est gouverneur du Havre de décembre 1528 à mars 1529.

246. Preuve de la proximité entre les deux hommes, Chabot demande fin 1534 à Ango de le ramener à Dieppe depuis l'Angleterre à bord d'un galion « bien chargé d'hommes et d'artillerie » (Pascual DE GAYANGOS, *Calendar of State Papers, Spain*, Londres, Her Majesty's Stationary Office, 1886, vol. 5-1, n° 114, Eustache Chappuis au Conseil privé de Charles Quint, 5 décembre 1534). Mieux encore : la veuve de Chabot, Françoise de Longwy, charge en 1543 Ango et François Lallemant, seigneur de Marmagnes, de « faire taxer, en son nom, les amendes dues et adjugées à défunt Monseigneur l'amiral dans sa juridiction de Dieppe » (AN, MC/ET/XIX/163, minutier du notaire Jean Trouvé, 1536-1544). C'est lors de son « entrée » à Rouen, en août 1517, que François Ier concède par lettres patentes, au grand dam de l'archevêque de Rouen, des droits à l'amiral sur la ville de Dieppe (Ch. de ROBILLARD DE BEAUREPAIRE, *L'Entrée de François Ier*..., *op. cit.*, p. XLVII).

247. Ango n'est pas le premier Dieppois à bénéficier de cette licence. En 1514, « Gilbert Coppellant marchand de Dieppe » se voit pourvu par Louis de Brézé, lieutenant général du roi en Normandie, de « lettres de marque et de représailles » contre « les marchands de Middleburg et autres habitants de Zélande et de Flandre », car ces

marchandises » des Portugais à concurrence de 250 000 ducats – rien moins qu'un permis de pillage[248]. Ango récompense grassement l'amiral pour son appui, puisqu'il lui offre, avec le concours du marchand rouennais Pierre Prévost, « un diamant estimé 3 005 écus[249] ».

À l'apogée de sa gloire, le réseau d'Ango s'étend, d'échelon en échelon, jusqu'au cœur de la royauté. En 1526, la sœur du roi, Marguerite d'Angoulême, duchesse d'Alençon et de Berry, recommande David de Bures – l'époux d'Anne Ango – auprès du Grand maître du royaume, Anne de Montmorency, pour la charge de grenetier du sel de Dieppe. Elle rappelle à cette fin que le père de l'impétrant et Jean Ango « ont merveilleusement fort servi [le Roi] sur le fait de marine et guerre de la mer, le tout à leurs propres coûts et dépens[250] ». En 1530, c'est auprès du chancelier Antoine du Prat, le tout-puissant conseiller de François Ier, qu'elle vante « les mérites du

---

derniers ont pillé la cargaison de l'un de ses navires, échoué sur leur rivage (BNF, ms. Fr. 5086, fos 148r-149r, 20 février 1514).

248. La « lettre de marque et de représailles » d'Ango est signée par François Ier à Angoulême le 27 juillet 1530 (ANTT, PT, Gav. III.1.19, dans *As Gavetas da Torre do Tombo*, Lisbonne, Centro de estudos históricos ultramarinos, 1962, vol. 2, n° 632, p. 13-18).

249. L'affaire est connue avant l'ouverture du procès de Chabot puisqu'on la trouve mentionnée en 1538 dans une lettre de Diogo de Gouveia, l'ambassadeur portugais à Paris. Ce dernier écrit que « l'Amiral a déjà reçu [de Jean Ango et de Pierre Prévost] un diamant que l'on dit valoir 8 000 philippes [florins d'or] » (Serafim LEITE, éd., *Monumenta Brasiliae*, vol. 1, *1538-1553*, Rome, Monumenta historica Societatis Iesu, 1956, p. 91, lettre de D. de Gouveia à Jean III, Paris, 17 février 1538). À la fin du procès, Chabot est reconnu coupable d'avoir reçu 25 000 écus de la main même des Portugais et 16 000 francs « soubz coulleur de composition faicte au nom de Jehan Ango » (F.-A. ISAMBERT, *Recueil général des anciennes lois françaises…*, *op. cit.*, vol. 12, n° 321, p. 725, lettres royales de condamnation de Chabot, Fontainebleau, 8 février 1540).

250. François GÉNIN (éd.), *Lettres de Marguerite d'Angoulême, sœur de François Ier, reine de Navarre, publiées d'après les manuscrits de la Bibliothèque du Roi*, Paris, J. Renouard et Cie, 1841, doc. 33, p. 218 (s.d., c. 1526). Selon la duchesse d'Alençon, Nicolas de Bures – le père de David – a lui aussi détenu la charge de grenetier du sel de Dieppe. C'est cependant moins le *pedigree* lignager de David de Bures que sa qualité de magistrat du Parlement de Rouen qui intéresse Montmorency. À partir du moment où il se voit accordée la faveur qu'il demande, De Bures se trouve placé dans la dépendance du connétable : au début des années 1530, il agit comme le garant de ses affaires devant le Parlement de Rouen (Thierry RENTET, « Les clientèles parlementaires d'un connétable : Anne de Montmorency et les Parlements sous François Ier et Henri II, 1515-1559 », dans Jean GARRIGUES *et al.*, dir., *Assemblées*

Vicomte de Dieppe et les bons, grands et continuels services qu'il a faits au Roi[251] ».

L'ampleur et la complexité de ces réseaux – reliant un armateur de province aux plus hautes sphères de l'État – ne doivent cependant pas faire illusion. Quoi qu'en disent les publications célébrant le « patrimoine normand », Jean Ango n'est pas « le grand ami du roi François Ier[252] », mais, plus banalement, l'un de ses nombreux obligés. Sous l'Ancien Régime, il n'existe pas de frontière étanche entre les intérêts privés et les charges publiques. Dès lors qu'il est question de rentes et de fermes, l'archevêque de Rouen se comporte tel un seigneur ordinaire, et les amiraux de Normandie prennent sans vergogne des parts dans les nefs de négoce en compagnie des bourgeois de Dieppe et du Havre. Contrevenant à l'interdiction royale de pénétrer dans les territoires portugais d'outre-mer, qu'il lui incombe de faire respecter, le vice-amiral Le Roy du Chillou arme ainsi, en 1525, une « petite nef » à destination du Brésil[253].

En 1526, non content de mettre deux galions du roi à la disposition de Giovanni Verrazano, qui s'apprête à accomplir son deuxième voyage « aux Indes », l'amiral Chabot contribue sur ses deniers à l'avitaillement des nefs, et ce à hauteur de 4 000 livres[254]. Chabot n'hésite jamais à déclarer légale une « prise » ni à réclamer le tiers des épaves auquel il a droit : sa cupidité est proverbiale dans tous les ports de l'Atlantique. En 1536 et 1537, de mèche avec son homologue de

et Parlements dans le monde du Moyen Âge à nos jours. Actes du 57e congrès de la CIHEA, 6-9 septembre 2006, Paris, Assemblée nationale, 2010, p. 169).

251. F. GÉNIN (éd.), *Lettres de Marguerite d'Angoulême…*, *op. cit.*, doc. 80, p. 252-255 (Blois, 10 juin 1530). Sur l'influence considérable exercée par Duprat sur le roi, tout aussi bien en matière de politique extérieure que pour les questions religieuses, cf. Christophe VELLET, « Entre légistes et ministres : Antoine Duprat (1463-1535), conseiller technicien de François Ier », dans Cédric MICHON (dir.), *Les Conseillers de François Ier*, Rennes, Presses universitaires de Rennes, 2011, p. 211-227.

252. Alexandre VERNON, « Le sauvetage de l'église Saint-Rémy de Dieppe », *Le Patrimoine normand*, 31 janvier 2008.

253. Ch. BRÉARD et P. BARREY, *Documents relatifs à la marine normande…*, *op. cit.*, p. 280, doc. XX (« Lettre de Saint Maars à Guyon Le Roy », 5 mai 1525, AMH, FA, EE 87).

254. Michel MOLLAT et Jacques HABERT, *Giovanni et Girolamo Verrazano, navigateurs de François Ier*, Paris, Imprimerie nationale, 1982, p. 99-101 et 143-144. Sur la longue carrière de Chabot, cf. Robert J. KNECHT, « Philippe Chabot de Brion (c. 1492-1543) », dans C. MICHON (dir.), *Les Conseillers de François Ier*, *op. cit.*, p. 463-480.

Flandre, il vend même, au prix exorbitant de 6 livres pièce, de faux sauf-conduits aux navires partant pêcher le hareng et le maquereau dans la Manche[255].

Les liens qu'Ango noue avec une poignée de grands officiers du royaume, et par leur biais avec la cour, n'ont donc rien d'exceptionnel en un temps où le monde du négoce et celui du service du roi s'entremêlent avec une intensité inédite. Pour peu qu'on leur parle profit, les gentilshommes s'attablent volontiers avec les roturiers, quitte à user d'une très longue fourchette. Il ne faut pas se leurrer : quand Ango se voit décerner, dans tel ou tel document, le titre de « vicomte de Dieppe », ce n'est jamais que par commodité ou abus de langage. Quelle que soit l'étendue de son pouvoir au sein de la seigneurie de Dieppe, il ne fait jamais que la louer. Il reste par conséquent, au sens précis que l'ancien et le moyen français donnent à ce terme, le « fermier » de l'archevêque de Rouen : celui qui « prend à ferme », sous forme de bail, une partie de ses droits[256].

De fait, rien ne prouve qu'il ait acquis la noblesse – fût-ce moyennant finances, à l'imitation de quantité de ses contemporains[257]. La voie

255. F.-A. Isambert, *Recueil général des anciennes lois françaises...*, *op. cit.*, vol. 12, n° 321, p. 724-725 (lettres royales de condamnation de Chabot, Fontainebleau, 8 février 1540).

256. Frédéric Godefroy, *Dictionnaire de l'ancienne langue française et de tous ses dialectes du* IX*e au* XV*e siècle*, Paris, F. Vieweg, 1898, vol. 9, p. 611.

257. Les titres et épithètes aristocratiques dont Ango fait usage – comme « sieur », « seigneur » et « écuyer » – sont trop banals et trop équivoques pour attester une condition nobiliaire. Les énoncés où ils figurent sont en outre toujours suivis du rappel de la dépendance envers un plus haut personnage en qui se trouve déposé le véritable pouvoir juridictionnel. Cf. ADSM, G 913, n° 8 (fieffe à Antoine Le Grand d'une maison sous le château, 19 avril 1518) et 9 (acquisition d'une portion de masure rue des Wées, 20 septembre 1520), et AMD, Lang. C8/L1/16 (fieffe par la ville à Nicolas Croquart d'une maison, masure, héritage et tènement en la place du Neuf-Marché, 5 juillet 1530) : « Jehan Ango escuier viconte et garde du scel aux obligations de la ville de Dieppe pour très révérend père en Dieu Monseigneur l'archevêque de Rouen » ; ADSM, G 958 (reçu de Jehan Loutrel pour le bail de la ferme de la vicomté, 24 mars 1535), et AN/MC/ET/XCI/12 (minutier du notaire Claude Hallé, quittance d'Antoine Vanmalle, marchand de la Hanse du comptoir d'Anvers, 3 janvier 1540) : « Jehan Ango sieur de la Rivière viconte de Dieppe pour le très révérend père en Dieu et seigneur Monseigneur l'archevêque de Rouen » ; AMD, Lang. C8/L1/18 (fieffe à Nicolas Delabarbe d'une maison, masure, héritage et tènement en la place du Neuf-Marché, 4 juillet 1536) : « noble homme Jehan Ango, seigneur de La Rivière, lieutenant de hault et puissant seigneur Monseigneur l'admiral de France cappitaine du chasteau et

des armoiries n'est pas close aux armateurs : là où Ango ne s'aventure pas, d'autres se risquent avec succès. À Honfleur, le bourgeois Jacques Naguet, qui « faisait train et trafic de marchandises par terre et par mer », obtient en 1522 des lettres d'anoblissement pour 800 livres[258]. Il est vrai que Naguet s'est enrichi par le commerce licite, quand Ango ne souhaite probablement pas qu'on mette le nez dans ses comptes d'« écumerie ».

Toute l'ambiguïté entourant la noblesse d'Ango procède, outre de la fantaisie de certains de ses biographes[259], d'une confusion propre aux premières décennies du XVIe siècle. Cette confusion se trouve suscitée par plusieurs vagues d'anoblissements : celle, colossale, de 1470-1471, consécutive à l'ordonnance des « francs-fiefs », et celle, plus modeste, de 1522[260], qui résulte des pressants besoins de trésorerie de François Ier. Mais elle est également sciemment entretenue par les bourgeois entrés au service du roi, qui usent de titres et de particules sans pour autant prendre part aux « montres » militaires ni demander à être radiés des rôles de l'impôt. À la triple condition que l'usurpation ou la « dérogeance » restent localisées, qu'elles ne s'accompagnent pas d'une remise en cause du pouvoir de la haute aristocratie et qu'elles n'affectent pas le volume

ville de Dieppe et commissaire du roi pour le fait des aides des deniers communs ». L'absence de tout document confirmant la noblesse d'Ango, et ce en un temps où la vérification des titres bat son plein, fait douter plus encore qu'il l'ait jamais acquise. Certes, il a pu bénéficier, du fait de la détention d'un quart de fief noble à Sainte-Marguerite-sur-Fauville, d'un « anoblissement taisible », lié à la seule possession foncière de seigneuries – mais, là encore, aucune source ne vient étayer l'hypothèse.

258. Pierre-Élie-Marie LABBEY DE LA ROQUE, *Recherche faite en 1540 par les élus de Lisieux des nobles de leur élection*, Caen, F. Poisson, 1827, n° 312, p. 118 (lettres patentes d'anoblissement de J. Naguet en février 1522, produites par Adrien et Louis dits Naguet lors de l'enquête des commissaires du roi Nicolas Le Valois, François Le Roi et Jean Hédiard). Le montant à payer pour les lettres d'anoblissement des années 1520-1522 variant de 150 à 800 livres, Naguet paie son titre au prix fort. Autre exemple d'armateur reconnu comme noble lors de la « recherche » de 1540 : Jean Le Danois, qui dépêche des nefs de négoce à Messine en association avec Jehan Denys au début des années 1490, et surtout participe à l'avitaillement de la flotte de guerre réunie à Honfleur en 1512-1513 (*ibid.*, n° 314, p. 118, et Ch. BRÉARD, *Le Vieux Honfleur et ses marins...*, *op. cit.*, p. 80-81).

259. Gabriel GRAVIER, *Jean Ango, vicomte de Dieppe*, Rouen, A. Lestringant, 1903, p. 9.

260. On compte 19 anoblissements en 1522, dont 11 en Normandie (J. R. BLOCH, *L'Anoblissement en France au temps de François Ier...*, *op. cit.*, p. 165-170 et 193).

global de la collecte fiscale, les juridictions royales ne s'en préoccupent que de loin en loin[261]. Le trouble est le propre de l'époque, et Ango est homme de son temps. Un manoir ici et un navire là, « écuyer » un jour et « sieur » le lendemain : son véritable talent, c'est de serpenter d'un statut à un autre – et, multipliant les protections, de brouiller les pistes.

S'accointer avec les puissants n'est jamais qu'un moyen de se gagner leur complicité, voire, le temps venu, leur clémence. *Le Sacre*, *La Fleur-de-lys*, *La Barque du Roi*, *La Normande*, *La Marie*, *Le Lion*, *La Cigogne*, *Le Dragon*, *Le Léopard*, *L'Alouette*, *La Salamandre*, *La Rose* : des années 1510 aux années 1530, Ango arme en guerre, avec ses associés, des dizaines de nefs, qui croisent de la Manche au golfe de Cadix[262]. Il a sous ses ordres une fine équipe de capitaines aguerris, que ne rebutent ni le gros temps ni la poudre – Jean Fleury, Jacques de Saint-Morisse, les frères Delisle, Sylvestre Billes, Jean Fain. Les déprédations perpétrées par sa flottille contrarient à ce point le roi de Portugal que celui-ci, après avoir pétitionné François Ier qui n'en peut mais, lui rachète en 1531 sa « lettre de marque et de représailles » pour 60 000 ducats[263].

L'argent coule à flots – le sang, aussi.

*
* *

Une troisième image, un portrait en pied léché, permet de masquer la béance qui sépare l'Ango notable de l'Ango pirate : celle du mécène des arts, de l'amateur éclairé qui convertit le fruit de ses négoces – licites et illicites – en pure beauté. Ango se fait bâtir à compter de 1525 à Dieppe, à l'angle des quais et de la bien-nommée

261. En Bretagne, une ordonnance de 1456 permet même aux nobles qui marchandent « en gros » par voie maritime de continuer à bénéficier de leur exemption fiscale au nom du privilège de « noblesse dormante ». Au Croisic, plusieurs grandes familles de maîtres de navires, comme les Le Pennec et les Jollan, sont ainsi tenues pour nobles tout du long des XVe et XVIe siècles, et ce sans que l'on puisse établir la modalité de leur accession à ce statut (Alain GALLICÉ, « Les marchands mariniers du Croisic, vers 1450-vers 1540 », *Mémoires de la société d'histoire et d'archéologie de Bretagne*, 2003, 81, p. 179-181).

262. Henri CAHINGT, « La flotte de Jean Ango », *Bulletin des Amys du Vieux Dieppe*, 1951, 55, p. 33-34.

263. E. GUÉNIN, *Ango et ses pilotes...*, *op. cit.*, p. 91-104.

rue du Petit-Monde, une vaste demeure d'inspiration florentine. Baptisée *La Pensée* comme l'une de ses nefs, elle est organisée autour de trois cours en enfilade et agrémentée, « sur toutes les pierres et les pièces de bois », d'un « grand nombre de sculptures et de représentations d'histoire et de fables »[264]. Asseline, qui ne jure que par la légende de l'humble ayant pris place à la table des puissants, brosse d'Ango un touchant portrait :

> Monseigneur l'archevêque de Rouen lui donna sujet de faire bien des voyages à Paris, et des habitudes en la cour avec plusieurs personnes de qualité, dont le sieur Ango tira de grands avantages, ayant ménagé leurs affections avec l'adresse de son bel esprit [...].
>
> Ayant la barbe et les cheveux blonds, et les joues un peu vermeilles, il était (ce me semble) d'une humeur douce et gaie ; son nez étant aquilin marquait la vivacité de son esprit, ainsi que son large front et sa grosse tête montraient son grand jugement. Dans la posture en laquelle il était dépeint [dans un tableau du manoir de Varengeville aujourd'hui disparu], il paraissait avoir été de moyenne taille, et d'une complexion délicate et tendre ; aussi était-il couvert d'une robe de chambre garnie de fourrures, qui n'était pas (sans doute) de petite valeur [...].
>
> Il était très dévot [de Notre Sauveur et de Jean Baptiste, auprès de qui il s'était fait représenter en oraison], et ce fut par un effet de ces pieux sentiments qu'il fit mettre dans une sphère (en quoi ses armes consistaient) une image de Jésus-Christ crucifié avec ces mots marqués en forme de devise : *Spes mea Deus a juventute mea* [Dieu est mon espoir depuis ma jeunesse][265].

264. La description la plus précise de la localisation de la demeure dieppoise d'Ango se trouve dans ADSM, G 958, baux généraux et particuliers des revenus de Dieppe, Alihermont, etc. (vente pour 2 333 écus sols par Jacquette de Braban, veuve du capitaine Jehan Giroult, à Simon de Favet, sergent-major de Dieppe, de « plusieurs maisons cours caves et tènements anciennement nommés la Grande maison du feu S^{r} cappitaine Jehan Ango et *La Pensée* [...] assis et situés en la paroisse Sainct-Jaques [...] près les quais joignant les tènements de la vicomté geolle et prison de cedict lieu, d'aultre costé le pavement de la rue du Petit-Monde d'un boult la rue des quais près de ladicte vicomté et d'aultre boult par derrière la rue de la prison », 19 décembre 1591). La demeure d'Ango est intégralement détruite lors du bombardement de 1694, et l'emplacement racheté en 1695 par les Oratoriens, qui y font édifier un collège (AMD, Lang. RA 1/79, 20 décembre 1695).

265. D. Asseline, *Antiquités et chroniques de la ville de Dieppe*, *op. cit.*, vol. 1, p. 236-237 et 243.

Un gentilhomme pieux et maniéré, « d'une complexion délicate et tendre », au goût sûr et à l'esprit vif : *exit* les muids de sel, les « acquits » de harengs, les couleuvrines et l'or de Moctezuma. Asseline peint Ango comme celui-ci aurait aimé qu'on le voie, tel qu'il s'est efforcé de paraître aux yeux de ses contemporains. C'est ce qu'atteste la seule représentation connue de lui, une illustration ouvrant son *Livre d'heures* : cheveux gris taillés à la romaine, en prière mains jointes et agenouillé entre deux colonnes doriques, sous le regard bienveillant du Christ en gloire, face à son épouse tout de noir vêtue et à une jeune servante[266] [cf. Illustration 1]. La parfaite image du bourgeois qui révère et remercie Dieu d'un seul souffle, à la manière mais sans la finesse d'exécution de Memling. Traits bouffis, fortes rides à la commissure des lèvres : le portrait n'est pas à l'avantage d'Ango. Il est en tout cas très éloigné du buste que réalise en 1886 Eugène-Paul Bénet, qui le figure tel un hidalgo émacié au regard implacable, qui plus est affublé d'un bonnet à bord relevé et d'une barbe en pointe[267]. Mais il est vrai que Bénet – fils d'ivoirier dieppois – excelle dans l'art de travestir le réel : reproduite à près de 900 exemplaires, sa statue du « Poilu victorieux » réussit ce prodige cocardier de tenir les palmes de la paix dans une main et un fusil Lebel dans l'autre.

La piété d'Ango, dont Asseline fait grand cas, reste en vérité un complet mystère. Son nom se trouve dans un registre de la confrérie de la Charité Notre-Dame de Honfleur en 1518, mais la chose ne nous dit rien de sa vie spirituelle : l'ensemble des maîtres de navires de cette ville y adhèrent et Ango, qui en emploie plusieurs sur ses nefs, a pu ne s'y faire admettre qu'à des fins professionnelles. On compte d'ailleurs, parmi les confrères, certains de ses plus proches associés, comme Guyon Le Roy du Chillou et Michel Ferey, et deux de ses plus fameux capitaines, Thomas Aubert et Jean Fleury[268]. Il n'y a pas plus

266. Le *Livre d'heures* d'Ango est aussi connu sous le titre de *Livre des enfants* car il contient, outre ce portrait de son commanditaire et de nombreuses scènes testamentaires, plus d'une centaine de vignettes peintes de jeux d'enfants : balle, volant, éclaboussements, etc.

267. Ce buste est aujourd'hui exposé au musée municipal de Dieppe.

268. Un « Jehan Ango », qui est très certainement le père d'Ango, figure également, avec son épouse, parmi les membres de la Charité Notre-Dame en 1489 et en 1490. On y trouve encore deux des premiers capitaines à avoir fait le voyage de Terre-Neuve en 1506-1508 : Jehan Denys, qui est cotisant en 1492 et en 1497, et Jacques de Rufosse, qui y adhère en 1513 (Charles Bréard, *Les Anciennes Confréries de Honfleur*, Caen, H. Delesques, 1912, p. 24, 28, 30-31 et 35).

d'originalité pour Ango à devenir membre d'une confrérie que pour un entrepreneur contemporain à rejoindre le club local du Rotary. Tout juste peut-on s'étonner qu'il fasse de saint Jean Baptiste le récipiendaire de sa dévotion, puisque celui-ci ne figure pas au nombre des protecteurs locaux. Tandis que Rouen et Dieppe abritent des sanctuaires dédiés à saint Nicolas, les saints patrons des marins normands sont d'ordinaire Jacques, Pierre et Clément[269].

Il y a peut-être là un simple effet d'imitation, voire l'indice d'un attrait pour des styles de vénération plus élitaires. L'archevêque de Rouen, Georges Ier d'Amboise, est en effet un grand adorateur de saint Jean Baptiste, qu'il fait représenter sur une série de tableaux richement ornés du château de Gaillon, où Ango a sans doute dû se rendre quelquefois pour discuter des recettes de la vicomté[270]. Il demeure que, dans le seul et unique écrit à caractère intime d'Ango – un court poème composé pour la naissance de sa fille Marie en juillet 1514 –, il exprime sa contrition dans des termes on ne peut plus convenus, bien éloignés de ceux d'un bigot :

> *Ô benoît Dieu mon père créateur,*
> *Il te plaira ouïr ton serviteur*
> *Et recevoir sa petite oraison* [*sa prière*].
> *Je connais bien, comme il est de raison :*
> *S'aucun reçoit d'un prince plusieurs biens*
> *Dont il s'aide et ne les prise riens* [*ne les apprécie pas assez*]
> *Qu'il doive être repris* [*blâmé*] *d'ingratitude*

269. M. MOLLAT, *La Vie quotidienne des gens de mer en Atlantique…*, *op. cit.*, p. 230, 236. D. ASSELINE évoque la fondation à Dieppe en 1340 d'une « confrérie de saint Jean Baptiste » (*Antiquités et chroniques de la ville de Dieppe*, *op. cit.*, vol. 1, p. 112). Il ne s'agit en tout cas pas de l'une des confréries de l'église Saint-Jacques qui bénéficient, en 1471, d'une autorisation épiscopale de quêtes (ADSM, G 148, registre des offices vicariaux de l'archevêché de Rouen, 1471, f° 10v).

270. L. FAGNART, « Les biens meubles du château de Gaillon… », art. cit., p. 176-178, et ADSM, G 867 (inventaire des meubles de l'archevêché du temps du cardinal d'Amboise Georges Ier : petits tableaux et pièces de toile d'or représentant saint Jean Baptiste, f°s 2r et 4v). Preuve additionnelle de sa dévotion au saint, Georges Ier d'Amboise se fait figurer sur son sceau comme présenté au Christ par Jean Baptiste. À en juger par les vitraux des églises Saint-Patrice et Saint-Vincent, le culte de saint Jean Baptiste se développe fortement à Rouen sous son neveu et successeur, dans les années 1510-1530 (Alexandra BLAISE, « Les représentations hagiographiques à Rouen à la fin du Moyen Âge, vers 1280-vers 1530 », thèse d'histoire de l'art et archéologie, université Paris IV, 2009, vol. 1, p. 141-144).

Qui tant déplaît à ta béatitude,
Car il n'est point de si grave péché.
À cette fin que n'en sois reproché,
Grâces te rends humblement des bienfaits
Et des honneurs que ce monde m'a faits.
Je te requière que sois ton homme lige [*ton fidèle vassal*],
À tout jamais à cela je m'oblige[271].

Le couplet sur « la vanité péché du monde » a beau être banal, le passage du temps se charge toujours de le rendre pertinent[272]. De *La Pensée* et de sa farandole de fresques, il ne reste rien – hormis, dans les musées, quelques carreaux de pavement de terre cuite, émaillés de bleu, qui représentent des têtes d'hommes casqués et barbus, des profils de femmes, des personnages ailés, des griffons et des hippocampes[273]. Comme la quasi-totalité des maisons sises sur les quais, la majestueuse demeure dieppoise d'Ango a été intégralement détruite lors du bombardement de la ville par les galiotes du commandant John Berkeley, les 22 et 23 juillet 1694. Mais le chef-d'œuvre de son orgueil – le manoir de Varengeville, édifié entre 1535 et 1545[274] – a traversé les âges.

271. *Heures de la famille Ango*, ms. cit., f° 6v.

272. Preuve de la banalité des déclarations de gratitude envers Dieu parmi les marchands normands, la fondation de messe d'un bourgeois de Rouen s'ouvre en 1524 par ces mots : « Considérant que Dieu, par sa bonté et clémence, lui a, en ce monde mortel, donné des biens temporels largement et abondamment, même que sont procédés de lui et de sa femme grande et notable lignée vivant en bonne prospérité [...], non voulant demeurer ingrat desdits biens, honneurs, lignée et prospérité, mais de tout son pouvoir l'en remercier et rendre grâces » (ADSM, G 4612, n° 5, fondation par Jacques Le Tanneur, pour 15 livres de rente hypothécaire, d'une messe perpétuelle chantée en la chapelle Saint-Mellon, 15 février 1524, modernisé).

273. Ambroise MILET, *Catalogue du musée de Dieppe*, Dieppe, s. e., 1904, p. 95-96, et musée national de la Renaissance d'Écouen (E. Cl. 1564). Ces carreaux sont typiques de la production de la fabrique de Brémontier-Massy, en pays de Bray (Léon de VESLY, *La Céramique ornementale en Haute-Normandie pendant le Moyen Âge et la Renaissance*, Rouen, A. Lainé, 1913). On trouve de nombreux exemplaires à motifs similaires au musée Mathon-Durand de Neuchâtel-en-Bray.

274. Il s'agit plus précisément du domaine de la Rivière des Maillets, à Varengeville. Les dates exactes de la construction du manoir ne sont pas connues : un encadrement de fenêtre du bâtiment principal et une fresque représentant Moïse et le serpent d'airain, aujourd'hui disparue, portaient celle de 1544 (*Bibliothèque de l'École des Chartes. Revue d'érudition*, 1858, 19-4, p. 111).

Étrange hybride de clos-masure et de forteresse, la bâtisse est faite pour en imposer. Serpentines de silex et de grès courant sur les façades, clés de cintre ornées de visages en ronde bosse, voussures à caissons, parements de losanges en marbre, galeries pavées de mosaïques, partout des corniches et des chapiteaux, des médaillons à tire-larigot. Et au fond de la grande cour, un colombier circulaire, phénoménal, de plus de dix mètres de haut, habillé de bandeaux de briques et d'un échiquier de grès, coiffé d'un dôme en cloche, un nichoir cyclopéen, capable d'héberger 3 200 volatiles.

On ne dira jamais assez combien ce colombier – dont les prospectus vantent à qui mieux mieux le « raffinement » et l'« élégance » – vaut avant tout comme emblème d'arrogance seigneuriale. Parce qu'il est attaché aux seuls fiefs nobles, et le plus souvent dénié par la justice royale aux roturiers qui l'usurpent lors du rachat d'une seigneurie, le droit de colombier incarne le privilège et l'arbitraire aristocratiques au même titre que le « droit de garenne »[275]. Le ramier est l'ennemi des semences, et pour cela haï des laboureurs qui ne cessent, dans les cahiers de doléances, en 1789 encore, de réclamer « la destruction des colombiers qui sont devenus un objet désastreux pour les moissons », ou à défaut le droit de « tirer les pigeons [qui] ravagent et ruinent les récoltes »[276].

Excédés par les dégâts des volatiles ou désireux de les ajouter à leur menu, les paysans n'hésitent pas, à l'occasion, à en jeter quelques-uns au fond d'un sac. Mais ils s'exposent alors à de lourdes sentences. Quiconque se laisserait griser par la fable du *self-made man* s'étant fait bâtir un colombier aux dimensions de ses rêves d'enfant ferait bien de se rappeler le sort de Jannin Moisant, condamné en 1555

> pour prise et dépopulation de pigeons, à être fustigé nu de verges par deux jours par les carrefours accoutumés de Bayeux, et par un autre jour

275. Jacqueline MUSSET, « Le droit de colombier en Normandie sous l'Ancien Régime », *Annales de Normandie*, 1984, 34-1, p. 51-67. Le « droit de garenne » désigne un droit seigneurial exclusif de chasse et de pêche. En fonction du statut de la seigneurie, il peut être « ouvert », et s'appliquer dans toute son étendue, ou bien « fermé », et ne concerner qu'une réserve de gibier.

276. Eugène LE PARQUIER, *Cahiers de doléances du bailliage d'Arques pour les États généraux de 1789*, Lille, Imp. C. Robbe, 1922, p. 33 (Anglesqueville) et 73 (Bacqueville-en-Caux). Mêmes récriminations, p. 28 (Ancourt), 39 (Archelles), etc.

à l'entour des colombiers où il était demeurant, ayant un écrit sur sa tête, auquel il serait écrit : « larron et pilleur de pigeons »[277].

Pour ses premiers biographes, l'ostensible ascension sociale d'Ango trouve son point culminant dans un épisode digne d'un conte de fées : la visite que François Ier lui rend en 1535. À dire vrai, le souverain ne s'est pas déplacé à seule fin de complimenter un notable de province, aussi pourvu d'offices soit-il : il est venu « faire la montre » à Rouen de la première légion d'infanterie, qu'il vient tout juste de créer, et en profite pour inspecter les fortifications des villes de la « frontière » maritime. Du 20 au 23 mai, il séjourne à Arques, siège de juridictions royales[278].

Si l'on agrée le récit de la rencontre en face à face du prince et de l'armateur, qu'aucun acte de chancellerie ne mentionne, c'est de là que le souverain se rend à Dieppe, où il est probablement accueilli par l'ensemble des édiles en grand apparat. D'après Asseline, qui ne ménage pas ses effets, c'est alors chez Ango, à *La Pensée*, qu'il dîne, profitant d'« une hospitalité qui était celle non d'un marchand, mais d'un grand seigneur ». Ango, c'est certain, du moins aux dires de son hagiographe, n'a pas regardé à la dépense ni lésiné sur le décorum :

> Il régala sa Majesté avec tant de magnificence et de politesse qu'elle en fut parfaitement contente. Ce qui la satisfit encore, mais d'une manière d'autant plus agréable qu'elle lui semblait rare, furent les barques très bien peintes et parées qu'il avait fait tenir prêtes pour la porter à la rade avec toute la cour[279].

Scène charmante et de nature à éveiller l'amour de la patrie, que celle d'un simple bourgeois se hissant, par ses propres accomplissements, à

277. Jules Cauvet, « Le droit de colombier sous la coutume de Normandie », *Mémoires de la Société des antiquaires de Normandie*, 1859, 24, p. 390 (arrêt du Parlement de Rouen du 11 juillet 1555).

278. P. Marichal (éd.), *Catalogue des actes de François Ier..., op. cit.*, vol. 3, p. 57-58 (n° 7734-7736, Rouen) et 79-83 (n° 7842-7862, Arques). Le souverain a auparavant effectué deux séjours à Dieppe, en juillet 1517 et en janvier 1531, et il y passe une journée en octobre 1544.

279. D. Asseline, *Antiquités et chroniques de la ville de Dieppe*, *op. cit.*, vol. 1, p. 234, repris et amplifié par J. A. S. Desmarquets, *Mémoires chronologiques pour servir à l'histoire de Dieppe..., op. cit.*, vol. 1, p. 106-107 (« plus riches étoffes du temps », « vaisselle d'argent, vins exquis, mets recherchés », etc.).

la hauteur d'un gentilhomme et entretenant le roi à sa table. La thèse de l'« hospitalité du grand seigneur » à l'égard de son souverain sonne pourtant d'autant moins juste qu'Ango n'y va pas entièrement de sa poche : les registres nous apprennent qu'il demande et obtient, auprès du trésorier de l'archevêque de Rouen, le remboursement de 46 livres pour les « frais et mises [dépenses] par lui faits pour les offrandes au Roi[280] ».

L'idée de « porter à la rade » François Ier et sa cour se révèle d'autre part moins originale que ne le clame Asseline, puisqu'en 1517 déjà, lors d'une précédente visite à Dieppe, le monarque et plusieurs grands seigneurs de sa suite « trouvent la ville fort belle et prennent plaisir de se trouver sur la mer[281] ». Dès lors qu'il s'agit du roi, donc de la reconduction de leurs privilèges fiscaux, les villes ont pour habitude de mettre les petits plats dans les grands. Dieppe n'est pas en reste, qui mise souvent sur le spectaculaire. En 1550, à l'occasion de l'« entrée » d'Henri II, la place du marché se trouve changée « en une grande mer où un Neptune nage en la compagnie de plusieurs sirènes, lesquelles sont chargées des armes du Roi et environnées d'un grand nombre de poissons[282] ».

Si Ango est moins, en 1535, l'inventeur que l'exécutant d'une tradition municipale, il reste que François Ier continue à favoriser ses entreprises. Ainsi le roi ferme-t-il les yeux sur les exactions commises en 1536 – autrement dit, l'année même de la négociation d'un traité d'alliance avec le Portugal – par une nouvelle flottille pirate de l'armateur dieppois. Composée de *L'Alouette*, de *L'Émerillon* et du *Sacre*, commandés par les capitaines Louis Sevestre, Cardin Dutot et Nicolas Fouché, celle-ci fait assez de « prises » pour que la part en métaux précieux des simples marins – revendue sous le manteau à

280. ADSM, G 121 (compte et état de la recette et mise du revenu de l'archevêché de Rouen, 1535-1536), f° 28r.

281. Lettre de Jacques de Beaune, baron de Semblançay, Dieppe, 23 juillet 1517, citée dans A. SPONT, *Semblançay (? – 1527). La bourgeoisie financière au début du XVIe siècle*, Paris, Hachette et Cie, 1895, n. 5, p. 143. Le propos est d'autant plus intéressant qu'il émane d'un homme qui a lui aussi souvent été comparé, du fait de son destin social et politique, à Jacques Cœur. Fils de drapier devenu baron, général des finances et membre du Conseil du roi, Semblançay est exécuté pour malversations en 1527 (Philippe HAMON, « Semblançay, homme de finances et de Conseil (v. 1455-1527) », dans C. MICHON, dir., *Les Conseillers de François Ier*, *op. cit.*, p. 117-130).

282. D. ASSELINE, *Antiquités et chroniques de la ville de Dieppe*, *op. cit.*, vol. 1, p. 248.

un orfèvre de Rouen – s'élève à 300 livres, soit quinze à vingt fois le salaire annuel d'un maçon ou d'un cuisinier[283].

Mieux encore : en 1543, Ango se plaint bruyamment de ce que justice ne lui a pas été rendue lors des sessions franco-portugaises du « tribunal des prises », durant lesquelles les jurisconsultes de Jean III ont refusé tout net de lui rembourser trois de ses nefs capturées aux abords du Brésil[284]. L'homme ne manque pas d'audace, car non seulement ses vaisseaux ont été pris en flagrant délit de contrebande dans des territoires revendiqués de longue date et à bon droit par les Portugais, mais ces derniers, pour leur part, lui réclament compensation pour 300 nefs pillées par Fleury et ses sbires. Pourtant, François Ier lui accorde une nouvelle « lettre de marque et de représailles » lui permettant, pour se dédommager du préjudice de 80 000 livres qu'il prétend avoir subi, de « prendre par main forte et puissance d'armes les personnes, biens, navires, dettes et marchandises des sujets du roi de Portugal[285] ».

À son habitude, Ango s'empresse d'user, et surtout d'abuser, de cette licence, puisqu'il met promptement la main sur un vaisseau flamand, le *Petit-Coq d'Anvers*[286]. Un « aventurier » du Dauphiné, établi à Rouen, compose pour l'occasion un joli couplet patriotique, à chanter « sur l'air de *Marseille, la jolie* ». Chose intéressante, il n'omet pas de préciser que la « prise » n'a été rendue possible que parce que les Dieppois – qui menaient à leur habitude une campagne de « rusterie », c'est-à-dire de piraterie – ont fait irruption à l'improviste au cœur de la bataille rangée entre une escadre flamande et une flotte honfleuraise, profitant de l'infortune comme de la puissance de feu de cette dernière :

283. É. Gosselin, *Documents authentiques et inédits…*, *op. cit.*, p. 25 (tabellionage de Rouen, 11 décembre 1536).

284. De 1537 à 1539 se tiennent à Bayonne, entre des commissaires désignés par les souverains français et espagnol, des consultations visant à régler l'ensemble des litiges maritimes pendants entre les deux royaumes (A. M. Pereira Ferreira, *Problemas marítimos entre Portugal e a França…*, *op. cit.*, p. 331-335). De semblables consultations avaient eu lieu dans les années 1440 avec les Flamands et les marchands de la Hanse (Michel Mollat, « De la piraterie sauvage à la course réglementée, XIVe-XVe siècle », *Mélanges de l'École française de Rome*, 1975, 87-1, p. 13).

285. E. Guénin, *Ango et ses pilotes…*, *op. cit.*, p. 149-154 (Fontainebleau, 3 février 1543).

286. É. Gosselin, *Documents authentiques et inédits…*, *op. cit.*, p. 25 (lettres patentes du 14 juin 1543).

Les mariniers de Dieppe,
Ils ont bien triomphé
Pour le bon roi de France,
Étant dessus la mer […].
Ô noble capitaine,
De Dieppe le renom,
Las tu es bien servi
De gentils compagnons […].
Ils porteront les chausses
Doublées de taffetas,
Le sayon de sayette,
Le pourpoint de Damas,
Et puis ils s'en iront
Dessus la mer jolie
Contre ces ennemis
Qui ont sur nous envie.
Neuf navires de Flandre
Sont venus rencontrer
Cinq navires de France,
De Honfleur, port de mer,
Lesquels ils ont choqué
À coups d'artillerie.
Les Dieppois sont venus,
Qui faisaient rustrerie.
Les bons enfants de Dieppe
Triomphent cette fois
Soutenant la querelle
Du noble roi François[287].

Mais la faveur du roi n'est jamais qu'un prêt à intérêts. En 1544, François Ier fait apprêter dans la Manche, pour contrer l'invasion anglaise à Boulogne, une flotte de 120 vaisseaux et 45 galères[288]. Il ordonne à Ango d'y adjoindre ses navires, puis le nomme – cadeau empoisonné – avitailleur

287. *Chansons nouvellement composées sur plusieurs chants tant de Musique que Rustique*, Paris, À l'enseigne Saint-Nicolas, par Jean Bonsonds, 1548, fos LIIr-v. Le « sayon » est une sorte de casaque rustique. La « sayette » désigne peut-être une serge de laine.

288. Ch. de La Roncière, *Histoire de la marine française…*, *op. cit.*, vol. 3, p. 414-416, et M. Devèze, *La Vie de la forêt française au XVIe siècle…*, *op. cit.*, vol. 2, p. 53.

de l'armada et de ses équipages. Durant deux ans, Ango investit des sommes considérables pour fournir les nefs en barils de chair de bœuf, de « pain biscuit » et de bière[289]. Les finances du royaume étant au plus bas, il n'est jamais remboursé de la moindre de ses avances[290].

Plus personne ne peut intercéder en sa faveur, puisque au fil des ans ses protecteurs sont tombés un à un en disgrâce. Tandis que les penchants évangélistes de Marguerite de Navarre lui ont fermé la porte de François Ier, l'amiral Chabot achève sa carrière dans le déshonneur. Accusé en 1540, non seulement d'avoir été acheté par les Portugais, mais aussi d'avoir détourné une partie des impôts levés lors des États de Bourgogne, il écope de plusieurs semaines d'emprisonnement à Vincennes et d'une amende de 70 000 écus qui le laisse temporairement sur la paille et durablement affaibli à la cour. Le pardon du roi le remet en selle, mais il meurt en 1543[291].

Comme le dit Jules Renard, « si plaie d'argent n'est pas mortelle, elle ne se ferme jamais[292] ». La bonne étoile d'Ango pâlit aussi vite que sa fortune s'apetisse. Même ses proches alliés dieppois se retournent contre lui et le traînent en justice. En 1548, Nicolas et Guillebert Morel, qui comptent parmi ses plus anciens associés, lui réclament, au titre du dédommagement de la nef *La Marie* qu'ils ont mise à son service et qui a été capturée par les Portugais en 1529, la moitié des 60 000 ducats qu'il a reçus lors du rachat de sa « lettre de marque et de représailles » par les émissaires de Jean III en 1531. Devant ses manœuvres dilatoires, ils obtiennent, au titre de caution, la saisie et la vente d'une partie de ses « biens meubles et immeubles », et ce pour

289. É. Gosselin, *Documents authentiques et inédits…*, *op. cit.*, p. 25-26, et E. Guénin, *Ango et ses pilotes…*, *op. cit.*, p. 163-165 (15 janvier 1544-28 juillet 1546). Cf. également AN, MC/ET/XXXIII/32/B, f° 289 (27 octobre 1547) à propos de « certaine quantité de biscuyt presté en essance au baron de la Garde par le viconte de Dieppe, Jean Ango, commissaire depputté par led. feu Roy [François Ier] sur le fait des advictualles des armées de mer dressées en lad. année fynye 1545 ».

290. Sur la situation financière critique du royaume dans les années 1540, ainsi que sur le caractère généralisé des demandes d'avances que le roi adresse sans discontinuer à ses officiers et aux affermataires de charges publiques, cf. Philippe Hamon, *L'Argent du roi. Les finances publiques sous François Ier*, Paris, Comité pour l'histoire économique et financière de la France, 1994.

291. R. Knecht, « Philippe Chabot de Brion… », art. cit., p. 471.

292. Jules Renard, *Journal inédit, 1903-1905*, Paris, F. Bernouard, 1927, p. 1098 (17 mai 1904).

une valeur de 3 000 écus[293]. En 1549, les héritiers de Jean Maynet le somment de régler une dette pendante de 760 livres pour l'avitaillement et les « prises » d'un navire de « course », *Le Léopard*, armé à Dieppe en 1536[294]. Parole d'expert que ces vers de Jacques Miffant, écrits vers 1520 :

De prospérité vient richesse,
De richesse, orgueil, volupté,
D'orgueil, contention [*dispute*] *sans cesse*[295].

Souvenez-vous qu'un bourgeois n'est rien d'autre que son crédit : assailli par les créanciers, dépourvu de soutiens au sein de l'amirauté et dans l'entourage du souverain, Ango n'en a plus aucun. Il s'est par ailleurs fait de puissants ennemis, à commencer par un écuyer de la cour, Blaise Fruitier, seigneur de Croissant, qui l'accuse en 1549 de « plusieurs grands cas et crimes commis au fait de marine ». Brièvement emprisonné et condamné, solidairement avec l'ancien trésorier de la marine du Ponant Jean de Vimont, à rembourser la somme de 14 600 livres qu'il aurait « mal prise et retenue des finances [publiques] » lorsqu'il avait à charge l'avitaillement de la flotte royale, Ango contre-attaque violemment. Il fait ouvrir au Châtelet une enquête contre Fruitier, que plusieurs témoins – le gendre de Vimont et l'un de ses propres serviteurs… – affirment « être mal sentant et avoir tenu aucunes paroles contre notre sainte foi ».

293. E. Guénin, *Ango et ses pilotes…*, *op. cit.*, p. 262-268 (arrêt du Parlement de Rouen du 30 juillet 1604).

294. *Ibid.*, n. 1 et n. 2 p. 171 (appel d'Ango devant le Parlement de Rouen, 8 mai 1549, et arrêt du 18 avril 1551). Les Maynet font partie des notables de Dieppe. Tandis que Jean Maynet détient la charge de grenetier du sel en 1534, Thomas Maynet, « licencié es lois », est lieutenant général du sénéchal de l'archevêque dans les années 1540 (É. Le Corbeiller, « Jehan Veron et ses fondations à Dieppe et à Offranville », *Revue catholique de Normandie*, 1891-1892, 1, p. 302 ; P. Lardin, *Dieppe au Moyen Âge…*, *op. cit.*, p. 464 ; ADSM, G 960, taxes pour frais de justice faits par G. Gallie, T. Maynet et N. Osmont, 1539-1545, et G 961, ordre de paiement du geôlier Pierre Pinchon adressé par T. Maynet à Jehan Loutrel, 13 avril 1540).

295. Ce poème de Jacques Miffant, intitulé « Comédie de Fatalle Destinée » et probablement présenté au « Puy » de Rouen, ne nous est connu que par la brève citation qu'en donne Clément Marot dans une épître adressée en 1521 à Marguerite d'Alençon (*L'Adolescence clémentine, autrement les œuvres de Clément Marot*, Paris, Rue Neusve nostre Dame, à l'enseigne du Faulcheur, 1534, p. 84).

En un temps où la chasse aux luthériens et autres évangélistes bat son plein, taxer un adversaire d'hérésie n'est pas d'une immense originalité. Henri II n'est pas dupe du stratagème : lassé de ces passes d'armes judiciaires entre « ennemis capitaux », qui occupent bien trop son prévôt, soucieux néanmoins de « procéder à la vérification de ladite imposture et calomnie », il dépayse le procès à Melun. L'issue n'en est pas connue – et peut-être les magistrats ont-ils classé l'affaire sans suite[296]. Les deux adversaires laissent en tout cas des plumes dans l'histoire. Tandis que Fruitier est prié par le roi, en juillet 1549, de « se retirer au service de la reine douairière d'Écosse[297] », Ango est mis à l'écart de toute charge relevant, de près ou de loin, de l'amirauté.

Qui aime bien châtie bien : après avoir porté aux nues le notable assoiffé de titres et de pouvoir, Asseline se complaît à décrire sa déchéance. Sur ses vieux jours, Ango se retranche dans sa superbe. « Méprisant les bourgeois », qu'il n'hésite pas à souffleter en public, il ne va plus en ville qu'« accompagné de gens armés », à la manière des nobliaux qui cherchent la rixe, et « se rend de si difficile accès qu'on n'ose plus l'approcher »[298]. Il n'a malheureusement plus les moyens de sa suffisance. La mort de François Ier, en mars 1547, a douché ses derniers espoirs de rentrer dans ses fonds en récupérant sa mise dans l'avitaillement de l'armada de 1544. Il meurt en 1551, laissant

296. Ernest Coyecque, *Recueil d'actes notariés relatifs à l'histoire de Paris et de ses environs au XVIe siècle*, Paris, Imprimerie nationale, 1923, vol. 2, n° 3746, p. 37 (AN/MC/ET/XXXIII/23, minutes du notaire Yves Bourgeois, Henri II au Parlement de Paris, Saint-Germain-en-Laye, 10 mai 1549), et n° 4642, p. 212 (AN/MC/ET/XXXIII/32/B, minutes du notaire Catherin Fardeau, récépissé de Blaise Fruitier pour la remise par Jean de Vimont de 665 livres, fin 1546-début 1547). L'animosité de Fruitier à l'encontre d'Ango tient peut-être moins au souci sincère de l'État qu'à une situation de concurrence commerciale sur le marché des voyages au long cours. Du moins savons-nous qu'en 1548 Fruitier contribue à hauteur de 200 écus d'or à l'armement de deux vaisseaux havrais commandés par Guyon d'Estimauville, *La Rebarge* et *Le Baudovillier*, lesquels vont « lever des nègres » dans la région « du Cap-Vert et de la rivière de Gambie » pour les vendre aux Antilles (*ibid.*, n° 4900, p. 260, AN/MC/ET/XXXIII/22, minutes du notaire Yves Bourgeois, procuration de Blaise Fruitier au nom de François Mangon, mai 1548).

297. *Ibid.*, vol. 2, n° 3747, p. 37 (Henri II au bailli de Caux, Villers-Cotterêts, 29 juillet 1549).

298. D. Asseline, *Antiquités et chroniques de la ville de Dieppe*, *op. cit.*, vol. 1, p. 244.

ses héritiers batailler, des décennies durant, avec la meute de ses créanciers[299].

Ango est inhumé dans la chapelle qu'il a fait édifier en l'église Saint-Jacques au milieu des années 1530[300]. Adjacente à celle de la famille de sa femme[301], elle est richement ornée de rinceaux et de portraits en médaillon. De part et d'autre des pilastres encadrant la porte défilent des saynètes qui empruntent leurs sujets à la Bible et à l'Antiquité : un centaure jouant du violon, Adam et Ève sous l'arbre du Paradis terrestre, une tiare soutenue par deux anges, une coupe portée par des lévriers et où se désaltèrent des oiseaux – le parfait bric-à-brac Renaissance[302].

Ango obéit, une fois encore, à la loi des notables. L'espace consacré de l'église forme le dernier, et peut-être le plus spectaculaire des théâtres de l'inégalité. Chacun peut demander à y être enterré, mais tous n'en ont pas les moyens. Le prix de la chose est d'ailleurs variable, qui dépend de la proximité d'avec l'autel, donc de la visibilité de la dalle funéraire. En 1580, il en coûte 10 livres pour être inhumé « au

299. La date de la mort d'Ango n'est pas connue avec certitude, mais il est dit, dans l'un des actes du procès qui oppose ses descendants à ceux des frères Morel, daté du 3 juin 1551, que les plaignants demandent à « faire convenir et adjourner la veuve et héritier dudict Ango afin de reprendre ou délaisser le procès en l'estat que l'avoit laissé ledict Ango » (E. GUÉNIN, *Ango et ses pilotes*..., *op. cit.*, p. 266). En 1554, les biens de « feu Jehan Ango » sont saisis par le procureur de la Chambre des comptes pour cause de procès pendants en la cour des Aides de Paris (ADSM, 3BP/4, cour des Aides, 22 novembre 1554, f°s 34v-35v). En 1559, pour éviter d'avoir à assumer des dettes qui ne cessent de s'augmenter d'intérêts, Charles de Croismare demande à ne plus être « héritier absolu dudict deffunt Ango ». La bataille judiciaire dure au bas mot jusqu'en 1601 (ADSM, 3B/244, cour des Aides, succession De Bures, 27 mars 1601, f°s 197r-198r : « François de Bures successeur des héritaiges de feu Jehan Ango sieur de La Rivière capitaine de la ville »).

300. Le clan Ango est à l'époque très présent dans la vie de l'église Saint-Jacques : Perrote Rocquigny, « veuve de Nicolas de Bures », y finance en 1526 une fondation de messe (ADSM, G 8112, église Saint-Jacques de Dieppe, rentes et donations, acte établi par Jean Ango, 6 avril 1526). Scellé par une dalle de pierre noire, le caveau d'Ango est profané au XVIIIe siècle. L'abbé Cochet le fait ouvrir en 1859 en présence de médecins, mais n'y trouve rien d'autre que les restes dispersés de quatre adultes (J.-B. COCHET, *Galerie dieppoise*..., *op. cit.*, p. 18-19).

301. M. C. GUIBERT, *Mémoires pour servir à l'histoire de la ville de Dieppe*, *op. cit.*, vol. 1, p. 283-284, et D. ASSELINE, *Antiquités et chroniques de la ville de Dieppe*, *op. cit.*, vol. 1, p. 112.

302. Abbé LEGRIS, *L'Église Saint-Jacques de Dieppe. Notice historique et descriptive*, Dieppe, G. Letremble, 1918, p. 87-92.

chœur » de Saint-Jacques, 12 en la chapelle Notre-Dame, 100 « en la nef depuis la Croix jusqu'à la chaire », mais 70 sous seulement « aux allées de la nef »[303]. Bancs, retables, vitraux, statues, fondations de messes : dans une économie du salut où chaque denier versé au culte rachète une once de péché, les nantis pratiquent l'avance sur recettes avec Dieu.

Singulier présage du désastre : édifiée au temps de sa magnificence, la chapelle d'Ango est dédiée à saint Jérôme – qui connut, après les fastes de Rome, la solitude du désert de Syrie[304].

*

* *

Il existe – toujours en l'église Saint-Jacques, et datant de ces mêmes années 1530 – un autre reliquat de la vanité d'Ango. Peu charitablement baptisée la « frise des sauvages » par des générations d'historiens de l'art, il s'agit d'une série de bas-reliefs ornant le linteau de la porte du Trésor – la salle où, au sein de la nef, siègent les gestionnaires laïcs des biens paroissiaux. On y devine, à grand-peine du fait de l'usure de la pierre, une succession de petits personnages dont certains, de par leurs pagnes, leurs coiffes de plumes et leurs boucliers gravés de motifs itératifs, font d'instinct penser à des guerriers brésiliens ou mexicains [cf. Illustration 6].

Ces figurations « amérindiennes » ne sont pas uniques dans l'art normand des années 1520 et 1530. Des masques à plumes décorent l'une des colonnes du tombeau de Georges Ier d'Amboise dans la chapelle de la Vierge de la cathédrale de Rouen, tandis qu'un masque triface

303. ADSM, G 8118 (comptes de la Fabrique de l'église Saint-Jacques de Dieppe, « Ordonnances faictes pour les fosses », 1585). Les gros donateurs ont bien sûr des exigences particulières, tel ce Guillaume le Gaengneur qui exprime le souhait, en 1522, à la veille d'un voyage à Bordeaux, de se faire enterrer avec sa femme en la chapelle Saint-Claude et qui se propose, pour emporter l'accord du curé et de ses pairs, de « faire faire un banc tout autour du pilier de ladite chapelle, en tirant vers la chapelle du Sépulcre » (ADSM, G 8110, rentes et donations, testament de G. Le Gaengneur enregistré par Jean Ango, 24 septembre 1522).

304. Contrairement à ce qui est parfois avancé, la chapelle d'Ango n'est pas dédiée à l'origine à saint Yves, mais bien à saint Jérôme : elle change de dédication à l'initiative des avocats, qui y établissent au XIXe siècle leur confrérie (D. ASSELINE, *Antiquités et chroniques de la ville de Dieppe*, *op. cit.*, vol. 1, p. 112, et Jean-Benoît COCHET, *Les Églises de l'arrondissement de Dieppe*, Dieppe, J. B. S. Lefebvre, 1846, p. 98).

à plumes s'aperçoit sur l'une des piles de l'église Saint-Martin de Veules-les-Roses[305]. La « frise des sauvages » de l'église Saint-Jacques tranche pourtant sur ces figurations. Son aspect processionnaire et la présence d'éléments festifs – comme des trompettes et des tambours à baudriers – font moins penser à une peinture à caractère ethnographique qu'à la représentation d'une « fête indienne » ou d'une « mômerie », un défilé masqué et costumé avec tableaux vivants, comme l'on en organise dans toutes les villes normandes au XVIe siècle[306].

À l'instar de l'Orient, que les artistes qui peignent les Rois mages convoquent avec force palmiers sans y avoir jamais mis les pieds, le Brésil forme un « horizon onirique[307] » fréquemment délié de toute expérience personnelle, un référent flottant dont les professionnels de l'image s'emparent comme d'une possibilité esthétique nouvelle, en dehors de toute visée réaliste ou documentaire. D'autres évocations plus ou moins distanciées du Nouveau Monde s'égrènent d'ailleurs dans la trame urbaine de Dieppe. Dans les années 1520, la commune possède, sur la place du Nouveau Marché, une bâtisse appelée le *Papegault* – le Perroquet[308]. En 1527, l'Amérique défile en fanfare dans les rues : lors d'une « mômerie », on peut apercevoir, sur

305. Yves BOTTINEAU-FUCHS, *Sur la trace des Indiens. Normands et cannibales au XVIe siècle*, Paris, L'Harmattan, 2019, en particulier p. 55-59, 62 et 66-68. On trouve d'autres figurations amérindiennes gravées sur bois ou sur pierre dans la région rouennaise, mais elles sont généralement postérieures à la « fête indienne » organisée en l'honneur d'Henri II le 1er octobre 1550. En cette occasion, 300 Tupinamba (250 matelots normands habillés « en la mode des sauvages de l'Amérique » et 50 « naturels fraîchement apportés du Brésil ») simulent des activités de coupe de bois-brésil, des danses et un conflit avec d'autres Indiens dans l'enceinte d'une forêt et d'un comptoir de troc reconstitués au bord de la Seine (Béatrice PERRONE-MOISÉS, « L'alliance normando-tupi au XVIe siècle : la célébration de Rouen », *Journal de la société des américanistes*, 2008, 94-1, p. 45-64).

306. C'est l'intéressante hypothèse avancée par Y. BOTTINEAU-FUCHS, *Sur la trace des Indiens…*, *op. cit.*, p. 78-79.

307. Jacques LE GOFF, « L'Occident médiéval et l'océan Indien : un horizon onirique », dans ID., *Pour un autre Moyen Âge. Temps, travail et culture en Occident* (1970), Paris, Gallimard, 1977, p. 280-298.

308. ADSM, G 913 (titres de propriété de la ville de Dieppe sur la maison dite le *Papegault*, c. 1515-1530). Louis de Bures – le beau-frère d'Anne Ango – possède à la même époque des rentes sur deux maisons sises à l'angle du Grand quai et de la rue des Trois-Sauciers : l'une s'appelle *Le Petit Sauvage*, l'autre *Le Grand Sauvage* (G 8111, comptes de la Fabrique de l'église Saint-Jacques de Dieppe, titre de rentes de Louis de Bures, c. 1519). Mais comme il existe à Dieppe une famille

le faîte du trône d'Alexandre le Grand, lamé d'or et « porté par huit nègres », « un revers [un dais] élevé et orné de petites plumes de diverses couleurs, fait par les Indiens et rapporté des Indes occidentales [les Amériques] »[309].

Qu'elle abrite d'authentiques Tupinamba du Brésil ou de simples « truchements » (interprètes) normands vêtus à l'indienne, que les sculpteurs cauchois se soient inspirés de leur imagination ou de croquis de marins pour la réaliser, la « frise des sauvages » fait immanquablement signe vers la troisième déclinaison maritime du « vicomte de Dieppe » : celle de l'armateur d'expéditions à destination des lointains. La geste d'Ango rejoint ici la légende des Grandes découvertes comme un affluent son fleuve. Ce n'est plus de chasse-marées et de pirates qu'il s'agit, mais de grandeur nationale et de précellence européenne.

À voir. Car, comme il se doit au pays du hareng, c'est la pêche qui commande les voyages au long cours. D'abord parce que les hommes et le matériel – nefs, cordages, voiles – sont rodés à la navigation hauturière. Chaque automne, plusieurs centaines de bâtiments de petit et de moyen tonnage s'élancent à l'assaut de la Manche : à Dieppe, entre 1470 et 1500, on bâtit en moyenne cinq nouvelles nefs par an – « cordiers », « crevelles », « coquets », « trémailleurs », « archelais » et autres types d'embarcations locales dont la véritable morphologie souvent nous échappe[310]. C'est le plus célèbre pilote de l'époque, Alphonse de Saintonge, qui le dit, et il faut le croire sur parole : la ville regorge de « bons mariniers aventureux en tous pays étrangers, et ont des navires propres, soit pour guerroyer, ou pour aller en marchandise, ou à la pêcherie[311] ».

C'est également du produit de la pêche que procède le surplus de capital autorisant les bourgeois à armer de plus gros bâtiments. Certes, la « course » rapporte plus, mais c'est une activité risquée : on y perd

---

Sauvage, il est pour le moins risqué de rattacher ces dénominations à une évocation de sociétés lointaines.

309. D. Asseline, *Antiquités et chroniques de la ville de Dieppe*, *op. cit.*, vol. 1, p. 228.

310. On trouve la liste de ces bâtiments nouvellement construits ou « réappareillés » dans les registres des recettes de la vicomté de Dieppe : « crevelle, cordier, coquet, pesqueur » en 1474-1475, « harenguiers, coquets, cordier, archelais » en 1475-1476, « cordier, coquet, corvette, corvot, grand-crevelle, nef archelais, volant » en 1476-1477, etc. (ADSM, G 523, f° 25r, G 526, f° 22r, et G 527, f° 23v).

311. Mellin de Saint-Gelais, *Les Voyages avantureux du capitaine Ian Alfonce, Sainctongeois*, Poitiers, Ian de Marnef, 1559, f° 18r.

souvent vaisseaux et équipages, et la restitution des « prises » déclarées illégales fait fondre les profits[312]. Le négoce avec l'Angleterre ou la Flandre n'est pas moins périlleux : les eaux côtières sont tout sauf sûres, et un armateur se remet avec peine d'une cargaison envoyée par le fond. La harengaison, elle, assure bon an mal an des revenus réguliers[313] – elle permet de lisser les budgets et de renflouer les trésoreries mises à mal par les abordages. C'est la raison pour laquelle les plus riches familles dieppoises, quand bien même elles cumulent les charges et les offices, ne délaissent jamais tout à fait le mareyage.

Ce n'est pas non plus par saine témérité ou par souci désintéressé de connaissance du vaste monde que les Normands se hasardent par-delà les côtes irlandaises, mais pour « mailler » la morue – ce hareng des temps nouveaux. En 1506, une nef commandée par le Honfleurais Jehan Denys, avec un Rouennais du nom de Gamart pour pilote, se rend sur les bancs de Terre-Neuve, suivie de près par *La Bonne Aventure* du capitaine Jacques de Rufosse[314]. En 1508, la famille Ango fait son entrée en scène : sous les ordres de Thomas Aubert, *La Pensée*, armée selon le cosmographe Ramusio par Jean Ango l'Ancien[315],

312. À rebours d'une historiographie ayant longtemps tenu pour décisif, sinon même pour exclusif, le rôle du « grand capital international » (celui des maisons de négoce germaniques ou anversoises) dans le financement des premières navigations transatlantiques françaises, Jacques HEERS insiste à juste titre sur l'importance de ce capital local. Le contraste avec la situation ibérique est ici patent (« Le rôle des capitaux internationaux dans les voyages de découverte aux XVIe et XVIIe siècles », dans Paul ADAM et Michel MOLLAT, dir., *Les Aspects internationaux de la découverte océanique aux XVe et XVIe siècles*, Paris, SEVPEN, 1966, p. 275-286).

313. Sur la polyvalence des nefs et des hommes, qui alternent ordinairement campagnes de pêche et voyages commerciaux, cf. Hilario CASADO ALONSO, « La pêche à Terre-Neuve et le commerce international : deux activités complémentaires au XVIe siècle », *Annales de Bretagne et des pays de l'Ouest*, 2013, 120-2, p. 111-132.

314. Ch. BRÉARD et P. BARREY, *Documents relatifs à la marine normande…*, *op. cit.*, p. 42-45 ; Ch. BRÉARD, *Le Vieux Honfleur et ses marins…*, *op. cit.*, p. 77-82 ; É. GOSSELIN, *Documents authentiques et inédits…*, *op. cit.*, p. 12-13 ; Francis BRUMONT, « Les Normands à Terre-Neuve au XVIe siècle », *Annales de Normandie*, 2018, 68-2, p. 35-60.

315. G. B. RAMUSIO, *Navigationi e Viaggi* (1539), Venise, Stamperia de Giunti, 1556, vol. 3, f° 423v. Jean Ango donne pour parrain à sa fille Marie, en 1514, un « Guillaume Aubert, conseiller de la ville [de Rouen] », et évoque, dans le poème qu'il compose en cette occasion, la « bonne veuve Catherine Aubert » (*Heures de la famille Ango*, ms. cit., f° 6v). Un Thomas Aubert est signalé en 1518 près de Cherbourg, où il se tient « comme un navire de pirates de mer » (arrêt du Parlement de

traverse l'Atlantique jusqu'à l'entrée du golfe du Saint-Laurent – non pour ramener à Rouen « sept hommes sauvages », comme le veut une légende née au XVIIe siècle, mais plus sûrement pour chaluter le Grand Banc[316]. Dès les années 1520, la « morue verte », salée à bord des navires sitôt pêchée, se vend à haut prix et en grosses quantités sur la place rouennaise[317]. En 1527, un navigateur anglais se retrouve nez à nez, dans la rade du port de Saint-Jean-de-Terre-Neuve, avec douze morutiers français, dont onze normands – et nul doute que, parmi ces navires, il y en ait eu plusieurs commandés par des Dieppois, et certains financés par Ango[318].

À la même époque, les échanges s'accélèrent avec la côte septentrionale du Brésil, où les Portugais ont établi des comptoirs de troc avec les Tupinamba, qui leur livrent les produits de la forêt tropicale en

---

Rouen du 20 août 1518, cité dans M. MOLLAT, *Le Commerce maritime normand...*, *op. cit.*, p. 463).

316. La confusion entre le voyage d'Aubert et le récit des sept Indiens Micmac exhibés à Rouen en 1509 vient de Ramusio, mais elle donne lieu – d'abord chez Pierre Biard, en 1616, puis chez Louis Le Gendre, en 1724 – à une élaboration proprement romanesque. Chez Pierre-François-Xavier de Charlevoix (1749), Aubert devient même un explorateur aux ordres de Louis XII (Vincent MASSE, « Les "sept hommes sauvages de 1509" : fortune éditoriale de la première séquelle imprimée des contacts franco-amérindiens », dans Andreas MOTSCH et Grégoire HOLTZ, dir., *Éditer la Nouvelle-France*, Laval, Presses de l'université Laval, 2011, p. 94-95).

317. M. MOLLAT, *Le Commerce maritime normand...*, *op. cit.*, p. 262-267. Les Bretons écoulent aussi leurs cargaisons de morues à Rouen dès les années 1510. Ils arrivent sur les bancs de Terre-Neuve en même temps que les Normands – pour preuve le fait qu'en 1513 Manuel Ier accepte de payer une compensation de 778 écus au Parlement de Bretagne pour la « prise » par Pedro de Andrade, en 1508, d'une nef « de certains Bretons qui venaient de notre Terre-Neuve de pêcherie » (ANTT, CC, Parte I, mç. 13, n° 28, 28 juillet 1513). Sur la préparation de la « morue verte », cf. Henri-Louis DUHAMEL DU MONCEAU, *Traité général des pesches et histoire des poissons qu'elles fournissent...*, Paris, Saillant et Nyon, 1772, vol. 2, II.1.9, p. 66-69.

318. Laurier TURGEON, « Le temps des pêches lointaines. Permanences et transformations (vers 1500-vers 1850) », dans Michel MOLLAT (dir.), *Histoire des pêches maritimes en France*, Toulouse, Privat, 1987, p. 136. Harold A. HINNIS soutient qu'entre 1520 et 1530, les marchands de Dieppe, Ango compris, arment entre 60 et 90 navires pour Terre-Neuve (*The Cod Fisheries. The History of an International Economy*, Toronto, Toronto University Press, 1954, p. 16). En septembre 1542, les Espagnols prétendent avoir capturé au large de la Hollande la totalité des navires français de retour de Terre-Neuve, soit « 80 ou 100 petits bateaux de pêche » (P. DE GAYANGOS, *Calendar of State Papers, Spain...*, *op. cit.*, vol. 6-2, n° 63, 24 septembre 1542, cité dans Francis BRUMONT, « Les Normands à Terre-Neuve... », art. cit., p. 43).

échange de verroterie et de ferraillerie. Les Normands ont tôt pris part à la curée. En 1502, un bourgeois de Honfleur, Binot Paulmier de Gonneville, tombe en extase, lors d'un séjour à Lisbonne, devant « les belles richesses d'épiceries et autres raretés » rapportées d'Asie. L'année suivante, il arme avec huit autres bourgeois un vaisseau de 26 tonneaux, *L'Espoir*, et recrute un équipage d'une soixantaine d'hommes. La nef fait escale au Cap-Vert, puis prend la « volte[319] » de l'Atlantique avec l'espoir d'être portée jusqu'au cap de Bonne-Espérance. Contre toute attente, elle est rabattue sur les côtes brésiliennes, où Gonneville et ses hommes séjournent plusieurs semaines, « conversant bonnement » avec les Indiens du lieu et nouant même, avec l'un de leurs chefs, Arosca, une relation des plus cordiales.

Le pilote de *L'Espoir* étant mort, les marins renoncent prudemment à poursuivre le voyage « à l'Inde ». Sur le chemin du retour, aux abords de Guernesey, la nef tombe dans un guet-apens tendu par deux « forbans », l'un anglais, l'autre breton : pour leur échapper, elle s'échoue sur la côte – douze hommes y laissent la vie, ce qui porte les pertes à la moitié de l'équipage. L'entreprise de Gonneville constitue donc un splendide échec commercial : à part des plaies et des bosses, les Honfleurais ne retirent rien de leur périple. Ils ramènent toutefois avec eux le fils du chef Arosca, Essomericq, surnommé Binot[320]. Ce dernier, selon un très sérieux archiviste du ministère de la Marine du XIXe siècle, se marie en 1521 avec une nièce de Gonneville et vit jusqu'à 95 ans, engendrant une nombreuse descendance[321]. L'histoire paraît trop belle pour être vraie, de cet Indien devenu *gentleman-farmer* au temps de Louis XII, mais du moins prouve-t-elle que les

319. Accomplir la « volte du large » consiste à aller chercher les vents très au nord-ouest, au niveau des Açores, puis à se laisser porter vers le sud-est en direction des côtes africaines.

320. Charles BRÉARD, *Notes sur la famille du capitaine Gonneville, navigateur normand du XVIe siècle*, Rouen, E. Cagniard, 1885, et Leyla PERRONE-MOISÉS (éd.), *Le Voyage de Gonneville (1503-1505) et la découverte de la Normandie par les Indiens du Brésil*, Paris, M. Chandeigne, 1995, p. 13-30 (le récit des survivants d'après le ms. BNF, Ars. 3221, daté de 1658) et 87-88 (Essomericq). L'authenticité de ce récit fait l'objet de vifs débats. Il pourrait s'agir de l'habile décalque d'une chronique plus tardive, concernant non le Brésil mais l'Amérique du Nord (communication orale de Frédéric Tinguely).

321. Armand D'AVEZAC, *Campagne du navire* L'Espoir *de Honfleur, 1503-1505. Relation authentique du voyage du capitaine de Gonneville ès Nouvelles Terres des Indes*, Paris, Challamel, 1869, p. 50 *sq*.

Français, jalousant les richesses des Portugais, ont vite navigué dans leur sillage.

Le Brésil devient une destination commerciale de choix pour les nefs de négoce normandes. En 1529, trois navires de Honfleur, dont *L'Esprit* et *La Rose*, et un du Havre, *La Bonne Aventure*, s'y rendent pour y remplir leurs cales de « bois-brésil ». Cette essence, utilisée aussi bien comme matière tinctoriale par les drapiers que comme élément décoratif par les ébénistes, connaît alors une vogue prodigieuse – François Ier lui-même s'en procure pour 1 500 livres auprès d'un capitaine honfleurais en 1534[322]. Son prix atteint de tels niveaux sur la place rouennaise qu'elle devient un symbole poétique de prospérité. Dès 1527, une pièce présentée au concours de poésie mariale de Dieppe évoque « un riche bois rouge par charité / au grand profit de toute humanité », tandis qu'en 1530 un littérateur amateur de Harfleur, Jean Broise, loue « la terre à Brésil, dont l'écarlate est faite »[323]. Le négoce des produits brésiliens – bois, singes et perroquets – est tout entier dans les mains des grandes familles de négociants d'origine espagnole installées à Rouen : les Civille, les Quintanadoine, les Saldaigne, avec lesquels la bourgeoisie dieppoise est depuis longtemps en compte[324].

La politique de la Couronne à l'égard de cette manne sud-américaine s'avère éminemment labile. Certes, François Ier refuse de reconnaître le caractère exclusif des domaines d'expansion que l'Espagne et le

322. Concernant les premiers voyages normands au Brésil, cf. Charles Bréard, « Anciens voyages normands au Brésil », *Bulletins de la Société de l'histoire de Normandie (1887-1890)*, Rouen, A. Lestringant, 1890, p. 236-239 ; M. Mollat, *Le Commerce maritime normand...*, *op. cit.*, p. 256-260 ; Christophe Maneuvrier, Michel Daeffler et Isabelle Bretthauer, « Les importations de bois de Brésil en Normandie dans la première moitié du XVIe siècle », *Revista Portuguesa de História*, 2018, 49, p. 151-173.

323. Albert Tougard (éd.), *Les Trois Siècles palinodiques, ou Histoire générale des palinods de Rouen, Dieppe, etc. par Jos.-André Guiot, de Rouen*, Rouen, A. Lestringant, 1898, vol. 1, p. 140 (Jean Broise), et Françoise Ferrand (éd.), *Jean Parmentier. Œuvres poétiques*, Genève, Droz, 1971, VIII, I.7-8, p. 27.

324. Outre ces grandes familles implantées à Rouen depuis la fin du XVe siècle, d'autres marchands plus récemment arrivés de la péninsule Ibérique jouent un rôle clé dans le financement de ce négoce transatlantique, tel le Bilbayen Pedro de Salazar (Pierre de Salezart), qui pratique le prêt « à la grosse aventure » et investit en 1549 dans trois nefs en partance pour le Brésil (Christiane Demeulenaere-Douyère, « Rouen à l'heure espagnole », *Cahiers du CRIAR*, 1995, 15, p. 11-26, et Id., « Le testament de Pedro de Salazar, marchand espagnol de Rouen, 1549 », *Bulletin philologique et historique*, 1973, p. 157-169).

Portugal se sont arrogés au moyen du traité de Tordesillas, signé bilatéralement en 1494. Mais, devant les protestations réitérées de Lisbonne, pour qui tout chargement français de « bois-brésil » relève du vol caractérisé, il ne peut faire complètement la sourde oreille, d'autant qu'il a épousé en juillet 1530 la veuve du souverain portugais Manuel Ier, Éléonore d'Autriche. Les périodes de laisser-faire alternent ainsi avec de brusques mais éphémères coups d'arrêt, comme en 1531, lorsque l'amiral de France fait saisir les navires que six marchands de Rouen ont « frétés pour aller en la Guinée et voyage du Brésil[325] ».

Une enluminure du *Boke of Idrography* du cartographe dieppois Jean Rotz, daté des années 1535-1542, montre l'ampleur aussi bien que le hideux revers de ce *boom* du « bois-brésil ». Tandis qu'une longue file d'Indiens, transportant sur leurs épaules des troncs écarlates et des perroquets, se dirige vers le comptoir de troc côtier où des marins normands paient la marchandise en fers de hache, les abords d'un village indigène fortifié de l'arrière-pays ne sont déjà plus qu'un cimetière de souches : la déforestation fait rage[326] [cf. Illustration 7]. La faune brésilienne paie un lourd tribut au goût des curiosités exotiques, lequel va croissant parmi les élites normandes. Alors que l'archevêque de Rouen acquiert plusieurs perroquets pour les volières de son château de Gaillon[327], les édiles du Havre prennent l'habitude d'en offrir un

325. Jules THIEURRY, *Le Portugal et la Normandie jusqu'à la fin du XVIe siècle. Relations et commerce*, Paris, A. Aubry, 1860, doc. IV, p. 96-98 (« Arrest sur aucuns navyres trafiquans en la Guynée », 26 août 1531, AMR, A 13, f° 153v). En dépit d'interdictions réitérées, les Normands se rendent sans discontinuer en Guinée. En 1522, une nef commandée par Estimauville et « qui alla a la Guynée » décharge sa marchandise au Havre (AMH, FA, EE 78, doc. 11, f° 1r). Un acte non daté mais attribué à Manuel Ier (r. 1495-1521) accorde le pardon royal à un certain João Afonso Francez « pour être allé comme pilote à ma côte de Malaguette à bord de navires français pour faire provision de ladite malaguette, de dents d'éléphants, de cuirs et d'or ». Il s'agit peut-être de Jean Alphonse de Saintonge (Sousa VITERBO, *Trabalhos nãuticos dos Portuguezes nos seculos XVI e XVII*, Lisbonne, Imp. Nacional, 1890, doc. III, p. 16-17, ANTT, Interior da Casa da Corôa, XXVI.3.10).

326. Jean ROTZ, *Boke of Idrography*, British Library, Royal Ms. 20 E IX, c. 1535-1542, f° 28r. Une scène très similaire – de perroquets perchés sur les troncs charriés à dos d'Indiens depuis un lieu de coupe – figure sur un bas-relief en bois des années 1550, issu d'une maison du quartier Saint-Maclou de Rouen (musée départemental des Antiquités de la Seine-Maritime, inv. 140.1 D).

327. L'archevêque acquiert en 1537 un premier perroquet pour 13 livres 10 sols, puis un second en 1544 pour 9 livres 10 sols (ADSM, G 123 et G 133, compte et état de la recette et mise du revenu de l'archevêché de Rouen, 1537-1538 et 1544-1545).

à chaque visiteur de marque. Le garde des Sceaux Mathieu de Longuejoue[328], le secrétaire privé de l'amiral Claude d'Annebault, le sieur de Richelieu François du Plessis : tous repartent avec un volatile[329].

En dépit du caractère incertain des relations franco-portugaises, Ango n'hésite pas à prendre part à la ruée vers l'or rouge. En 1532, il dépêche au Brésil, *via* les côtes africaines, trois navires de gros gabarit. Le premier, *La Michelle*, du port de 120 tonneaux, charge « au lieu du Cap-Vert et pays de Guinée quantité de maniguette [un piment de brousse], grands cuirs de bœuf secs, musc, dents d'éléphants, oiseaux, bêtes et autres richesses desdits pays », puis se procure, de l'autre côté de l'Atlantique, « grande quantité de bois-brésil ». Malheureusement, les Portugais l'interceptent au large des côtes brésiliennes et le ramènent à Lisbonne. Les deux autres vaisseaux – *La Musette* et *L'Alouette*, ce dernier d'une capacité de 300 tonneaux – font eux aussi escale en Guinée, mais n'ont pas le temps d'aller charger au Brésil, car les caraques portugaises leur donnent la chasse avant même qu'ils aient quitté les eaux africaines. *L'Alouette* parvient à s'échapper, mais *La Musette*, « percée de deux coups d'artillerie », est capturée et convoyée on ne sait où. À écumeur, écumeur et demi : Ango perd dans l'aventure « plus de 80 000 livres »[330].

L'eldorado brésilien ne fait bientôt plus recette. Soucieux de conserver l'appui de Jean III dans le nouveau conflit qui l'oppose à Charles

328. La mention de « mons^r^ de Longuejoue seigneur d'Iverny garde des sceaulx de France » dans un acte daté du 29 mai 1544 n'est pas sans poser question, car celui-ci ne prend ses fonctions qu'en septembre 1544, en remplacement et à la mort de François Errault (Thierry Rentet et Cédric Michon, « Mathieu de Longuejoue, v. 1480-1557, seigneur d'Iverny, évêque de Soissons », dans C. Michon, dir., *Les Conseillers de François Ier*, *op. cit.*, p. 347-352). Peut-être agit-il déjà à titre supplétif ou intérimaire ?

329. AMH, FA, AA 33 (quittances du 15 novembre 1541 et des 22 mars, 17 mai et 29 mai 1544, pour un prix constant par perroquet de 13 livres 10 sols). À compter des années 1580, la guenon l'emporte sur le perroquet au titre de présent politique privilégié par les bourgeois havrais (*ibid.*, quittances des 7 décembre 1582, 23 avril 1583 et 12 janvier 1585). En juillet 1576, Henri III et Louise de Lorraine « rapportent du pays de Normandie grande quantité de guenons, perroquets et petits chiens, achetés à Dieppe » (Gustave Brunet *et al.*, éd., *Mémoires-journaux de Pierre de l'Estoile*, Paris, Librairie des Bibliophiles, 1875, vol. 1, p. 137).

330. E. Guénin, *Ango et ses pilotes*..., *op. cit.*, p. 149-154 (Fontainebleau, 3 février 1543).

Quint, François Ier durcit de 1536 à 1538 l'interdiction pour tout bâtiment français d'aller commercer « aux terres de Brésil et de Malaguette [côte de Guinée] ni aux terres découvertes par les rois de Portugal[331] ». Bien que les fraudeurs de bas acabit ne manquent pas, l'entreprise est désormais trop risquée pour les grands armateurs, très liés à l'amirauté et donc par la parole du roi[332].

L'étonnante rapidité avec laquelle Ango investit ce que l'on appelle de nos jours les « marchés émergents » – Terre-Neuve pour sa morue, la Guinée pour son poivre, le Brésil pour son bois – démontre, outre son sens du profit, la solidité de ses connexions avec la place financière rouennaise[333]. Ce sont certainement ces mêmes connexions qui l'incitent à prendre part à l'armement de l'une des expéditions des frères Verrazano. Il faut cependant, une fois encore, dégonfler la baudruche de la légende : Jean Ango n'a pas, seul, ni même le premier, voulu ou rendu possible la « découverte française de l'Amérique ».

331. Guillaume Lelièvre, « Le *Discours d'un grand capitaine de Dieppe*. Traduction et édition d'un document normand de 1539 », *Annales de Normandie*, 2019, 69-2, p. 84 (lettres patentes du 8 août 1536 et du 15 mai 1537), et P. Marichal (éd.), *Catalogue des actes de François Ier...*, *op. cit.*, vol. 8, p. 681, n° 32829 (mandement au Parlement de Rouen contenant « défenses à tous marchands, mariniers et autres d'envoyer des navires à la Guinée ni au Brésil », 24 ou 25 janvier 1538). Pour une vue d'ensemble des litiges franco-portugais en matière de « course » et de « découvertes » sous le règne de François Ier, cf. A. M. Pereira Ferreira, *Problemas maritimos entre Portugal e a França...*, *op. cit.*

332. Il ne fait en revanche pas de doute qu'Ango a repris quelques années plus tard le négoce avec le Brésil et la Guinée. Un espion espagnol, Pedro de Santiago, affirme en avril 1541 que le « vicomte de Dieppe » a non seulement déjà armé « quatorze à quinze nefs et galions pour aller à la côte de Malaguette et au Brésil et au Rio de la Plata », mais aussi qu'il est sur le point d'en affréter cinq de plus, d'un port de 120 à 130 tonneaux, pour une destination inconnue. Quelques mois plus tard, les Espagnols apprennent que plusieurs nefs de Dieppe ont déchargé 20 000 quintaux de « bois-brésil » à Rouen (lettres de Cristobal de Haro à Charles Quint, 8 avril et 28 septembre 1541, dans Henry Percival Biggar, *A Collection of Documents Relating to Jacques Cartier and the Sieur de Roberval*, Ottawa, Public Archives of Canada, 1930, doc. CXL, p. 263-265, et doc. CLXXXIII, p. 381). Mais, plus encore que les chapardages d'Ango, ce sont à l'époque les entreprises de Jacques Cartier et du vice-amiral de Bretagne Pierre de Bidoulx qui inquiètent les Espagnols.

333. Les grands négociants rouennais investissent massivement dans la pêche morutière : en 1570, Fernand de Quintanadoine co-préside une association d'armateurs de terre-neuvas (Charles et Paul Bréard, *Documents relatifs à la marine normande et à ses armements aux* XVI*[e] et* XVII*[e] siècles pour le Canada, l'Afrique, le Brésil et les Indes*, Rouen, A. Lestringant, 1889, p. 50-51).

Ainsi ne participe-t-il pas au financement, en 1523, du premier voyage de Verrazano : le tour de table comprend presque exclusivement des représentants de la bourgeoisie drapière et de la communauté franco-florentine de Rouen et de Lyon – les frères Rucellai, António Gondi, Giuliano Buonaccorsi, Benedetto Bellaci, Francisco et Leonardo Mannelli, Jean et François Le Buatier, Antoine de Martigny, etc. Quant aux quatre nefs – dont *La Normande* et *La Dauphine*, qui embarque cinquante hommes –, elles sont mises à sa disposition par le roi, qui porte une attention particulière à l'entreprise[334].

C'est que l'on parle alors beaucoup de Nouveau Monde en France, aussi bien à la cour que dans les tavernes du Havre et de Rouen. La nouvelle du retour à bon port de la *Victoria* à Séville, en septembre 1522, s'est répandue comme une traînée de poudre en Europe, et avec elle les récits clinquants que les survivants du « tour du monde » de Magellan ont faits de leur séjour aux îles aux épices, dans l'archipel insulindien. Les érudits en chambre ne sont pas les seuls à avoir accès aux détails du périple. On compte, parmi les hommes qui ont vu, de leurs yeux vu les Géants Patagons, le sultan de Brunei et les volcans couverts de girofliers, un marin normand : Richard, né à Évreux en 1494, « fils de Marc et de Colette, charpentier de son état[335] ».

Or, si Magellan n'a pas démontré que la Terre est ronde – ce que tous les bons esprits de l'époque savaient pour avoir lu Aristote –, du moins a-t-il prouvé que l'ensemble des mers communiquent, et surtout qu'il existe, de l'Atlantique au Pacifique, un passage sud-ouest permettant de rallier l'Asie sans mettre une quille dans les eaux portugaises. Ce que Verrazano entend découvrir, c'est le passage nord-ouest : l'équivalent, quelque part entre Terre-Neuve et la Floride, du détroit de Magellan.

Bien qu'il longe la côte nord-américaine sur plus de 1 000 km, de Cape Fear à la baie de Narragansett, il ne le trouve pas – mais du moins

334. M. MOLLAT et J. HABERT, *Giovanni et Girolamo Verrazano…*, *op. cit.*, p. 61-73.

335. Xavier de CASTRO, Jocelyne HAMON et Luís Filipe THOMAZ (éd.), *Le Voyage de Magellan (1519-1522). La relation d'Antonio Pigafetta et autres témoignages*, Paris, M. Chandeigne, 2007, vol. 1, p. 500. Richard de Normandie est le seul des dix-neuf Français embarqués au côté de Magellan à être revenu en Europe. Le peu que nous savons de lui – son lieu et sa date de naissance, le prénom de ses parents, son métier – vient de son témoignage lors de la conférence hispano-portugaise d'Elvas-Badajoz sur la « question des Moluques », en 1524 (AGI, Pat. 48, R 15, 23 mai-1er juin 1524).

fait-il relâche dans une anse aux rivages prometteurs, qu'il baptise La Nouvelle-Angoulême et que d'autres appelleront un siècle plus tard New York. L'un des marchands ayant investi dans le voyage, Bernardo Carli, exprime bien, dans une lettre à son père, la déception générale au retour de l'expédition à Dieppe en juillet 1524. Alors que les hommes de Magellan ont ramené, et en quantité, « des épices bien meilleures que celles dont on avait l'usage », Verrazano s'en revient les cales vides ou presque : tout juste rapporte-t-il « un échantillon d'or », des « liqueurs aromatiques » et « un tout jeune garçon capturé en ce pays »[336].

Cet échec ne décourage pas le capitaine, qui attend « une meilleure occasion ». Mais il dégrise ses financiers lyonnais. Dès son retour, Verrazano monte un nouveau projet d'expédition, cautionné par Zanobi Rucellai et financé à raison de 20 000 livres par le Rouennais Alonse de Civille et le Troyen Simon Legras. Le renouveau de la guerre contre Charles Quint, ponctuée en février 1525 par le désastre de la bataille de Pavie, au cours de laquelle François Ier est fait prisonnier, interdit cependant d'employer les navires royaux à autre chose qu'à la défense des côtes : l'affaire tourne court. Ce n'est qu'en avril 1526, après la libération du monarque, qu'une nouvelle « société de parsonniers » est formée afin de financer un second « voyage aux épiceries des Indes ».

Cette fois, Ango est de la partie, qui met à disposition de Verrazano l'une de ses nefs, d'un port de 70 tonneaux, et engage 2 000 livres dans l'aventure. L'amiral Chabot – vieux complice d'Ango – met au pot 4 000 livres et deux galions havrais. Verrazano loue pour 500 livres, à un marchand de Rouen nommé Adam Godefroy, une nef de 90 tonneaux, *La Barque de Fécamp*, placée sous les ordres de Pierre Caunay[337]. Le général des finances de Normandie, Guillaume Prudhomme, un investisseur parisien du nom de Jacques Boursier et un marchand de Rouen d'origine génoise, Pierre Despinolles, complètent la mise pour acheter comptant « calfatages, câbles, ancres doubles, appareils, tous cordages, artillerie, poudre, boulets et tout ce qui est requis à tels navires[338] ».

336. M. Mollat et J. Habert, *Giovanni et Girolamo Verrazano...*, *op. cit.*, p. 85 (lettre de Bernardo Carli, Lyon, 4 août 1524).

337. E. Guénin, *Ango et ses pilotes...*, *op. cit.*, p. 78-79 (contrat de Verrazano avec le Sr Godefroy, Rouen, 12 mai 1526).

338. E. de Fréville, *Mémoire sur le commerce maritime de Rouen*, *op. cit.*, vol. 2, doc. CX, p. 432-434 (BNF, Fonds Moreau 770, f° 60, licence de l'amiral Chabot, c. mars-avril 1526).

Les nefs appareillent de Honfleur le 15 juin 1526. Le destin de deux d'entre elles nous est connu par un rapport du gouverneur de la forteresse portugaise de Mozambique, António da Silveira de Meneses :

> Avant d'arriver au cap [de Bonne-Espérance], le capitaine qui se trouvait à bord du navire le plus petit, qui était celui de l'armateur [Jean Ango], fut contraint par ses matelots à faire demi-tour parce qu'il n'avait pas de quoi les payer, et ceux de l'autre navire [*La Barque de Fécamp*] auraient aussi voulu faire revenir le capitaine, mais celui-ci les contint en leur disant qu'ils allaient voir l'île de São Lourenço [Madagascar], qu'il y chargerait du gingembre, qu'il y ferait quelques prises, qu'il les paierait, et qu'ensuite il s'en retournerait.
> Naviguant ainsi dans cette intention, ils manquèrent l'île de São Lourenço en passant par le sud, et sans voir d'autre terre que celle de Sumatra, ils longèrent cette île par le nord et par le sud ; comme ils débarquaient à Achem [Aceh, au nord de Sumatra], les indigènes tuèrent leur pilote, le contremaître et quelques hommes. Ce que voyant et parce qu'ils n'avaient pas de pilote capable de les mener plus loin, ils reprirent la route de la France et ils abordèrent aux îles Maldives et à l'île de São Lourenço où ils s'arrêtèrent quelques jours.
> Voulant reprendre leur route, ils s'échouèrent sur un banc de sable de la côte de cette île de São Lourenço. Ayant perdu leur navire, ils construisirent la barcasse sur laquelle vinrent [au Mozambique] ces douze hommes.

Ils ratent une île, se font décimer dans une autre, échouent aux abords d'une troisième : l'officier portugais prend d'évidence un malin plaisir à raconter par le menu les déboires des marins français, qui ont erré comme des âmes en peine, des mois durant et pour rien, dans l'océan Indien.

> Ces gens qui sont venus ici sont bien démunis, et ils n'apportent que quelques morceaux de drap rouge bien petits et bien rongés aux mites. Ils ont aussi un peu de ravitaillement assez avarié et deux ou trois livres de menu corail. Ils furent tous fouillés, et leur sambouk [voilier] visité de fond en comble pour voir s'ils apportaient du poivre ou de la girofle, mais on ne trouva rien. Il me semble qu'ils ne firent aucun chargement en aucun cap[339].

339. ANTT, Colecção de cartas, Núcleo Antigo 876, nº 13 (lettre d'António da Silveira de Meneses à Jean III, Sofala, 15 juillet 1528, transcrite dans *Documentos sobre os Portugueses em Moçambique e na África Central, 1497-1840*, Lisbonne,

Deux navires, des dizaines d'hommes et des mois de préparatifs pour ceci, que n'importe quel plongeur d'Ajaccio aurait pêché en deux jours : « deux ou trois livres de menu corail ». L'histoire des navigations européennes au long cours est certes jalonnée d'échecs, mais celui-ci mérite de figurer au palmarès des grandes déconvenues. Restent les deux autres nefs, commandées par les frères Verrazano, Giovanni et Girolamo. Peut-être par suite de la désertion de l'équipage d'Ango, ou simplement à cause d'une erreur de trajectoire, elles ne se risquent pas même à doubler le cap de Bonne-Espérance mais s'en vont, plus modestement, braconner du « bois rouge » au Brésil, le long des côtes de la région de Patos, puis regagnent la Normandie en septembre 1527[340]. L'honneur est sauf, mais le butin est maigre – bien loin en tout cas des quintaux de poivre et de clous de girofle que Verrazano a fait miroiter à Chabot et Ango.

Une malédiction – celle de la grenouille française et du bœuf portugais ? – semble peser sur les premiers voyages français dans l'océan Indien. En 1527, une nef de 70 tonneaux, *La Marie de Bon Secours*, affrétée à Honfleur par des marchands rouennais et munie d'un congé de l'amiral Chabot, est capturée au large des côtes de l'Inde par la marine du sultan du Gujarat, Bahadur Shah, en guerre contre les Portugais. Incarcérés dans les geôles de la forteresse de Champaner, les survivants plaident la bonne foi et expliquent au gouverneur Lopo Vaz de Sampaio, la main sur le cœur, qu'ils « ne savaient les lieux » où ils croisaient, persuadés de faire voile vers la côte angolaise, puis le Brésil :

> Supplient très humblement trente-six pauvres misérables chrétiens de la nation de France, en captivité et servitude en la montagne de Champaner sous la main du grand chien Bahadur, à très haut Gouverneur de l'Inde sous le haut pouvoir du très illustre et invincible roi de Portugal,

National Archives of Rhodesia-Centro de estudos históricos ultramarinos, 1966, vol. 5, doc. 73, p. 538-544). Il faut corriger en 1528 la datation de 1518 proposée par l'ANTT, puisque Silveira de Meneses exerce sa charge de capitaine de Sofala de 1528 à 1531. Nous empruntons la traduction de ces extraits à M. MOLLAT et J. HABERT, *Giovanni et Girolamo Verrazano...*, *op. cit.*, p. 108-109.

340. M. MOLLAT et J. HABERT, *ibid.*, p. 113-114.

qu'il vous plaise avoir pitié, compassion et prendre à merci et miséricorde la désolée compagnie.
Lequel équipage a été trompé et séduit par ledit capitaine et marchand de ladite nef [le pilote portugais Estevão Dias] et du maître nommé Jean Breulhy de Funag en donnant à entendre que ladite nef n'allait à autre lieu qu'à l'île Saint Thomas [São Tomé] ou à Manicongue [le royaume du Kongo, sur les côtes angolaises], et auquel cas que ledit capitaine [n'aurait pu] charger en ces dits lieux, aller à la terre du Brésil faire la charge de la dite nef, comme la charte-partie et contrat dudit capitaine le porte, même le contrat des compagnons et mariniers envers le maître de ladite nef le contient, passé par devant les tabellions de Honfleur [...].
Notre dit capitaine nous donnait à entendre qu'il ne nous mènerait point en lieu où les Portugais ont seigneurie ni traite [commerce], en nous disant qu'il voulait aller à Diu, port de Cambay, et nous ignorants, ne savant les lieux car nul de nous n'en avait ouï parler.

Les malheureux savent leur cause difficile à plaider, car le simple fait d'avouer qu'ils ont pris part à un voyage visant à « charger » au Kongo puis au Brésil les désigne à la vindicte portugaise[341]. Ils ont cependant un argument de poids. À la différence de leur capitaine, qui a accepté l'offre de conversion à l'islam du sultan Bahadur, ils se refusent à apostasier – et en appellent à la solidarité entre chrétiens :

Avec cette canaille nous ne voulons point être plus grands que nous sommes, car nous aimons mieux vivre en pauvreté avec nos frères chrétiens que d'être grands seigneurs avec les ennemis de la foi. Plaise à votre hautesse de tourner votre douce face et de regarder de votre œil de pitié et de miséricorde vers les pauvres chrétiens, lesquels vous demandent pardon, et que votre noble seigneurie puisse être enrichie du don de pitié car, excellent seigneur, c'est une vertu plus divine qu'humaine de pardonner, car Dieu le créateur c'est sa propriété que de pardonner aux pauvres pécheurs quand ils lui demandent pardon et miséricorde, et ne permettez pas que tant d'âmes soient perdues et gâtées en la main de ces chiens maudits[342].

341. De fait, le Kongo est tout sauf sûr pour les Français. En 1526, le roi du Kongo, Mvemba a Nzinga, informe Jean III qu'il retient douze Français prisonniers. Il se dit disposé à lui en remettre neuf, mais souhaite en garder trois : un clerc, un maçon et un « pilote bon grammairien » qui pourra enseigner le latin à sa parentèle (ANTT, CC, Parte I, mç. 34, nº 127, 25 août 1526).

342. S. VITERBO, *Trabalhos nãuticos dos Portuguezes nos seculos XVI e XVII*, *op. cit.*, doc. LIII, p. 120-121 (ANTT, Colecção de São Lourenço, vol. 1, fº 407). La

Quant à Verazzano, rien ne vient à bout de sa détermination à réussir là où il vient d'échouer. Mais il lui est de plus en plus difficile de convaincre l'amirauté et les grands financiers d'appuyer ses projets. Les Rucellai et Buonaccorsi ne lui avancent que 2 000 livres, à peine de quoi avitailler un navire, en l'espèce *La Flamengue*, une nef de Fécamp estimée à 5 000 livres : les moyens sont au tiers de ceux des expéditions précédentes. Bien qu'il soit question d'un voyage « aux Indes », le bâtiment, qui met à la voile en avril ou mai 1528, se dirige vers l'isthme du Darién, au Panama. S'agit-il seulement de charger du « bois-brésil », ou bien ensuite de caboter cap au sud/sud-est jusqu'à prendre les alizés de la « volte » atlantique pour rallier la côte africaine ?

Quoi qu'il en soit, le voyage se solde par une tragédie. Lors d'une escale aux Antilles – probablement en Jamaïque –, Giovanni se rend à terre avec quelques marins. Selon Paolo Jovio, un chroniqueur florentin de ses amis, il tombe dans un guet-apens et se fait « dévorer par des cannibales sous les yeux de ses compagnons ». Ramusio précise quelques années plus tard qu'il a été « rôti » par les insulaires[343]. Si atroce soit-elle, la mort de Verrazano ne compromet pas l'objectif commercial du voyage, puisque *La Flamengue* revient en Bretagne chargée d'une quantité de « bois-brésil » suffisamment importante pour déclencher une longue et rude querelle judiciaire entre l'équipage, les bourgeois et les avitailleurs[344].

---

supplique, non signée, est écrite dans une langue phonétique très approximative : nous l'avons modernisée, mais sans pour autant en modifier la syntaxe, afin de mieux donner à entendre la voix des marins. L'épopée de *La Marie de Bon Secours* est relatée dans les chroniques portugaises, lesquelles jettent l'opprobre sur le capitaine-pilote portugais de la nef, Estevão Diaz, dit « Brigas » (« Rixes »). Celui-ci apparaît en effet comme doublement renégat : pour avoir trahi son roi en acceptant de conduire des Français en Asie, et pour être entré au service de Bahadur Shah. Correa soutient cependant que Diaz refuse la proposition de conversion du sultan, qui le marie à « une Castillane appelée La Marquise », capturée à bord d'une nef portugaise (João de BARROS, *Decada quárta da Ásia. Dos feitos que os Portugueses fezerão no Descobrimento, & Conquista dos mares, & terras do Oriente*, Madrid, Imp. Real, 1615, V.6, p. 296, et Gaspar CORREA, *Lendas da India*, éd. Rodrigo José de LIMA FELNER, Lisbonne, Academia Real das Sciencias, 1859-1862, vol. 3, p. 238-240).

343. Giovanni Battista RAMUSIO, *Navigationi e Viaggi*, *op. cit.*, vol. 3, f°s 417r-419r.

344. M. MOLLAT et J. HABERT, *Giovanni et Girolamo Verrazano…*, *op. cit.*, p. 120-127, 134-138 (arrêt du Parlement de Rouen relatif à l'affrètement de *La*

En septembre 1529, le frère de Giovanni, Girolamo, apprête une nouvelle nef, *La Bonne Aventure*, avec Jean Bonshoms[345]. Ce dernier est une figure de la place rouennaise : ayant fait fortune dans le négoce de l'alun d'Espagne et d'Italie[346], il a acquis le fief de Hautonne, au sud de Jumièges, et payé 260 écus d'or le droit de se dire noble[347]. Mais s'il finance pour moitié l'entreprise de Girolamo, ce n'est ni par souci de distinction ni par goût du risque. Il ne s'agit plus, en effet, de se rendre aux îles aux épices, mais de faire coup double dans l'Atlantique et en Méditerranée. La charte-partie signée entre les deux hommes dispose que la nef doit « cingler depuis Le Havre de Grâce jusqu'à l'île de Brésil [puis] jusqu'à Ancône, Candie [la Crète], Venise et Alexandrie[348] ». Est-ce à dire que la Normandie en a fini avec l'Asie ?

Flamengue, 13 août 1535). Les compagnons de la nef réclament, pour « portion », pas moins de « trente-cinq milliers de brésil ».

345. Les Bonshoms suivent l'itinéraire classique de la bourgeoisie de robe rouennaise, investissant les offices à la première génération puis accaparant les fiefs et les titres à la seconde. Ainsi, le fils de Jean Bonshoms et de Guillemette Le Prévost, lui aussi prénommé Jean, agit-il dans les années 1510 comme garde du temporel de l'archevêque de Rouen, s'occupant du jugement des contrevenants dans la forêt de Croixdalle, près de Dieppe. Après avoir été promu sénéchal du temporel à la fin des années 1530, il est nommé en 1543 conseiller au Parlement de Rouen – et use dès lors du qualificatif de « noble homme » (ADSM, G 125, G 130, G 934 et G 961 ; Édouard GOSSELIN, *Des usages et mœurs de MM. du Parlement de Normandie au Palais de justice de Rouen*, Rouen, E. Cagniard, 1868, p. 7).

346. Extrait des mines de Tolfa, près de Rome, et dans une bien moindre mesure de celles d'Aragon, l'alun est un ingrédient essentiel, non seulement de la teinturerie et de la draperie, puisqu'il réhausse l'éclat des couleurs, mais aussi de la métallurgie, du fait qu'il intervient dans la soudure des métaux. En Italie, Civitavecchia et Livourne ont le monopole de son exportation : les principaux acheteurs sont les marchands de Bruges et d'Anvers (Jean DELUMEAU, *L'Alun de Rome, XVe-XIXe siècle*, Paris, SEVPEN, 1962, p. 182 *sq.*, et Didier BOISSEUIL, « Les usages de l'alun », *Artefact. Techniques, histoire et sciences humaines*, 2022, 16, p. 133-144).

347. M. MOLLAT, *Le Commerce maritime normand…*, *op. cit.*, p. 242-245 et 416-417, et J.-R. BLOCH, *L'Anoblissement en France au temps de François Ier…*, *op. cit.*, p. 159 (anoblissement en août 1517). Situé dans le Roumois, à proximité de Rouen, le fief de Hautonne a auparavant appartenu à la famille Le Lieur, puissante dynastie de parlementaires rouennais (Gustave-Amable PREVOST, *Note sur deux ventes sur saisie de la seigneurie du Bosgouet au XVIe siècle*, Rouen, E. Cagniard, 1903, p. 7-10).

348. M. MOLLAT et J. HABERT, *Giovanni et Girolamo Verrazano…*, *op. cit.*, p. 129-130 (charte-partie de *La Bonne Aventure*, 27 septembre 1529).

Pas tout à fait, car l'une des raisons pour lesquelles Jean Ango n'a pas pris part à l'armement du dernier voyage des frères Verrazano, c'est qu'il fomente sa propre expédition. Le 3 avril 1529, deux de ses nefs, *Le Sacre* et *La Pensée*, profitant d'un « doux vent nord-est », quittent la rade de Dieppe en direction de la Hougue, à la pointe orientale du Cotentin. Destination : les Indes orientales.

Le monde est petit – ou plutôt : la Normandie n'est pas si grande. En décembre 1528, un poète dieppois tout juste trentenaire, Jean Parmentier, a composé un chant louant « le beau ciel plein des orbes et sphères », qu'il a présenté au concours de poésie du « Puy » de l'Immaculée Conception, à Rouen, et pour lequel il s'est vu décerner le lys – le second prix, d'une valeur de 60 sols tournois – par Jean Bonshoms, qui est tout à la fois le financier de Girolamo Verrazano et le « prince » (le président) du « Puy »[349]. Or, c'est à Jean Parmentier et à son frère Raoul, de cinq ans son cadet, qu'Ango confie le commandement des deux navires qu'il lance à l'assaut de l'océan Indien.

Jean Parmentier, poète et capitaine : la légende dresse l'oreille.

349. A. Tougard (éd.), *Les Trois Siècles palinodiques…*, *op. cit.*, vol. 1, p. 123. Guiot confond toutefois Jean le père et Jean le fils, car c'est ce dernier qui est reçu conseiller au Parlement de Rouen en 1543. Jean Parmentier évoque « Jan Bonzons prince du dit Puy [de Rouen] » en incipit de son chant royal primé en 1528 (F. Ferrand, éd., *Jean Parmentier. Œuvres poétiques*, *op. cit.*, p. 30).

II

À l'aune de leurs notoriétés respectives, il peut paraître aussi absurde de comparer Jean Parmentier à Magellan que de mettre en balance la Bible et le bottin. Pourtant, les deux hommes ont beaucoup en commun. Non seulement ils ont trépassé avant le terme des expéditions dont ils avaient la charge, mais ils l'ont fait au même endroit : en Insulinde – le premier sur l'île de Sumatra, le second sur celle de Cebu.

Par-delà cette coïncidence, qui ne doit rien au hasard mais tout au cours des épices, quelque chose de plus frappant encore réunit Jean Parmentier et Magellan : faute d'avoir pu concocter ou retoucher eux-mêmes le récit de leurs exploits, comme s'y sont appliqués Colomb et Cortés leur vie durant, les deux personnages ont été pris de court par leur légende. Ce que l'on a fait d'eux, les habits de lumière dont on les a attifés, le rôle qui leur a été attribué dans l'épopée des Grandes découvertes, ils n'y ont pris aucune part. D'où, pour l'historien, cette pénible conséquence de devoir faire sans le témoignage des principaux intéressés, que l'Histoire a jugés – on ne peut plus favorablement – en toute liberté.

La vie de Jean Parmentier s'écrit à rebours. Elle débute au moment précis où il la quitte, et où l'un de ses compagnons de voyage, Pierre Crignon, entreprend de lui rendre hommage dans un long poème, sobrement intitulé *Plainte sur le trépas des défunts Jean et Raoul Parmentier*[1] [cf. Illustration 4]. L'éloge – funèbre, donc – s'ouvre par

1. Pierre CRIGNON, *Description novvelle des merveilles de ce monde, & de la dignité de l'homme, composée en rythme francoyse en manière de exhortation, par Ian Parmentier, faisant la dernière nauigacion, avec Ravl son frère, en lisle Taprobane, aultrement dicte Samatra*, Paris, En la rue de Sorbonne, 7 janvier 1531 (BNF, BP16-106786, Renouard, ICP, IV, 256, f[os] G2v-H2v). Le blason figurant sur le dernier folio, à savoir une chimère ailée à face léonine surmontant la devise *nocet empta*

le rappel de la scène des adieux sur les quais, lorsque les nefs mettent à la voile, le 3 avril 1529 :

Il me souvient comme à la départie
Chacun prenait congé de sa partie [*sa moitié*],
Et que je vis la nymphe Parmentier
Qui son époux aimait de cœur entier,
Faire un adieu si mêlé de regret
Que ce voyant un cœur plus dur que grès
Se fût fendu ou fondu comme cire.
Jamais ne vis adieu plus fort à dire :
Sa face blanche et de couleur rosée
Était de pleurs et larmes arrosée.
Hélas ! disait la nymphe gracieuse,
Perdrai-je ainsi la perle précieuse
Que tant j'aimais : mon époux et ami ?
Je n'ai été fors qu'un an et demi
Avec lui qui me semble trop bref.
Ô dur départ, tant tu me feras grief !

L'expression de la douleur de la séparation conjugale, qui survient après dix-huit mois seulement de vie commune, se double de celle d'un reproche – celui que toutes les femmes adressent aux hommes dédaigneux des joies nonchalantes de leur foyer, et qui s'en vont courir le monde à la recherche d'imprévu et de renommée :

Comment veux-tu tes deux enfants laisser,
Pour en pays si lointain converser
Dont l'on n'a vu aucun faire retour ?
Désir d'honneur te fait faire ce tour.
Que plût à Dieu que ton cœur si hautain
Fît à mon gré : tu prendrais le certain.
N'avons-nous pas des biens à suffisance
Pour vivre ensemble en joie et plaisance

---

dolore voluptas, permet d'identifier le libraire-imprimeur comme étant Gérard Morrhy (Geert Morrhe), actif à son compte de 1529 à 1532, ce que confirme l'épitaphe du f° H7r-v, signée « Gerardum Morrhium Campensem ». Correspondant d'Érasme qu'il tient pour un « mentor », Morrhe est alors l'un des principaux éditeurs des classiques grecs et latins (Alexander DALZELL, éd., *The Correspondence of Erasmus, August 1529-July 1530*, Toronto, University of Toronto Press, 2015, p. 290-291, n° 2311, lettre de G. Morrhe à Érasme, Francfort, 16 avril 1530).

Sans te donner tant de peine et souci ? [...]
S'il te plaisait avec moi en gré [*de bon cœur*] *prendre*
Les petits biens qu'avons pu acquérir,
Tu n'irais point aux Indes en quérir.

Jean, « le cœur navré, ayant la larme à l'œil », donne à l'éplorée un baiser « et un adieu aussi bas entonné [que] le son de dolentes ténèbres ». Tout, dans ce début, annonce la fin : la dernière embrassade se teinte d'un « présage funèbre » ; la mort plane avec les mouettes au-dessus des nefs. Par un artifice poétique aussi efficace qu'éculé[2], Crignon se ressouvient, amer, de l'avertissement que Morphée lui a adressé la veille du départ sous la forme d'un rêve qu'il n'a, hélas, pas su déchiffrer :

Je te fis songer que tu étais sur le perroi [*la grève*],
Plein de souci et en terrible effroi
En regardant ces navires brûler
Tous deux en rade et n'y savais aller
Ni trouver nul qui leur donnât secours [...]
[*Or,*] *ce grand feu : actif, âpre et léger,*
C'est la chaleur de fièvre continue
Qui comme un feu est aux deux nefs venue
Prendre et brûler tes deux bons capitaines.

La muse Polymnie, déesse de l'éloquence et inspiratrice des aèdes, prend le relais de Morphée pour apprendre à Crignon, transporté dans l'« île verdoyante et fertile » où batifolent les dieux et les dryades, que le corps sans vie de Jean Parmentier a été transformé en palmier, et que

En ce palmier seront pris sucre et lait
Pour démontrer qu'il était tout complet
En la douceur d'ornée rhétorique,

2. À portée prophétique ou moralisante, l'action se déroulant dans l'espace-temps du songe est une formule narrative empruntée au grand classique du XIIIe siècle, le *Roman de la Rose*. Les « grands rhétoriqueurs » comme Jean Bouchet, Octavien de Saint-Gelais et Jean Molinet l'utilisent fréquemment (Giovanna ANGELI, « Le type-cadre du songe dans la production des "Grands Rhétoriqueurs" », dans Giovanna ANGELI et Arlette ESTÈVE, dir., *Le Masque de Lancelot. Lumières de la Renaissance au XVe siècle*, Paris, Garnier, 2004, p. 100-114).

Et tout ainsi que la palme on applique [*on utilise*]
En ce pays pour voile et cordages,
Il s'appliquait à faire longs voyages.

Emporté à son tour par les fièvres, Raoul, le cadet de Jean, a été « jeté en la mer », où il est devenu « léger dauphin [portant] sur la tête une fleur de lys ». Il lui appartient désormais, vivant étendard national, de

Nager par cette mer salée
Et avertir mainte barque et galée [*navire à rames*]
Du mauvais temps et tempête à venir
Pour à leur cas soigner et prévenir.

Résumons : à son départ de Dieppe, Jean Parmentier est marié depuis peu et père de deux nourrissons. Il a pour métier et projet de faire de « longs voyages » et excelle en la « rhétorique ornée », entendez la poésie dans ses formes métriques complexes. Les faits sont ténus. Heureusement, Crignon complète ces informations dans le prologue du recueil des œuvres de Parmentier, publié à Paris par ses soins en 1531 :

> Comme ainsi soit que Jean et Raoul dits Parmentier, frères bourgeois et marchands de la ville de Dieppe, hommes de bons esprits et profonds en la science d'astrologie et cosmographie, âgés l'un de trente-cinq et l'autre de trente ans, eussent en l'an 1529 entrepris la navigation des Indes d'Orient et pris la charge par contrat et accord fait avec noble homme Jean Ango, grenetier et vicomte de Dieppe, et ses parsonniers de mener à conduire à l'aide de Dieu, par la connaissance des latitudes et l'élévation du soleil et autres corps célestes, deux navires dudit Dieppe, dont le plus grand était nommé *La Pensée*, du port de deux cents tonneaux, et le moindre *Le Sacre*, du port de cent vingt tonneaux, bien équipés et garnis de toutes choses requises et nécessaires pour faire ledit voyage.

C'est donc à l'âge de trente-cinq ans que Jean Parmentier entreprend, pour le compte d'Ango et de ses « parsonniers » (ses associés), le voyage des « Indes d'Orient ». Or, il est alors tout sauf novice en matière de navigations au long cours, puisque, à en croire Crignon, il a été le premier pilote français à conduire des nefs normandes au

Brésil – ce qui n'est pas impossible, mais demeure invérifiable. De plus, Jean est fin cartographe et, chose rare à l'époque, maîtrise les arcanes de l'astronomie nautique – cet art qui permet, par l'usage combiné de l'astrolabe et des tables d'éphémérides, de déterminer la latitude d'une position :

> [Jean Parmentier] est le premier Français qui a entrepris à être pilote pour mener navires à la terre Amérique qu'on dit le Brésil, et semblablement le premier Français qui a découvert les Indes jusqu'à l'île de Taprobane [Sumatra], et si mort ne l'eût prévenu, je crois qu'il eût été jusqu'aux Moluques, et ainsi qu'il m'a dit plusieurs fois, il était bien délibéré, lui retourné en France, d'aller chercher s'il y a ouverture au nord [le passage nord-ouest de l'Atlantique au Pacifique] et découvrir par là jusqu'au sud [...].
> Il était bon cosmographe et géographe : par lui ont été composées plusieurs mappemondes en globe et en plat et maintes cartes marines sur lesquelles plusieurs ont navigué sûrement.

Selon Crignon, qui ne tarit pas de louanges à l'endroit de Jean, les talents de ce dernier ne se limitent pas – tant s'en faut – au domaine maritime. Littérateur d'exception, il traduit des auteurs latins et compose à tout-va – non seulement des chants royaux compassés à la gloire de la Vierge, mais aussi des « farces et sermons joyeux ». Le marin qui rêve de conquêtes se double d'un érudit polymathe. Jean, fils de Calliope et de Poséidon :

> Et combien qu'il n'ait pas beaucoup hanté les écoles, si toutefois était-il connaissant en plusieurs sciences que le grand précepteur et maître d'école [Dieu] par don de grâce infuse lui avait élargies. Il a translaté le *Catilinaire* de Salluste de latin en français et avait commencé à traduire *Jugurtha* sus [durant] son voyage, espérant le parfaire à son retour et en faire présent au Roi[3]. [...] C'était une perle en rhétorique française et en bonnes inventions, tant en rime qu'en prose. Il a composé plusieurs chants royaux, ballades et rondeaux exaltés en Puy [lors de concours de poésie mariale], plusieurs bonnes et excellentes moralités de farces et sermons joyeux et en grande quantité[4].

3. Il s'agit de la *Conjuration de Catilina* (*Catilinae Conjuratio*) et de la *Guerre de Jugurtha* (*Bellum Jugurthinum*).

4. P. Crignon, *Description novvelle des merveilles de ce monde...*, *op. cit.*, f^os A2r-A3v.

Qu'il nous soit donné à tous d'avoir un ami aussi dévoué à notre mémoire que Pierre Crignon à celle des frères Parmentier…

*

* *

Jean Parmentier a vu le jour en 1494. Il est donc, peu ou prou, de la même classe d'âge que Jean Ango, né en 1488[5]. De la famille Parmentier, nous ne savons pourtant rien. Un maître de navire du nom de Robin Parmentier est actif à Dieppe de 1472 à 1478. Il sollicite régulièrement des « congés » pour le déchargement de muids de grain et de lasts de harengs saurs et caqués, mais transporte aussi des marchandises variées – pipes de vin, draps, voide[6], barils de clous et de savon – pour le compte de négociants normands et écossais[7]. Il serait assurément aisé et plaisant d'imaginer le petit Jean apprenant le métier de roulier de mer sous la houlette ferme mais bienveillante de son père, mais nul indice ne nous y invite. De 1502 à 1514, aucun Parmentier ne figure dans les livres de recettes de la vicomté de Dieppe, non plus que dans les actes des bourgeois de la ville. Tout au plus peut-on donner forme – par petites touches – à l'environnement urbain fréquenté par le garçonnet, à condition d'admettre qu'il a grandi à Dieppe et non dans un port voisin.

5. AMD, Lang. C8/L2/1 (information faite à Dieppe par Nicolas de Manneville, 3 février 1507), f° 2r. Ango, qui figure parmi la liste des signataires de l'acte, y est crédité d'avoir 19 ans. Il s'agit de la seule et unique source venue à notre connaissance dans laquelle l'âge et donc la date de naissance d'Ango paraissent établis avec certitude.

6. Cultivée en Picardie et exportée *via* Rouen, la « voide » – le pastel (*Isatis tinctoria*) – est une plante tinctoriale : elle donne de beaux bleus (F. Brumont, « Rouen, la voide et le pastel… », art. cit.).

7. ADSM, G 521, RVD 1471-1472, f° 28v (27 décembre 1472, 16 barils de saumon et 2 de harengs, 1 paquet de drap, 5 cuirs et 1 quarteron de morues « pour un marchand d'Écosse »), et M. Mollat, *Comptabilité du port de Dieppe au XV*^e^ *siècle*, *op. cit.*, p. 56 (12 décembre 1473, 20 lasts de harengs saurs), p. 62 (26 septembre 1475, 30 muids de grain), p. 64 (31 décembre 1475, 30 lasts de harengs saurs, et 12 avril 1476, 33 muids de grains), p. 78 (20 décembre 1477, 1 last de harengs caqués et un millier de harengs saurs), p. 84 (5 avril 1478, un millier de fer pour Jehan Buttor, 2 pièces de futaines pour « Harche, écossais », ½ pipe de voide et 2 cents de fil pour Wattier Chau, etc.) et p. 88 (6 août 1478, draps et clous pour Jehan de Nantes, Collenet de Frevens, Miquelot Gaultier, etc.).

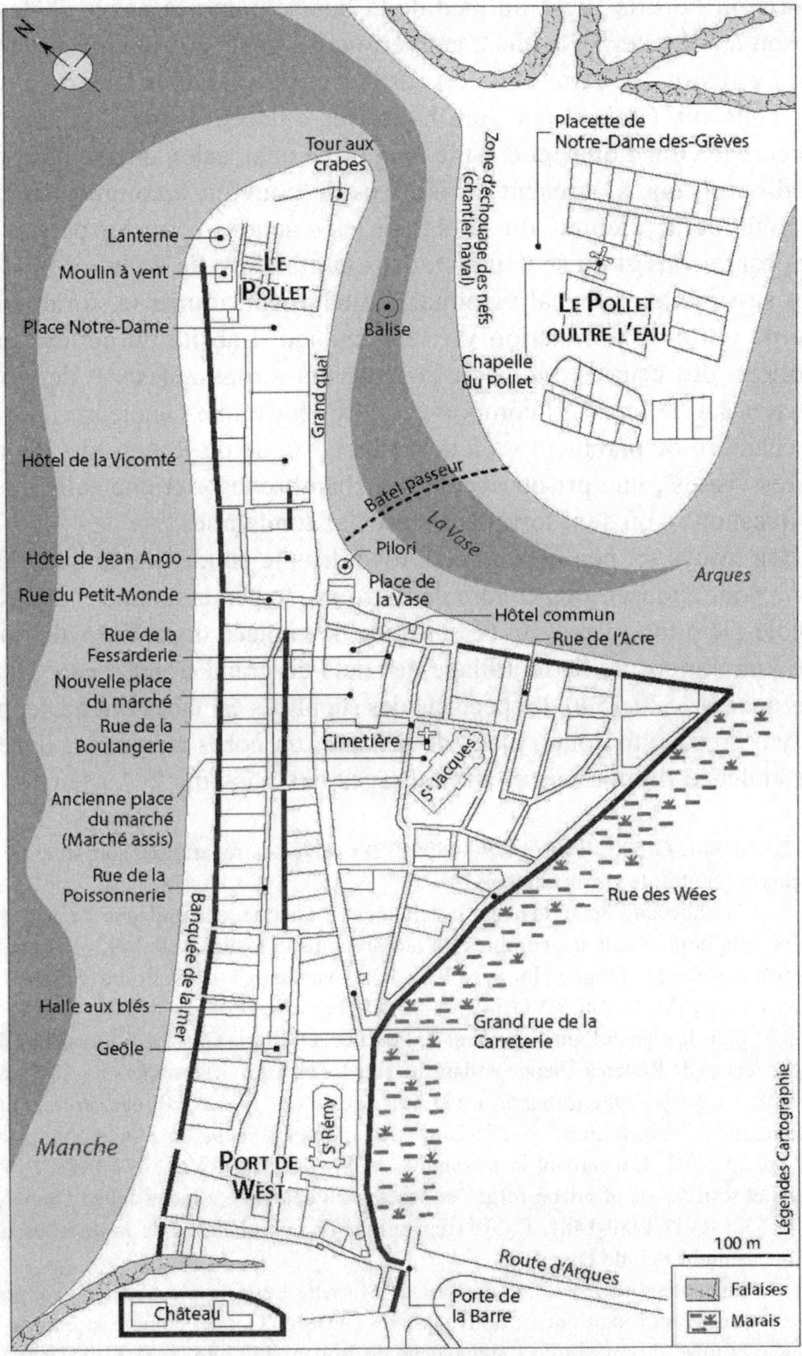

Carte 2. Dieppe au début du XVIe siècle

Du côté du front de mer, vaste grève de galets, la cité s'étire de la porte du Port de West, au pied de la falaise dominée par le château, jusqu'à la Lanterne, le phare en pierre qui signale aux navires l'entrée de l'estuaire de l'Arques. C'est sur la rive gauche de la rivière, passé la Tour aux Crabes, que sont bâties les « jetées », que l'on appelle encore le Grand quai, et c'est le long de ce quai, selon un axe nord-est sud-ouest, que s'égrènent les édifices du pouvoir, à commencer par l'Hôtel de la Vicomté où se règlent les « acquits » sur les pêches et les cargaisons et où se tiennent, dans la grande salle de la « cohue », les sessions du tribunal vicomtal. Le bâtiment, immense, forme une petite unité de production vivrière, puisqu'il abrite un cellier, une volière, des écuries, un saloir et plusieurs « roussables » – des saurisseries à harengs[8]. Il comporte encore, outre une conciergerie et la « chambre de parement » où dort l'archevêque de Rouen lors de ses rares visites[9], une prison avec des « chambrettes » et une salle de la « question », où sont torturés accusés et condamnés[10].

On trouve un peu plus au sud, lové dans le coude que le quai dessine pour épouser un méandre de l'Arques, le pendant naturel de cette geôle : le pilori, dressé au beau milieu de la place de la Vase, du nom de l'aire attenante de mouillage des nefs de grand tirant d'eau. Dans les années 1520-1540, le spectacle des supplices est incessant à Dieppe. Il y a presque toujours, place de la Vase, un corps au carcan, livré à la violence du pouvoir et aux outrages des passants[11]. Au temps où

8. ADSM, G 530, RVD 1479-1480, f° 28r (diverses réparations par suite de la « checte [chute] de la roussable »).

9. L'archevêque ne se déplace usuellement à Dieppe, accompagné de ses officiers, que pour « ouïr les comptes de la harengaison ». En avril 1492, Robert de Croismare « argue [négocie] » avec les « hôtes-vendeurs » pendant « trois jours au moins » (ADSM, G 538, RVD 1491-1492, f° 11v).

10. Pour le plan et l'aménagement de l'édifice, cf. Marie CASSET, « Le manoir des archevêques de Rouen à Dieppe », dans ID. (dir.), *Les Évêques aux champs. Châteaux et manoirs des évêques normands au Moyen Âge (XIe-XVe siècles)*, Rouen, Presses universitaires de Rouen, 2007, p. 275-278, et P. LARDIN, *Dieppe au Moyen Âge…*, *op. cit.*, p. 351-362. Concernant la prison, cf. ADSM, G 528, RVD 1477-1478, f° 44v (huis et serrures de la prison forgés et posés par Phelepin Vallée et Jehan Dumant), et G 532, RVD 1480-1481, f° 23v (réparations de « la chambre de la question des prinzons dudit lieu de Dieppe »).

11. En septembre 1527, une dénommée Mariette Lespille y est brûlée vive pour avoir « mis à mort son enfant nouveau-né » (ADSM, G 113, compte et état de la recette et mise du revenu de l'archevêché de Rouen, 1527-1528, f° 34v). Dans les années qui suivent, un « coupeur de bourse » y est pendu et étranglé, un voleur amputé

Jean n'est encore qu'un enfant, c'est du bord de cette place que part le « batel passeur » reliant le centre-ville de Dieppe au quartier du « Pollet oultre l'eau », situé sur l'autre rive au pied d'une falaise abrupte : le pont de bois, dont la construction débute en 1511, n'est achevé qu'en 1519 ou 1520[12]. Quartier des marins les plus pauvres, le Pollet héberge un chantier de construction navale sur la placette de Notre-Dame-des-Grèves[13]. La cité est ceinte d'épais remparts, coiffés d'échauguettes et percés de portes, dont celle de la Barre, où se « cueillent » les droits sur les marchandises[14]. Quoique ouverte aux vents du large, Dieppe forme un monde semi-hermétique, prêt à se refermer sur lui-même en

---

de la main droite, un homme ayant proféré des « paroles malsonnantes du roi » fustigé pendant trois jours de marché « la corde au cou et la langue percée », un blasphémateur « mitré » (coiffé d'un bonnet pointu parodique) et fouetté jusqu'à « effusion de sang », l'auteur d'un crime de lèse-majesté décapité et « mis en quartiers » (ADSM, G 960, reçus des frais de justice faits par Guillaume Gallie, bailli de Dieppe, et Nicolas Osmont, lieutenant particulier du sénéchal Jehan Loutrel, 1539-1545, et G 959 et 961, reçus des frais de justice faits par le lieutenant général du sénéchal, Vincent Eude, puis par son successeur, Thomas Maynet, 1525-1547).

12. D. Asseline, *Antiquités et chroniques de la ville de Dieppe*, *op. cit.*, vol. 1, p. 206-207, et Guillaume Tieullier, *Plan et description de la ville de Dieppe au XIVe siècle*, Dieppe, É. Delevoye, 1865, p. 19-20 et 34. Aux XVe et XVIe siècles, le quartier du Pollet est en fait coupé en deux par l'Arques : côté ville fortifiée, il couvre une partie du quartier de la Lanterne et du Moulin à vent. Cela permet de relativiser l'ancienneté du « particularisme polletais », par ailleurs exagéré par les folkloristes du XIXe siècle dans leur quête d'une authenticité « populaire ».

13. AMD, Lang. C8/L9/1 (sentence des Hauts Jours concernant une place sise au Pollet près la porte du Pont, 17 février 1556). Cf. également ADSM, G 519, RVD 1466-1467, f° 4v, pour la mention d'une nef de 300 tonneaux fabriquée au Pollet.

14. ADSM, G 531, RVD 1479-1480, f° 15v (53 livres et 12 sous pour la « ferme du barrage de la porte de la Barre », 12 livres des autres portes). L'archevêque de Rouen perçoit le tiers de ces droits, qui sont usuellement appelés le « tourtel ». Outre une taxe fixe d'un denier par cheval ou un demi-denier par âne ou par mulet, ils comprennent une taxe variable sur le volume des marchandises, calculée par « quarette » et selon le type de produits. Les nobles, le clergé et les habitants des francs-fiefs ou des fiefs d'aumône en sont exemptés selon le principe que « ceux qui sont francs à la boîte [aux acquits] sont francs de tourtel à la barre » (E. Coppinger, éd., *Le Coustumier de la Vicomté de Dieppe…*, *op. cit.*, p. 28-29). Le paiement du « tourteau » au « barrier » ou « barragier » se retrouve à la même époque dans le coutumier de la vicomté de l'Eau de Rouen, où il vaut 2 deniers (Charles de Robillard de Beaurepaire, *De la Vicomté de l'Eau de Rouen et de ses coutumes au XIIIe et au XIVe siècles*, Évreux, A. Hérissey, 1856, p. 15-16). Pour la description des murailles de la ville, construites dans les années 1360, cf. D. Asseline, *Antiquités et chroniques de la ville de Dieppe*, *op. cit.*, vol. 1, p. 131-132 et 135-137.

cas de troubles ou d'épidémie. Outre qu'il n'est pas toujours sûr, le chemin menant à Arques est souvent « rompu » par les pluies[15].

L'entretien du havre fait peser une charge conséquente sur le budget municipal. Tandis que les parois de soutènement des quais, faites de blocs de grès « liés avec des empâtements de fer et scellés au plomb », cèdent en cas de forte tempête, comme à l'automne 1530, il se forme régulièrement, à l'entrée du port, des « souliers » : des amas de galets qui abîment l'étambot des nefs. Pour indiquer aux capitaines le passage le plus sûr, un officier positionne chaque jour un baril flottant au milieu du chenal d'eaux vives, ce qui oblige chaque navire à payer un « droit de balisier »[16]. L'envasement naturel du havre – tracas récurrent des villes d'estuaire – contraint à organiser chaque année des opérations de « curage », lesquelles requièrent une main-d'œuvre importante[17]. Pour ajouter au problème, les habitants ont l'habitude de « porter nettoyures et ordures à la mer », créant des agrégats de

15. ADSM, G 532, RVD 1480-1481, f° 25r (paiement de 8 livres à Olivier du Moustier et Guyot du Ru, pionniers, pour « amender certaine porcion du grand chemin qui mayne de Dieppe à Arquez, lequel, passé longtemps, estoit fort rompu »). D'autres sentes et chemins sont fréquemment rendus impraticables par les « ravynes d'eau », comme la cavée du Mont-aux-Chats – par ailleurs théâtre des exactions du bandit Jean Vert, décapité en 1521 (P. Lardin, *Dieppe au Moyen Âge*..., *op. cit.*, p. 533, BNF, ms. Fr. 26118, 10 octobre 1521).

16. D. Asseline, *Antiquités et chroniques de la ville de Dieppe*, *op. cit.*, vol. 1, p. 233, et M. C. Guibert, *Mémoires pour servir à l'histoire de la ville de Dieppe*, *op. cit.*, vol. 1, p. 253-257. En 1362, lors d'une assemblée tenue « en la cohue » et présidée par Ancel Loutrel et Vincent Eude, les bourgeois de Dieppe se prononcent pour l'institution d'un droit de « quayage » afin de financer l'entretien des jetées, lesquelles, abîmées « par cause du flux et radecourz [reflux] de l'eau de la mer », doivent être « réparées et tenues dorénavant sans défaut » (E. de Fréville, *Mémoire sur le commerce maritime de Rouen*, *op. cit.*, vol. 2, p. 126-127, lettre de Philippe d'Alençon aux bourgeois de Dieppe, 17 mars 1362, ADSM, G 876). Une « tourmente de la mer » endommage le moulin à eau du Pollet en 1466 (ADSM, G 519, RVD 1466-1467, f° 19v), une autre, l'Hôtel de la Vicomté en 1472 (ADSM, G 522, RVD 1472-1473, f° 32r-v). En 1650, « 40 pieds de jetée sous le Moulin à vent » sont emportés par la tempête (AMD, Lang. Registre des délibérations de l'Hôtel de Ville 1640-1661, f° 184r, demande de devis de réparation, 3 septembre 1650).

17. Dieppe n'est pas la ville la plus touchée par ce problème d'envasement. Elle profite au contraire des soucis supérieurs que Honfleur connaît en la matière pour lui ravir, au début du XVIe siècle et jusqu'à la construction du Havre, son titre de principal avant-port de Rouen (Jimmy Mouchard, « De la voie navigable aux sites portuaires en basse vallée de Seine : maîtrise et gestion des accès, Antiquité-époque moderne », dans É. Lalou, B. Lepeuple et J.-L. Roch, dir., *Des châteaux et des sources*..., *op. cit.*, p. 123).

débris dérivants : le bourreau de la ville a pour tâche de les en empêcher, et tout à la fois sévit et se rémunère en confisquant à son profit les « civières, brouettes et autres vaisseaux » des contrevenants[18].

Bien que le port soit l'objet de toutes les attentions, ce n'est pas le seul lieu clé de la vie sociale. Le dimanche et les jours de marché, les abords de la Halle aux blés et de l'église Saint-Jacques voient « grande affluence de peuple et de marchandises[19] ». Les rues qu'a fréquentées Jean Parmentier dans son enfance nous sont connues par les actes de la fin du XVe siècle et du début du XVIe siècle[20]. La Grand-rue de la Carreterie traverse la ville d'ouest en est, de l'église Saint-Rémy à la place de la Vase, tandis que de plus petites rues, perpendiculaires au Grand quai, la quadrillent, comme celles de la Fessarderie, de l'Acre, de la Boulangerie et du Petit-Monde[21]. C'est au fil de ces artères, et surtout à leur débouché sur les quais ou « sur la banquée de la mer[22] », que se distribuent les demeures les plus cossues, comme *La Pensée* de Jean Ango, qui flanque l'Hôtel de la Vicomté, ou le « manoir » des Loutrel, construit en pierre de Caen et non en simple torchis comme les maisons ordinaires[23].

Si la taille et l'ornementation des demeures situent socialement leurs possesseurs, il ne semble pas exister de stricte ségrégation spatiale

18. E. COPPINGER (éd.), *Le Coustumier de la Vicomté de Dieppe*..., *op. cit.*, p. 62. L'ensemble de ce que le bourreau de Dieppe prélève pour ses émoluments – notamment sur les fruits mis en vente – se nomme son droit de « havage ».

19. AMD, Lang. C8/L2/1 (information faite à Dieppe par Nicolas de Manneville, 3 février 1507), f°s 1v-2r.

20. ADSM, G 529 (RVD 1478-1479) *sq.*

21. Une liste très complète des principales rues et places de Dieppe se trouve dans ADSM, G 8113 (« État des rentes appartenant au Trésor et Fabrique trouvez au compte rendu en l'an 1607 »). L'église Saint-Rémy étant sur le point de tomber en ruine, et le nombre des paroissiens s'accroissant alors considérablement par suite de l'essor économique de la ville, elle est rebâtie à compter de 1515 (D. ASSELINE, *Antiquités et chroniques de la ville de Dieppe*, *op. cit.*, vol. 1, p. 212).

22. AMD, Lang. C6/L6/2 et 4 (fieffes de places « sur la banquée de la mer » moyennant rentes, 30 mars 1623 et 1er décembre 1629). Cf. D. ASSELINE, *Antiquités et chroniques de la ville de Dieppe*, *op. cit.*, vol. 1, p. 127 (« une chaussée, que l'on appelle banquée, sur le bord de la mer »).

23. P. LARDIN, « Les transformations de la ville de Dieppe... », art. cit., p. 78. Jamais en reste de louanges dès lors qu'il traite de sa ville natale, Jean Doublet encense dans les années 1550 la solidité et l'esthétique du bâti dieppois : « De chêne dur, salubre maisonnage / Voisins du ciel nos logis sont dressés / Entaillés de divers ouvrages / Peints, battus d'or et lambrissés » (J. DOUBLET, *Élégies*..., *op. cit.*, n° 20, p. 32).

entre quartiers riches et quartiers pauvres[24]. Les habitations les plus singulières ou les plus imposantes sont désignées par les enseignes qui pendent de leurs avant-toits : *La Corne de Cerf*, *Les Fleurs de Lys*, *La Coquille*, *Le Change*, *La Madeleine*, *L'Étendard*, *L'Aigle d'Argent*, *Le Cheval Blanc*, *La Croix d'Or*, *Le Laurier*, *Le Fardeau*, *La Sirène*, *La Pomme d'Or*, *Le Porc-épic*, *L'Écu de France*, *La Barbe d'Or*, *Les Connins*, *Les Quatre Fils Aymon*[25], *Le Dieu d'Amour*, *L'Image Saint-Michel*[26]. Les maisons n'ont pas de numéro mais portent un nom, de sorte que la toponymie du bâti charrie une mémoire imagée, qui emprunte à la littérature de chevalerie aussi bien qu'à l'iconographie religieuse ou aux bestiaires populaires[27].

La rue des Wées forme la limite méridionale de la cité. Par-delà les murs qui la gardent côté terre s'étendent des jardins, des marais et des cressonnières[28]. C'est là, dans la gadoue, que les enfants ont établi

24. En 1555, sur la nouvelle place du marché, à deux pas du quai de la Vase et de l'église Saint-Jacques, un simple marinier voisine avec un mercier et un pâtissier (AMD, Lang. C8/L3, baux de maisons sises sur la nouvelle place du marché et appartenant à la ville, 23 mars 1555).

25. Issue du cycle carolingien, la *Chanson des quatre fils Aymon* est l'une des chansons de geste les plus populaires des XVe et XVIe siècles.

26. Pour les trois premières enseignes, signalées dans les sources en 1426-1427, cf. P. LARDIN, « Les transformations de la ville de Dieppe… », art. cit., p. 80. Pour toutes les autres, cf. AMD, Lang. C1/L31/1-2-3-7-14 (contrats de ventes des 15 août 1551, 10 octobre 1593, 2 octobre 1626, de janvier 1637 et du 19 septembre 1657), C1/L32/2 (aveu baillé du 28 juin 1599), C5/L5/1 (rente du 2 décembre 1609), C6/L1/16 (contrat de fieffe du 4 juillet 1536), C6/L12/16 (contrat d'échange du 17 mai 1621), C8/L1/2 (servitudes de deux maisons d'Étienne Eude, 21 décembre 1487), C8/L1/16 (vente de terrain par Catherine Landry veuve de Vincent Eude, 5 juillet 1530), ADSM, G 8112 (paroisse Saint-Jacques de Dieppe, donation de rente sur la maison de *La Barbe d'or*, 1500) et G 8115 (*ibid.*, rentes de la Fabrique sur les maisons dites *L'Agnus Dei*, *L'Avant-cellier*, *Les Connins*, *Le Petit Sauvage*, c. 1505), et C. LEROY (éd.), *Inventaire des biens meubles dépendant de la succession de Me Jehan Miffant…*, *op. cit.*, p. 13 (rentes de J. Miffant sur plusieurs maisons de Dieppe, 18 septembre 1559).

27. Du point de vue de leur bestiaire, les enseignes dieppoises ne présentent de fait pas d'originalité par rapport à celles de Rouen ou de Honfleur (Philippe CAILLEUX, « Un élément de sociabilité : les enseignes rouennaises à la fin du Moyen Âge », dans Alain LEMÉNOREL, dir., *La Rue, lieu de sociabilité ? Rencontres de la rue*, Mont-Saint-Aignan, Presses universitaires de Rouen et du Havre, 1997, p. 161-169, et Charles BRÉARD, *Vieilles rues et vieilles maisons de Honfleur du XVe siècle à nos jours*, Honfleur, A. Satie, 1900, p. 343-345).

28. Les marais et les cressonnières sont mentionnés dans ADSM, G 875, n° 3 (gage-pleige au sujet de la prétention des habitants de Dieppe contre l'archevêque

leur royaume : en 1732, défense leur est faite « de s'assembler sur le marais, d'y jouer aucuns jeux et d'y faire leurs immondices[29] ». Tout espace liminaire, soustrait à la vue et aux règles des adultes, devient terrain d'aventures de la marmaille, et on peut bien imaginer les frères Parmentier y divaguer de bêtise en ânerie – du moins en dehors des heures de classe. Car même si, selon son ami Crignon, Jean « n'a pas beaucoup hanté les écoles », il les a bel et bien fréquentées. Son premier poème primé au « Puy » de Rouen date de 1517 : il n'a alors que 23 ans, mais maîtrise admirablement la langue française et les principes de la versification – ce qui plaide en faveur d'une solide éducation.

On sait que les bourgs d'une certaine importance sont dotés en Normandie, dès le XIIIe siècle, d'écoles tenues par des clercs, lesquels, pour exercer, doivent obtenir l'approbation de l'évêque. Si le « pédagogue », aussi appelé « écolâtre », est souvent choisi par le prêtre de la paroisse et les membres de la Fabrique, c'est en règle générale le seigneur qui le rémunère, de même qu'il assure l'entretien des bâtiments scolaires[30]. En 1492, à Fécamp, l'abbé du Valasse met ainsi un hôtel à disposition du maître d'école, qu'il loge dans son manoir[31]. Des écoles dieppoises, nous ne savons malheureusement rien, sinon qu'elles existent,

---

sur les marais, 20 juillet 1468), et dans AMD, Lang. C8/L4/2 et 5 (26 avril 1533 et 6 janvier 1541 : « cressonnière au pied de l'étang des fontaines »), C6/L6/26 et 29 (22 juin 1617 et 6 juin 1623 : canal et jardin des « petits marais près la butte des arquebusiers »), et C6/L5/1 (5 juillet 1642). Ces étendues marécageuses sont peut-être en partie affectées au pacage ou à l'exploitation de roselières, à l'instar de ce qui se pratique en d'autres villes à la configuration similaire (Vincent CARPENTIER, « "Les pieds dans l'eau"... Aspects de l'exploitation du littoral à l'embouchure de la Dives au Moyen Âge », dans Éric BARRÉ, Élisabeth RIDEL et André ZYSBERG, dir., *Ils vivent avec le rivage. Pêche et exploitation du littoral*, Caen, Centre de recherche d'histoire quantitative, 2005, p. 93-106).

29. AMD, Lang. R2/101 (28 février 1732). On leur interdit encore, en 1734, de « jouer dans la place du Port d'Ouest et de jeter des pierres contre les vitres de l'église [Saint-Rémy] » (AMD, Lang. R15/22, 18 février 1734). S'il fallait une preuve de l'ancienneté des amusements à caractère scatologique des enfants normands, on la trouverait dans le *Livre d'heures* de Jean Ango, où figure une représentation d'un jeu consistant à enflammer les pets (*Heures de la famille Ango*, ms. cit., f° 22v).

30. L. DELISLE, *Études sur la condition de la classe agricole*..., *op. cit.*, p. 180-187.

31. Alphonse MARTIN, *Histoire de Fécamp illustrée*, Fécamp, L. Durand et Fils, 1893, vol. 1, p. 185-186. En 1456, l'école d'Arques est tenue par le curé du bourg (H. CAHINGT, *Arques, 1454-1459*..., *op. cit.*, notaire royal d'Arques, n° 119, 6 avril 1456). Pour une série d'exemples d'écoles ouvertes dans de petites bourgades normandes aux XIVe et XVe siècles, cf. Charles de ROBILLARD DE BEAUREPAIRE, *Recherches*

puisque le *Coustumier de Dieppe* mentionne l'exemption des droits de « batel passeur » dont bénéficient les « escolliers » – à la différence de leur maître qui, s'il organise dans l'enceinte de l'école des « joutes de coqs », doit s'acquitter de quatre des volatiles[32].

Du moins jusqu'aux années 1450, les enfants du « commun peuple » ne sont pas autorisés à fréquenter ces établissements, axés sur l'apprentissage du latin et réservés aux fils de bonne famille qui se destinent à la cléricature. Pour partie pris en charge par la paroisse et la seigneurie, les frais ne semblent pourtant pas hors de portée des bourses de la bourgeoisie : à Fécamp, en 1520, un « livre de grammaire » coûte 4 sols, ce qui équivaut à un cinquième de baril de cervoise[33]. Pour peu qu'il ait été issu d'une famille dotée de quelques moyens – ce qui n'est pas invraisemblable puisque Crignon nous dit qu'il possède « des biens à suffisance » –, Jean Parmentier a pu bénéficier de ces rudiments d'éducation. La pratique est en outre courante, à l'époque, du parrainage financier d'un « écolier » par son oncle ou un notable. Dans son testament rédigé en 1476, Geffroy Charles, archidiacre de Petit-Caux ayant la cure de l'église Saint-Jacques, prévoit de léguer à son neveu « de quoi le tenir aux écoles et apprendre métier ou pratique[34] ». Dans un monde où la richesse appelle la redistribution, se

---

sur les établissements d'instruction publique et la population dans l'ancien diocèse de Rouen, Caen, A. Hardel, 1863, p. 20-21 et 25-29.

32. E. Coppinger (éd.), *Le Coustumier de la Vicomté de Dieppe…*, *op. cit.*, p. 26. À compter de 1282, ce sont les curés de Saint-Rémy et de Saint-Jacques qui, alternativement, « présentent aux écoles » de la cité (Michel Chrétien Toussaint du Plessis, *Description géographique et historique de la Haute-Normandie…*, Paris, Nyon, 1740, vol. 1, p. 144, et ADSM, G 1488, ordonnance de 1282 de l'archevêque de Rouen Guillaume de Flavacourt divisant la paroisse de Dieppe en deux portions).

33. Ch. de Robillard de Beaurepaire, *L'État des campagnes de la Haute-Normandie…*, *op. cit.*, p. 405 (achat de livres pour les jeunes religieux de Fécamp, 1520) et 351 (baril de cervoise à 20 sols, Fécamp, 1524). En 1495, dans les classes de grammaire financées à Rouen par l'archevêque, les frais annuels d'« escollage » s'élèvent à 73 sous (ADSM, G 82, compte et état de la recette et mise du revenu de l'archevêché de Rouen, 1495-1496, f°s 35v-36r).

34. ADSM, G 3468, n° 18 (testaments de chanoines et de chapelains, testament de G. Charles, 16 août 1476), f° 1v. L'homme, qui est aussi chanoine de la cathédrale de Rouen, détient de nombreuses rentes. Il conserve sa charge jusqu'en sa mort en 1477 (F. Farin, *Histoire de la ville de Rouen*, *op. cit.*, vol. 1, p. 109, et BNF, ms. Fr. 5345, f° 50, « Compte des rentes achatez des deniers données [*sic*] par feu Geuffray Charles, en son vivant archidiacre du Petit Caux et chanoine de Rouen », c. 1527-1528). En 1504, un bourgeois de Rouen pourvoit à l'éducation de trois jeunes enfants (ADSM,

charger ostentatoirement de l'avenir de quelques pupilles est du plus bel effet : le devoir de charité profite à l'instruction publique.

Mais la question est pour l'heure moins celle de l'initiation de Jean aux subtilités du latin que celle de son apprentissage des métiers de la mer. Dans l'épître dédicatoire de sa traduction de la *Conjuration de Catilina* de Salluste, publiée à Paris en 1528, il affirme avoir « commencé sous le service [de Jean Ango] depuis six ans en ça[35] », donc au bas mot en 1522. On peut douter, toutefois, qu'il n'ait mis le pied sur un bateau qu'à l'âge de 28 ans : les mousses s'embarquent en règle générale à 12 ans pour leur première campagne de pêche, et Dieppe est une ville tout entière vouée à la navigation. En 1475, 183 nefs participent à la harengaison – et encore ne s'agit-il que de celles dont les capitaines s'en remettent aux services des « hôtes-vendeurs »[36]. Sachant que les plus petits bâtiments, comme les « quenouilles » du Pollet, embarquent de six à huit hommes et les plus gros, comme les « crevelles », de vingt à vingt-deux[37], la cité compte au minimum un millier de pêcheurs, soit

---

G 3446, testament de Denis Pilée mentionnant les largesses de Pierre Clériel). En 1524, un chanoine de la cathédrale de Rouen dispose dans ses dernières volontés que « cinquante petits enfants soient entretenus à l'escole pour ung an du salère de dix solz pour ung chascun des dits enfants » (ADSM, G 3442, testament de Jean de la Treilhe, 1524, f° 2r). En 1476, Laurent Surreau, l'oncle maternel de Jean Ango, dispense par voie testamentaire son neveu Roger du remboursement « des deniers [qu'il] lui a baillez pour le tenir aux escoles à Paris » (J. FELIX, *Inventaire de Pierre Surreau*..., *op. cit.*, p. 186, testament de Laurent Surreau, 14 août 1476).

35. P. CRIGNON, *Description novvelle des merveilles de ce monde*..., *op. cit.*, f° A2v.

36. M. MOLLAT, *Comptabilité du port de Dieppe au* XV*e siècle*, *op. cit.*, p. 32.

37. Une extrême diversité lexicale règne le long des côtes normandes en matière de types de bâtiments. Les plus petits, comme les « quenouilles » du Pollet, sont réservés à la pêche à la ligne au plus près des côtes : d'un port de 6 à 8 tonneaux, ils ne sont pas pontés et n'accueillent que 7 ou 8 hommes. Certains navires harenguiers, comme les « crevelles » dieppoises ou les « clincarts » de Saint-Valéry, jaugent jusqu'à 60 tonneaux et embarquent des équipages de 20 à 22 hommes. D'autres, comme les « grands dragueurs », destinés au négoce de cabotage, à la « pêche d'Angleterre » (au large de Yarmouth) et à la pêche à la morue à Terre-Neuve, accusent de 70 à 90 tonneaux et sont équipés de deux mâts et d'une voile de misaine (H.-L. DUHAMEL DU MONCEAU, *Traité général des pesches*..., *op. cit.*, vol. 2, II.3.3, p. 351, et Joachim DARSEL, « La pêche côtière à Dieppe aux XVIIe et XVIIIe siècles », *Annales de Normandie*, 1956, 6-2, p. 194-197). Quant aux nefs de commerce dieppoises « qui vont en Portugal et autres lieux », elles jaugent vers 1515, selon Antoine de Conflans, de 140 à 160 tonneaux (Auguste JAL, *Documents inédits sur l'histoire de la marine au* XVI*e siècle*, Paris, Imprimerie royale, 1842, p. 36-37). La limite haute du tonnage est donnée par

entre un quart et un cinquième de ses travailleurs permanents [cf. Illustration 3].

Versez au compte l'ensemble des professions qui vivent de la vente et du conditionnement du poisson, et vous obtenez l'essentiel de la population active de la ville. Préparé saur, « demi-sauri », « braillé » ou « bouffi »[38], le hareng génère une longue chaîne de petits métiers. Avant même de pénétrer dans l'enceinte des « roussables », les harengs, qui doivent être « d'une ou de deux nuits au plus[39] », subissent le contrôle sourcilleux de l'« écoreur », qui veille à ce qu'ils ne soient pas « loqués » (blessés) et met à part ceux qui sont « ébreuillés » (éviscérés). Les « inqueresses » les enfilent ensuite par les joues sur les « ainettes » de coudrier avant de les déposer sur les claies étagées du fumoir, le tout sous la direction des saurisseurs qui assurent « la conduite du feu », de jour comme de nuit. Les « craquelotières » s'affairent alors à les « mettre à la pisse » pour qu'ils rendent leur huile, puis surveillent leur fumaison de manière à ce qu'ils ne brûlent pas, ajoutant au moment opportun un peu de bois vert au brasier pour qu'ils dorent. Lorsqu'ils sont jugés à point, les « dépendeurs » les extraient des claies au moyen de perches. Il ne reste plus aux « empipeurs » qu'à les paquer, « arrangés en rose » dans les barils[40], puis aux brouettiers à les livrer aux clients[41].

---

le tirant d'eau du havre : Jean Guérard signale en 1627 que le port de Dieppe, qui a pourtant « très bonne rade », ne peut accueillir de navires de plus de 400 tonneaux (Jean GUÉRARD, *Description hidrografique des ports, havres et rades du royaume de France*, Dieppe, 1627, BNF, Cartes et plans, CPL GE SH ARCH-11).

38. Le hareng saur, ou « demi-sauri », est le hareng évidé selon qu'il est plus ou moins fumé. Le hareng « bouffi », encore appelé « craquelot », est un hareng non vidé, à peine salé et à demi fumé. Quant au hareng « braillé », il est simplement salé frais en mer dans des barriques.

39. Le problème de la revente de harengs défraîchis, impropres à la consommation, se pose régulièrement. En 1489, on brûle au pilori, à Louviers, « grande quantité de hareng infect, mauvais et non digne d'être vendu pour sustentation de corps humain » (ADSM, G 691, compte du receveur de Louviers, 1489-1490, f° 22r).

40. H.-L. DUHAMEL DU MONCEAU, *Traité général des pesches…*, *op. cit.*, vol. 2, II.3.3, p. 369-371 et 408-413. En 1406, l'archevêque de Rouen fait préparer 3 lasts de harengs dans la « roussable » de l'Hôtel de la Vicomté : le détail du paiement des ouvriers impliqués dans les opérations de saurissage – les hottiers, les « roussisseurs », les « evesteresses », les « couréeurs » – nous fournit un grand luxe de précisions sur celles-ci (ADSM, G 498, RVD 1405-1406, f° 23r-v).

41. Au XVIIe siècle, les brouettiers et les hottiers doivent payer 20 sols à la chapelle de leur saint patron et 20 sols encore à l'hôpital pour être « reçus au métier »

Le hareng imprègne littéralement toute la ville. L'écuyer Jaroslav, qui séjourne en juillet 1464 à Dieppe en compagnie d'une ambassade tchèque venue rencontrer Louis XI, en garde un impérissable souvenir olfactif :

> C'est une cité raisonnablement belle, qui s'étend le long du rivage marin, mais l'air en est très malsain à cause de la putréfaction du poisson, car on y vend beaucoup de poissons de mer, et l'on fait de ces poissons de grands tas qui se putréfient[42].

Comme le martèle la *Vie de Saint Hareng*, un poème comique imprimé à la fin du XVe siècle, la réputation du poisson dieppois n'est plus à faire, qui est en grande demande aux quatre coins de l'Europe. Il faut dire qu'il possède un double avantage commercial sur d'autres mets délicats. Outre qu'il peut être consommé le vendredi et en période de Carême, il pousse les clients des auberges à consommer plus que de raison pour étancher la soif que sa forte teneur en sel fait naître :

> *Saint Hareng est moult précieux.* […]
> *Il fait gagner le tavernier.*
> *Saint Hareng est moult à priser*
> *Qui tant est renommé en France.*
> *Saint Hareng donne pitance*
> *Aux Carmes et aux Augustins.*
> *Aussi fait-il aux Jacobins.* […]
> *Il est connu jusqu'à Rome,*
> *Aussi est-il en Angleterre,*
> *En Flandre et en plusieurs terres,*
> *En Bourgogne et en Auvergne,*
> *En Portugal et en Espagne,*
> *Et du côté des grandes montagnes,*
> *En Provence et en Lombardie,*
> *En Normandie et en Lorraine,*
> *En Berry et en Aquitaine,*
> *Et sur la rivière de Loire,*

(AMD, Lang. Registre d'enregistrement de l'Hôtel de Ville 1693-1710, n° 37, rappel d'une sentence de l'Hôtel de Ville du 24 octobre 1670).

42. Albert-Henri WRATISLAW (éd.), *Diary of an Embassy from King George of Bohemia to King Louis XI of France in the Year of Grace 1464*, Londres, Bell and Daldy, 1871, p. 45.

Et en plusieurs et maintes foires
Par le monde se fait porter[43].

Les circuits de la commercialisation du hareng sont bien moins connus que les conditions de sa préparation. Certes, on sait qu'au XVe siècle les « hôtes-vendeurs » dieppois s'associent souvent à des grossistes parisiens, lesquels sont approvisionnés en 36 heures grâce à un système de « relais » établi par les « chasseurs de marée »[44]. Mais aucun document du temps des frères Parmentier ne détaille le monde local des revendeurs de poissons. Les livres de comptes d'un marchand anonyme, couvrant la période 1715-1735, offrent toutefois un remarquable aperçu de la manière dont on tient boutique à Dieppe sous l'Ancien Régime. Si l'homme vend de tout – clous, briques, carreaux de grès –, il s'est spécialisé dans le hareng. Non seulement il possède une « roussable » attenante à son magasin, où il fait concocter du hareng « braillé », « en vrac » et « paqué », mais il arme aussi lui-même des nefs de pêche pour la harengaison, ainsi qu'un terre-neuvier. Mieux encore : il achète du chanvre dans les campagnes, qu'il fait filer à façon par des villageoises puis toronner par un cordier, et ce afin de fournir ses marins « en sennes et bassouines »[45], autrement dit en filets et en cordages. La filière paraît ainsi extrêmement intégrée, avec des producteurs-vendeurs qui maîtrisent de bout en bout l'extraction et la transformation de la ressource halieutique.

Bien que les saisons de pêche soient strictement limitées au nom du respect des périodes de frai, la préservation de cette ressource ne fait

43. *Vie de Saint Harenc, glorieux martir, et comment il fût pesché en la mer et porté à Dieppe* (BNF, Rés. YE-3022), f° 2r-v. On trouve dans le texte plusieurs recettes qui donnent un bon aperçu de la façon dont le hareng est alors consommé – « rôti sur le gril ou sur le charbon », préparé « au cresson, au vinaigre et à la moutarde », « mis avec des oignons en un pot » ou cuisiné « avec les pois ». Il y figure aussi cette mise en garde à l'encontre d'une préparation trop riche ou trop relevée du poisson, laquelle vise souvent à masquer son début de putréfaction : « Si hareng pue, c'est sa nature / S'il fleure bon, c'est aventure [risque, péril] » (f° 3v).

44. P. Lardin, *Dieppe au Moyen Âge…*, *op. cit.*, p. 382-383.

45. ADSM, 1 ER 2057, livres de comptes d'un marchand de Dieppe, 1733-1736 (« 14 sennes pour 18 bassouines pour mes bateaux pour les harengs » en 1734, et, la même année, du chanvre acheté à Saint-Valéry-en-Caux par un dénommé Jean Marardé et livré « chez Jacob Hamel père cordier »). Les « bassouines » désignent les bassouins : les petits cordages qui relient les filets – les « sennes » – au câble principal (l'aussière).

pas l'objet de mesures ciblées, du moins pas avant les enquêtes des années 1720, provoquées par l'évocation récurrente de la « rareté du poisson frais »[46]. Les quantités de harengs prélevées chaque année sont pourtant colossales : rien de moins que plusieurs milliers de tonnes pour les seuls ports de la Manche[47]. Considérée comme une manne inépuisable, l'espèce fait déjà vraisemblablement l'objet d'une surpêche au XVIe siècle. On est loin, en tout cas, de la légende d'un nouvel âge de l'esprit caractérisé par le souci d'un rapport apaisé au vivant. Comment Michelet, précoce défenseur de la cause des insectes et des cétacés, peut-il écrire ces mots qui ont tout d'une contrevérité : « L'homme est enfin le frère du monde. C'est là le vrai sens de la Renaissance : tendresse, bonté pour la nature[48] » ? Tendre tuerie de créatures ?

*

* *

Il est difficile, à Dieppe, d'échapper au monde de la pêche, tant il commande les emplois, les revenus et – de façon tout aussi critique – les réputations[49]. Ne surnomme-t-on pas en 1455 Jehan Auber, qui a

46. Romain GRANCHER, « Gouverner les ressources de la mer. Une histoire environnementale de l'inspection des pêches françaises au XVIIIe siècle », *Les Cahiers d'histoire* (Montréal), 2018, 36-1, p. 45-68, et M. C. GUIBERT, *Mémoires pour servir à l'histoire de la ville de Dieppe*, *op. cit.*, vol. 1, p. 281, 294. Par suite des enquêtes menées par les inspecteurs des pêches dans les années 1720 et 1730, plusieurs édits sont pris pour tenter d'endiguer la décrue du volume des prises. À la prohibition de toute pêche durant les périodes reproductives s'ajoute l'interdiction de l'utilisation de filets de trop petite maille ou aux effets délétères pour les habitats marins. Ainsi une déclaration royale de 1726 défend-elle l'usage des « drèges » qui servent à pêcher les « poissons plats » (soles, carrelets, turbots) mais raclent violemment les fonds sablonneux.

47. Au XVe siècle, on peut estimer les prises annuelles de harengs à 1 820 tonnes pour Dieppe et de 1 020 à 1 360 tonnes pour Calais (Frédérique LAGET, « Géographie du hareng à la fin du Moyen Âge : les mers du Nord, des lieux de production ? », *Anthropozoologica*, 2018, 53-6, p. 82).

48. Jules MICHELET, *Histoire de France au XVIe siècle. Renaissance*, Paris, Chamerot, 1855, p. 313-314.

49. Sur l'importance et les mécanismes de la réputation professionnelle dans le milieu des marins dieppois, cf. R. GRANCHER, « La mauvaise réputation. Mobilité, succès et renommée des maîtres dans le monde de la pêche (Dieppe, XVIIIe siècle) », dans Andrea CARACAUSI, Nicoletta ROLLA et Marco SCHNYDER (dir.), *Travail et mobilité*

quelque bien et est du « métier de la mer », « le Pape »[50] ? Se faire un nom, devenir quelqu'un et le rester : il s'agit là d'une entreprise ardue, et de longue haleine. Le quotidien des marins est rude. Les accidents, les rixes et l'injure y sont fréquents. Figurant en ouverture du *Coustumier de Dieppe*, l'une des plus anciennes versions des *Rôles d'Oléron* – les lois maritimes suivies sur la façade atlantique de l'Europe – ne laisse guère de doute à ce sujet :

> Les marins se louent à leur maître, et il y a ceux qui s'en vont sans congé de leur maître et s'enivrent et font contens [conflit] et mêlées, de sorte qu'il y en a certains qui sont navrés [blessés] : le maître n'est pas tenu de les faire guérir ni de les pourvoir en rien, aussi peut-il bien les mettre hors de la nef [...]. Mais si le maître les envoie en aucun service pour le profit de la nef, où ils se blessent ou on leur fait chose de désavenant, ils doivent être guéris et mirés [veillés durant leur convalescence] sur le coût de la nef[51].

Le danger ne surgit pas toujours durant les escales, à l'occasion d'une beuverie, mais parfois aussi à bord des nefs, lors des interactions entre les membres d'équipage et le capitaine. Ce dernier dispose du droit de frapper ses hommes, ainsi que de les punir plus que sévèrement s'ils s'en prennent à lui :

> Et si ainsi est que le maître fière [frappe] nul de ses mariniers, le marinier doit attendre la première collée [le premier coup], comme de poing ou de paume, et s'il le fière plus, il se doit défendre, et si le marinier fière le maître, il doit payer 100 sous ou perdre le poing, au choix du marinier[52].

Au regard de la discipline de bord, les pilotes sont les moins bien lotis, puisque c'est de leur vie qu'ils paient leurs erreurs. Pendus sur le lieu même du naufrage dont on leur impute la responsabilité, ils deviennent, passé leur trépas, le spectaculaire correctif de leur faute.

---

*en Europe, XVI*e*-XIX*e *siècles*, Villeneuve-d'Ascq, Presses universitaires du Septentrion, 2018, p. 73-98.

50. ADSM, G 8114 (rentes de la Fabrique de l'église Saint-Jacques de Dieppe, prise à fieffe par J. Auber d'une maison sise en la ruelle de la Vicomté auprès d'Ancellot Miffant, 2 octobre 1455).

51. Ch. de Robillard de Beaurepaire, *De la Vicomté de l'Eau de Rouen*..., *op. cit.*, p. 399, art. VI (modernisé).

52. *Ibid.*, p. 403, art. XII (modernisé).

Leur gibet sert de nouvelle « balise » côtière, donc tout à la fois de repère et d'avertissement pour leurs pairs :

> Des faux et déloyaux traîtres pilotes, le jugement est tel qu'ils doivent souffrir martyre cruellement ; et l'on doit faire des gibets bien hauts sur le lieu propre où ils ont mis ledit navire, ou bien près de là, et illecques [là] doivent les maudits pilotes finir honteusement leurs jours ; et l'on doit laisser lesdits gibets être sur ledit lieu en mémoire perpétuelle et pour faire balise [pour] les autres navires qui là viendront[53].

La vie collective en milieu confiné présuppose l'apprentissage de la maîtrise de soi, laquelle implique un subtil équilibre entre la capacité à encaisser les coups sans broncher et celle à ne pas se laisser faire : trop sanguin, le marin ne trouve plus d'embauche ; timoré, il devient la risée, voire la cible de ses pairs. Un système d'amendes régule les relations entre membres d'équipage : il en coûte 4 deniers à celui qui trompe l'un de ses compagnons sur sa part de pain et de vin[54]. Les bons codes de comportement ne s'acquièrent pas en un instant, mais des années durant, par la fréquentation des hommes du métier sur les quais, dans les tavernes, à la maison.

C'est dans ces mêmes lieux de socialisation que, avant de rejoindre un équipage, les garçonnets sont initiés au légendier maritime local. Ce dernier ne nous est connu pour l'essentiel que par ses échos tardifs, à travers les travaux des premiers folkloristes. Sans que l'on puisse jurer de rien, certains us des marins dieppois rapportés par Amélie Bosquet dans les années 1840 ont peut-être déjà cours au XVIe siècle, ainsi le fait d'entonner un *Te Deum* en rentrant au port en fin de harengaison ou de s'interdire toute pêche le Jour des morts, sous peine de ne ramener que des squelettes dans ses filets. D'autres font signe vers un fond ancien de croyances qu'il est difficile de dater, mais dont le plus étonnant est qu'il survive au cœur du XIXe siècle, comme l'idée selon laquelle, en récompense d'un vœu de pèlerinage prononcé au plus fort d'une tempête, la puissance divine peuple le pont de la nef d'une légion d'auxiliaires invisibles aidant à la manœuvre – de sorte que l'on dit alors que « le navire est doublé ».

53. J.-M. PARDESSUS, *Collection de lois maritimes antérieures au XVIIIe siècle*, *op. cit.*, p. 348-349, art. 40. Cet article des *Rôles d'Oléron* figure dans l'édition de 1520 du *Grand Routier* de Pierre Garcie mais non dans le *Coustumier de Dieppe*.

54. Ch. de ROBILLARD DE BEAUREPAIRE, *De la Vicomté de l'Eau de Rouen*..., *op. cit.*, p. 403, art. XII (modernisé).

La vie religieuse, à bord des harenguiers, obéit en sus à une ritualité particulière. Le temps de la prière commune quotidienne est annoncé par un mousse qui parcourt le navire en chantonnant « à la prière / devant et arrière / depuis l'étrave jusqu'à l'étambot / réveille qui dort », puis qui allume une mèche enrobée de suif en criant :

La chandelle du bon Dieu est allumée :
Au saint nom de Dieu soit alizé,
Au profit du maître et de l'équipage,
Bon temps, bon vent pour conduire la barque,
Si Dieu plaît[55].

Faute de prêtre, il revient au plus âgé des marins, appelé « le curé » pour la circonstance, de réciter le *Notre Père* à voix haute. Le paradoxe de la *missa nautica* est d'être une « messe sèche », sans consécration des espèces ni communion. L'absence d'eucharistie ne tient pas seulement au défaut de médiation sacerdotale, mais aussi au « danger d'effusion » lors de la transsubstantiation du vin : tout homme d'Église se doit de s'y refuser « de peur que le sang de notre Seigneur soit répandu si une tempête ou une vague survenait »[56]. Hormis cette particularité liturgique, dûment réglementée par l'Église, la dévotion des gens de mer paraît en tout point similaire à celle des « terriens[57] ».

55. Amélie Bosquet, *La Normandie romanesque et merveilleuse. Traditions, légendes et superstitions populaires de cette province*, Paris, J. Techener, 1845, p. 276 et 307-308. La légende de la « male pêche » du Jour des morts s'accompagne de celle d'un char funèbre parcourant vers minuit les rues du Pollet et condamnant au trépas quiconque l'aperçoit.

56. Gilbert Genebrard, *Traicte de la litvrgie ov messe selon l'vsage et forme des apostres*..., Lyon, Robert Nivelle, 1594, p. 197.

57. Ce sont leurs saints patrons que les marins invoquent pour leur bonne fortune, « en course » comme à la pêche, et la Vierge qu'ils prient à l'approche de la bourrasque (Michel Mollat, « Sentiment et pratique religieuse des gens de mer en France, du xiiie au xvie siècle », *Revue d'histoire de l'Église de France*, 1984, 185, p. 305-315). À bord des navires des frères Parmentier, les expressions de religiosité sont des plus classiques (Michel Bochaca, « Pratiques et expressions religieuses du *Sacre* et de la *Pensée* lors du voyage de Jean et Raoul Parmentier à Sumatra, 1529-1530 », dans Didier Poton et Pierre Prétou, dir., *Religion et navigation de l'Antiquité à nos jours*, Rennes, Presses universitaires de Rennes, 2016, p. 91-105). On y « dit la grand-messe sans consacre », on y entonne un « dirigé » – le *dies irae* inaugural de la Prose des morts – à l'attention des défunts, et on y chante le *Salve*

Une poignée de rites observés dans les années 1880 sur les rivages de la Manche par Paul Sébillot ont peut-être aussi eu des équivalents au temps des frères Parmentier, qu'il s'agisse de la consécration d'un navire sous la houlette « d'un compère et d'une commère de bois », du baptême cocasse d'un mousse « briqué au gravier » par ses pairs ou de la coutume de brûler un balai neuf pour appeler les vents d'ouest et hâter le retour d'un promis ou d'un mari parti en mer[58]. La croyance aux créatures marines insolites est quant à elle beaucoup plus anciennement attestée[59]. Elle perdure aussi très avant dans la période moderne, comme le prouve cette description anatomique détaillée d'une sirène datant de 1685, due à un corsaire honfleurais :

> Il parut autour de notre bâtiment un monstre marin qui, après quelques promenades, se vint prendre à une corde où était une chemise de matelot qui trempait à la mer. Ce matelot, en la peur qu'il ne lui enlevât sa chemise, fut tirer sur la corde, appelant d'autres à son secours, et cet animal tenait ferme comme avec deux mains, et l'élevèrent jusqu'à moitié de son corps hors de l'eau, et remarquèrent que la tête et le minois et les oreilles étaient d'une figure d'homme.
>
> Et autour de son menton était comme une longue barbe à la capucine d'un tissu de peaux comme les nageoires d'une morue qui lui pendaient sur l'estomac, et avait deux seins comme les nôtres et le corps en forme humaine jusqu'à la ceinture, et le restant amenuisant comme un saumon ainsi que sa queue, mais d'un pied de largeur à peu près, ayant des peaux de poisson comme nageoires tenant aux aisselles, n'ayant à ses bras de coudes, et point plus longs que nous les avons du coude à la main, dont les doigts étaient bien distingués, mais remplis de peaux comme les pieds

---

Sancta Parens (un introït versifié) à la gloire de la Mère de Dieu (AMD, FAL, ms. 197, P. Crignon, « Voyage aux Indes orientalles 1529 », f°s 10, 23 et 27). Crignon mentionne – à une seule reprise – un « chapelain » chantant la messe (f° 41), mais comme il n'est jamais question dans son récit de consécration ou de communion, tout laisse à penser qu'il ne s'agit pas d'un clerc.

58. Paul Sébillot, *Le Folklore des pêcheurs*, Paris, Maisonneuve, 1901, p. 45, 60, 143.

59. Une gargouille de l'église Saint-Jacques, datant du XVIe siècle, représente une femme portant une ceinture d'écailles et dont les seins vomissent des torrents d'eau : il s'agit probablement d'une sirène (J.-B. Cochet, *Les Églises de l'arrondissement de Dieppe…*, *op. cit.*, p. 72-73). En 1550, à l'occasion de l'« entrée » d'Henri II à Dieppe, Neptune et « plusieurs sirènes » composent un tableau vivant sur la place du marché, transformée en « grande mer » (D. Asseline, *Antiquités et chroniques de la ville de Dieppe*, *op. cit.*, vol. 1, p. 248).

d'une oie, et le chef [la tête] était garni de petites peaux pendantes sur son col d'un demi pied de long, et le front à découvert avec des gros yeux de tourteau et un regard fier et plein de feu[60].

Le degré et les modalités de l'adhésion à cet imaginaire restent sujets à caution : les marins normands y ont probablement cru comme les Grecs à leurs mythes, avec une conviction mâtinée de doute et d'ironie. Du moins forme-t-il l'une des strates du sens commun local, autrement dit de cet ensemble de références partagées qui permettent, par le jeu des allusions de connivence, de se dire et de se faire reconnaître comme étant « d'ici ». Un noyau dur de pratiques, nimbé d'un halo d'idées et d'images – façons de faire, manières de dire et styles de pensée inextricablement mêlés dans le flux d'une expérience sensible, c'est cela, la « culture » des marins : moins un stock de connaissances qu'un lot d'évidences. Chacun vit dans le « bocal » de sa vérité sans en apercevoir les parois[61].

La carrière de « pesqueur » implique la possession d'un équipement spécifique. Du maître de nef au simple matelot, chaque « compagnon » détient, par « associage », des parts sur le gain de la pêche[62], lesquelles se calculent à raison de la quantité de filets que chacun apporte à bord – une part pour « trente brasses de senne avec fincelle et bassouin[63] ». Fabriqués par les femmes, qui cultivent à cette fin de

60. Charles Bréard, *Journal du corsaire Jean Doublet de Honfleur, lieutenant de frégate sous Louis XIV*, Paris, Perrin et Cie, 1887, p. 111-112 (27 août 1685). Sur la persistance des sirènes dans les classifications des « sciences naturelles » du XVIIIe siècle, cf. Harriet Ritvo, *The Platypus and the Mermaid, and Other Figments of the Classifying Imagination*, Harvard, Harvard University Press, 2008.

61. Paul Veyne, *Les Grecs ont-ils cru à leurs mythes ? Essai sur l'imagination constituante*, Paris, Seuil, 1983, p. 127.

62. Les « contrats faits par les marineaux [mariniers] pour aller en la mer en pescherie de harengs, iceulx contrats nommés associages » sont mentionnés dès le XVe siècle (ADSM, G 881, procès entre l'archevêque de Rouen et l'amiral de France concernant la juridiction à Dieppe, « Privilèges de l'archevêque en la ville de Dieppe sur le fait des marchandises, navires et pêcheries », 1463-1464).

63. H.-L. Duhamel du Monceau, *Traité général des pesches…*, *op. cit.*, vol. 2, II.3.3, p. 360-362. Au milieu du XVIIIe siècle encore, dans la région dieppoise, « les équipages sont à la part » pour la pêche au hareng. Celle-ci se fait toujours sur des bateaux de 20 à 25 hommes, aussi utilisés pour la pêche au maquereau (Le Chevalier, de Dieppe, *Abrégé de l'histoire des pesches et pecherie des Poissons que l'on Pêche à la mer et au embouchure des rivières*, BNF, Ars. ms. 2724, c. 1740-1760, f° 94r et 109r ainsi que dessins f°s 93r et 196r). La « senne » est le filet tournant

petites chènevières, les filets sont un bien précieux, à la durée de vie limitée, quatre ans tout au plus, et il en va de même des « haims », les hameçons – et tout particulièrement de ceux destinés au merlan et à la morue[64]. Par souci de conservation familiale du fourniment autant que par effet du temps long de l'acquisition du savoir-faire maritime, le métier se transmet de génération en génération[65].

Pour les mousses, qui touchent une demi-part, la découverte de la vie de bord s'effectue peu à peu et au gré du mouvement saisonnier des bancs de harengs, de la zone côtière à la zone pélagique. Aux premières sorties sur les fonds de pêche les plus proches du havre, comme La Caillebarde et La Cavée, près de la pointe de l'Ailly, succèdent celles jusqu'aux Grands Ridains, à la bassure du Larron et au banc du Dyck, vers Calais[66]. Ce n'est qu'une fois devenu « compagnon de

---

utilisé pour la pêche harenguière, par opposition à la « folle » et à la « drège », filets plombés traînants, et à l'« applet », filet flottant destiné à la pêche estivale au maquereau. La « fincelle » désigne la corde sur laquelle sont montés les filets. Preuve de la formidable résilience des désignations techniques vernaculaires, ces termes sont toujours en usage le long des côtes de la Manche à la fin du XIXe siècle (Ernest DESEILLE, *Glossaire du patois des matelots boulonnais*, Paris, A. Picard, 1884, p. 59 et 82).

64. Pour les détails de cette culture, cf. G. BOIS, *Crise du féodalisme*, *op. cit.*, p. 178-179. C'est cette utilisation du chanvre pour la confection des filets qui peut expliquer la mention de chènevières à Arques dans les années 1450, car pour le tissage on lui préfère généralement le lin (H. CAHINGT, *Arques, 1454-1459...*, *op. cit.*, notaire royal d'Arques, n° 151, 29 juillet 1456). Pour une description de la fabrication de cordages et de filets en chanvre, cf. Ricardo CÓRDOBA DE LA LLAVE, « Le travail du chanvre et ses applications à la navigation et à la pêche dans l'Espagne médiévale », *Annales de Bretagne et des pays de l'Ouest*, 2020, 127-3, en particulier p. 43-45.

65. En 1488, « Jean Mouton, marinier, bourgeois dudit lieu de Dieppe, fils et héritier de défunt Ysembard Mouton, en son vivant marinier et bourgeois de Dieppe » abandonne les biens, rentes et héritages de son père à « Ysembard Mouton, son fils, semblablement marinier et bourgeois dudit lieu » (ADSM, G 8080, n° 64, titres de rentes dues à la Fabrique de Saint-Jacques de Dieppe, acte signé par le receveur Jehan Blancbaston, 10 avril 1488).

66. Achille VALENCIENNES, *Histoire naturelle du hareng, comprenant la description zoologique et anatomique de cet important poisson, et une histoire détaillée de sa pêche ancienne et moderne*, Paris, P. Bertrand, 1847, p. 94, 128 et 141-142. Le mot « bassure » désigne un haut-fond rocheux. Les « ridains », encore orthographiés « ridins » ou « ridens », sont de vastes bancs de sable sous-marins. Pour une carte contemporaine des zones de pêche le long des côtes britanniques, cf. Ed. LE DANOIS *et al.*, *Manuel des pêches maritimes françaises*, Paris, Office scientifique et technique des pêches maritimes, 1936, p. 25.

plein part », vers l'âge de 18 ans, que le jeune matelot est admis à la « grande pêche » au large de Yarmouth, le long des côtes du Norfolk.

*

* *

C'est en tout cas ce qui ressort d'une série de textes – imprimés ou manuscrits – écrits au XVIIIe siècle par des érudits locaux et des naturalistes professionnels ayant à cœur la protection des ressources halieutiques, à l'instar d'un dénommé Le Chevalier, simple mais perspicace observateur de la vie de l'estran dieppois[67], ou de Henri-Louis Duhamel du Monceau, inspecteur général de la marine et pilier de l'Académie des sciences sous Louis XV[68]. Fruits d'enquêtes à caractère quasi ethnographique auprès des marins pêcheurs de la Manche, leurs écrits regorgent de précisions concernant les saisons, les bâtiments et les techniques de pêche. On y glane quantité de termes vernaculaires qui sont autant d'indices de l'existence d'un savoir-faire nautique ancien et complexe, mélange de connaissances formelles et de tours de main.

Ce savoir s'avère puissamment rétif aux mots : on ne le trouve nulle part exprimé directement par les marins. Il ne nous parvient que lesté de médiations savantes et littéraires, glosé déjà par des hommes qui ne sont pas du métier et qui s'efforcent de réduire une pléthore de propos protéiformes à un discours homogène. De mille et une anecdotes, qui toutes énoncent quelque chose d'une expérience particulière, ils tirent une règle générale, dissipant de ce fait le pactole des témoignages en noms propres : là où trois marins parlaient, un érudit professe. C'est dire à quel point il faut se méfier de ces textes autant que s'en servir. C'est dire aussi combien il est difficile – impossible peut-être – de tenter d'enclore le savoir pratique des marins d'autrefois au moyen des palis de la langue contemporaine. Ce que Jean Parmentier a pu apprendre à bord d'une « crevelle » lors de la harengaison de la Saint-Michel 1508, ce que les gestes ou les jurons d'un « ancien » lui

67. Le manuscrit de Le Chevalier n'est pas daté, mais comme il évoque le peu d'effet sur les populations de poissons de l'interdiction de l'usage de la « drège », il est nécessairement postérieur à celle-ci, donc à l'édit de 1726.

68. Max THIBAULT, « Duhamel du Monceau et la pêche », dans Andrée CORVOL (éd.), *Duhamel du Monceau, un Européen du siècle des Lumières*, Orléans, Académie d'Orléans, 2001, p. 167-180.

ont inculqué un soir de mauvaise houle, il ne nous est permis que de le supposer.

L'écrit forme la bordure extérieure du monde de la pratique maritime. Les gens de mer ne passent devant le « tabellion » – le notaire – que lorsqu'il leur faut formaliser la répartition des investissements, des gains et des risques afférents à une campagne de pêche ou de négoce. L'accord d'« associage » entre matelots, la « charte-partie » liant l'armateur et le capitaine, le contrat de prêt « à la grosse aventure » pour l'avitaillement d'une nef : aucun de ces documents ne traite d'autre chose que des contours externes de l'expérience maritime, aucun ne dévoile l'univers concret de la navigation – et pour cause. Le propre des savoirs nautiques est de demeurer pour l'essentiel non codifiés. Transmis oralement, en situation, ce sont des maximes d'action liées à une série de lieux. Plus l'on s'éloigne de leurs bassins d'origine, plus ils perdent en pertinence : ce qui est encore vrai au large du Finistère, où le noroît souffle comme en Normandie, ne l'est plus passé le golfe de Gascogne, à compter du moment où les vents dominants viennent du sud-ouest.

Même le lexique des distances obéit à un sens commun éminemment local. On peut bien dire que « Portland est une île qui est saine jusqu'au bord de la terre, jusqu'au jet d'un pain contre terre » : encore faut-il savoir, pour évaluer l'intervalle, si l'on parle d'un biscuit recuit de Honfleur ou d'une *hogaza*, une miche de pain de seigle castillane[69]. Matelots, capitaines ou pilotes, les « gens de mer » sont spécialistes d'un ensemble donné – donc limité – de surfaces maritimes, dont ils déchiffrent d'autant mieux les particularités qu'ils peuvent en nommer de mémoire chaque segment. Un pilote du Ponant n'exerce habituellement jamais en Méditerranée, et celui qui s'y risque ne le fait que parce qu'il maîtrise certains itinéraires standard, décrits cap après cap dans les « routiers de mer ».

Ces derniers sont, au sortir du XVe siècle, une nouveauté, en ce qu'ils combinent des éléments du langage visuel de la cartographie et des descriptions circonstanciées de traversées. Ils préparent la grande mutation du savoir géographique du XVIe siècle : celle du passage des

69. Michel Bochaca et Laurence Moal (dir.), *Le Grand Routier de Pierre Garcie dit Ferrande. Instructions pour naviguer sur les mers du Ponant à la fin du Moyen Âge*, Rennes, Presses universitaires de Rennes, 2019, p. 124. Ce sont des *hogazas* que l'on fait porter aux survivants de l'expédition de Magellan à leur arrivée à Sanlúcar de Barrameda (AGI, Contrat. 5090, L.4, c. février 1523, fº 73r).

« cartes-paysages », réceptacles des connaissances et des légendiers locaux, aux cartes réticulaires « à l'échelle globale », qui s'intéressent moins à la qualité des lieux qu'aux quantités d'espace[70]. Qu'il s'agisse de « portraits de villes » publiés dans des recueils de gravures ou de relevés fonciers annexés aux terriers seigneuriaux, les cartes topographiques du XVe siècle saisissent le territoire à un instant donné de son état et de son usage – par exemple au temps des moissons – et le maillent de repères strictement locaux et éphémères : le grand chêne en bout de haie, le muret du verger ouest[71].

Les cartes géométriques, en revanche, enregistrent les distances plus que les apparences. Chassant le vulgaire et le vernaculaire au profit des latinismes, préférant la forêt à l'arbre et la route au sentier, elles se vident de toute particularité indigène. Or, en alternant le point de vue partiel du voyageur et celui, illimité, du cartographe installé au plus haut des cieux, en faisant suivre le portrait d'un brisant d'un planisphère strié de rhumbs, les routiers de mer se situent à mi-chemin de ces deux conceptions de l'espace : entre la carte et le territoire, ils refusent de choisir.

Le plus connu, à l'époque de Jean Parmentier, est celui de Pierre Garcie « dit Ferrande », qui traite essentiellement de la façade atlantique de l'Europe, de la mer du Nord jusqu'au golfe de Cadix. Composé en 1484 et publié pour la première fois en 1502 à Rouen, le *Grand Routier* fourmille de croquis qui désignent à l'attention des pilotes les « marques », c'est-à-dire les amers côtiers : les composantes les plus immédiatement reconnaissables du paysage tel qu'il s'aperçoit depuis le pont d'une nef qui, d'ordinaire, cabote à sept lieues au plus du rivage. Éminence montagneuse, bosquet d'arbres, tour ou église perchée sur un éperon rocheux : pour peu que sa découpe sur l'horizon soit suffisamment nette et singulière pour ne laisser place à aucune confusion, n'importe quel élément peut faire office de repère fixe [cf. Illustration 8]. C'est lorsqu'on discerne à terre un « pignier rond » – un pin parasol à la ramure en forme d'ombelle – que l'on se sait arrivé à Pornic, de même que Saint-Étienne d'Ars, sur l'île de Ré,

70. Frank LESTRINGANT, *L'Atelier du cosmographe, ou l'image du monde à la Renaissance*, Paris, Albin Michel, 1991, p. 14-16.

71. Patrick GAUTIER DALCHÉ, « Essai d'un inventaire des plans et cartes locales de la France médiévale (jusque vers 1530) », *Bibliothèque de l'École des Chartes*, 2012, 170, p. 421-471, et Monique PELLETIER, « Cartes, portraits et figures en France pendant la Renaissance », dans ID., *Cartographie de la France et du monde de la Renaissance au siècle des Lumières*, Paris, Bibliothèque nationale de France, 2002, p. 9-29.

s'identifie au moyen d'une « justice » (un gibet) sise en amont d'un moulin. À l'entrée du golfe du Morbihan, les pilotes savent pouvoir compter sur la présence d'un « mont-joie de pierre haute et grande comme un monceau de sel », à savoir le mégalithe de la Table des Marchands, tandis que c'est la « Tour de Fer » – la tour d'Hercule, un phare romain de 55 mètres de haut – qui leur signale l'approche de la ria de La Corogne[72].

L'univers visuel du pilote qui navigue « à l'estime », en alignant dans son esprit les amers, est un lacis de saillances, un immense réseau de lieux-dits dont la trame forme le patron des parcours possibles : non pas un panorama mais une succession de dioramas, un assemblage de « gros plans » d'anses, de rades, d'écueils et de pertuis. Chaque forme épelle un danger ou annonce un passage : il faut se méfier, à l'embouchure de la Loire, peu avant Lavau, de la « Pierre Rouge », un haut-fond qui disparaît à marée montante[73]. Si l'horizon n'est pas assez chargé de signes, alors ce sont les fonds qui parlent. « Sablon menu, blanc et noir », « sablon gros, vermeil et roux », « menues rochettes plates et gros cailloux », arène « couleur de vase », « pierres comme fèves » : ce que l'on « trouve au plomb », lorsque l'on sonde, fournit la signature tellurique d'un lieu[74].

Encore faut-il noter que les routiers de mer publiés ne forment que le condensat d'une myriade d'écrits relevant du même savoir topographique, mais à usage privé. Dans les années 1640, le père Fournier affirme, dans son *Hydrographie*, que « tout plein de pilotes ont dépeint en leurs registres les côtes et les havres où ils avaient abordé » et qu'il en a « vu quantité à Dieppe en des papiers-journaux de nos anciens pilotes, très naïvement représentés, et avec beaucoup d'art et de circonspection »[75].

72. M. Bochaca et L. Moal (dir.), *Le Grand Routier de Pierre Garcie…*, *op. cit.*, p. 114-116, et Emmanuelle Vagnon, « Décrire et illustrer les ports de la Méditerranée et de l'Atlantique (début du XVIe siècle) », *Cahiers électroniques d'histoire textuelle du Lamop*, 2014, 7, p. 82-89. L'édition Le Forestier de 1502 part du texte du manuscrit BNF ms. Fr. 1748, lequel ne comporte aucun croquis à main levée : la grande innovation de l'édition De Marnef de 1520 – et la probable clé de son succès commercial – réside dans les bois gravés fournissant les illustrations graphiques des amers.

73. M. Bochaca et L. Moal (dir.), *Le Grand Routier de Pierre Garcie…*, *op. cit.*, p. 106.

74. *Ibid.*, p. 304-305.

75. Georges Fournier, *Hydrographie contenant la théorie et la practiqve de tovtes les parties de la navigation*, Paris, Michel Soly, 1643, XIV.22, p. 665. Dans les

Dès qu'il s'agit de pêche, une nuée d'autres indices sont à prendre en compte, qui permettent de traquer les bancs de poissons. Le hareng a cette particularité, selon les pêcheurs normands, de « lever en une nuit comme les blés », et il ne « noue », c'est-à-dire ne se prend dans les filets, qu'au lever et au coucher de la lune, « à molle eau[76] », quand le vent vient de terre. La marque la plus sûre de sa présence, c'est lorsque « la mer est pouilleuse », zébrée par la mucosité huileuse du frai que les pêcheurs nomment le « graissin ». Une concentration de « gros-gris » et de goélands, une brume « épaisse et grasse », la présence en surface de roussettes et l'abondance à terre de bécasses – portées par les mêmes brises nord-ouest que les harengs – complètent le tableau des présages.

Aucun signe ne suffit par lui-même à attester la présence du poisson. Ce n'est que lorsqu'on les assemble par le jeu des précédents, à partir du moment où l'on esquisse de l'un à l'autre une sente de semblances et de souvenirs, qu'ils acquièrent valeur de diagnostic. Si elle tient souvent d'une logique expérimentale, la liaison signifiante s'établit aussi par analogie : la « brume grasse » va de pair avec le poisson adipeux. Les indices sont comme les runes d'une langue naturelle : ils ne forment un énoncé qu'une fois soumis à une syntaxe – d'où le recours aux dictons mnémotechniques : « à lune levant, hareng brognant [qui mord facilement][77] ». L'affaire paraît simple quand les bancs affleurent et jettent à la surface des flots « les éclairs du hareng », mais, en cas de mauvais temps, les poissons « mettent le bec dans le sable », autrement dit se réfugient dans les profondeurs, parfois à plus de cent brasses, là où les « applets » et les « vardenettes » ne peuvent les mailler. Il faut alors les attendre, autant que faire se peut, au sortir des fosses marines[78].

---

années 1950 encore, les capitaines de terre-neuvas couvrent les cartes marines officielles d'annotations personnelles situant les hauts-fonds et les bancs de pêche (cf. la carte reproduite dans Jean Recher, *Le Grand Métier*, Paris, Plon, 1977, p. 338-339).

76. La « molle eau » désigne le moment où le courant de jusant (le reflux) a atteint sa plus basse intensité, avant que la marée s'inverse (E. Deseille, *Glossaire du patois des matelots boulonnais*..., *op. cit.*, p. 96, « Molle-iauwe »).

77. H.-L. Duhamel du Monceau, *Traité général des pesches*..., *op. cit.*, II.3.8, p. 366. Le dicton est de Boulogne : le verbe « brogner » signifie « étreindre fortement » en picard (Jules Corblet, « Glossaire étymologique comparatif du patois picard, ancien et moderne », *Mémoires de la Société des antiquaires de Picardie*, 1851, 11, p. 360).

78. A. Valenciennes, *Histoire naturelle du hareng*..., *op. cit.*, p. 78-86, 90-91 et 233. Les « vardenettes », comme les « marsaïques », sont les pièces de filet cousues

Le décryptage des surfaces maritimes, l'herméneutique de leur texture et de leurs aspérités, la science de leurs éclats forment le vrai talent du marin. Comme le dit Jean de Bueil dans *Le Jouvencel*, fantasque manuel de guerre composé vers 1460 :

> Ceux qui par mer veulent aller, soit en armée, ou en quelque autre voyage ou affaire quelle qu'elle soit, doivent singulièrement se pourvoir de bons mariniers, experts et maîtres en [leur] office, et qui bien sachent connaître l'être et la naissance de tous les vents, et quelles choses leur peuvent nuire et quelles non. Des périls de mer ils doivent savoir les détours et les voies, et aussi les adresses de tous les ports et passages, et [être] bien connaissants en la carte, et ès signes et étoiles du ciel où les mariniers prennent leur regard et qui les adresse [les renseigne sur leur position]. Aussi les signes doivent connaître qui démontrent fortune de mer à venir prochaine, qui apparaissent tant au soleil comme en la lune, ès vents, ès oiseaux, et mêmement ès poissons[79].

La chose demeure d'actualité, puisqu'on peut lire dans une édition du *Nouveau cours de navigation des Glénans*, bible de toux ceux qui s'essaient à la voile, qu'afin de naviguer aux amers et de « lire un plan d'eau » pour y prendre les risées qui adonnent, il faut « éduquer ses sens » et parvenir à une « divination sensible »[80]. Quoique inattendue, l'expression est riche d'enseignements. La divination implique le dévoilement de liens discrets entre les êtres et les choses : la bécasse annonce le hareng comme l'albatros la tempête[81]. Ce mode de connaissance constitue le symptôme d'un rapport au monde de type

---

pour former la tessure : si elles peuvent mesurer jusqu'à 400 mètres de longueur, elles ne font jamais plus de 30 mètres de profondeur. La « vardenette » est mentionnée en 1464 au titre de filet « servant à pêcher les petits harengs » et dont les mailles doivent être « de la grosseur à passer le doigt d'un enfant » (ADSM, G 881, « Mémoires sur la pescherie de Dieppe », alinéa traitant de la pêcherie de l'archevêque d'Arques à Louvrache, dite « ferme de la Seine », 1464).

79. Léon Lecestre (éd.), *Le Jouvencel, par Jean de Bueil*, Paris, J. Renouard, 1889, vol. 2, p. 55-56 (modernisé). Après s'être illustré contre les Anglais dans les années 1430 et lors de la reconquête de la Normandie, Jean V de Bueil est nommé amiral de France en 1450.

80. *Nouveau cours de navigation des Glénans*, Paris, Seuil, 7e éd., 1972, p. 741.

81. Autre présage normand de tempête : « les cancres [crabes] qui saisissent des pierres entre leurs serres [pinces] ou s'enfoncent dans le sable » (G. Fournier, *Hydrographie contenant la théorie et la practiqve de tovtes les parties de la navigation...*, *op. cit.*, XV.32, p. 703).

« analogiste », c'est-à-dire l'un des traits distinctifs d'une pensée qui « fractionne l'ensemble des existants [humains et non humains] en une multiplicité d'essences, de formes et de substances séparées par de faibles écarts[82] ». Or, pour tracer son chemin dans un tel univers, composé de pures singularités, il faut assembler sans relâche les phénomènes sous des rapports de proximité, donc, préférentiellement, de similitude. Au temps des frères Parmentier, c'est tout l'ordre du savoir pratique – celui du paysan comme celui du marin – qui obéit au principe de ressemblance. Ce dernier régit la quête d'un ordre caché, non dans les tréfonds, mais à la surface des choses. D'échos en reflets, « le monde s'enroule sur lui-même[83] ».

La capacité à trianguler mentalement la position d'une nef au moyen de balises paysagères ne forme cependant que la première strate du savoir nautique, pour ainsi dire le b.a.-ba de l'apprenti-pilote[84]. La navigation hauturière, dite « en droiture », exige bien autre chose, à commencer par la détention et la maîtrise d'instruments coûteux et sophistiqués, comme le compas et l'astrolabe. À en croire Crignon, Jean Parmentier est un expert en ce domaine, puisqu'il a composé « mappemondes en globe et en plat et maintes cartes marines sur lesquelles plusieurs ont navigué sûrement[85] ». La détention jalouse de ce savoir forme même la clé de voûte de l'autorité que les deux frères exercent sur leurs équipages. D'après un survivant de l'expédition de 1529, un certain Jean Plastrier, qui officiait comme cambusier sur *Le Sacre*, « le secret de la navigation était gardé par les Parmentier, et nul desdits deux vaisseaux ne le pouvait entendre sinon après leur décès[86] ».

82. Philippe DESCOLA, *Par-delà nature et culture*, Paris, Gallimard, 2005, p. 280-281 et 296.

83. Michel FOUCAULT, *Les Mots et les Choses* (1966), Paris, Gallimard, 1990, p. 32.

84. Guy BEAUJOUAN, « Science livresque et art nautique au XVe siècle », dans P. ADAM et M. MOLLAT (dir.), *Les Aspects internationaux de la découverte océanique aux XVe et XVIe siècles…*, *op. cit.*, p. 61-85.

85. P. CRIGNON, *Description novvelle des merveilles de ce monde…*, *op. cit.*, fº A2v.

86. Guillaume LEFÈVRE, « Navigation de Jean Parmentier. Premier volume », BNF, ms. NAF 7510, fº 81v (Dieppe, 18 décembre 1575). Afin de vérifier les informations contenues dans le récit manuscrit de l'expédition des frères Parmentier, dont il souhaite faire présent à son protecteur, Guillaume Lefèvre se rend à Dieppe et « en fait lecture par plusieurs fois » à Plastrier, « ancien marinier âgé de quatre-vingts ans ».

De là une question épineuse entre toutes : où et quand – par *qui* surtout – les frères Parmentier ont-ils été initiés aux principes de la navigation astronomique ?

*
* *

L'histoire maritime a longtemps tenu Jean pour un « élève », voire un « disciple » de Pierre Desceliers : un prêtre d'Arques auteur, au mitan du XVIe siècle, de plusieurs mappemondes richement illustrées – ainsi celle de 1550, qui, bien que minimisant les dimensions de la Chine, situe avec une surprenante précision les ensembles continentaux les uns par rapport aux autres[87]. L'hypothèse de Parmentier étudiant sous la férule de Desceliers n'est pas absurde, même si rien, en l'état des sources, ne vient l'étayer. Le souci procède plutôt de l'entêtement de générations de commentateurs à faire de Desceliers, non seulement un praticien parmi d'autres de l'art cartographique, mais aussi le fondateur d'une « école d'hydrographie » nationale où Jean Ango aurait inscrit ses pilotes et ses capitaines. Voyez ce qu'en dit l'abbé Anthiaume en 1926 :

> Pierre Desceliers enseigna la science nautique, la cartographie marine et la géographie aux pilotes d'Ango. [...] On ajoute qu'il fut le fondateur du premier centre d'études nautiques, et la tradition a joint à son nom le glorieux titre de créateur de l'hydrographie française. [...] L'enseignement de Desceliers semble avoir été sanctionné par le Pouvoir royal, puisque ce savant jouissait de certaines prérogatives qu'il ne pouvait tenir que du Roi ou de l'Amiral : il n'est pas téméraire de croire qu'il fut pourvu d'une commission l'instituant officiellement examinateur des pilotes et lui conférant le droit de leur délivrer un brevet de capacité [...].
> En dehors de ses fonctions sacerdotales, ce grand patriote consacrait tout son temps à la formation de pilotes experts capables d'accroître le domaine de la France à l'étranger. Il fut aidé et continué dans sa tâche par des collaborateurs et des successeurs, pour la plupart prêtres comme

87. Chet van DUZER, *The World for a King. Pierre Desceliers' Map of 1550*, Londres, British Library, 2015. La famille Desceliers est peut-être originaire de Honfleur, où Jean Desceliers, lieutenant général de la vicomté d'Auge, et son frère Charles, sieur du Plain-Chesne, possèdent de 1507 à 1543 l'hôtellerie du *Grand Dauphin* et acquièrent dans les années 1510 celle de *La Licorne* (Ch. BRÉARD, *Vieilles rues et vieilles maisons de Honfleur...*, *op. cit.*, p. 268-269 et 321).

> lui. Et certes, ce n'était pas l'appât du gain, mais le plus noble désintéressement qui poussait ces habiles hydrographes à se constituer les éducateurs de leurs jeunes compatriotes. [...] Pour comprendre vraiment l'héroïsme de la vie maritime, c'est au début de la navigation au long cours qu'il faut remonter, et c'est à l'école de Pierre Desceliers que se sont formés bon nombre de ces héros[88].

Gloire, patrie, « noble désintéressement » : comme avec toute drogue dure, il faut se méfier de l'overdose d'héroïsme. Desceliers « éducateur » des capitaines d'Ango et « créateur de l'hydrographie française » ? Ce n'est en vérité pas avant le milieu des années 1660 que l'on trouve mention d'une « école royale » de pilotes domiciliée à Dieppe, et ce dans une lettre adressée par le géographe Guillaume Denis à Colbert, qui s'évertue alors à consolider la force navale de ses Compagnies des Indes[89]. Le terme d'« hydrographie » lui-même est anachronique, qui ne passe vraiment dans l'usage qu'à compter des travaux du jésuite Georges Fournier, dans les années 1640[90].

Plus fâcheux encore : pour ce qui est du XVIe siècle, le glissement du sens du terme d'« école », depuis celui d'une mouvance érudite aux contours lâches en direction de celui d'une institution pérenne, financée par tel ou tel pouvoir, convainc d'autant moins que le résultat s'offre comme le décalque de la légende portugaise de l'« école de

88. Albert ANTHIAUME, *Pierre Desceliers, père de l'hydrographie et de la cartographie françaises*, Rouen, J. Lecerf, 1926, p. 10, 14-16, 59 et 61 (d'après J. A. S. DESMARQUETS, *Mémoires chronologiques pour servir à l'histoire de Dieppe...*, *op. cit.*, vol. 1, p. 99). Aumônier du lycée du Havre, le père Anthiaume s'impose dans les années 1920 comme l'un des grands spécialistes de l'histoire de la science nautique et de la construction navale.

89. Georges Bernard DEPPING, *Correspondance administrative sous le règne de Louis XIV...*, Paris, Imprimerie nationale, 1855, vol. 4, p. 559 (lettre de G. Denis à J.-B. Colbert, 18 décembre 1665). Il est à noter, toutefois, qu'en 1665 les bourgeois de Dieppe se refusent à entrer dans la Compagnie des Indes occidentales (Guy LEMARCHAND, « Crises économiques et atmosphère sociale en milieu urbain sous Louis XIV : Dieppe et Rouen », *Annales de Normandie*, 2000, 30, p. 162).

90. G. FOURNIER, *Hydrographie contenant la théorie et la practiqve de tovtes les parties de la navigation...*, *op. cit.* Jean ROTZ est l'un des tout premiers, dans son *Boke of Idrography* composé en 1535-1542, à employer le terme comme un équivalent de « science marine » (ms. cit., f° 2r). La première mention d'un « hydrographe » salarié par la ville de Dieppe se trouve dans AMD, Lang. Registre des délibérations de l'Hôtel de Ville 1763-1770, R3/129, 29 octobre 1767 (« 150 livres pour le logement de l'hydrographe »).

cartographie de Sagres », fabriquée de toutes pièces à seule fin de nourrir l'imagerie de la préscience du roi Henri « le Navigateur » – lequel aurait deviné, voyant plus loin que son trépas, que la prise de Ceuta, en 1415, mènerait sans coup férir à l'entrée de Vasco da Gama dans l'océan Indien, en 1498[91].

« École », le mot est tout sauf innocent : il est le cheval de Troie de la téléologie. Par son emploi, tout ce qui relève de la contingence et de la concurrence des intérêts matériels se trouve transformé en preuve d'une visée prophétique, d'un processus intentionnel de long terme impliquant la convergence des ambitions privées et des desiderata royaux. Avec une « école d'hydrographie », autrement dit un « institut public de science nautique », l'histoire n'est plus celle de marchands armant des nefs pour le négoce braconnier du « bois-brésil » ou du clou de girofle, mais d'une entreprise humaniste de connaissance des mondes lointains, mue par une *libido sciendi* purifiée de toute avidité et de toute violence. Enfin, l'idée qu'une médiation savante soit nécessaire à l'acquisition du savoir de la navigation hauturière disqualifie sans autre forme de procès l'aptitude des « gens de mer » à en obtenir par eux-mêmes la maîtrise.

Mais faut-il vraiment que les frères Parmentier aient fait leurs classes sous la houlette du prêtre Desceliers pour s'être rendus capables de lire un portulan, de manier l'astrolabe et de tracer des rhumbs sur une carte ? N'est-il pas plus simple de miser sur leur fréquentation de pilotes expérimentés, qui sont, comme Pierre Garcie, tout à la fois praticiens et théoriciens des traversées au long cours ? On sait par exemple que l'un des meilleurs capitaines-pilotes du temps, Antoine de Conflans, qui a gagné ses lauriers en bataillant contre les Espagnols en Méditerranée, est présent à Dieppe en 1524, puisque Verrazano lui confie le commandement de *La Dauphine*[92] : on voit mal pourquoi, lors d'une conversation sur les quais ou dans

91. Pour la réfutation du mythe de l'« école de Sagres », cf. Fábio PESTANA RAMOS, *Por mares nunca dantes navegados. A aventura dos descobrimentos*, São Paulo, Contexto, 2008. Sur la fabrique au XIXe siècle de la légende d'Henri « le Navigateur » à partir du personnage du prince de Portugal Henri (1394-1460), cf. Peter RUSSELL, *Prince Henry « The Navigator ». A Life*, Yale, Yale University Press, 2001.

92. Ch. de LA RONCIÈRE, *Histoire de la marine française…*, *op. cit.*, vol. 3, p. 63-68 et 261. Caraque d'une centaine de tonneaux portant une cinquantaine d'hommes, *La Dauphine* appareille depuis Madère en janvier 1524, mais fait relâche à Dieppe au retour de l'expédition, en juillet.

une taverne, les marins dieppois n'auraient pas essayé de tirer profit de ses connaissances.

Le caractère informel de la transmission du savoir nautique reste longtemps sa marque de fabrique. Dans les années 1670, le corsaire honfleurais Jean-François Doublet, ayant pris du service à bord d'une frégate de dix-huit canons, se voit convoquer par son capitaine, un certain De Lastre :

> Il me demanda si je savais les principes de la navigation, et je lui dis que j'en savais plus que les principes, puisque je lui avais demandé un poste de pilote. Il m'engagea à boire un verre de vin avec lui et me demanda si les principes sont difficiles d'apprendre. Je lui dis qu'à un homme d'esprit comme lui, je les lui apprendrais en moins de six semaines, et sur-le-champ je lui en donnai ouverture dès la première règle[93].

Un an plus tard, Doublet prend pension six mois durant chez Guillaume Denis, que la Couronne a établi en 1664 comme « commissaire-examinateur des pilotes par tout le royaume » :

> Je fus à Dieppe trouver M. Denis, et m'accordai avec lui de me recevoir en pension à sa table, coucher et blanchir moyennant 50 livres par mois et me fournirait les livres nécessaires. Il me commença par les principes de la Sphère, les marées, les hauteurs, le quartier de réduction et l'échelle anglaise, etc., que je savais parfaitement, ainsi que les sinus, tangentes et logarithmes. Sur quoi il me demanda ce que je venais faire chez lui, ayant autant de théorie et d'en savoir les pratiques. Je lui dis que je me voulais perfectionner avec un aussi habile maître ; ainsi il eut la bonté de ne me pas épargner ses soins. Il m'apprit les triangles sphériques et les éléments d'Euclide et les calculations en moins de trois mois, que je voulus le quitter n'ayant pas dessein de m'établir maître géographe, n'y voulant borner ma petite fortune[94].

Doublet ne s'en cache pas : sachant déjà l'essentiel, il n'a pas un besoin vital de s'initier plus avant aux « éléments d'Euclide ». Ce qu'il

93. Ch. Bréard, *Journal du corsaire Jean Doublet de Honfleur...*, *op. cit.*, p. 53 (1673).

94. *Ibid.*, p. 58-59 (1674). Né vers 1624, Guillaume Denis (ou Denys) publie à Dieppe, en 1668, un *Art de naviger par les nombres*, puis un *Traité des latitudes* en 1673. Pour son office d'« examinateur des pilotes », il perçoit un salaire annuel de 1 200 livres (Albert Anthiaume, *L'Abbé Guillaume Denys de Dieppe, premier professeur royal d'hydrographie*, Paris, E. Dumont, 1927, p. 12).

recherche en allant étudier auprès d'un « maître habile », et obtient au terme d'un examen par « quatre anciens pilotes et capitaines », c'est un brevet de l'amirauté lui permettant d'exercer à gros gages sur les vaisseaux de la marine royale. Il est ici moins question d'aptitudes – puisque Doublet a déjà officié comme pilote au cours de plusieurs campagnes de « course » menées par des particuliers – que de sécurité de l'emploi.

Un siècle auparavant, au temps des frères Parmentier, la connaissance de la dimension théorique de l'art nautique n'est quasiment jamais avancée par les pilotes au titre de preuve additionnelle de leur compétence – tout au contraire. Comme l'écrit en 1535 avec une pointe d'énervement Gonzalo Fernández de Oviedo y Valdés, qui a servi Charles Quint comme capitaine avant de devenir l'un de ses chroniqueurs, ce qu'il y a à savoir en matière de navigation hauturière

> ne peut s'apprendre à Salamanque ni à Bologne ni à Paris, mais dans la chaire du gaillard arrière, avec le quadrant en main, en prenant continuellement sur la mer, avec l'astrolabe, de nuit [la hauteur] des étoiles et de jour [celle du] soleil. [...] Parce que je dis, moi, que la navigation requiert autre chose que des mots, puisque de même que ce n'est pas parce que leurs manteaux sont d'un blanc immaculé que les convives s'en nourriront, ce n'est pas en étudiant la cosmographie et en la sachant mieux que Ptolémée que l'on saura naviguer tant qu'on ne s'y sera pas essayé, et ce quel que soit le nombre des mots que l'on aura lus. [...]
> De même que les pages de la cour, fils de la bonne société, sont éduqués depuis leur plus jeune âge au sein du palais pour devenir des courtisans polis, valeureux et de bonnes manières [...], de même faut-il, pour devenir un marin expérimenté et un pilote compétent, endurer dès le plus jeune âge les périls de la mer, et ce afin de ne pas défaillir ni être saisi de peur en cas de dangereux naufrage[95].

La leçon, rudement assénée, est sans appel : c'est en naviguant que l'on devient marin. Il n'y a nul besoin, pour acquérir la dextérité et le discernement des bons pilotes, de « beaucoup hanter les écoles », puisque tout est affaire d'expérience, c'est-à-dire de rigueur et d'opiniâtreté. Se faire l'œil et la main, jour après jour, grain après grain,

95. Gonzalo FERNÁNDEZ DE OVIEDO Y VALDÉS, *Historia general y natural de las Indias, islas y tierra-firme del mar Océano* (1535), Madrid, Imprenta de la Real Academia de la Historia, 1851, vol. 1, II.9, p. 40.

voilà ce dont il est question, et de rien d'autre. Le propos d'Oviedo y Valdés prend place au moment précis où le monopole des marins sur leur métier et leurs carrières se trouve mis à mal, en Espagne, par l'intervention accrue des institutions et des juridictions royales, lesquelles souhaitent soumettre les pilotes de la « route des Indes » à un examen exigeant une connaissance théorique de l'astronomie maritime[96].

De semblables batailles entre expérience et érudition se livrent alors un peu partout en Europe, et ce dans bien d'autres domaines que celui de l'art nautique. Partout les savoirs subalternes subissent l'assaut des proses doctrinales – et partout ils se rebiffent. Jean Parmentier lui-même concourt à cet éloge militant de l'empirisme :

> *Or, pour certain on tient qu'un bon pilote,*
> *Un marinier, qui tout son cas bien note,*
> *Bien entendu et bien exercité* [*expérimenté*],
> *Est plus longtemps pour entendre sa note*
> *Parfaitement, qu'il ne s'en faille iote* [*d'un iota*],
> *Qu'un docteur n'est en l'université.*
> *Ne suis-je pas donc bien plein de cécité*
> *D'avoir élu la maritime étude,*
> *Laissant le doux pour emporter le rude*[97] *?*

On ne sait donc rien sur la manière dont les frères Parmentier en sont venus à la « maritime étude ». Mais une chose est sûre : un armateur aussi aguerri que Jean Ango n'aurait jamais confié le commandement de deux de ses plus grosses nefs à des capitaines novices, peu ou pas

96. Pablo E. PÉREZ-MALLAÍNA, *Spain's Men of the Sea. Daily Life on the Indies Fleets in the Sixteenth Century*, Baltimore, The Johns Hopkins University Press, 1998, p. 81. Cette vision empiriste de l'art nautique perdure au bas mot jusqu'au sortir du XVIe siècle. On peut encore lire en 1573, dans un texte portugais fustigeant le déclin de l'« État des Indes » : « L'expérience des pilotes est le savoir vivant, et non la connaissance livresque, de la terre, de la mer, des oiseaux, des sargasses, des poissons-trompettes, des phoques, du cap de Bonne-Espérance, des fonds où se lancent les fils à plomb, des eaux marquées, des côtes. Il n'est pas jusqu'aux poissons suivant le navire, ceux-là mêmes qu'on pêche, qui ne leur servent d'informations quant à leur route et aux parages dans lesquels on se trouve » (Diogo do COUTO, *O Primeiro Soldado Prático. Introdução e edição por António Coimbra-Martins*, Lisbonne, CNCDP, 2001, III.16, p. 375-376).

97. P. CRIGNON, *Description novvelle des merveilles de ce monde*..., *op. cit.*, fº B1 (« Traité en forme d'exhortation contenant les merveilles de Dieu… »).

versés dans la navigation océanique. À bord de *La Pensée* et du *Sacre* comme sur tout bâtiment de fort tonnage[98], la compétence nautique se trouve distribuée entre plusieurs praticiens : Jean et Raoul sont flanqués non seulement de pilotes, mais aussi de deux « astrologues », Pierre Crignon et Pierre Maucler, qui ont pour tâche de « lever la hauteur du soleil et des étoiles » afin de calculer la position de l'expédition, du moins sa latitude.

Un géographe du XVIIe siècle, Guillaume Delisle, prétend avoir eu entre les mains un traité de cosmographie composé par Crignon. Dédié à l'amiral Chabot et intitulé *La Perle de cosmographie*, le texte – demeuré manuscrit et depuis longtemps introuvable – aurait contenu le compte rendu d'une série d'observations sur « la déclinaison de l'aimant », dont une menée à Dieppe en 1534[99]. Dans sa *Description de tous les ports de mer de l'univers*, rédigée dans les années 1540, un poète au service de François Ier, Jean Mallart, range même Crignon parmi les plus grands navigateurs de son époque :

> *Si l'entreprise excède* [*mon*] *savoir,*
> *Je me confie à votre grand avoir*
> *Qui subviendra à la mienne indigence,*
> *Faisant revoir cette œuvre en diligence*
> *Par bons pilotes qui savent les hauteurs,*
> *Comme ceux-ci très bons navigateurs :*
> *Jacques Cartier, Crignon ou par Sorin*[100]
> *Ou autres gens experts au fait marin*
> *Qui ont compris dessus le corps sphérique*[101].

98. Antoine de Conflans distingue clairement, sur une nef de 500 tonneaux embarquant un nombre égal d'hommes, les fonctions du capitaine, du « maître », du « contremaître », du « maître varlet » et du « pilote » (*Les Faiz de la marine et navigaiges*, BNF, ms. Fr. 742, c. 1515, f° 8v).

99. Guillaume DELISLE, « Sur la déclinaison de l'aiman », *Histoire de l'Académie royale des Sciences. Année MDCCXII*, Paris, Imprimerie royale, 1731, p. 17. Nommé géographe du roi en 1718, Delisle l'Aîné est l'auteur d'une œuvre considérable, dont de nombreuses cartes des côtes du Canada.

100. Germain Sorin : un pilote méditerranéen auteur, au XVe siècle, de plusieurs routiers et traités de navigation demeurés manuscrits, dont une liste des « trente-deux vents » dont usent « les mariniers du Ponant » (BNF, ms. Fr. 2132, f°s 1r-5r).

101. Jean MALLART, *Premier livre de la description de tous les ports de mer de l'uniuers avec summaire mention des conditions différentes de peuples et adresse pour le rung des vents propices à nauiguer*, BNF, ms. Fr. 25375, f° 3r-v. Le texte n'est pas daté mais antérieur à 1547, puisque dédié à François Ier. On ne sait pas

Chétives mais crédibles, ces preuves de la capacité de Crignon à manier la boussole et l'astrolabe rendent un peu plus inutile encore l'hypothèse de l'initiation de Jean Parmentier aux mystères de la route des astres par Desceliers. L'énigme de l'itinéraire et de la finalité des premières navigations hauturières des frères Parmentier ne s'en trouve pas résolue pour autant. On les sait au service d'Ango de 1522 à 1528 : jusqu'où ont-ils alors conduit ses vaisseaux ? L'Espagne, la Guinée, le golfe du Saint-Laurent ?

Selon Crignon, qui ne regarde jamais à la dépense dès qu'il s'agit de grandir son ami, Jean a été « le premier Français qui a entrepris à être pilote pour mener navires à la terre Amérique qu'on dit le Brésil[102] ». « Le premier », c'est beaucoup dire, puisque l'honneur, selon les sources, en revient tantôt à Gonneville en 1503, tantôt à Jehan Denys en 1506. Compte tenu de l'importance des flottes dépêchées en quête de « bois-brésil » par Ango dans les années 1530, rien n'interdit cependant de penser que Jean et Raoul se sont instruits dans l'art du grand large sur le tas, ou plutôt sur le tillac, entre les Açores et Pernambouc[103].

---

grand-chose de la vie de Mallart, sinon qu'il est gagé comme « écrivain du roi », pour qui il rédige et enlumine des livres d'heures (P. MARICHAL, éd., *Catalogue des actes de François Ier..., op. cit.*, vol. 8, n° 30748, p. 161). Sa *Description* est une compilation d'extraits des *Voyages* de Jean Alphonse de Saintonge et de fragments de routiers ibériques.

102. P. CRIGNON, *Description novvelle des merveilles de ce monde..., op. cit.*, f° A2v.

103. C'est au « capitaine qui voulut aller jusqu'à l'île Taprobane » que Ramusio attribue un « discours » de 1539 où se trouve « décrit le voyage qui se fait à la terre Neuve des Indes occidentales, qu'on appelle à présent la Nouvelle France, et aussi à la terre du Brésil, qui fait également partie desdites Indes, à la Guinée [et] à la côte de la Malaguette en Afrique » (G. B. RAMUSIO, *Navigationi e Viaggi*, *op. cit.*, vol. 3, f°s 423r-424v). Toujours prompt à rabaisser les prétentions des Portugais et des Hollandais en matière de « priorité des découvertes », Savary concourt à cette opinion en affirmant qu'« en l'année 1520, trois frères appellez les Parmentier [*sic*] découvrirent vers le Cap Breton l'Isle de Fernanbourg [Pernambouc], où ils chargèrent leurs navires de riches marchandises ; & ensuite ils firent encore un voyage en Guinée, & aux Moluques » (Jérôme SAVARY, *Le Parfait négociant, ou Instruction générale pour ce qui regarde le commerce de toute sorte de Marchandises...*, Paris, Louis Billaine, 1675, p. 114, repris mot à mot dans L. VITET, *Mémoires pour servir à l'histoire de la ville de Dieppe..., op. cit.*, vol. 1, p. 308-309). Un copiste compilateur du XVIIIe siècle soutient enfin, en attribuant à Pierre Crignon un long descriptif des Antilles et de la côte du Panama et de la Colombie, que Jean Parmentier a caboté dans les Amériques

*
* *

L'insistance de la plupart des grands historiens maritimes du XIXe siècle – leur obsession, presque – à établir un lien de filiation directe entre Pierre Desceliers et Jean Parmentier, et ce faisant à défendre l'existence et l'excellence d'une élusive « école de cartographie dieppoise », relève en vérité moins de la science que de la politique. Il s'agit alors de répliquer aux érudits portugais, lesquels ne manquent jamais l'occasion de rappeler que leur pays a été pionnier en matière de « découvertes ».

Ainsi le vicomte de Santarem, diplomate émérite et directeur des archives de Lisbonne, se fait-il fort, nombreuses sources à l'appui, de « rétablir les faits » concernant l'antériorité de la présence lusitanienne au Brésil, en Afrique et en Asie afin d'anéantir les « prétentions injustes » des autres nations européennes. Il s'en prend tout spécialement, à juste titre, à la « prétendue priorité des découvertes africaines des Dieppois »[104], autrement dit à cette légende tape-à-l'œil, inventée au XVIIe siècle par un aventurier nommé Nicolas Villaut, de l'implantation de comptoirs commerciaux normands – le « Petit Dieppe » et le « Petit Paris » ! – sur les côtes de la Guinée dès l'année 1364[105]. Si

---

espagnoles (« Navigation de Jean Parmentier. Second volume. Mémoire de ce qui est contenu en l'île de Saint-Dominigo », BNF, NAF 7510, fos 132r-152v). Une analyse lexicologique montre cependant que ce « mémoire », truffé d'occitanismes et de références à la nature provençale, n'est en aucun cas attribuable à Crignon (Jean-Pierre CHAMBON, « Le *Mémoire de ce qui est contenu en l'isle de Saint-Dominigo* est-il attribuable à Pierre Crignon ? Arguments lexicologiques pour une désattribution », *Bibliothèque d'Humanisme et Renaissance*, 1988, 50-1, p. 29-38). Pour un excellent point critique sur l'ensemble de ce dossier, cf. G. LELIÈVRE, « Le *Discours d'un grand capitaine de Dieppe…* », art. cit.

104. Vicomte de SANTAREM, *Recherches sur la priorité de la découverte des pays situés sur la côte occidentale d'Afrique au-delà du cap Bojador et essai sur les progrès de la science géographique après les navigations des Portugais au XVe siècle*, Paris, Librairie Orientale de Ve Dondey-Dupré, 1842, p. 18-22 et 151 *sq.*

105. Nicolas VILLAUT DE BELLEFOND, *Relation des costes d'Afrique, appellées Guinée, avec la description du Pays, mœurs & façons des habitans*, Paris, Denys Thierry, 1669, p. 153, 155 et 159, repris et amplifié par Jean Antoine Samson DESMARQUETS (*Mémoires chronologiques pour servir à l'histoire de Dieppe…*, *op. cit.*, vol. 1, p. 41-42, 102), puis par Louis ESTANCELIN (*Recherches sur les voyages et découvertes des navigateurs normands…*, *op. cit.*, p. 8-9) et par Pierre MARGRY (*Les*

fragile soit-il au regard des archives comme de la vraisemblance, le mythe de la primauté dieppoise en matière de navigations transatlantiques peut se targuer d'un pedigree de choix, puisque Louis XIV lui-même le reprend à son compte :

> Il est de tout temps sorti de notre bonne ville de Dieppe les plus expérimentés capitaines et pilotes et les plus habiles et hardis navigateurs de l'Europe [...] : ceux de ce lieu-là ont fait les premières découvertes des pays les plus éloignés[106].

Il faut faire grâce de son agacement au vicomte de Santarem : certains publicistes de la marine normande ne reculent devant rien pour faire de la France la mère-patrie des Grandes découvertes. On doit ainsi en 1832 au député orléaniste de la Somme Louis Estancelin[107], sur une idée originale du chroniqueur Jean Antoine Samson Desmarquets, ce chef-d'œuvre d'affabulation que sont les voyages du capitaine dieppois Jean Cousin. Ce dernier, selon un précieux « mémoire », hélas disparu, aurait doublé le cap de Bonne-Espérance en 1488, quelques semaines avant ou quelques mois après Bartolomeu Diaz, puis se serait rendu en Inde « sept ans [dix plutôt] avant Vasco de Gama ». Plus décisif encore : au cours du même voyage, Cousin, dont la nef avait été déportée à l'ouest par une série de bourrasques, « fit fortuitement la découverte du Brésil » – douze ans avant Cabral, donc.

Le meilleur reste à venir, car Estancelin soutient que Cousin « avait avec lui un étranger nommé Pinçon ou Pinzón ». Il ne peut bien entendu s'agir que de l'un des frères Pinzón ayant accompagné Colomb lors

---

Navigations françaises et la Révolution maritime du XIVe au XVIe siècle, Paris, Tross, 1867, p. 26-27). Villaut, qui cherche à faire concurrence aux Portugais en matière de traite négrière, affirme qu'à l'occasion d'un voyage aux côtes de la Guinée, en 1666, il s'est trouvé nez à nez avec des indigènes parlant quelques mots de français, héritage selon lui des contacts noués avec des marins dieppois des siècles auparavant.

106. ADSM, G 1494 (lettres patentes portant permission d'établir un Hospital général en la Ville de Dieppe, Paris, 18 janvier 1668), f° 2. La flatterie de Louis XIV vaut peut-être tentative d'apaisement puisque, tout du long des années 1660-1680, les bourgeois de la ville manifestent à l'endroit du pouvoir royal « de l'obstination et de la désobéissance » (G. LEMARCHAND, « Crises économiques et atmosphère sociale... », art. cit.).

107. Sur la carrière politique de Louis Estancelin et ses recherches d'histoire régionale, cf. en fin de volume la note intitulée « Le récit du voyage des frères Parmentier : genèse et résurgences d'une source ».

de son expédition de 1492. Or, comme le prouvent sans l'ombre d'un doute des documents dieppois malheureusement réduits en cendres en 1694, Colomb « a reçu de Pinçon des notions positives sur les terres dont il n'avait jusqu'alors que pressenti l'existence ». Il s'ensuit que c'est grâce à la connaissance des routes atlantiques acquise lors de l'expédition de Jean Cousin que Colomb a découvert l'Amérique. Estancelin, qui, dans un rare moment de lucidité, « ne se dissimule pas la témérité de [son] examen », ne ménage pas sa peine pour passer outre le silence hostile des archives et retrouver la trace des improbables protagonistes de son récit. Il s'enquiert même de l'histoire de la famille Pinzón auprès du vice-consul français à Moguer – un bourg d'Andalousie célèbre pour son vinaigre et ses marins. Bonne pâte, le vice-consul se met en chasse : s'il ne trouve rien dans les archives de Huelva, il peut en revanche témoigner que les Pinzón, « pauvres matelots », « sont tous de très braves gens »[108].

Comment s'étonner après cela qu'Estancelin soit le premier, « pour l'honneur de nos ancêtres et pour la gloire du pavillon français », à publier la relation du voyage à Sumatra des frères Parmentier ? Comment, par ailleurs, ne pas voir que l'intérêt pris aux accomplissements cartographiques de Pierre Desceliers vise avant tout à nier l'évidence, pour ce qui est des navigations atlantiques au long cours, de l'immense emprunt des marins normands au savoir nautique portugais[109] ?

108. L. ESTANCELIN, *Recherches sur les voyages et découvertes des navigateurs normands…*, *op. cit.*, p. 38-39, 334-336, 343-346 (et n. 1, p. 344-345 pour la réponse du vice-consul, datée du 12 février 1832), d'après J. A. S. DESMARQUETS, *Mémoires chronologiques pour servir à l'histoire de Dieppe…*, *op. cit.*, vol. 1, p. 91-98. Le mythe de Jean Cousin a été mis en pièces par Charles-André JULIEN voici près d'un siècle (*Les Voyages de découverte et les premiers établissements, XVe-XVIe siècles*, 1re éd. 1947, Brionne, G. Monfort, 1979, p. 13-17). On trouve chez Georges Fournier une intéressante variation sur le thème de l'initiation de Colomb aux arcanes de la cartographie nautique par un marin français. En 1480, un pilote basque de Saint-Jean-de-Luz, qui cabote aux Canaries, est emporté par une tempête jusqu'à l'île Saint-Dominique. Sur le chemin du retour, il fait escale à Terceira où « il s'en va loger en la maison de Christophe Colomb, Génois qui s'occupait à faire des cartes pour naviguer » : Colomb « s'instruit de lui » et, « sur ses relations », monte son expédition de 1492 (G. FOURNIER, *Hydrographie contenant la théorie et la practiqve…*, *op. cit.*, II.7.XI, p. 317-318).

109. Avelino TEIXEIRA DA MOTA, « Influence de la cartographie portugaise sur la cartographie européenne à l'époque des Grandes découvertes », dans P. ADAM et M. MOLLAT (dir.), *Les Aspects internationaux de la découverte océanique…*, *op. cit.*, p. 222-248.

Il faut en tout cas beaucoup de fausse naïveté pour ne pas deviner que, derrière Pierre Garcie « dit Ferrande », se cache Pedro García Fernández. C'est aussi trop demander à l'orgueil national que d'admettre que le plus célèbre des capitaines-pilotes de François Ier, Jean Alphonse de Saintonge, qui accompagne Roberval au Canada en 1542 et que Rabelais prend pour modèle du « grand voyageur » Xénomanès, est fils d'immigrés portugais et s'appelle en réalité João Afonso[110]. Les indices de la diffusion et de la prédominance de l'*ars nautica* ibérique en Normandie dans les premières décennies du XVIe siècle sont pourtant innombrables, à commencer par les hommes eux-mêmes : les *marinheiros* de Porto et de Lisbonne, venus prendre du service auprès de qui veut bien payer comptant leur talent.

*

* *

Dans la guerre commerciale qui oppose les royaumes de la façade atlantique européenne, les pilotes compétents sont des atouts et des proies de choix. Dès la fin du XVe siècle, un certain João Dias se trouve à bord de navires français, de même qu'en 1519 un dénommé Pedro Anes[111]. Avec l'essor des expéditions à destination de la Guinée et du Brésil, les cosmographes et les pilotes portugais, qui en connaissent toutes les routes, sont plus recherchés que jamais. Si, premier parmi les Français, Paulmier de Gonneville parvient en 1503 à rallier les côtes brésiliennes, il le doit sans aucun doute pour une large part à Sebastião Moura et Diogo Coutinho, les deux pilotes portugais qu'il a recrutés « à gros gages pour la route ès Indes aider de leur savoir[112] ». En 1528, lorsque les Portugais arraisonnent à Sofala, au Mozambique, une barque chargée de douze survivants de l'expédition de Verrazano, ils découvrent avec consternation que

110. M. BOCHACA et L. MOAL (dir.), *Le Grand Routier de Pierre Garcie…*, *op. cit.*, p. 36-37, et Luis de MATOS, *Les Portugais en France au XVIe siècle*, Coimbra, Acta Universitatis Conimbrigensis, 1952, p. 40-54.

111. L. de MATOS, *ibid.*, p. 14-15.

112. A. D'AVEZAC, *Campagne du navire* L'Espoir *de Honfleur…*, *op. cit.*, p. 58, et Christophe MANEUVRIER, « Paulmier de Gonneville et le Portugal : un navigateur normand dans la première mondialisation », *Revista da História da Sociedade e da Cultura*, 2016, 16, p. 102-103.

> la carte qu'ils ont avec eux est très bonne et très nettement tracée : les instructions de navigation (*regimento*) sont en portugais, ainsi que l'écriture et les noms des terres qui sont sur la carte[113].

François Ier lui-même donne le mauvais exemple, qui tente, en l'invitant à sa table et en lui faisant miroiter une rente de 300 livres, de s'attacher les services du pilote de l'une des nefs de Magellan, le Savonais Leone Pancaldo – un émigré italien ayant aidé un exilé portugais à naviguer pour le compte des Espagnols. Tous les coups sont permis, et les enchères montent facilement : circonvenu par les agents portugais, Pancaldo décline l'offre française. Moyennant 1 600 ducats, il s'engage par contrat à ne plus réaliser la moindre carte nautique et à ne plus reprendre la mer sans l'autorisation expresse de Lisbonne[114].

Usant du vaste réseau d'informateurs qu'ils ont tissé dans les ports normands, les diplomates de Jean III épient les faits et gestes de ces pilotes mercenaires et tentent, par la promesse comme par la menace, de les ramener à la raison aussi bien qu'au pays. En poste à Paris depuis 1512, le recteur du Collège Sainte-Barbe, Diogo de Gouveia, est passé maître dans l'art de débusquer les transfuges. En 1531, il alerte la cour lisboète sur la présence du pilote Pedro Serpa à bord de nefs normandes armées pour le Brésil. En 1532, il s'inquiète du passage en France de plusieurs pilotes portugais recrutés par les frères Prévost, de riches marchands rouennais[115].

113. *Documentos sobre os Portugueses em Moçambique e na África Central...*, *op. cit.*, vol. 5, doc. 73 (lettre d'António da Silveira de Meneses à Jean III, 18 juillet 1528), p. 548.

114. Prospero PERAGALLO, *Leone Pancaldo. Sussidi documentari per una sua monografia*, Lisbonne, Typographia Portuense, 1895, p. 292 et 303 (lettres de Gaspar Palha à Jean III, Paris, 1er mai 1531, et de Leone Pancaldo à Jean III, Savone, 3 octobre 1531). Contrairement à une légende, rien ne permet d'affirmer que la venue de Pancaldo à la cour de François Ier soit le fait d'Ango.

115. En 1538, Diogo de Gouveia tient Jean Ango et Pierre Prévost – qui ont acheté rubis sur l'ongle la complicité de l'amiral Chabot – pour les principaux responsables du non-respect croissant de l'interdiction faite aux Français de naviguer jusqu'au Brésil. Aussi conseille-t-il à Jean III de trouver un terrain d'entente avec eux en leur proposant de leur racheter leurs « lettres de marque et de représailles ». Et de conclure son propos par ce dicton imagé : « Plaise à Dieu que, s'ils n'ont pas cru la bonne mère, du moins ils croient la mauvaise belle-mère » (S. LEITE, éd., *Monumenta Brasiliae*, *op. cit.*, vol. 1, p. 89-93, lettre de D. de Gouveia à Jean III, Paris, 17 février 1538). Sur le rôle critique joué par Gouveia dans la gestion des litiges maritimes franco-portugais dans les années 1530, cf. la synthèse de Michel MOLLAT,

La même année, Jean Ango entre en contact à Anvers avec Pedro Fernández : un repris de justice, condamné à un an de relégation en Afrique pour homicide, mais surtout un ancien pilote, excellent connaisseur de la « route des Indes ». Ayant échoué à le convaincre de rentrer au bercail en échange de l'annulation de sa peine, l'ambassadeur portugais local, Pedro de Mascarenhas, songe à le faire enlever mais se ravise au dernier instant, considérant avec quelque jugeote qu'« en ce pays libre rien ne peut être fait par force qui n'ait retentissement et ne nous mette dans de grands embarras[116] ». Anvers est un nid de renégats, mais le danger est partout : il surgit même de préférence là où on l'attend le moins. Dans une missive colérique, Jean III peste contre un neveu de son ancien ambassadeur à Paris, un certain Martim Ferreira, qui « procure des renseignements au roi de France à propos de la démarcation et de la navigation de [s]es mers ». De fait, les preuves de la déloyauté de Ferreira sont accablantes, puisqu'on a intercepté un courrier dans lequel il demande à son beau-frère resté à Lisbonne de lui faire parvenir une « carte de navigation[117] ».

Ces exemples démontrent que les armateurs de Honfleur, de Dieppe et de Rouen font sans réserve appel au savoir nautique portugais dès qu'il est question de traversées au long cours : ce que l'on ne connaît pas, il suffit de l'acheter. En 1527, le tout premier bâtiment français (et en l'espèce normand) à atteindre les côtes de l'Inde, une nef d'une quarantaine d'hommes baptisée *La Marie de Bon Secours*, est « commandé par un capitaine-pilote portugais nommé Estêvão Diaz » – lequel porte le doux sobriquet de « Brigas », « La Bagarre »[118]. Lorsqu'ils recrutent en 1529 un Portugais comme second pilote du *Sacre*, les frères Parmentier ne font donc que suivre une habitude prise de

« Quelques aspects de la vie économique et sociale de la France dans la première moitié du XVIe siècle vus à travers la correspondance des diplomates portugais », *Bulletin des études portugaises* (Coïmbra), 1948, 12, p. 224-253.

116. L. de MATOS, *Les Portugais en France au XVIe siècle*, *op. cit.*, p. 230-232 (lettre de Pedro de Mascarenhas à Jean III, Anvers, 17 janvier 1532).

117. Jean III ne manque pas de raconter par le menu les forfaits du félon. Ayant dilapidé la fortune de son oncle, qui l'a marié à l'une de ses nièces avant de mourir, Ferreira a fui à Séville pour échapper à ses créanciers (S. VITERBO, *Trabalhos nãuticos dos Portuguezes nos seculos XVI e XVII*, *op. cit.*, doc. XC, p. 149-150, lettre de Jean III à Estevão Gago, 13 mars 1531).

118. J. de BARROS, *Decada quárta da Ásia...*, *op. cit.*, V.6, p. 296.

longue date[119]. La chose leur est d'autant plus aisée qu'en dépit des accusations de piraterie lancées de part et d'autre, certains bourgeois de Dieppe sont en relation d'affaires avec des marchands et des armateurs portugais – comme Jean Terrien, l'associé d'Ango, qui règle en 1523 devant la Table de marbre de Rouen une histoire de dette pendante avec les dénommés Diogo Gonçalves et Francisco Gomes[120].

Héritage du XIXe siècle, le compartimentage national de l'histoire des Grandes découvertes passe par pertes et profits le caractère cosmopolite des milieux et des connaissances maritimes – lequel est, à l'époque des frères Parmentier, au principe de toutes les expéditions atlantiques.

*

* *

Être capitaine, ce n'est pas seulement se faire cosmographe. La charge implique en premier lieu de veiller au recrutement des équipages et à l'avitaillement des navires. Or, pour ce qui concerne l'expédition de 1529, nous n'avons pas la moindre trace de ce processus : nul livre de comptes, aucun rôle d'équipage.

Sans le récit de Crignon et l'intérêt que les érudits du XIXe siècle lui ont accordé pour toutes sortes de mauvaises raisons, le voyage des frères Parmentier aurait pu tomber dans un oubli total. L'écart se creuse ici entre le personnage de Magellan et celui de Jean Parmentier, car, s'il est vrai que l'on en sait aussi peu sur la vie privée de l'un que sur la famille de l'autre, les sources abondent concernant l'avitaillement de la flottille espagnole – ainsi connaît-on le nom de chacun des 242 marins, mousses, artilleurs et calfats qui se sont embarqués au côté de Magellan, quand on peine à identifier une trentaine d'hommes

119. C'est ce « Portugais du *Sacre* », prénommé Antoine (António), qui explique en septembre 1529 à ses compagnons de nef qu'ils ont touché à une île des Maldives et non aux Moluques – ce que Crignon, sur le moment, se refuse dédaigneusement à croire, mais dont il convient lorsque, à son retour en Normandie, il consulte « une carte de Portugal où ces îles sont nommées de Maldiva » (AMD, FAL, ms. 197, P. CRIGNON, « Voyage aux Indes orientalles 1529 », f°s 4, 5, 29, 37, 48-50).

120. ANTT, CC, Parte II, mç. 108, n° 117 (comparution de Jean Terrien devant la Table de marbre, Rouen, 28 juin 1523). Terrien renonce par cet acte à un arrêt qu'il a requis, en son nom et en celui de ses « consorts » (associés), à l'encontre des deux marchands portugais. En d'autres termes, il se désiste de sa demande de saisie pour dette, très probablement parce que l'affaire s'est entre-temps réglée à l'amiable.

parmi ceux dont les Parmentier se sont entourés. Ainsi encore peut-on reconstituer dans le détail, jusqu'au nombre de « mauvais couteaux d'Allemagne » et à la quantité d'hectolitres de vinaigre, les cargaisons des nefs castillanes, quand on n'a pas la moindre idée de ce qui s'empile dans les cales et les entreponts des bâtiments dieppois[121].

Toute l'archive fiscale, technique et commerciale de l'expédition des frères Parmentier fait défaut, et si l'on est assuré par Crignon qu'ils ont signé un contrat avec Jean Ango et ses « parsonniers », le document reste introuvable, soit qu'il ait disparu, soit qu'il gise dans l'une des innombrables liasses d'actes notariés conservés aux Archives départementales de la Seine-Maritime sans jamais avoir été dépouillés. Ce n'est pas rien de demeurer à ce point bredouille quand il est question de la « première navigation française en Asie ».

Ce qu'est l'armement d'une nef hauturière dans un port normand dans les premières décennies du XVIe siècle, il est heureusement possible de s'en faire une idée assez précise d'après les indications contenues dans le traité d'Antoine de Conflans sur les *Faicts de la marine et navigaiges*, rédigé vers 1515. On y apprend qu'en 1512 une nef militaire du Ponant de 300 tonneaux embarque un nombre égal d'hommes et que, pour deux mois de navigation, il faut la pourvoir de quatre mille douzaines de « biscuits » (des pains recuits, dont Honfleur s'est fait une spécialité), de trente-six douzaines de pains frais, de 2 bœufs, de 6 moutons, de 400 côtes de lard, de 1 050 livres de beurre, de 10 pipes de harengs ou de maquereaux, de 200 livres de morue, de 120 pipes de cidre, 70 d'eau, 24 de bière et 8 de vin, de poix, de fèves, de verjus et de 400 bûches. Sachant que *La Pensée* jauge 200 tonneaux et *Le Sacre* 120[122], que le ratio entre la capacité d'une nef commerciale et son équipage est plutôt d'un homme pour deux ou trois tonneaux

121. Nous savons qu'une nef dieppoise nommée *La Pensée* est déjà en service en 1522, mais rien ne certifie qu'il s'agisse de la même. Cf. S. de MERVAL, *Documents relatifs à la fondation du Havre…*, *op. cit.*, p. 206, doc. LVI, « Extraict des partyes couchées en l'estat de la marine… », Le Havre, 1522 : 100 livres à « Monsieur de Marran Cappitaine de la nef *La Pensée* estant au havre de Dieppe » (AMH, FA, EE 78, doc. 6, f° 1r).

122. Les nefs d'Ango sont des bâtiments de très gros tonnage, y compris en comparaison des navires armés pour la guerre. En mars 1513, un espion au service des Anglais, Joes Pierdux, affirme qu'il a vu en rade de Dieppe sept « navires de guerre » : « La plus grande desdites navires estoit du port de 250 t^x^ ou environ, et les autres de 250, 200, 180, 120, et une de 80 t^x^ » (« Report sent by Th. Spinelly to Henry VIII », Malines, 21 mars 1513, dans A. SPONT, *Letters and Papers…*, *op. cit.*, n° 57, p. 91).

mais que l'expédition doit être approvisionnée pour six mois et non pour deux, les quantités de vivres de l'expédition des frères Parmentier doivent être peu ou prou équivalentes à celles-ci[123].

Conflans précise qu'à Honfleur, et il doit en aller de même à Dieppe, on compte ordinairement « trois pains et un pot et demi de cidre » par jour et par homme. Il ne s'agit cependant que de la ration des simples marins, puisque, pour « la table du capitaine et autres gens de bien comme aventuriers et chevaliers », il faut aussi prévoir « poulailles, œufs, épices, aulx, oignons et autres petits rafraîchissements comme fruitages ». Les officiers – maîtres et contremaîtres – ont par surcroît droit à dix des trente-cinq pièces de viande quotidiennes[124]. Non seulement les matelots n'ont pas accès aux condiments, mais puisqu'on leur dénie la consommation de fruits frais ils se trouvent aussi plus exposés aux ravages du scorbut que les « gens de bien ».

Contrairement au mythe d'une égalité primordiale entre l'ensemble des « compagnons de la nef », tout est fait, à bord des bâtiments de l'époque moderne, pour rappeler chacun à sa condition. Les gages, les options de confort et les chances de survie s'y distribuent à raison du statut social, lequel tient couramment plus de la naissance et de la richesse que de la compétence ou de l'ancienneté. Sur une barge ou un baleinier armé en guerre, les salaires vont du simple au double[125]. Même dans le monde de la piraterie, ceux qui commandent sont souvent issus de familles de maîtres de navires et bénéficient

123. Pour le ratio d'un homme pour deux à trois tonneaux, calculé à partir de l'examen de l'armement des vaisseaux de négoce havrais en 1579, cf. S. Kwocz, « Marchands et marins havrais au XVIe siècle… », art. cit., p. 33-34. En 1513, à Honfleur, l'avitaillement de *La Juliane*, une barque de 120 tonneaux appartenant à un gentilhomme écossais au service de François Ier, inclut « mille sept cents douzaines de biscuit[s] », vingt douzaines de pain frais, 120 morues « au grand compte », 56 pièces de lard, deux moutons, trois barils de maquereaux et dix pipes de vin (AMH, FA, EE 78, doc. 1, 8 octobre 1513, f° 1r).

124. Antoine de Conflans, *Les Faiz de la marine et navigaiges…*, ms. cit., c. 1515, f°s 10v-11r, 13v. Aux XVe et XVIe siècles, les rations quotidiennes à bord des vaisseaux hauturiers ibériques sont les suivantes : 1 à 1½ livre de biscuit, ½ à 1 livre de chair de bœuf salé (ou de morue), un peu de fèves ou de riz, 1 litre d'eau et ¾ de litre de vin (L. Denoix, « Caractéristiques des navires de l'époque des Grandes découvertes », dans P. Adam et M. Mollat, dir., *Les Aspects internationaux de la découverte océanique…*, *op. cit.*, p. 142).

125. En 1425, le capitaine d'un baleinier anglais prenant part au siège du Mont-Saint-Michel est payé 10 livres tournois par mois, ses marins 100 sous – soit la moitié (S. Luce, éd., *Chronique du Mont-Saint-Michel*, *op. cit.*, vol. 1, doc. LV, p. 189,

d'une accumulation de capital – économique et relationnel – sur plusieurs générations. Contrairement à la légende, les écumeurs d'Ango ne sont pas des héros prolétaires, loin de là. Tandis que Guillaume Delisle appartient à une éminente famille d'armateurs de Vatteville[126], Jacques de Saint-Morisse est le rejeton d'un lignage de petits notables dieppois actifs dès l'orée du XVe siècle[127].

*

* *

Nous y voici : prêts à appareiller, dans la nuit du 2 au 3 avril 1529. Si l'enquête ne nous a pour l'heure guère renseignés sur la vie des frères Parmentier, du moins avons-nous entraperçu quelques-unes des facettes du monde dont ils sont le produit : l'organisation sociale et politique de Dieppe, où les « hôtes-vendeurs » règnent sur le petit peuple des pêcheurs, la violence sans gloire de l'« écumerie », le savoir sensible des marins – le tout sur fond d'une surprenante, et presque miraculeuse reprise démographique et économique de la Haute-Normandie entre 1450 et 1520.

Il était d'autant plus important de documenter ces univers de pratiques ordinaires que les biographes de Jean Parmentier, emportés par

---

« Compte des paiements faits pour une flotte de vingt navires… », 17 mars-20 juin 1425).

126. Charles de ROBILLARD DE BEAUREPAIRE, « Le commerce maritime de Vatteville au Moyen Âge », *Bulletin de la commission des Antiquités de la Seine-Inférieure*, 1888, 8, p. 16. Son frère Michel acquiert même, en 1521, le fief du Plessis, sis à Vatteville. En 1531, un Jean Delisle affrète une nef de 110 tonneaux, *La Martine*, pour faire le voyage de Cadix.

127. Richard de Saint-Morisse est bailli de Dieppe en 1419-1421, puis avocat en cour laïque dans les années 1430 (« Rôles normands et français et autres pièces tirés des archives de Londres… », art. cit., p. 87, n° 518, 2 mai 1419, et p. 184, n° 1027, 27 août 1421 ; Paul LE CACHEUX, *Rouen au temps de Jeanne d'Arc et pendant l'occupation anglaise, 1419-1449*, Rouen, A. Lestringant, 1931, p. 174, 10 juillet 1430 ; ADSM, G 503, RVD 1433, f° 34v). Un Jean de Saint-Morisse, souhaitant reprendre résidence à Dieppe, vend en 1452 une maison sise à Rouen pour la coquette somme de 300 livres (P LARDIN, « La Normandie orientale à la fin de la guerre de Cent Ans », art. cit., p. 281, 27 janvier 1452). Un Nicolas de Saint-Morisse est mentionné comme fournisseur du grenier à sel de Fécamp au côté de Jacques de Bures en 1516. Il fait cause commune avec Ango en 1527 contre un marchand londonien dans une affaire de « prise » jugée par voie arbitrale (M. MOLLAT, *Le Commerce maritime normand…*, *op. cit.*, n. 237, p. 312 et p. 449, d'après ADSM, B, 22 avril-22 août 1527).

la volonté de lui faire jouer un rôle clé dans l'épopée des Grandes découvertes, ont souvent pallié le silence des archives à son propos en le transformant en héraut de la science de son temps. Il aurait ainsi été le récipiendaire, sinon l'artisan de la cartographie et de l'astronomie nautiques les plus sophistiquées – de même qu'Ango aurait pensé de concert avec Érasme et Copernic.

Cette surinterprétation intellectualiste ne fait pas que blesser le bon sens : elle réplique le profond mépris que les clercs de l'époque moderne ont professé à l'égard des savoirs subalternes. Merveille de condescendance : les érudits du XIXe siècle qui l'échafaudent, suivis de nos jours encore par une poignée de romanciers, paraissent ne pas songer un seul instant à ce qu'elle a d'attentatoire au monde vécu des « gens de mer » de l'époque moderne. Comme s'il fallait à tout prix qu'un marin ait des idées de philosophe pour voir plus loin que le bout de sa nef !

Mais, s'il faut en croire ce que Jean Parmentier nous en dit – et comment ne pas l'écouter, et pourquoi ne pas le croire ? –, la seule étude à laquelle il ne se soit jamais livré en matière de navigation, c'est la « maritime étude ». Or, l'expression désigne chez lui, comme pour tous les capitaines-pilotes de son temps, les leçons de l'expérience et non un assemblage de connaissances livresques. Jean est né et a grandi en un temps où les maisons n'ont pas de numéros mais des noms, où chaque objet du quotidien, chaque être naturel se trouvent désignés – selon leur état, leur usage – par une pléthore de termes, où les parlers locaux et les lexiques de métier préservent une part de la singularité de chaque rencontre avec le monde : il appartient à un âge antérieur au grand appauvrissement doctrinal de la parole, à une époque où il y a encore presque autant de mots que de choses.

Il vit à l'aube de la langue.

*
* *

Il est un domaine – et vraisemblablement un seul – dans lequel, au plan de la connaissance, la comparaison entre Magellan et Jean Parmentier tourne à l'avantage de ce dernier : celui des textes produits en nom propre. Magellan ne nous a laissé qu'une poignée d'écrits autographes – et encore ne s'agit-il que de documents sans âme, où rien ne se devine de ses pensées ni de ses sentiments : une courte lettre relative à des questions d'intendance, un jeu d'actes notariés à propos d'un prêt jamais remboursé, quelques consignes hâtivement rédigées à bord d'une nef. Jean Parmentier, lui, a beaucoup écrit, suffisamment du moins pour que l'histoire littéraire lui ait réservé une place, disons un strapontin, dans la galerie des auteurs du XVIe siècle. Ce privilège tient à la nature de ses écrits, qui relèvent en majorité de ce que l'on appelle de nos jours la poésie – c'est-à-dire le fief noble de la littérature.

On pressent le profit que la légende a tiré de cette particularité. Si le XVIe siècle regorge de poètes aussi bien que d'explorateurs et de conquérants, rares sont les personnages qui cumulent les palmes du littérateur et les lauriers du Grand découvreur. Imagine-t-on Cortés pousser la chansonnette ou Vasco da Gama s'adonner au sonnet ? La pratique d'écriture de Parmentier ne se laisse pourtant pas aisément circonscrire au moyen de la conception contemporaine du métier littéraire. Outre qu'elles tiennent autant, et parfois plus, du brio rhétorique que d'un art de la rime, ses créations poétiques s'inscrivent dans l'espace de la dévotion à la Vierge Marie : un champ qui, borné par de rudes controverses théologiques et de rigides injonctions métaphoriques, laisse très peu de prise à la licence émotionnelle – ne vous attendez ni à la ribauderie de Villon ni à la sensiblerie de Ronsard. Par ailleurs, Jean ne compose pas que des rondeaux et des ballades exaltant les vertus de la Mère du Christ : il donne aussi dans la traduction des auteurs antiques, le « sermon joyeux » et la « mômerie » (la mascarade allégorique).

Cette diversité de sujets, cette pluralité de tons et de styles s'expliquent par le fait que son écriture est de bout en bout commandée par les espaces sociaux dans lesquels elle se déploie. Jean ne compose jamais pour rien, solitairement, à seule fin de satisfaire un pressant besoin intérieur : ses textes sont destinés à être lus ou joués devant des publics précis, dans le cadre de festivités à grande échelle, financées par des institutions. Tandis que les « mômeries » sont organisées par les municipalités et s'apparentent à des liesses officielles, les louanges mariales sont déclamées lors de compétitions poétiques primées, gouvernées par les notables et les confréries : les « Puys » de Dieppe et de Rouen.

Si la poésie a ses juges, c'est qu'elle a ses lois. Alors que la prose obéit aux règles de la « première rhétorique », la parole rimée se plie à celles de la « seconde rhétorique ». Les « facteurs » de vers ne sont pas des écrivains du dimanche mais des stylistes émérites, qui font profession d'un art exigeant, appris dans l'imitation des maîtres et la fréquentation des pairs. Techniciens de la fiction, ils mettent la fable et le songe au service de la quête d'un « sens supérieur » (*altior sensus*) : une harmonie ordinairement inaudible, masquée par le brouhaha des choses, à laquelle le langage ne peut accéder qu'au prix de sa propre altération musicale[128].

C'est l'une des raisons pour lesquelles la bonne fortune littéraire de Jean Parmentier était loin d'être acquise. Parce qu'il use de procédés métriques et d'effets de style dûment répertoriés et recommandés, à l'époque, dans les traités de rhétorique – tel celui de Pierre Fabri, le *Grand et vray art de pleine rhétorique*, publié à Rouen en 1521[129] –, il a communément été classé dans le groupe des « grands rhétoriqueurs ». Or, ceux-ci ont longtemps eu mauvaise presse, à commencer par les maîtres de la première génération : Jean Lemaire de Belges, George Chastelain, Jean Meschinot, Jean Molinet[130]. Ces derniers ayant été au XVe siècle dans l'emploi des ducs de Bourgogne et de Bretagne, on les a dits « poètes à gages » : mercenaires de la stance prostituant leur art et se vendant au plus offrant – à savoir, en règle générale, les adversaires de la Couronne[131]. Occupés à trousser des éloges, ils ne pouvaient avoir avec les Muses qu'un commerce intéressé, bien loin de la sincérité que le romantisme requiert de l'auteur. Alors même que la figure du poète comme scripteur de sa propre subjectivité n'émerge que bien après leur mort, les « grands rhétoriqueurs » se sont longtemps vu reprocher de ne rien confesser de leurs tourments intimes : l'anachronisme leur a coûté leur place dans le Lagarde et Michard[132].

128. Paul ZUMTHOR, *Le Masque et la Lumière. La poétique des Grands Rhétoriqueurs*, Paris, Seuil, 1972, p. 197-199, et François RIGOLOT, *Poésie et Renaissance*, Paris, Seuil, 2002, p. 58-61.

129. Pierre FABRI, *Le Grand et vray art de pleine rhétorique*, Rouen, Simon Gruel, 1521, 2 vol.

130. Si l'on doit au XIXe siècle l'appellation de « grands rhétoriqueurs », les contours du groupe d'auteurs considéré sont fixés dès le XVIe siècle. Dans sa « Louange et excellence des bons facteurs qui bien ont composé en rime », publiée en 1536, Pierre GROGNET rend hommage à Jean de Meung, Molinet, Meschinot, Octavien de Saint-Gelais, Lemaire de Belges, Pierre Fabri, Clément Marot, Guillaume Cretin, Jean Bouchet, André de La Vigne, etc. (*Le Second volume des Motz dorez du grand et sage Cathon…*, *op. cit.*, f°s 22r-24v).

131. « Monuments de parasitisme », avance méchamment Henri GUY (*Histoire de la poésie française au XVIe siècle*, vol. 1, *L'École des rhétoriqueurs*, Paris, H. Champion, 1910, p. 62).

132. Les rhétoriqueurs connaissent néanmoins la notion de propriété littéraire d'une œuvre. André de La Vigne et Jean Bouchet vont ainsi ester en justice pour protéger leurs droits sur leurs créations (Cynthia J. BROWN, *Poets, Patrons, and Printers.*

Qui plus est, en les poussant à multiplier les jeux d'homonymie et les doubles sens, leur quête compulsive de performances formelles a rendu leurs textes difficiles d'accès pour un public habitué à la limpidité du sonnet et au roulis régulier de l'alexandrin. Acrostiches, anagrammes, paronomases, rimes « batelées », « couronnées » ou « équivoquées », palindromes, anaphores, syncopes, hiatus : leurs poèmes regorgent de figures de style[133]. Certains tiennent du rébus graphique[134], d'autres dispersent toute interprétation dans l'écheveau des allusions, dissolvent le sens dans le tourbillon des assonances. Voyez, ou plutôt écoutez, l'*Oraison sur Maria* de Molinet – déroutante litanie pantogrammatique dont les mots de chaque vers commencent par une des lettres qui composent le nom de la Vierge :

Marie, mère merveilleuse,
Marguerite mundifiée [*purifiée*],
Mère miséricordieuse,
Mansion moult magnifiée,
Ma maîtresse mirifiée [*glorifiée*],
Mon méfait maculeux me matte,
M'âme mordant mortifie,
Merci m'envoie m'avocate !
Ardent amour, arche aornée [*élégante*],

Crisis of Authority in Late Medieval France, Ithaca, Cornell University Press, 1995, p. 1-16).

133. Pour une présentation synthétique des dispositifs et des accomplissements poétiques des « grands rhétoriqueurs », cf. P. ZUMTHOR, *Le Masque et la Lumière*, *op. cit.* La réhabilitation des « grands rhétoriqueurs » va de pair avec le tournant formaliste de la poésie française dans les années 1960. Les membres de l'Oulipo les tiennent pour des « plagiaires par anticipation », autrement dit les enrôlent au titre de grands ancêtres justifiant une contre-histoire poétique (Adeline DESBOIS-LENTILE et Virginie TAHAR, « Des grands rhétoriqueurs à l'Oulipo. Mythe et réalité d'un plagiat par anticipation », dans Sandra PROVINI et Mélanie BOST-FIEVET, dir., *Renaissance imaginaire. La réception de la Renaissance dans la culture contemporaine*, Paris, Garnier, 2019, p. 219-240). Jacques ROUBAUD publie même en 1990 un recueil de « poèmes en lignes palinodiques » en hommage à Jean Meschinot (*Secondes litanies de la Vierge. Poèmes en lignes palinodiques de chants royaux composés par Jacques Roubaud, facteur oulipien et alamien*, Paris, La Bibliothèque oulipienne n° 43, 1990).

134. Ullrich LANGER, « Jean Molinet : allégorie et textualité », *Réforme, Humanisme, Renaissance*, 1979, 9, en particulier p. 40-44, et P. ZUMTHOR, *Le Masque et la Lumière*, *op. cit.*, p. 255-256.

Ancelle[135] *annoncée, acceptable,*
Arbre apportant aube ajournée,
Accroissant avoir agréable […][136].

Dans une *Épître au roi* où, encore adolescent, il s'adresse à François Ier, Clément Marot, l'un des poètes les plus inventifs de l'époque, va jusqu'à faire de l'impératif sonore de la rime tout à la fois le thème, le moyen et la fin du poème. Il en profite pour rappeler que ce qui est pur divertissement pour les puissants est gagne-pain pour les littérateurs, toujours en mal de « maille », c'est-à-dire de petite monnaie :

Et quand vous plaît, mieux que moi, rimassez,
Des biens avez, et de la rime assez,
Mais moi à tout ma rime et ma rimaille
Je ne soutiens (dont je suis marri) maille […].
Car vois-tu bien, la personne rimante,
Qui au jardin de son sens la rime ente,
Si elle n'a des biens en rimoyant,
Elle prendra plaisir en rime oyant ;
Et m'est avis que si je ne rimois,
Mon pauvre corps ne serait nourri mois[137].

Des genres entiers, comme le « fatras » et le « coq-à-l'âne », variantes de la sottie[138], sont même dédiés à l'amoncellement de sentences qui souvent n'entretiennent de liaison que phonique, à la manière du jeu

135. Le terme « ancelle », réservé à la qualification de la Vierge, signifie « petite servante » et provient de l'annonce faite à Marie par l'Ange : « *Ecce ancilla domini* » (« Voici la servante du Seigneur »).

136. N. Dupire (éd.), *Les Faictz et Dictz de feu de bonne mémoire Maistre Jehan Molinet*, *op. cit.*, vol. 2, XI.1-12, p. 455.

137. C. Marot, *L'Adolescence clémentine*..., *op. cit.*, p. 88. Contrairement aux apparences, Marot ne tutoie pas le roi : il y a changement d'interlocuteur au fil du poème, et c'est à un « rimart » qu'il s'adresse familièrement dans les derniers vers.

138. Émile Picot, « La sottie en France », *Romania*, 1878, 27-7, p. 236-326, et P. Zumthor, *Le Masque et la Lumière*, *op. cit.*, p. 130-133. Le maître de la sottie est le Rouennais Pierre Gringore, auteur des *Menus propos de Mère Sotte* (Lyon, Olivier Arnoullet, 1535), celui des « coq-à-l'âne », Clément Marot, qui fait paraître en 1531 l'*Épistre du coq à l'asne*, reprise avec quelques retouches dans son *Adolescence clémentine* en 1532. Pour le « fatras » comme laboratoire d'expérimentation formelle, cf. Gérard Gros, « Le fatras selon Molinet », *Comptes rendus des séances de l'Académie des Inscriptions et Belles-Lettres*, 2013, 157-4, p. 1577-1587.

du marabout. Les mots n'ont plus d'autre socle que celui qui s'édifie sur le cadavre de leur signification. On y perd son latin sans y retrouver son français, comme dans cette invective d'André de La Vigne à l'encontre de la Moire Atropos, assimilée par les « grands rhétoriqueurs » à la Mort :

> *Lente, lâche, lourde, louche, lugubre,*
> *Sec sort stérile, subornée, salubre* [...],
> *Caduque chienne, concubine chétive,*
> *Fière, fatale, forcenée, futive* [...].
> *Tric, trac, troc, trop trousselant, triquetroque,*
> *Trainc très terreux, trep de triquenoque,*
> *Traître trousson, triquenique tribraque,*
> *Truie troussine, triquedondayne troque,*
> *Triste truande, triple trouple tibroque*[139].

À force de démembrer les mots et de détraquer la syntaxe, les « grands rhétoriqueurs » finissent par verser – à leur plus grande satisfaction – dans le comique troupier. Ainsi de cette charade de Molinet, qui tient peut-être moins du calembour potache que de la comptine déglinguée :

> *Quand je gardais aux champs les bre-bre* [bre*bis*],
> *J'étais des pasteurs ma-gis-gis-gis* [magis*ter*]
> *Car bergères faisait sau-sau-sau* [sau*ter*],
> *Et puis leur donnais de mon pain-pain* [pain *bis*][140].

Tout, ici, n'est pourtant pas qu'amusette ou forfanterie littéraire. La poésie des « grands rhétoriqueurs » appartient à un entre-temps précaire : elle est suspendue entre une conception analogique ancienne du monde, qui trace à la surface du réel des réseaux de ressemblances, et

139. André DE LA VIGNE, *Complaintes et épitaphes du roy de la Bazoche*, s. l., c. 1501 (BNF, Ars. ms. Rés. 4-S-590.2), f° 2r-v. Si la plupart des termes des dernières stances semblent tout droit sortis de l'imagination de l'auteur, quelques-uns renvoient à des usages attestés. Ainsi de « triquedondaine », qui désigne une bagatelle ou une babiole, et de « triquenique », qui renvoie à une altercation pour des broutilles (F. GODEFROY, *Dictionnaire de l'ancienne langue française..., op. cit.*, vol. 8, p. 78-79).

140. Cité dans H. GUY, *Histoire de la poésie française au XVIe siècle*, *op. cit.*, vol. 1, p. 99.

la volonté émergente d'une représentation mimétique de la nature[141]. Si elle cherche à toute force à restaurer par le langage une harmonie, fût-elle seulement musicale, c'est qu'elle est le chant d'un univers à la dérive, où plus aucun principe incontesté n'arrime les mots aux choses. Lézardée par les guerres entre ducs, la fiction du pouvoir du Prince n'arrive plus à servir d'embasement au corps social, non plus que la foi, ébréchée par les dissidences évangéliques et l'inconduite du bas clergé. D'un fragment de réalité à un autre, un liant fait défaut. Partout se creusent, entre l'expérience et le discours, entre la promesse du salut et les épreuves de l'affliction, des béances, que les « grands rhétoriqueurs » s'évertuent à colmater au moyen d'un nouveau phrasé. À la façon patiente des artisans, il leur faut réparer un ordre brisé, rapiécer la tunique élimée du sens[142]. Il y a chez eux, outre une confiance absolue dans leur propre vigueur créatrice, une croyance inouïe dans la puissance curative du langage.

Au XIXe siècle, la critique littéraire – qui s'invente en même temps qu'elle institue le Panthéon des grands auteurs – n'a pas de mots trop

141. P. ZUMTHOR, *Le Masque et la Lumière, op. cit.*, p. 81, 108, 209 et 213, et Denis HÜE, *La Poésie palinodique à Rouen, 1486-1550*, Paris, H. Champion, 2002, p. 551. Chez Molinet, la mécanique de l'analogie entre la perfection céleste et l'incomplétude humaine – outil classique de la théologie thomiste – en vient toujours à se dérégler et, « telle une décoration baroque, à sortir de son cadre » (Michael RANDALL, *Building Resemblance. Analogical Imagery in the Early French Renaissance*, Baltimore, The Johns Hopkins University Press, 1996, p. 50).

142. Les « grands rhétoriqueurs » aiment à se portraiturer sous les traits d'artisans ayant le goût de l'ouvrage bien fait. Dans une lettre à sa protectrice, la princesse Marguerite d'Autriche, Jean Lemaire de Belges se dépeint en 1510 tel un maçon affronté au marbre du verbe, compas et équerre en mains (Pierre JODOGNE, « La correspondance de Jean Lemaire de Belges », *Bulletin de la classe des lettres et des sciences morales et politiques*, 2011, 22, p. 232). Dans la *Vrai Disant Avocate des Dames* (1506), Jean MAROT dit avoir « entrepris de, selon son gros et rural métier, forger et marteler [ses vers] sur l'enclume de son insuffisance » (F. RIGOLOT, *Poésie et Renaissance…, op. cit.*, p. 92). Dans le dernier quart du XVe siècle, quand un poète s'en prend à un autre à l'issue du « Puy » de Dieppe, il ne trouve pas de pire façon de déconsidérer son adversaire que de comparer ses vers à un habit mal taillé ou à un mauvais ouvrage de maçonnerie : « Mais comment sont sortablement / Ses proverbes assis ou manche ? / Comme si en un blanc vêtement / Était cousue rouge manche. / Dieu, quel jointeur ! Il les amanche / De plâtras en guise de pierre. / Serres [verrous] et coins passent l'équerre » (Jehan MUNIER, « Ballade contre Dieppe », citée dans Émile PICOT, *Une querelle littéraire aux palinods de Dieppe au XVe siècle*, Paris, H. Champion, 1909, p. 14).

durs à leur encontre. Sainte-Beuve raille la « décadence pédantesque » de la seconde moitié du XVe siècle et moque, chez Guillaume Cretin, « un tintamarre étourdissant, où la pensée disparaît au milieu du bruit ». Les rhétoriqueurs de la seconde génération – celle contemporaine de Parmentier – ne trouvent pas plus grâce à ses yeux : Clément Marot et ses amis sont « des courtisans assez dissipés et paresseux », Jean Bouchet « un assez mauvais poète ». Bref, il faut attendre la Pléiade, dans les années 1550, et surtout l'austère simplicité des vers de François de Malherbe, au tournant du XVIIe siècle, pour que se dissipe « le mauvais goût général » et que « la France soit purgée du fumier de [François] Villon » – lequel, coutumier des basses-fosses, a eu l'impudence de « mener les Muses au cabaret »[143].

L'un des pères fondateurs des études littéraires françaises, Gustave Lanson, qui règne sur l'académie depuis la rue d'Ulm, poursuit de façon peu amène cette entreprise de dénigrement en qualifiant les œuvres des « grands rhétoriqueurs » de tombereau de « misérables et baroques pauvretés », de « fouillis de poésie niaise » et de « laborieux et prétentieux fatras, où les subtilités creuses et les ineptes jeux de mots tiennent lieu d'inspiration et d'idées ». La « délirante insipidité » de Cretin, l'« inépuisable platitude » de Molinet ne sont d'ailleurs pas à porter au débit de la France, mais à celui des Bourguignons, et, surtout, d'Anne de Bretagne. Car c'est cette dernière qui, passé son malencontreux mariage avec Charles VIII en 1491, « attire de tous les coins du royaume tout ce qu'elle peut trouver de grands, moyens, petits et tout petits rhétoriqueurs, tous plus vides de sens et plus extravagants de forme les uns que les autres ». Heureusement, la Renaissance – grâces lui soient rendues – a « balayé la poussière de cette littérature morte et relevé le génie de la race »[144]. Grand arbitre des élégances littéraires des premières années du XXe siècle, Henri Guy n'hésite pas quant à lui à donner le coup de pied de l'âne en dénonçant, ici de « stériles affectations », là « une foison de mots sauvages et saugrenus »[145].

143. Charles-Augustin SAINTE-BEUVE, *Tableau historique et critique de la poésie française au XVIe siècle* (1828), Paris, G. Charpentier, 1848, p. 17-19, 30 et 46.

144. Gustave LANSON, *Histoire de la littérature française*, Paris, Hachette et Cie, 1895, p. 181-182.

145. H. GUY, *Histoire de la poésie française au XVIe siècle*, *op. cit.*, vol. 1, p. 37 et 213. Le seul des rhétoriqueurs à échapper à l'ire de Guy (comme à celle de Du Bellay) est Lemaire de Belges, qui « devance l'ère de l'esprit libre et pressent la puissance de la Joie » (*ibid.*, p. 196).

Si véhémentes qu'elles soient, les charges de Sainte-Beuve, de Lanson et de Guy ne font que réitérer des assauts plus anciens, au premier chef ceux de la Pléiade. Dans sa *Défense et illustration de la langue française*, publiée en 1549, Du Bellay – qui ne doute de rien et certainement pas de lui-même – enjoint le « poète futur » à

> laisser toutes ces vieilles poésies françaises aux Jeux floraux de Toulouse et au Puy de Rouen : comme rondeaux, ballades, virelais, chants royaux, chansons et autres telles épiceries, qui corrompent le goût de notre langue et ne servent sinon à porter témoignage de notre ignorance[146].

« Épiceries » – entendez pacotille – chez Du Bellay, « mignardises » chez Étienne Pasquier[147] : la poésie des « grands rhétoriqueurs » se trouve disqualifiée sans ménagement par leurs successeurs immédiats. L'injure se fait plus sophistiquée, mais non moins venimeuse, chez Ronsard : « Il y a autant de différence entre un Poète et un versificateur qu'entre un bidet et un généreux coursier de Naples[148] ».

Or, la rudesse paie : la politique de la terre brûlée mise en application par la Pléiade se solde par une victoire sans appel. Qu'il s'agisse de *Mignonne allons voir si la rose* ou de *Heureux qui comme Ulysse*, ce sont les chants des vainqueurs que nous apprenons à l'école : à part une poignée de spécialistes et de sectateurs, qui connaît le *Testament de la guerre* de Molinet ou les *Épîtres de l'amant vert* de Lemaire de Belges ? Docilement rangés sous la bannière du roi et de la rime alternée, repus d'églogues et de prébendes, Ronsard et Du Bellay sont les apôtres de la *start-up narration* : ils relèguent aux oubliettes, dans un en dehors félon de la langue et de la monarchie, un siècle d'expérimentations poétiques. Jean Parmentier fait partie de la charrette.

*
* *

146. I. D. B. A. (Joachim Du Bellay), *La Deffense et illvstration de la Langve françoyse*, Paris, Arnoult l'Angelier, 1549, II.4, n. p.

147. Étienne Pasquier, *Recherches de la France* (1560), Paris, Laurens Sonnius, 1621, VII.5, p. 612.

148. Préface posthume de *La Franciade* (1587), citée dans F. Rigolot, *Poésie et Renaissance*, *op. cit.*, p. 58.

Bien qu'il ne se soit jamais livré à la moindre outrance rhétorique[149], il est en effet identifié – à bon droit – comme un poète des « Puys », lesquels sont, outre des concours de poésie dédiés à différents aspects du culte de la Vierge, le pré carré des adeptes de la rime contournée.

Le « Puy » de Dieppe, institué en 1443 sous l'égide du pouvoir royal à l'issue de la rupture du siège anglais de la ville[150], célèbre l'Assomption de Marie, autrement dit sa montée au ciel au terme de son existence terrestre. Le « Puy » de Rouen, qui se tient à compter de 1486 dans l'église Saint-Jean-sur-Renelle, à l'ouest de la ville, exalte son Immaculée Conception : une doctrine importée d'outre-Manche sous la domination anglaise et qui est alors loin de rallier les suffrages de tous les théologiens – puisqu'elle ne devient un dogme de l'Église qu'en 1854[151]. Le concours poétique constitue le point d'orgue des réjouissances, qui incluent aussi des processions, des offices et des banquets. Les candidats déclament tour à tour leurs compositions sur

149. C'est la raison pour laquelle Henri Guy lui réserve une « place à part » à la suite des pages qu'il consacre aux « petits rhétoriqueurs », et ce « pour [s]on plaisir et pour la consolation des lecteurs » (*Histoire de la poésie française au XVIe siècle, op. cit.*, vol. 1, p. 363). Cela étant, l'inclusion de Parmentier dans le cercle des rhétoriqueurs de la seconde génération se soutient d'un fait précis : à la fin des années 1520, il échange avec Jean Bouchet des épîtres louangeuses. Tandis que Bouchet le qualifie de « poète altiloquent, historïen, orateur éloquent » dont « la plume dorée a tant écrit, tant en prose que vers », Parmentier se dit le « serviteur entier et écolier petit » de Bouchet, dont « les propos de haute conséquence ont décoré le langage français » (F. Ferrand, éd., *Jean Parmentier. Œuvres poétiques*, *op. cit.*, XLIII.1-4 et XLIIII.18-19, p. 146-147, modernisé comme la plupart des citations des œuvres de Parmentier dans les pages qui suivent). Parmentier se révèle en outre, à l'occasion de sa « mômerie » de 1527, connaisseur et imitateur de Molinet.

150. D. Asseline, *Antiquités et chroniques de la ville de Dieppe*, *op. cit.*, vol. 1, p. 167-168, et J. Doublet, *Élégies*..., *op. cit.*, n° 21, p. 34-35. C'est le jour de l'Assomption que le Dauphin, futur Louis XI, brise le siège de Dieppe, entrepris par les troupes de Talbot, en s'emparant du fortin édifié par les Anglais au Pollet. Il offre alors à la ville une statue d'argent de la Vierge et, au moyen d'un don de 200 livres de rente, « institue la procession que l'on fait tous les ans en cette ville la veille de la fête de l'Assomption de la Sainte Mère de Dieu ». Cela étant, deux traités d'art poétique des années 1430 évoquent un « Puy » de la Nativité à Dieppe, où se pratiquent déjà le décasyllabe et l'envoi. Il n'est pas exclu que le « Puy » de l'Assomption ait puisé ses racines dans ce précédent (Gérard Gros, *Le Poète, la Vierge et le Prince du Puy. Étude sur les Puys marials de la France du Nord du XIVe siècle à la Renaissance*, Paris, Klincksieck, 1992, p. 143).

151. D. Hüe, *La Poésie palinodique à Rouen*..., *op. cit.*, p. 129 *sq.*

une estrade, sous le regard d'un jury présidé par le « prince du Puy » – généralement un haut personnage de la cité.

Les lauréats remportent des prix – palme, chapeau de laurier et lys à Rouen, anneau, couronne et broche d'or à Dieppe – qu'ils peuvent convertir en argent sonnant et trébuchant au terme des festivités[152]. Les notables ayant pris part au jury augmentent parfois ces récompenses du don d'objets précieux[153]. Si les « Puys » sont des événements religieux, leur dimension économique n'est pas négligeable, d'autant que les littérateurs ont pour règle de vivre du mécénat des puissants. Pierre Grognet le dit sans détour, en 1520, dans son « blason » de Dieppe :

Les jeux de prix y sont ouverts
À la mi-août des cierges verts
Et des mais [*branchages*] *de cire nouveaux*
Qui semblent naturels et beaux.
Ceux qui mieux les font y ont gages [...].
Chantres de diverses contrées
Là où leurs voix sont estimées
Et y en a au jeu de pris
Selon son salaire compris[154].

Cette insistance sur le « salaire » des poètes ne doit pas surprendre, et moins encore choquer. Bien dotés et bénéficiant d'un écho public conséquent pour l'époque, les « Puys » attirent avant tout ceux qui font métier de la rime. Les chevauchements entre l'univers des compétitions de poésie mariale et le cercle des « grands rhétoriqueurs » sont permanents, et ce dès le dernier tiers du XVe siècle. Tandis que Jean Molinet prend part au « Puy » d'Amiens en 1471, Pierre Fabri

152. En 1471, à Dieppe, les lauréats peuvent faire « rédimer » leur prix au terme des festivités, au tarif de 2 francs pour l'anneau, 3 pour la broche, 4 pour le chapeau de laurier et 5 pour la couronne (D. ASSELINE, *Antiquités et chroniques de la ville de Dieppe*, *op. cit.*, vol. 1, p. 188).

153. En 1497, le vainqueur du premier prix du « Puy » de Rouen se voit gratifié d'une croix potencée de saint Antoine en argent, tandis que celui du second prix reçoit une clochette du même métal (Denis HÜE, « La Fête aux normands et le Puy des Palinods de Rouen : la fête dans la ville », dans Françoise THÉLAMON, dir., *Marie et la « Fête aux normands ». Dévotion, images, poésie*, Mont-Saint-Aignan, Presses universitaires de Rouen et du Havre, 2011, p. 107-124).

154. P. GROGNET, *Le Second Volume des Motz dorez du grand et saige Cathon*..., *op. cit.*, f° 61v (modernisé).

– le grand ordonnateur des règles de versification – préside le jury de celui de Rouen en 1487[155]. C'est également au « Puy » de Rouen que la plupart des « grands rhétoriqueurs » des années 1500-1520 font leurs premières armes et connaissent leurs premiers triomphes, comme Jean Marot, André de La Vigne et Guillaume Cretin[156]. Bien qu'ouverts aux amateurs, les « Puys » consacrent des professionnels : des littérateurs rompus à tous les genres, capables de façonner sur commande le panégyrique le plus obséquieux comme la farce la plus obscène. La louange mariale n'est pour eux qu'un défi verbal parmi d'autres.

Les règles littéraires du concours sont à ce point contraignantes qu'elles obligent les candidats à faire montre de virtuosité. Outre le rondeau, courte pièce en quatrains, la principale forme imposée est celle du « chant royal » : un genre de ballade à cinq onzains de décasyllabes, tous suivis d'un refrain que l'on nomme usuellement la « ligne palinodique »[157] du poème et qui en fournit la clé de lecture métaphorique ou métonymique – d'où le terme de « palinods », appliqué à l'époque aussi bien aux « Puys » qu'aux poèmes qui y sont présentés. Que le refrain ait été décidé par le « prince » ou choisi par le candidat, la règle cardinale de l'exercice consiste à broder habilement sur son thème ou sur son répertoire. En 1516, à l'occasion de ce qui est selon toute vraisemblance sa première participation à un « Puy », Jean Parmentier soumet aux suffrages une composition scandée par la stance « sus le serpent la forte pastourelle », qui vaut comme rappel

155. C'est aux « dévots facteurs du champ royal du Puy de l'Immaculée Conception de la Vierge » que Fabri adresse ses préceptes, et ce, d'une part, afin qu'ils « connaissent la manière par laquelle leur dévotion croîtra », et, d'autre part, pour que « nos très honorés seigneurs et maîtres, les princes et poètes lauréats d'icellui Puy aient aucune récréation » (Thierry MANTOVANI, « Pierre Fabri et la poétique des Puys dans le second livre du *Grand et vrai art de pleine rhétorique* », *Nouvelle revue du seizième siècle*, 2000, 18-1, p. 41-54). Sur la très probable participation de Molinet au « Puy » d'Amiens en 1471, cf. Gérard GROS, « Rhétorique et poésie : le Puy Notre-Dame d'Amiens », *Nord'*, 2017, 70, p. 63.

156. André de La Vigne remporte le premier prix du « Puy » de Rouen en 1511 et en 1513, Cretin le second prix en 1516 et le premier en 1520 (H. GUY, *Histoire de la poésie française au XVIe siècle*, *op. cit.*, vol. 1, p. 217 et 229-230).

157. Concernant « les dernières lignes qui se reprennent à chacune clause », Pierre Fabri les nomme « refrain » s'il s'agit d'une ballade et « palinod » quand il est question d'un chant royal (*Le Grand et vray art de pleine rhétorique*..., *op. cit.*, vol. 2, p. 77).

de la victoire de Marie – bergère de l'humanité – sur le péché originel[158]. Un compétiteur plus terre à terre se risque, en 1517, à comparer la Mère de Dieu à « la belle grappe apportant nouveau moût[159] ».

À Dieppe, le chant royal se doit en outre d'inclure un « envoi » : un couplet conclusif qui, en démasquant les personnages de l'allégorie, offre le fin mot d'un propos souvent elliptique. Développant l'histoire de la révolte de Catilina contre le Sénat romain, Parmentier précise, au terme de son éloge du « Temple saint de divine concorde » :

Par ces mutins j'entends vice et le diable,
Dieu, le consul au sénat honorable[160].

Le cahier des charges ne s'arrête pas là, puisqu'un chant royal doit non seulement alterner les rimes « masculines » et « féminines », mais aussi, à intervalles réguliers, les rimes « croisées » et « léonines », c'est-à-dire des rimes « riches » possédant plusieurs phonèmes communs. En sus de veiller à l'observance de l'ensemble de ces règles métriques, il faut bannir tout terme trivial et respecter autant que faire se peut ce qui est théologiquement admis. Dans le cadre d'un compliment marial, il va en effet de soi, comme le rappelle Pierre Fabri, que « l'on ne doit point parler que gravement et de grave matière en termes positifs et superlatifs », ce qui exclut par principe l'usage des diminutifs. Ainsi se refusera-t-on avec la dernière vigueur à appeler la Vierge « pucelotte » (petite demoiselle) ou « brebiette » (petite brebis).

La redite aux « lisières » des stances est rigoureusement interdite, tout comme sont proscrits « l'inepte orthographie » et les « termes écorchés et près du latin », car seul doit régner « le bon vulgaire et maternel français ». Tout ce qui fleure le patois relève en conséquence du « vice d'écriture », à commencer par cette odieuse habitude, propre à la Basse-Normandie, de supprimer des syllabes et de dire « "Dieu stavous ! Que faictous ? Vous causous ?" en lieu de dire "Dieu soit

158. F. Ferrand (éd.), *Jean Parmentier. Œuvres poétiques*, *op. cit.*, n. 4, p. XII.

159. Nicole Dupuys, « La belle grappe apportant nouveau moust » (1517), cité dans Georges Lebas, *Les Palinods et les Poètes dieppois. Étude sur les confréries religieuses et littéraires des Puys de Dieppe*..., Dieppe, Imp. centrale et Delevoye réunies, 1904, p. 89-91.

160. F. Ferrand (éd.), *Jean Parmentier. Œuvres poétiques*, *op. cit.*, n° XI, X.56-57, p. 36 (s. d.).

avec vous ! Que faites-vous ? Vous chauffez-vous ?" ». Mais le premier, et le plus intangible de tous les commandements de Fabri, c'est la recherche de l'effet de réel[161] :

> Le facteur [le poète] doit adapter et approprier termes convenables au sujet, substance et matière [qu'il] prend pour son chant royal, et, s'il veut parler de la mer, il doit user de termes marins et de choses propres ou impropres à la mer. [De même] s'il veut en sa métaphore faire un château ou quelque édifice, il doit prendre les termes à ce convenables. [...] Il ne doit point sortir hors de son sujet et le doit déduire jusqu'à la fin de sa métaphore[162].

Cet appel au réalisme – ou du moins à l'emploi de vocables émanant de la pratique – peut surprendre sous la plume d'un maître de rhétorique qui, par ailleurs, abhorre les parlers régionaux et populaires. Il ne semble pas non plus évident que l'évocation du mystère de l'Immaculée Conception, qui obéit à un imagier fixé par la vulgate théologique, doive recourir aux glossaires du navigateur ou de l'architecte. La poésie mariale des « Puys » forme pourtant l'espace privilégié de la rencontre entre les canons médiévaux de la foi et une appréhension nouvelle du monde, qui fait la part belle aux œuvres humaines. Le culte de la Vierge ressortit à une théologie de l'Incarnation qui conduit à une célébration de la Création. Puisque Marie intercède au ciel en faveur des hommes, rien de ce qui est humain ne peut ni ne doit lui demeurer étranger. Ou, pour le dire dans les termes d'une oraison de saint Anselme : « Si Dieu est le père de la fondation du monde, Marie est la mère de sa réparation[163]. »

161. L'« effet de réel » désigne, chez Roland BARTHES, tout ce qui, dans un texte à vocation littéraire, s'avère « superflu par rapport à la structure », c'est-à-dire ne se trouve pas réductible à une fonction grammaticale. Il s'agit de l'ensemble des détails qui visent à « dénoter le réel concret » et à entretenir l'« illusion référentielle » du texte, autrement dit à nourrir la croyance en sa capacité à devenir le réceptacle des « choses elles-mêmes » (« L'effet de réel », *Communications*, 1968, 11, p. 84-89). Si Barthes réserve ce procédé aux œuvres de la modernité tardive, on le voit bel et bien à l'œuvre dans la poésie des « Puys ».

162. P. FABRI, *Le Grand et vray art de pleine rhétorique*..., *op. cit.*, vol. 2, p. 100-102, 122. La colère de Fabri à l'encontre de l'usage du terme de « brebiette » vise un poème de Du Parc, « La brebiette et l'agneau sans macule ».

163. *Oratio LII ad sanctum virginem Mariam*, citée dans D. HÜE, « La Fête aux normands... », art. cit. Tour à tour prieur de Notre-Dame du Bec et archevêque de

Ainsi l'humanisme naissant trouve-t-il refuge dans une dévotion prédisposée comme nulle autre à l'éloge des « arts mécaniques[164] ». Orfèvres, tisserands, maîtres charpentiers : tous les artisans magnifient la Mère de Dieu au moyen des lexiques de leurs métiers. Mais c'est sans conteste Jean Parmentier qui pousse le plus loin cette exigence de pragmatisme en entrelardant ses vers de termes de marine admirablement abscons :

Dessus la mer, jadis, faisait sa route
Une grande nef assez bien équipée,
D'un si bon temps, que bouline ou écoute [*deux types de cordes de voile*]
N'avait métier d'être prise ou happée,
Tant qu'il survint, environ la vesprée,
De l'Est Nord-Est, une horrible tempête,
Dont le patron eut bien mal à sa tête.
Son matelot mit heaume [*la barre du gouvernail*] *à bâbord,*
Mais ne fut pas ainsi qu'il le fallut,
Car par cela laissèrent à tribord
Le grand scenail [*chenal*] *du vrai port de salut.*
La tempête dedans la nef se boute
Tant qu'elle fut sur les bancs échouée,
Et le grand vent la boute et la déboute,
Dont matelots, craignant d'être trouée,
Légèrement firent une touée [*tirèrent sur les câbles d'ancres*] ;
Câbles, grelins [*gros cordages*], *on ajuste et apprête,*
À l'esqueult [*écoutille*] *bien et l'ancre toute prête,*

Canterbury, Anselme est l'un des principaux propagateurs de la dévotion mariale en Normandie. Cette dévotion s'exprime avant tout par l'importance accordée à l'intercession de la Vierge au moment du trépas. Ainsi le testament d'un prêtre, rédigé en 1501, débute-t-il par ce quatrain : « À Marie de grâce plénière / Me rédime porter ta bannière / Afin que pour moi intercède / Témoin contre moi procède » (ADSM, G 3446, testament de Jean de Saint-Gilles, 27 novembre 1501, modernisé). C'est cette conception de Marie comme dispensatrice de grâce qui inspire nombre de poètes du « Puy » de Dieppe. Dans un chant royal des années 1520, Pierre Crignon, le fidèle compagnon des frères Parmentier, met en scène le Christ disant à Marie, lors de l'arrivée de celle-ci au Ciel : « Je te ferai de grâce trésorière / Pour l'impartir à tous, jeunes et vieux » (John NOTHNAGLE, éd., *Pierre Crignon : poète et navigateur. Œuvres en prose et en vers*, Birmingham, Summa Publications, 1990, VIII.45-46, p. 80, « Les dons de grâce et les grands biens de gloire », modernisé).

164. D. HÜE, *La Poésie palinodique à Rouen...*, *op. cit.*, p. 271, 405 et 551.

Et à haler chacun fait son effort,
Par quoi cela si très bien leur valut
Qu'ils connurent, par leur manœuvre fort,
Le grand scenail du vrai port de salut[165].

Les usages de la boutique, de l'atelier ou du bateau prennent place au cœur du poème marial, arrimant la langue poétique à la quotidienneté. L'un des auteurs les plus primés du « Puy » de Rouen dans les années 1510, Nicole Lescarre, introduit même les pratiques agricoles les moins ragoûtantes du pays de Caux dans ses poèmes, comparant la Vierge à « la marle [la boue de craie] rendant terre fertile et grasse[166] ». On voit ici jouer à plein la césure sociale entre les « facteurs de rimes » des « Puys », porte-parole des bourgeoisies industrieuses et de leurs attaches campagnardes, et les « grands rhétoriqueurs », qui œuvrent pour le loisir des princes, « en la cour, là où les jugements s'amendent et les langages se polissent[167] ».

*

* *

Tout cela, bien sûr, ne va pas sans remous : à partir du moment où le chant royal s'ouvre au monde, il en enregistre les turbulences, notamment de nature religieuse. Dès l'orée des années 1510, la montée en puissance des doctrines évangéliques, suivie par celle des premiers protestantismes, ébranle le monde clérical. Nombreux sont ceux,

165. F. Ferrand (éd.), *Jean Parmentier. Œuvres poétiques*, *op. cit.*, n° XI, XI.1-22, p. 37-38 (s. d.). Le mot « touée » désigne un câble double ou triple, et le verbe « touer », le fait de haler une nef au moyen de ce type de câble (A. Jal, *Glossaire nautique. Répertoire polyglotte de termes de marine anciens et modernes*, Paris, Firmin Didot, 1848, vol. 3, p. 1469). On retrouve cette métaphore de la nef mariale, « chargée de vertus » et convoyant le croyant jusqu'au « port de paix », dans un chant royal de Crignon, scandé par la ligne palinodique « L'île où la terre est plus haute que les cieux ». Dieu y est « le grand patron et pilote très sage / qui composa la grand cosmographie » et « sait si bien gouverner / par l'astrolabe et compas sérieux » (J. Nothnagle, éd., *Pierre Crignon : poète et navigateur...*, *op. cit.*, IX.1-2 et 23-44, p. 81-82, modernisé).

166. D. Hüe, *La Poésie palinodique à Rouen...*, *op. cit.*, p. 653.

167. Clément Marot, *Œuvres poétiques*, éd. G. Defaux, Paris, Bordas, 1993, vol. 2, p. 777. Marot se livre ici à une critique de Villon, dont il déplore qu'il n'ait pas été « nourri en la cour des Rois et des Princes ».

Illustration 1. Jean Ango représenté en pieux bourgeois
(« Heures de la famille Ango », anciennement « Heures des enfants », BNF, ms. NAL 392, c. 1514, f° 6v)

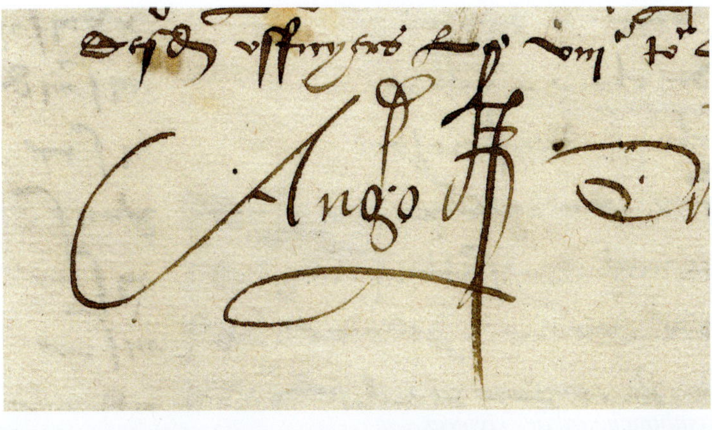

Illustration 2. Jean Ango dans son rôle de notable
(Reçu de Jehan Ango à Jehan Loutrel, ADSM, G 960, c. 1540)

Illustration 3. La pêche au hareng le long des côtes anglaises

(Le Chevalier, de Dieppe, *Abrégé de l'histoire des pesches et pecherie des Poissons que l'on Pêche à la mer et au emboucheure des rivières*, BNF, Ars. ms. 2724, c. 1740-1760, f° 93r)

Illustration 4. Possibles portraits des frères Parmentier et de Pierre Crignon dans un manuscrit de palinods du XVIe siècle

(BNF, ms. Fr. 379, f° 24r, 25r, 28v)

Jean Parmentier

Raoul Parmentier

Pierre Crignon

Illustration 5. Le cosmographe vertueux et le monstre Luther
(Jean Parmentier, « La mappemonde aux humains salutaire »,
BNF, ms. Fr. 1537, f° 96r)

Illustration 6. La « frise des sauvages »
de l'église Saint-Jacques de Dieppe (c. 1530-1535)
(Archives de la ville de Dieppe, médiathèque Jean Renoir)

Illustration 7. Le Brésil dans le *Boke of Idrography* de Jean Rotz
(British Library, Royal MS 20 E IX, c. 1535-1542, f° 28r)

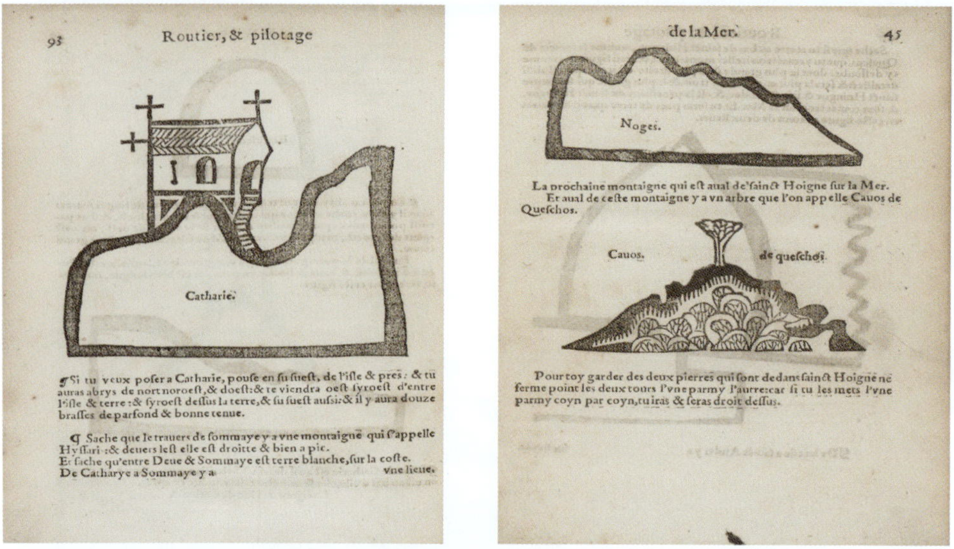
93 Routier, & pilotage

Catharie.

Si tu veux poſer a Catharie, pouſe en ſu ſueſt, de l'iſle & pres : & tu auras abrys de nort noroeſt, & doeſt : & te viendra oeſt ſyroeſt d'entre l'iſle & terre : & ſyroeſt deſſus la terre, & ſu ſueſt auſsi : & il y aura douze braſſes de parfond & bonne tenue.

Sache que le trauers de ſommaye y a vne montaigne qui s'appelle Hyſſari : & deuers leſt elle eſt droitte & bien a pic.
Et ſache qu'entre Deue & Sommaye eſt terre blanche, ſur la coſte.
De Catharye a Sommaye y a vne lieue.

de la Mer. 45

Noges.

La prochaine montaigne qui eſt aual de ſainct Hoigne ſur la Mer.
Et aual de ceſte montaigne y a vn arbre que l'on appelle Cauos de Queſchos.

Cauos. de queſchos.

Pour toy garder des deux pierres qui ſont dedans ſainct Hoigne ne ferme point les deux tours l'vne parmy l'autre : car ſi tu les mets l'vne parmy coyn par coyn, tu iras & feras droit deſſus.

Illustration 8. La navigation « à l'estime » : le régime visuel des « amers »
(Pierre Garcie dit Ferrande, *Le Grand routtier et pillotage…*,
Poitiers, Enguilbert de Marnef, 1520, p. 36 et 45)

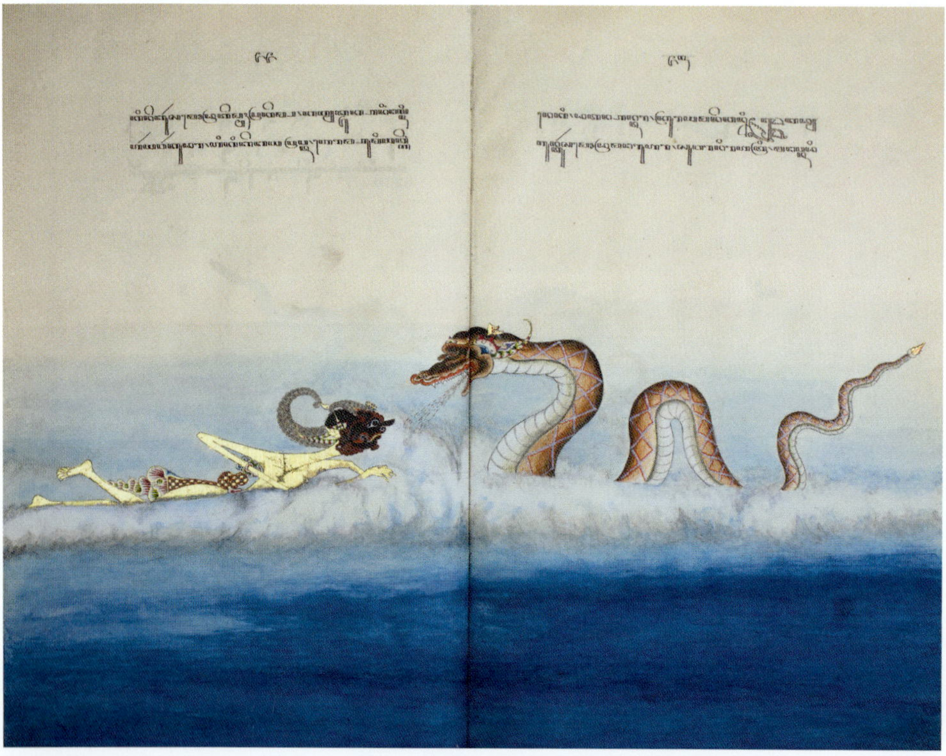

Illustration 9. L'océan comme métaphore de la quête mystique :
Bhima, le fils du dieu du Vent, affronte le dragon marin de ses passions
(*Serat Dewa Ruci*, Jogjakarta, 1904, La Haye, Collections royales, Inv. G 013-09)

Illustration 10. Une nasse à poissons malaise

(Péninsule Malaise, début XXe siècle,
Asian Civilizations Museum, Singapour, Inv. XXXX-10721)

Illustration 11. Un nécessaire à bétel (*tepak sirih*)

(Java, début XXe siècle, Asian Civilizations Museum, Singapour, Inv. XXXX-02943)

Illustration 12. Le monde de la côte ouest de Sumatra : entre islam et culture minangkabau
(Mosquée sur la côte ouest de Sumatra, c. 1895, Bibliothèque de l'université de Leyde, KITLV, Inv. 82850)

Illustration 13. Un groupe de Kubu du sud de Sumatra vers 1910
(Bibliothèque de l'université de Leyde, KITLV, Inv. 16372)

parmi les prélats les plus lettrés, qui partagent le constat attristé de l'évêque de Meaux, Guillaume Briçonnet :

> L'Église est de présent aride et sèche comme le torrent en la grande chaleur australe. La chaleur d'avarice, ambition et voluptueuse vie a desséché son eau de vie, doctrine et exemplarité. [...] Chacun cherche son profit et honneur. Il n'est plus question de celui de Dieu. [...] Nous sommes tout terrestres, qui devrions être tout esprit. Et cela procède d'un manque d'eau de sapience [sagesse] et de doctrine évangélique, qui ne court ni n'est distribuée comme elle devrait[168].

En Normandie, province prospère et ouverte aux vents du large, l'humanisme s'insinue précocement au cœur des diocèses. Guillaume de La Mare, le recteur de l'université de Caen, publie en 1513 un opuscule fustigeant l'avarice des évêques et la turpitude des prêtres[169]. En 1516, l'évêque de Bayeux, Ludovico Canossa, crée le scandale en offrant à Érasme – qui ne cesse d'appeler l'Église à un retour aux sources de la foi – une place au sein de sa secrétairerie, moyennant 200 ducats, deux chevaux et deux serviteurs[170]. Dans les paroisses, l'heure est à l'indiscipline, voire au sacrilège. S'il n'était pas rare jusque-là que des blasphémateurs soient jugés et sanctionnés – ainsi qu'il advient à Dieppe, en 1475, à quatre hommes attachés aux piloris de la place de la Vase[171] –, la menace se précise, qui vise désormais les points du culte et de la liturgie les plus contestés par les disciples de Calvin et de Luther.

En 1511, l'eucharistie est profanée dans les églises de Saint-Lô de Rouen et de Neufchâtel[172]. En juillet 1528, un dénommé Pierre Bar,

168. Lettre de Guillaume Briçonnet à Marguerite de Navarre du 22 décembre 1521, citée dans Jonathan A. REID, *King's Sister, Queen of Dissent. Marguerite of Navarre (1492-1549) and her Evangelical Network*, Leyde, Brill, 2009, vol. 1, n. 64, p. 201 (modernisé).

169. Henri PRENTOUT, « La Réforme en Normandie et les débuts de la Réforme à l'université de Caen », *Revue historique*, 1913, 114-2, p. 291.

170. Aloïs GERLO et Paul FORIERS (éd.), *La Correspondance d'Érasme*, vol. 2, *1514-1517*, Bruxelles, Presses académiques européennes, 1974, lettre 489 (Ludovico Canossa à Érasme, 13 novembre 1516), p. 503.

171. ADSM, G 524, RVD 1474-1475, f° 16r (7 livres et 21 sous à « Laurent Delamarre, charpentier, et ses compaignons pour avoir assis quatre long poostz en plusieurs endroitz et rues [et] a tout les chaynes de fer pour mettre et enchaîner les blasphèmeurs de Dieu »).

172. A. FLOQUET, *Histoire du Parlement de Normandie*, *op. cit.*, vol. 1, p. 222-223 (17 mai 1511), et ADSM, G 2148 (délibérations capitulaires de Notre-Dame de Rouen,

« marié à une juive » et accusé d'avoir traité la Vierge de « putain », est étranglé puis brûlé à Rouen – et une procession de la châsse de Notre-Dame improvisée pour laver la ville de cette souillure[173]. La même année, tandis que Jean de Caux dit « La Caille », un clerc de Bolbec, est conduit à la prison de l'archevêché car soupçonné d'« hérésie », trois femmes sont mises à mort pour le même motif dans le Cotentin[174]. Si la Normandie sent le soufre pour l'Église, elle a pour les Réformés le parfum de la victoire. Dans une lettre adressée en août 1530 à Luther, le théologien protestant Martin Bucer affirme, avec exagération mais un sens certain du *storytelling*, qu'une partie de la région est en passe de devenir « une petite Allemagne[175] ».

Ces épisodes déclenchent une véritable panique au sein de la curie de l'archevêché, qui envoie des juges ecclésiastiques traquer les « hérétiques » dans les villages du pays de Caux[176]. En 1533, c'est un prêtre – un certain Le Court, curé de la bourgade de Condé-sur-Sarthe – que l'inquisiteur Étienne Mangon soumet à un interrogatoire serré. Il est vrai que l'homme a multiplié les actes et les affirmations impies, refusant d'entonner l'*Ave Maria* au début des offices et soutenant que

---

1509-1512), f°s 151v-152r et 162r (15-19 avril et 24 juin 1511). L'étude la plus détaillée des premières dissidences évangéliques en Normandie reste celle de David NICHOLLS, « The Origins of Protestantism in Normandy : A Social Study », thèse de la faculté des Arts, université de Birmingham, 1977, en particulier p. 49-55.

173. David NICHOLLS, « Social Change and Early Protestantism in France : Normandy, 1520-1562 », *European Studies Review*, 1980, 10, p. 285. Pour le détail du supplice et de la procession, cf. ADSM, G 2153 (délibérations capitulaires de Notre-Dame de Rouen, 1527-1531), f°s 44v et 114r-115r (20 et 23 juillet 1528). Comme le souligne Nicholls, l'accusation de « luthéranisme » brandie par les clercs de Rouen à l'encontre de Pierre Bar est d'autant plus surprenante que ce dernier ayant épousé une juive, son « hérésie » relève selon toute vraisemblance d'un crypto-judaïsme.

174. D. NICHOLLS, « The Origins of Protestantism in Normandy… », thèse citée, p. 52 (ADSM, G 230), et A. FLOQUET, *Histoire du Parlement de Normandie*, *op. cit.*, vol. 2, p. 223.

175. Aimé Louis HERMINJARD (éd.), *Correspondance des réformateurs dans les pays de langue française*, Genève, H. Georg, 1868, vol. 2, n° 305 (lettre de Martin Bucer à Luther, Augsbourg, 25 août 1530), p. 271.

176. Émile LESENS, *Le Protestantisme dans le pays de Caux*, Bolbec, Henri Yvon, 1906, p. 19-21. Cf. ADSM, G 232 (comptes de la curie archiépiscopale, 1530-1531 : sermons faits par l'inquisiteur à Basqueville contre Geoffroy du Coudray, « religieux hérétique » en fuite, et à Sotteville contre Marguerite Hurier et Pierre Le Vasseur, « hérétiques ») et G 243 (*ibid.*, 1540-1541 : commission à Me Jacques Terrien pour « informer contre plusieurs hérétiques du pays de Caux »).

« les saints n'ont pas de puissance [et] que c'est folie d'aller en pèlerinages ». Loin d'être l'incarnation du bas clergé inculte et crédule, Le Court a des lettres – et du répondant. Outre qu'il possède un exemplaire de la traduction française du Nouveau Testament, qui vient tout juste d'être publiée, il a rédigé en latin neuf « propositions » clairement inspirées des thèses luthériennes – dont celle-ci, qui ne l'aide pas à se gagner la clémence de ses juges :

> La Sainte Écriture a longtemps été cachée sous le latin, mais maintenant Dieu a voulu qu'elle soit mise en français, et dorénavant les hommes et les femmes l'entendront, et les femmes feront les offices des Évêques, et les Évêques les offices des femmes. Car elles prêcheront la Sainte Écriture, et les Évêques broderont en chambre avec les damoiselles.

Refusant obstinément d'abjurer ses erreurs, Le Court est tout d'abord « dégradé » en place publique par l'archevêque, Georges II d'Amboise. Son bonnet de docteur lui ayant été violemment arraché, il est coiffé d'une mitre bariolée, couverte de caricatures injurieuses, avant d'être vêtu d'une tunique mi-partie semblable à celle des fous. Le bailli le condamne ensuite au bûcher, mais, moins par compassion que pour éviter qu'il ne continue à professer son hérésie au milieu des flammes, le Parlement ordonne qu'il soit préalablement étranglé[177].

En août 1534, une commission spéciale, créée sur l'ordre du roi, se rend à Alençon pour enquêter sur deux jeunes hommes accusés d'avoir pendu à une gouttière des statuettes de la Vierge et de sainte Claude, dérobées nuitamment dans une chapelle. À l'issue d'une série d'interrogatoires, ce ne sont pas moins de quarante mandats d'amener qui sont émis, dont cinq se soldent par une condamnation à mort pour sacrilège et « propos séditieux » à l'encontre de l'Église[178]. À la mi-octobre, les

177. Nathanaël Weiss, « Étienne Lecourt, curé de Condé-sur-Sarthe, brûlé à Rouen le 11 décembre 1533 », *Bulletin historique et littéraire de la Société de l'histoire du protestantisme français*, 1887, 36-6, p. 299-314, et F. Farin, *Histoire de la ville de Rouen*, *op. cit.*, vol. 1, p. 182-183.

178. L'affaire d'Alençon forme un épisode critique de l'histoire de l'évangélisme, en ce qu'elle signe le début de la disgrâce publique de Marguerite de Navarre. Prenant prétexte du sacrilège des jeunes gens, le roi frappe au cœur des réseaux tissés autour de Guillaume Briçonnet et de Lefèvre d'Étaples. Plusieurs ecclésiastiques sont inculpés lors du procès, dont Pierre Caroli qui a déjà eu maille à partir avec la Sorbonne en 1524-1525. Trois des six prêtres incriminés sont en outre des proches ou des disciples d'Étienne Lecourt – ce qui montre l'étendue et la résilience du milieu

choses prennent un tour et une ampleur plus sinistres encore. L'affichage dans les rues de Rouen – comme dans celles de Blois, de Tours et d'Orléans – de « placards » agonissant « les horribles et insupportables abus de la messe papale » pousse le Parlement, aiguillonné par François Ier, à ordonner l'arrestation de tous les « ennemis de la Foi ». La guerre ouverte entre l'État et les Réformés commence.

Du fait de son intégration au culte marial comme de son association au pouvoir épiscopal, le monde des « palinods » devient la cible des calvinistes : en 1544, le couvent des Carmes, où se tient depuis 1515 le « Puy » de Rouen, est saccagé et incendié[179]. Mais la ligne de faille scinde l'assemblée des poètes elle-même. Si quelques-uns rejoignent le camp protestant – tel Pierre du Val, admirateur de Parmentier, qui s'exile à Londres puis devient ministre du culte réformé[180] –, beaucoup serrent les rangs face à la menace et font de leurs chants des forteresses d'orthodoxie. Guillaume Thiebault sonne la charge dès 1520 :

> *Prince des cieux, donne grâce à foison*
> *À mes servants de faire garnison*
> *D'hymnes et de vers contre l'orde* [la vile] *sangsue*[181].

Dans un chant royal de 1526, qui évoque son futur voyage aux Indes orientales, Jean Parmentier montre lui aussi les dents :

évangélique local (Benjamin ROBERT, « Les débuts du protestantisme à Alençon », *Bulletin de la Société de l'histoire du protestantisme français*, 1936, 85, p. 365-390).

179. D. HÜE, *La Poésie palinodique à Rouen...*, *op. cit.*, p. 245.

180. Du Val concourt régulièrement au « Puy » de Rouen entre 1533 et 1547. Il gagne l'Angleterre en 1552 pour échapper aux persécutions, puis s'installe comme pasteur à Emden, en Frise orientale, vers 1554 (Verdun-Léon SAULNIER, « L'évangélisme de Pierre du Val et le problème des libertins spirituels », *Bibliothèque d'humanisme et de Renaissance*, 1952, 14-1, p. 205-218). Dans une pièce composite de 1543, « Le Puy du souverain amour tenu par la Déesse Pallas... », Du Val établit littéralement Parmentier au Panthéon des poètes : « La nimphe de bonne renommée, parvenue aux Champs Eslysées, faict son debvoir de semondre [convoquer] les poètes et orateurs françoys en ces lieux transférez, comme maistre Allain Charetier, le Moyne de Lyre [Guillaume Alexis], Greban, Jehan du Meum [Jean de Meung], de Loris, Georges l'Advanturier [Chastelain], Meschinot, Cretin, Jehan Marot, Permentier [Jean Parmentier], maistre Thomas Le Prevost, Jehan Le Maire [Lemaire de Belges], Crignon et aultres excellens facteurs » (Émile PICOT, éd., *Théâtre mystique de Pierre du Val et des libertins spirituels de Rouen au XVIe siècle*, Paris, Damascène Morgand, 1882, p. 89-90).

181. D. HÜE, *La Poésie palinodique à Rouen...*, *op. cit.*, p. 175.

Du Chef de Caux, provide [*sage*] *nation,*
Un cosmographe, expert en la marine,
Entreprit la route et navigation
Du Caillicou [*Calicut*], *pour trouver l'or en mine.*
Il nagea tant sur les ondes salées,
Dedans sa nef, les voiles avalées,
Au gré du vent, cherchant l'île nouvelle,
Qu'il fut surpris d'un vil monstre rebelle
Le poursuivant, qui le voulait défaire
Si, pour pilote, il n'eût eu en nacelle
La mappemonde aux humains salutaire […].
Prince, je prends la mine d'or tant belle
Pour Paradis, cosmographe j'appelle
Le genre humain, le monstre, vieux Luther,
Et Marie est, sans tache originelle,
La mappemonde aux humains salutaire[182] [cf. Illustration 5].

Il n'est pas certain, cependant, que Jean n'ait pas partagé certaines des critiques émises par les évangéliques à l'encontre du clergé et de son cheptel. Ainsi moque-t-il méchamment, dans le tout dernier texte que nous ayons de lui, « les dames dévotes, où il y a souvent de bonnes sottes », avant de pourfendre la cupidité des prélats :

Mieux me vaudrait la bonne grosse cure
De quelque abbaye, afin de porter mitre :
J'aurai honneur car j'aurai un beau titre
Mais je ne sais si c'est le droit du jeu
Et l'honneur vrai qu'on a pour suivre Dieu.
Ce m'est tout un, de telles gens ne veux être,
Car aussi bien je n'ai argent à mettre
Sur le bureau, pour avoir bénéfices ;
Et sans argent, on n'a bulle ni lettre
Si l'on n'est subtil pour s'entremettre

182. F. Ferrand (éd.), *Jean Parmentier. Œuvres poétiques*, *op. cit.*, n° XIX, VII.5-15 et 60-64, p. 24 et 26. Dans l'un de ses chants royaux, Pierre Crignon prend peut-être lui aussi les Réformés pour cible lorsqu'il écrit, après avoir rappelé la victoire de la Vierge sur Satan et ses suppôts : « Maudite erreur se couvrant de la loi / veut rassembler cette bande abolie » (J. Nothnagle, éd., *Pierre Crignon : poète et navigateur...*, *op. cit.*, V.45-46, p. 73, « La forte femme au clair harnais de grâce », modernisé).

D'en crocheter par vol ou par blandices [*flatteries*].
Mais j'eusse eu d'autres moyens propices
D'avoir honneur, comme les autres ont
En acquérant le grave bonnet rond [*le bonnet des clercs*][183].

La critique des prêtres va bon train à l'époque chez les poètes[184]. Le personnage du « gras curé », qui néglige ses ouailles et dissipe l'argent des quêtes en festins, figure dans toutes les « farces » – et il est vrai que la plupart des bénéficiaires de cure ne résident pas dans leur paroisse, se contentant d'en affermer les revenus[185].

À Dieppe, le dévergondage des clercs constitue de surcroît un souci récurrent. En 1451, un prêtre de Saint-Jacques, Jean Le Prévôt, encourt les foudres de l'officialité de Rouen pour avoir entretenu un commerce charnel avec Jeannette « la Machonnerette ». La même année, le vicaire Gérard de Clercy est reconnu coupable d'avoir mis enceinte une certaine Jeannette Chevalier. En 1452, ce sont deux prêtres de Saint-Rémy, Guillaume Miffant et Guillaume Dodelin, qui doivent s'acquitter de 50 sous d'amende pour avoir passé la nuit en compagnie de Perrotte Bibelot, laquelle exerce peut-être comme fille de joie[186]. En 1479, trois jeunes hommes font irruption à la nuit tombée dans la maison d'un marin, Philippe Boulart. Ils y surprennent l'épouse

183. F. FERRAND (éd.), *Jean Parmentier. Œuvres poétiques*, « Traité en forme d'exhortation contenant les merveilles de Dieu… », VIII.71-72, IX.77-81 et X. 82-90, p. 94.

184. Jean Doublet fait aussi montre d'acrimonie à l'encontre d'un personnel clérical dont la fainéantise contraste avec le caractère besogneux de la paysannerie : « Autre que moi, pour les gras bénéfices / Suive la mule aux prélats cramoisis / Autre que moi coure aux offices / À force de Soleils [d'écus d'or] choisis / Ce n'est pas moi qui pour faux honneur vende / Ma toute d'or, ma chère liberté / Ou pour une oisive prébende / Entre les ânes soit arté [réduit] » (J. DOUBLET, *Élégies…*, *op. cit.*, n° 16, p. 22). Ayant tous choisi le parti du roi de France, les « grands rhétoriqueurs » du XVIe siècle font souvent assaut de gallicanisme et ne ménagent pas la papauté. André de La Vigne écrit par exemple : « Et s'en vont tous les revenus / À Rome sans jamais être vus » (cité dans H. GUY, *Histoire de la poésie française au XVIe siècle*, *op. cit.*, vol. 1, p. 216).

185. En 1470, ce ne sont pas moins de 370 dispenses de résidence que l'archevêque de Rouen accorde à des curés de son diocèse (Ch. de ROBILLARD DE BEAUREPAIRE, *L'État des campagnes de la Haute-Normandie…*, *op. cit.*, p. 180).

186. P. LARDIN, *Dieppe au Moyen Âge…*, *op. cit.*, p. 507 (ADSM, G 259, fos 87r-88r).

de ce dernier au lit, « en corset », avec le prêtre Martin Bure, qu'ils bastonnent et dépouillent de sa bourse[187].

Si cette débauche du bas clergé nourrit la défiance envers l'Église, elle ne suffit sans doute pas à expliquer les attaques de Jean Parmentier contre les prélats. Emportés par leur sujet, les poètes des « Puys » ont parfois tendance à attribuer à la Vierge la totalité de la capacité d'intercession auprès de son Fils, partant à minimiser le « pouvoir des clés » détenu par le clergé. De plus, leur fréquentation des Écritures les amène à entretenir un rapport direct à la matière vive des mystères, nourrissant en eux l'idée que la foi est affaire de lien intime avec Dieu plus que de respect de la liturgie. Enfin, l'encadrement des « Puys » par les confréries – qui sont des associations de laïcs soucieuses de préserver leur autonomie vis-à-vis de l'archevêché[188] – renforce leur conviction qu'une vie spirituelle est possible, sinon en dehors, du moins en deçà du contrôle de l'Église. De façon paradoxale, le culte marial fait chez eux le lit de l'évangélisme, c'est-à-dire de la volonté de plus en plus librement exprimée de faire fi de l'entremise des prêtres et d'aller puiser sans secours, dans la Bible, les raisons et les moyens d'une dévotion.

Jean Parmentier n'est certes pas aussi sulfureux que Clément Marot, l'un des plus célèbres et des plus controversés poètes de la première moitié du XVIe siècle. Marot, qui gagne le second prix du chant royal au « Puy » de Rouen en 1521[189], moque à pleine gorge les moines dépravés et multiplie les critiques de moins en moins voilées contre les simonies de l'Église. Avec la publication en 1539 d'une paraphrase

187. *Ibid.*, p. 508 (ADSM, G 269, cliché 74). Ce libertinage clérical n'est pas une nouveauté de la fin du XVe siècle. Dans les années 1400, le chanoine Jacques Fécamp, qui détient la cure de Saint-Jacques mais ne réside pas à Dieppe, est morigéné à plusieurs reprises par le chapitre cathédral car, outre son habitude de fréquenter les tavernes et de jurer durant les offices, il a celle de prendre pour maîtresses ses servantes successives (*ibid.*, p. 502-503 et 506).

188. Sur l'organisation des confréries normandes et leurs rapports souvent conflictuels avec le clergé, cf. Catherine VINCENT, *Des charités bien ordonnées. Les confréries normandes de la fin du XIIIe siècle au début du XVIe siècle*, Paris, ENS, 1988, en particulier p. 102-111. En obtenant en 1520 une bulle de Léon X en faveur de son « Puy », la confrérie de la Conception de Rouen s'assure une assise propre, qui la rend bien plus indépendante du bon vouloir de l'archevêché (A. TOUGARD, éd., *Les Trois Siècles palinodiques...*, *op. cit.*, vol. 1, p. 80-81).

189. Denis HÜE, « Les Marot et le Puy de Rouen : remarques à propos du Ms. BNF Fr. 2205 », *Nouvelle revue du seizième siècle*, 1998, 16-2, p. 219-247.

poétique des *Psaumes* de David, aussitôt condamnée par la Sorbonne, il s'affirme comme l'un des hérauts de l'évangélisme – et en paie le prix fort, puisqu'il doit s'exiler pour échapper à la geôle et au supplice[190]. Bien que Parmentier ne se laisse pas aller à de telles extrémités contestataires, sa dénonciation sans fard de l'achat des « bulles » de nomination épiscopale le situe plus du côté des adversaires que des partisans du pape Clément VII. Disons, à tout le moins, que sa poésie paraît moins dogmatique qu'on ne l'a souvent laissé accroire. Il s'y devine un trouble – celui-là même qui, de la cour aux ateliers, agite bien des consciences dans les années 1520.

Peu de chemins mènent alors sans détours du pays de Caux à Rome. La puissante protectrice de Jean Ango, Marguerite de Navarre, est aussi celle de Marot, et surtout de l'humaniste Jacques Lefèvre d'Étaples. Ce dernier, qui a traduit en français le Nouveau Testament en 1523, puis l'Ancien en 1528, anime un vaste « réseau évangélique[191] », fortement implanté en Normandie. À Dieppe, la situation paraît suffisamment compromise pour que les édiles et le clergé éprouvent la nécessité de montrer patte blanche à la Sainte Église romaine[192]. En 1535, le

190. Protégé de Marguerite de Navarre et soupçonné en 1534 d'être l'un des instigateurs de l'« affaire des placards », Marot est contraint à deux reprises à l'exil – en Italie, puis à Genève et en Savoie. Il décède à Turin en 1544 (Jean Boisset, « La religion de Clément Marot, 1495-1544 », *Bulletin de la Société de l'histoire du protestantisme français*, 1968, 114, p. 487-506).

191. Sur le rôle de Marguerite de Navarre dans la protection du « réseau évangélique » tissé en étoile autour de l'évêque de Meaux, Guillaume Briçonnet, et de son vicaire, Jacques Lefèvre d'Étaples, cf. J. Reid, *King's Sister, Queen of Dissent*..., *op. cit.*, vol. 1, p. 169 *sq.*

192. On ne sait malheureusement rien de la diffusion des idées évangéliques ni des progrès de la doctrine réformée à Dieppe avant le milieu des années 1550. Selon Émile Lesens, qui est du parti des catholiques et qui écrit en 1687, l'étincelle serait venue des tisserands et des drapiers de Luneray, lesquels auraient « mis le nez dans de petits livres parus en ce temps, faits contre le libertinage des mœurs de plusieurs ecclésiastiques », ainsi que dans des « bibles mal tournées en français » et – bien entendu – dans les *Psaumes* de Marot. La première propagatrice dieppoise des thèses réformées aurait été une certaine Hélène Bouchard, « riche bourgeoise » propriétaire de manufactures de serges qui « n'emploioit que ceux qui estoient de même créance qu'elle ou bien qu'elle esperoit pervertir en augmentant leur salaire » (*Naissance et progrès de l'hérésie en la ville de Dieppe, 1557-1609*, Rouen, E. Cagniard, 1877, p. 3-4, d'après D. Asseline, *Antiquités et chroniques de la ville de Dieppe*, *op. cit.*, vol. 1, p. 275). Cette thèse de la progression des idées réformées au fil des réseaux à dominante urbaine de la draperie fait fi de la diversité sociale et géographique des

curé et les paroissiens de Saint-Jacques « supplient » l'archevêque de Rouen de les autoriser à instituer un collège du Saint-Sacrement. La même année, « plusieurs honnêtes gens d'Église » fondent dans la cité cauchoise une confrérie de Saint-Romain afin de « s'opposer, par ces saintes et salutaires institutions, aux erreurs que Calvin débite contre la véritable et réelle présence du corps et du sang de Notre-Seigneur Jésus-Christ en l'adorable sacrement de l'Eucharistie, et contre l'ordre sacerdotal que ce divin Seigneur a établi »[193].

Sages précautions, car les beaux esprits de la ville semblent un peu trop enclins à prêter l'oreille aux idées nouvelles, et dangereuses. En 1540, Étienne Miffant est suspendu de sa charge au Parlement de Rouen car suspecté de « luthéranisme » par la justice royale. Le soupçonne-t-on seulement à juste titre[194] ? Entre humanisme et hérésie, la frontière reste floue – et nombreux sont ceux, à la tête de l'État comme au sommet de l'Église, qui s'efforcent de la gommer pour mieux en

---

premiers foyers évangéliques. Or, comme le prouve l'alarme de 1535, ceux-ci précèdent largement l'arrivée, en 1557, du libraire genevois Jean Venable, crédité de la création de la première assemblée réformée à Dieppe.

193. D. Asseline, *Antiquités et chroniques de la ville de Dieppe*, *op. cit.*, vol. 1, p. 221-222.

194. A. Floquet, *Histoire du Parlement de Normandie*, *op. cit.*, vol. 2, p. 63, et P. Marichal (éd.), *Catalogue des actes de François Ier*..., *op. cit.*, vol. 4, p. 382-383, n° 12800 (lettres patentes du 9 novembre 1542). Il est impossible de savoir si Étienne Miffant professe ou non, à l'époque, les thèses de Luther ou de Calvin. Ses descendants, en revanche, choisissent clairement le parti protestant. En 1572, Jacques Miffant fait partie des 395 réfugiés qui gagnent Southampton depuis Dieppe à la suite du massacre de la Saint-Barthélemy. En 1573, il est admis au sein de l'église réformée de la ville et y réside au bas mot jusqu'en 1578, date à laquelle il est marié à une dénommée « Françoise Soyer ». Cette dernière appartient probablement à la parentèle de Claude Sohier, un riche marchand anversois implanté à Rouen (Andrew Spicer, « The French-Speaking Reformed Community and their Church in Southampton, 1567-1620 », thèse d'histoire, université de Southampton, 1994, p. 50 et 81-82). Une lettre patente de Charles IX portant confirmation des privilèges de Dieppe évoque en 1573 le problème posé « dernièrement » par « un appelé Miffant, Receveur [des Aides], qui se serait absenté [et aurait] pris et emporté tous ses biens, lettres et papiers en Angleterre, où il est depuis décédé » (lettre patente du 13 septembre 1573, donnée à Paris, reproduite dans *Recueil général des Édits, Déclarations, Lettres-Patentes et Arrests du Conseil d'État*..., *op. cit.*, doc. XV, f° 3). Le 20 juillet 1608, dans la réponse publique qu'il adresse depuis Dieppe à un jésuite lui ayant prêché la « réconciliation » avec l'Église romaine, un « I. Miffant » défend pied à pied chacun des points de la doctrine réformée (*Responce d'vn gentilhomme à la seconde lettre qvy lvy a esté adressée par le P. I. Gontery, se disant de la Compagnie de Iesus*, Dieppe, s. e., 1608).

appeler à une purge générale. Une chose est sûre : la conscience de l'avènement de temps nouveaux, propices aux hardiesses de l'esprit, s'aiguise à l'époque dans le petit monde des « palinods ». Conseiller au Parlement de Rouen et prince du « Puy » de 1546, Baptiste Le Chandelier laisse libre cours à son enthousiasme :

Notre temps agit : il suit une plus sage Minerve.
Il nous instruit, il nous presse d'aimer ses muses.
Voici que de très lourdes tâches s'adressent à nos intelligences ;
Elles nous établissent en des arts inaccoutumés[195].

Pour Jean Parmentier comme pour quantité de ses contemporains, le temps du doute est venu.

*
* *

Le pouvoir n'est jamais loin de la dévotion : les « Puys » sont l'affaire des notables[196]. Marchands, parlementaires ou officiers du roi, ce sont eux qui contrôlent les confréries dont dépend l'organisation des liesses. En 1482, on trouve sans surprise, parmi les membres actifs et anciens « maîtres » de la confrérie de l'Assomption de Dieppe, deux Miffant, deux De Bures et un Eude[197]. Dans les années 1540,

195. Gustave-Amable PREVOST (éd.), *Éloges en vers latins des présidents et conseillers du Parlement de Rouen de 1499 à 1543, par Baptiste Le Chandelier*, Rouen, Léon Gy, 1895, II.23, p. 53. Le texte, qui s'arrête en 1543, n'a pu être composé qu'entre cette date et celle de la mort de l'auteur, en 1549. J'adresse mes remerciements à Marie Cosnay pour la traduction de ces vers, tirés de l'*encomium* de Guillaume de Perrières. Il s'agit d'un éloge pour le moins sarcastique, car Le Chandelier ne loue les temps nouveaux qu'après avoir excusé son confrère de son inculture en lui accordant d'être né à une époque où l'on faisait « peu d'études ».

196. Pour une esquisse de sociographie du « milieu palinodique » rouennais, cf. D. HÜE, *La Poésie palinodique à Rouen…*, *op. cit.*, p. 235-236. Les notables jouent un rôle déterminant dans tous les « Puys ». À Amiens, sur la durée du siècle, les « maîtres » du « Puy » de la Purification de la Vierge sont tous issus de l'élite dirigeante de la ville, composée de clercs, de marchands et de magistrats (Cyrille CHATELAIN, « Poésie, théâtre, fête, piété mariale et société à Amiens au XVe siècle. Étude prosopographique des cent premiers maîtres du Puy Notre Dame, 1389-1489 », *Revue du Nord*, 2020, 436-3, p. 551-601).

197. D. ASSELINE, *Antiquités et chroniques de la ville de Dieppe*, *op. cit.*, vol. 1, p. 171.

ce sont les plus importants personnages de l'espace politique rouennais qui jouent tour à tour le rôle de « prince du Puy » : l'archevêque Georges II d'Amboise, le conseiller municipal Jacques Le Lieur, le président du Parlement Pierre Monfaut[198]. D'un spectacle à caractère local, le « Puy » de Rouen devient, grâce au succès de la publication d'un recueil de chants royaux[199], une scène annexe du champ littéraire national. Placée sous la férule des puissants, la manifestation reste néanmoins courue du petit peuple. Son atmosphère tient autant de la fête de village que du dimanche des Rameaux :

> *Il y avait tant de marmaille*
> *Qui clabaudait* [*criaillait*] *dessus le Puy*
> *Et qui ne faisait rien qui vaille,*
> *Mais y plaisait bien à autrui*[200].

Il faut dire qu'à Dieppe plus qu'ailleurs, les fêtes de l'Assomption – que l'on nomme familièrement les « Mitouries » puisqu'elles ont lieu du 14 au 16 août – offrent matière à divertissement. Le premier jour, les membres de la confrérie de l'Assomption se griment sous les traits des douze Apôtres et arpentent les rues en portant le cercueil de la Vierge. Le défilé se clôt en début d'après-midi par « une tragédie que l'on appelle les jeux » : une pièce de théâtre jouée sur des tréteaux dressés devant la demeure du « maître » de la confrérie. Le compère incarnant saint Jean l'Évangéliste déclame alors une composition d'une soixantaine de vers sur le thème de la *Tota pulchra es*, la prière adressée à Marie Immaculée. Une jeune fille incarnant la Vierge – la « pucelle de la mi-août » – entre en scène : l'ange Gabriel lui apporte une palme et, en quarante-cinq vers, l'exhorte à « prendre possession de la gloire que le sauveur lui a préparée », ce à quoi elle répond en lui signifiant sa volonté d'être inhumée, puis s'allonge et expire en paix.

198. D. Hüe, « La Fête aux normands… », art. cit. L'archevêque contribue d'ailleurs ponctuellement à financer l'organisation du « Puy » : en 1535, il affecte 82 livres aux « frais et despences és Pallinotz de Rouen et pour les banquetz d'icellui » (ADSM, G 121, compte et état de la recette et mise du revenu de l'archevêché de Rouen, 1535-1536, f° 35v).

199. Eugène de Robillard de Beaurepaire (éd.), *Palinods présentés au Puy de Rouen. Recueil de Pierre Vidoue (1525)*, Rouen, Léon Gy, 1897.

200. Alexandre Héron (éd.), *La Muse normande de David Ferrand (1625-1653)*, Rouen, E. Cagniard, 1891, IX, vol. 2, p. 61.

Les douze Apôtres entreprennent aussitôt de mettre son corps en bière, mais, dénoncés au « roi des Juifs » par un espion, se voient interrompus dans leur tâche par un groupe de « prêtres de la loi juive » vociférant. Ces derniers sont fort à propos frappés de paralysie et de cécité par le Très-Haut, de sorte que le cercueil de Marie est convoyé sans plus de heurts jusqu'au lieu de sa sépulture. On imagine sans peine l'excitation de la foule à l'encontre des suppôts d'Israël, et de quelle manière ces derniers sont hués et conspués. On imagine non moins aisément le dégoût et la frayeur des Juifs étrangers de passage à Dieppe lors de cette résurgence, annuelle et publique, d'antijudaïsme[201].

Le même jour, une procession solennelle parcourt les rues de la ville. Telle que la décrit Asseline au commencement du XVIIe siècle, elle est des plus somptueuses : tandis que les cloches sonnent à toute volée, les maîtres des confréries et des « métiers », parés de broches d'or et d'argent, ouvrent la marche, précédant de « jeunes garçons très bien vêtus » qui exhibent, posés sur des « coussins de voiles brodés », les prix du « Puy » – la couronne, le chapeau, la broche et l'anneau d'or. S'ensuivent les membres du clergé, qui portent une grande croix

201. La présence d'une communauté juive est attestée à Dieppe au Moyen Âge, puisqu'en 1217 une lettre circulaire de l'archevêque de Rouen, Robert Poulain, mentionne le fait que les plaids des juifs de Normandie doivent s'y tenir, et ce en vertu d'un accord conclu par son prédécesseur, Gautier de Coutances (r. 1185-1207), avec Philippe-Auguste (Léopold DELISLE, *Cartulaire normand de Philippe-Auguste, Louis VIII, Saint-Louis et Philippe-le-Hardi*, Caen, A. Hardel, 1852, n° 251, 27 mars 1217, cité dans Norman GOLB, *Les Juifs de Rouen au Moyen Âge. Portrait d'une culture oubliée*, Mont-Saint-Aignan, Presses universitaires de Rouen et du Havre, 1985, p. 319). Si l'édit d'expulsion des juifs du royaume de France, promulgué en 1306, annihile *de facto* cette communauté, Dieppe reste un lieu de transit des juifs continentaux vers l'Angleterre. Le *Coustumier de Dieppe* évoque en 1396 l'obligation, alors tombée en désuétude, qu'avaient les habitants du « fief de l'Espinette », situé dans le quartier du Pollet, de recueillir les juifs qui s'en allaient en Angleterre ou qui en revenaient afin de les conduire « hors la ville jusqu'à la limite de la juridiction de l'Archevêque » (G. TIEULLIER, *Plan et description de la ville de Dieppe*..., *op. cit.*, p. 15). On ne sait rien, en revanche, de possibles présences juives dans la cité au XVIe siècle. Un certain « Clément Aubert dit Nabatias » apparaît dans un acte de vente de plusieurs masures à la municipalité en 1509 : ce surnom pourrait faire référence aux Nabatéens, donc à une origine proche-orientale (AMD, Lang. C8/L5/5, 30 janvier 1509). Une « rue aux Juifs », correspondant à l'actuelle rue Saint-Rémy, est par ailleurs mentionnée dans une déclaration de droit à bâtir de la toute fin du XVIIe siècle (AMD, Lang. Registre des délibérations de l'Hôtel de Ville 1693-1721, n° 205, 5 juillet 1698).

d'argent, et « plusieurs des principaux bourgeois ». Le cortège parcourt longitudinalement la ville, de l'église Saint-Jacques à l'église Saint-Rémy en passant par l'Hôtel commun, puis s'en revient par le quartier du Moulin à vent et le Grand quai. La traversée est ponctuée d'étapes au cours desquelles les religieux délivrent des oraisons et entonnent des motets – des chants sacrés à plusieurs voix.

La procession se clôt par un *Te Deum* et une messe. Vient alors, pour les édiles et les confrères, le temps du « magnifique dîner » offert par le curé en son presbytère. C'est certainement d'agapes gargantuesques qu'il s'agit, et non d'une simple collation. Si nous ne connaissons pas le menu du banquet des confrères de Dieppe, du moins savons-nous que leurs homologues de Rouen se sont régalés, en 1546, d'intestins de porc farcis, de poitrine en gelée, de ragoût de gibier, de ramiers à la jardinière, de pâtés de sarcelles, de bécasses en croûte, de cigognes et de hérons en sauce, de cerf rôti, de sangliers et de faisans grillés, de lièvre aux saucisses, de canard au verjus, de capilotade de chapon, de haricot de mouton, de nèfles frites, de coings confits et de tourtes de dattes[202]. Bref, le pouvoir fait sans retenue étalage de lui-même devant les manants, puis se retire dans ses quartiers pour bâfrer.

Le lendemain matin, les Apôtres communient puis se rendent en l'église Saint-Jacques pour assister à ce qui est le clou des cérémonies : une statue de la Vierge s'élevant dans les airs au moyen d'un ingénieux système de poids et d'engrenages, appelé la « Casse » (la Chasse). Le dispositif est dissimulé aux yeux de l'assistance par des tentures, de sorte que, selon Pierre Grognet, témoin direct de la féerie :

> *À ce bel édifice*
> *Ne voit-on corde d'artifice*
> *Ni fil d'archal* [*fil de laiton*] *aucunement*
> *Mais sont portraits* [*imités*] *les mouvements*
> *Si subtilement en pratique*
> *Qu'il semble que ce soit art magique*[203].

202. François Bouquet (éd.), *La Parthénie ou banquet des palinods de Rouen en 1546. Poème latin du XVIe siècle par Baptiste le Chandelier*, Rouen, E. Cagniard, 1883, p. 5-26 (utiles éclaircissements sémantiques, p. 43-78). Le texte ne fut publié qu'en 1593.

203. P. Grognet, *Le Second Volume des Motz dorez du grand et saige Cathon...*, *op. cit.*, f°s 61v-62r (légèrement modernisé).

Les mystères sont mis en branle par les machines, confectionnées et actionnées par des membres de la confrérie du Soleret[204]. Tandis que Marie entreprend son ascension sur fond d'un décor « en forme de ciel » où tournoie un globe solaire, une dizaine d'angelots mécaniques, de la taille d'un homme et reliés à la structure porteuse par des « verges de fer », agitent leurs têtes et leurs bras, jouent de la trompette, sonnent des clochettes, mouchent des chandelles et, pour finir, applaudissent l'arrivée de Marie au ciel. Passé cette très crédible assomption, le « chapelain de la fête » monte en chaire et exhorte chacun des Apôtres, en une tirade de 45 vers, à témoigner de la vérité du couronnement céleste de Marie – ce qu'ils font, chacun en 30 vers, avant de s'en aller dîner en la maison du « maître » chargé cette année-là des festivités. Le repas se clôt par une action de grâce « pour le salut des morts et pour la prospérité des vivants ». Le troisième et dernier jour des festivités se tient le « Puy », présidé par le « prince » et ouvert par le bailli de la cité[205].

Le plus surprenant, dans toute cette liesse, reste le mélange permanent du profane et du sacré et, plus encore, de la piété et de la paillardise. Non seulement les banquets succèdent aux oraisons, mais en 1647, alors même que débute la spectaculaire ascension de la Vierge en la nef de l'église Saint-Jacques, un bouffon surnommé Grimpesulais fait le pitre derrière l'autel, régalant l'assistance de pirouettes et de grimaces[206]. Dieppe ne fait cependant ici que prendre exemple sur Rouen, où le « Puy » se conclut tantôt par une « risaie » – une pièce

204. La « Casse » de Dieppe n'est pas un phénomène isolé. L'usage de dispositifs mécaniques pour rendre visible le surnaturel est attesté dès la fin du XVe siècle, tout particulièrement dans le cadre des « mystères », représentations théâtrales d'épisodes bibliques ou de scènes de la vie des saints (Marie BOUHAÏK-GIRONÈS, « Trois documents sur les feintes, les secrets et leurs maîtres, XVe-XVIe siècles », *Revue d'histoire du théâtre*, 2018, 278, p. 14-22). Lors de l'« entrée » de Charles VIII à Rouen en 1485, un agneau mécanique salue le roi et ouvre un livre à fermaux. À l'occasion de la venue de Louis XII, en 1508, un monstre agite ses nombreuses têtes, bat des ailes et « jette du feu » (Tatiana JOUENNE, « Le théâtre des mystères à Rouen (XVe-XVIe siècles) », thèse en histoire, université de Rouen-Normandie, 2016, p. 226-227).

205. En 1527, l'année où Jean Parmentier reçoit le premier prix du « Puy » de Dieppe, c'est le bailli Robert Le Bouc qui fait office de « prince du Puy et maître de la dite fête pour sa troisième année [consécutive] » (F. FERRAND, éd., *Jean Parmentier. Œuvres poétiques*, *op. cit.*, p. 67).

206. D. ASSELINE, *Antiquités et chroniques de la ville de Dieppe*, *op. cit.*, vol. 1, p. 174 (théâtre des Douze Apôtres), p. 175-178 (procession solennelle des confréries), p. 182-184 (description de la « Casse » et des mannequins animés), et p. 186 (Grimpesulais mentionné à l'occasion d'une visite de Louis XIV).

à rire –, tantôt, comme en 1511, par un véritable « Puy d'amour » : un concours parodique de chants grivois où déferlent les « mots de gueule », c'est-à-dire les injures et autres cochoncetés[207]. La proximité de certains rhétoriqueurs avec la Basoche du Parlement de Rouen – une sorte de coterie facétieuse, portée sur les sotties – explique pour partie l'existence de ces épisodes égrillards aux marges du culte marial[208].

Indice d'un clivage entre pouvoir civil et autorités religieuses, l'Église ne voit pas ces frasques d'un bon œil, en particulier à Dieppe, où le clergé s'y trouve régulièrement mêlé. En 1449, l'archevêque de Rouen interdit aux habitants de la cité, à l'occasion d'un sermon public, de porter des masques et de revêtir des « habillements diaboliques » lors des fêtes de l'Annonciation. L'année suivante, six « jeunes et célibataires » – dont un fils de notable, Jean Gosselin – passent outre la prohibition et parcourent les rues en « provoquant grand mal et grand scandale ». Suprême sacrilège un jour de dévotion mariale, l'un d'entre eux « joute d'un jochet à la Quintaine », c'est-à-dire se bat au moyen d'un bâton avec un mannequin tournant servant aux entraînements de chevalerie. Les contrevenants sont incarcérés et menacés, en cas de récidive, d'une amende de 10 livres[209]. En 1460, la curie diligente des poursuites contre un prêtre de Saint-Jacques qui a osé, à l'occasion des fêtes de la Pentecôte, déambuler dans les rues « en habit de

207. Denis Hüe, « Rouen, décembre 1511, quelques notes sur le lexique d'après-boire », *Le Moyen Français*, 1995, 55-56, p. 231-237, et Id., « Politique et polémique dans deux moralités du Puy de Rouen », dans Marie Bouhaïk-Gironès, Jelle Koopmans et Katell Lavéant (dir.), *Le Théâtre polémique français (1450-1550)*, Rennes, Presses universitaires de Rennes, 2008, p. 139-160.

208. Marie Bouhaïk-Gironès, *Les Clercs de la Basoche et le Théâtre comique (Paris, 1420-1550)*, Paris, H. Champion, 2007, p. 77-78. La Basoche naît comme corporation, mais se transforme rapidement en société festive dédiée à la représentation de « farces » satiriques.

209. ADSM, G 258 (registre des amendes et punitions des religieux de l'archevêché de Rouen, 1450-1451), transcrit dans Ernest de Fréville, « Variétés archéologiques au sujet d'une mascarade dont Dieppe fut le théâtre (1459-1451) », *Précis analytique des travaux de l'Académie des sciences, belles-lettres et arts de Rouen*, 1850-1851, p. 269-270. Les contrevenants se nomment Pierre de la Couyère, Jean le Bourguignon, Perrin de Grèges, Jean Poitevin et Pierre le Seneschal. Le terme de « jochet » est probablement une variation sur celui de « jonchet », qui désigne une « fiche de bois » (F. Godefroy, *Dictionnaire de l'ancienne langue française*..., *op. cit.*, vol. 10, p. 48).

mascarade[210] ». En 1478, c'est un autre clerc local, Guillaume Véron, qui devient l'objet du courroux des juges ecclésiastiques pour avoir pris part « déguisé » aux liesses publiques, puis à une rixe[211].

*

* *

Moins par principe que par précaution, la fête fait une large place à la jeunesse : c'est à 22 ans que Jean Parmentier remporte le premier prix du chant royal – le lys – au « Puy » de Rouen pour une composition intitulée « Le Bien d'amour ». Il enchaîne ensuite les succès, gagnant le « débattu » (le deuxième prix) pour « La Forte Nef » en 1518 (Rouen), le chapeau de laurier pour « Sur tous fors Dieu » en 1520 (Dieppe), la couronne pour « Au parfait port » en 1527 (Dieppe) et le lys pour « Ordre et raison » en 1528 (Rouen)[212]. Son parcours de littérateur s'inscrit en contrepoint de sa carrière de navigateur : c'est alors même qu'il est au service de Jean Ango, de 1522 à 1528, qu'il participe le plus fréquemment aux « Puys », qu'il rédige sa traduction de la *Conjuration de Catilina* de Salluste, qu'il règle le scénario d'une « mômerie » affétée et qu'il compose les dialogues d'une « moralité ».

Toute la question est donc de savoir comment un jeune marin, qui « n'a pas beaucoup hanté les écoles », a pu accomplir, au sortir de l'adolescence, une entrée aussi tonitruante en poésie. Par-delà le problème de sa prime initiation aux règles de la grammaire latine, laquelle n'a rien d'exceptionnel dans le contexte d'une ville moyenne comme Dieppe, c'est son acquisition des codes littéraires et des références culturelles propres au monde des « Puys » qui ne laisse pas d'interroger.

Ce n'est pas que la science des « Puys » rivalise avec celle des milieux les plus instruits du temps : les auteurs, les épisodes bibliques et les anecdotes historiques convoqués dans les chants royaux relèvent

210. ADSM, G 264 (registre des amendes et punitions des religieux de l'archevêché de Rouen, 1459-1460), f° 47r-v.

211. ADSM, G 269 (*ibid.*, 1478-1479), cliché 64, cité dans P. Lardin, *Dieppe au Moyen Âge*, *op. cit.*, p. 507.

212. F. Ferrand (éd.), *Jean Parmentier. Œuvres poétiques*, *op. cit.*, p. XLVIII-XLIX. Ce sont en réalité les deux frères qui participent alors aux « Puys ». Raoul Parmentier présente à Rouen, dans les années 1520, deux chants royaux, intitulés « Sur tous les ciels en gloire perdurable » et « Trône sacré par-dessus tous les anges » (BNF, ms. Fr. 379, f°s 23v et 24r).

de la culture générale de tout « écolier » – entendez de tout élève d'une classe de grammaire latine. Horace, Juvénal, la *Légende dorée*, le *Roman de la Rose*, les Parques et les dryades, la Judée et la Tartarie, Adam, Ève et le Serpent : les modèles et les exemples, implicites ou explicites, y sont rares et redondants. Pour les plus démunis en matière de références gréco-latines, il existe d'ailleurs des aide-mémoire listant les grands personnages mythiques et résumant leurs exploits, à l'instar des indémodables *Règles de la seconde rhétorique*, composées vers 1430 et où tout est dit, en quelques lignes, de ce qu'il faut savoir à propos de Zéphir, de Narcisse, de Jupiter, de Ganymède, d'Ulysse, de Dédale, d'Orphée ou de Jason[213].

La plupart des candidats se contentent toutefois de filer des métaphores usées jusqu'à la corde, tirées des Psaumes, des Proverbes et du Cantique des cantiques. Marie est invariablement « jardin fermé », « porte des cieux », « lys entouré d'épines », « rameau de l'arbre de Jessé[214] », « tour de David », « cèdre exalté », rosier, olivier, fontaine, puits, lune, miroir, etc.[215]. On est loin, très loin même, dans le cadre contraint de la louange mariale pratiquée par les « facteurs » des « Puys », de l'érudition des « grands rhétoriqueurs » du XVe siècle. Officiant comme chroniqueurs des ducs qui les emploient, ces derniers maîtrisent sur le bout des doigts le patron antique aussi bien que la chronologie des règnes, des différends et des alliances. Au sein de la maison de Bourgogne, la charge d'« indiciaire », c'est-à-dire de poète officiel aussi bien que d'« historiographe », échoit tour à tour à George Chastelain, Jean Molinet et Jean Lemaire de Belges, qui tous trois émaillent leurs annales de quantité de locutions et de citations latines[216]. Rien de tel chez les artisans du « palinod », pour qui le respect du mètre l'emporte sur le souci du crédit savant.

213. Anonyme, *Les Regles de la seconde rettorique* (BNF, NAF 4237, c. 1411-1432, f°s 1-76), reproduit dans Ernest LANGLOIS, *Recueil d'Arts de seconde rhétorique*, Paris, Imprimerie nationale, 1902, p. 39-48 et 65-72. Sur l'usage des lieux communs mythologiques par les « grands rhétoriqueurs », cf. P. ZUMTHOR, *Le Masque et la Lumière*, *op. cit.*, p. 170-176.

214. L'arbre de Jessé figure la généalogie de Jésus.

215. D. HÜE, *La Poésie palinodique à Rouen*..., *op. cit.*, p. 194. Dans son *Traité en forme d'exhortation* (1529), Jean Parmentier cite presque exclusivement les Psaumes, et l'un de ses chants royaux, intitulé « Le bien de paix au royaume d'amour », constitue une « paraphrase sur l'oraison dominicale » – un exercice prisé des « grands rhétoriqueurs ».

216. Marie JENNEQUIN, « Molinet le sequelle. Du maître au prince et du pouvoir à l'écriture, une difficile filiation », *Le Moyen Âge*, 2012, 3-4, p. 617-639.

Il n'empêche que, pour mettre au concours dès 1516 son premier chant royal, Jean Parmentier doit se frotter très jeune à un monde dont il n'a pas les clés. Qui lui a en ouvert les portes ? La figure de Jean Ango surgit d'emblée à l'esprit, et ce pour trois raisons. En premier lieu, parce que le sieur de la Rivière fait tout pour donner de lui-même l'image d'un mécène humaniste familier de Tacite et de Pétrarque, truffant de « représentations d'histoire et de fables[217] » les murs de sa demeure dieppoise, les rinceaux de sa chapelle et les galeries à pilastres de son manoir de Varengeville. En deuxième lieu, parce qu'il entretient des relations étroites avec le milieu poétique rouennais, car sa sœur Catherine a épousé, au début des années 1520, un membre de la famille de François Sagon – habitué des « Puys », polémiste à la rime acérée et protégé de Georges II d'Amboise[218]. En dernier lieu, parce que, comme tout bourgeois fortuné de Dieppe, Ango prend une part active au financement et à l'organisation des fêtes de la mi-août, durant lesquelles se tient le « Puy ». Bien qu'aucun de ces éléments ne soit par lui-même probant, ils dessinent un faisceau d'indices étayant l'hypothèse du rôle clé qu'Ango a pu jouer dans l'introduction de Jean Parmentier dans l'univers des « Puys »[219].

217. D. ASSELINE, *Antiquités et chroniques de la ville de Dieppe*, *op. cit.*, vol. 1, p. 237.

218. *Bulletin de la Commission des antiquités de la Seine-Inférieure*, 1905, p. 453 (vente d'une moitié de maison par François Sagon et Catherine Ango à Jean Ango « vicomte de Dieppe », Rouen, 28 septembre 1526). Secrétaire de l'abbé de Saint-Évroult puis titulaire de la cure de Beauvais, François Sagon émarge au budget personnel de Georges II d'Amboise de 1529 à 1545. Cf. ADSM, G 121 (20 livres en 1535-1536), f° 35r, G 124 (10 livres en 1538-1539), G 128 (10 livres en 1540-1541), G 130 (10 livres en 1541-1542), G 133 (100 sous en 1544-1545) et G 231 (« à Me F. Sagon pour le sermon du synode d'été, 100 sous », 1529-1530). Sagon est surtout connu pour avoir nourri avec Marot, de 1534 à 1538, une vigoureuse querelle par voie de libelles poétiques. Le différend, qui aurait eu pour origine les opinions religieuses de Marot, s'envenime par suite de la volonté de Sagon de prendre sa place à la cour pendant son exil (H. GUY, *Histoire de la poésie française au XVIe siècle*, *op. cit.*, vol. 2, p. 364-418, et Thierry MANTOVANI, « La querelle de Marot et de Sagon : essai de mise au point », dans Gérard DEFAUX, dir., *La Génération Marot. Poètes français et néo-latins, 1515-1550*, Paris, Garnier, 1997, p. 381-404).

219. Il existe une (maigre) preuve de la connaissance acquise par Ango de la poésie des « grands rhétoriqueurs ». Dans le poème composé en 1514 à l'occasion de la naissance de sa fille Marie, il évoque le décès de Louis XII de la façon suivante : « Dame Atropos de son dard rigoureux / lui sépara la vie hors du corps » (*Heures de la famille Ango*, ms. cit., f° 9r). Or, l'assimilation de la Moire Atropos à

La chronologie n'est malheureusement pas entièrement concordante : alors qu'il concourt dès 1516 au « Puy » de Rouen, Jean dit n'être entré au service d'Ango qu'en 1522. Mais, s'il n'est pas certain qu'Ango ait été le Pygmalion initial de Jean, son patronage a certainement pesé sur le cours de la carrière littéraire de ce dernier. C'est en tout cas à « magnifique et noble homme Jean Ango » qu'il dédie, comme à un mécène ou à un protecteur, sa traduction de la *Conjuration de Catilina*. Il en profite pour rappeler, dans le style des éloges obséquieux des « grands rhétoriqueurs », qu'il « sait assez comment [Ango] est curieux de voir et savoir les histoires anciennes et véritables ». Prenant appui sur Platon, il exalte ensuite le « bon gouvernant » de Dieppe, qui « persiste à y vaquer journellement, et de mieux en mieux, à l'honneur du roi notre sire, profit et utilité des manants et habitants d'icelle [ville] »[220]. Sous la plume de Jean, le « vicomte de Dieppe » devient un juste souverain au petit pied, le défenseur du « bien commun », autrement dit le garant de l'ordre local des choses[221].

Mais tout ne se joue pas uniquement dans la relation en face à face entre Ango et un jeune homme doué – et peut-être ambitieux. Bien qu'il soit un tantinet exagéré de parler d'une « Renaissance dieppoise », il existe bien, localement, un milieu riche et éduqué. Les fortunes nées de la « course », de la pêche au hareng et du commerce de cabotage font pour partie l'objet d'une conversion en biens culturels, lesquels ont vocation à rehausser un prestige : manuscrits et imprimés, tableaux et statuaire.

Les Miffant se sont ainsi constitué, au fil de la première moitié du XVIe siècle, une vaste bibliothèque contenant tous les titres dont use un littérateur débutant pour se faire la main, en prose comme en vers. Outre les traités de droit civil et autres « coutumiers » que toute famille de magistrats se doit de posséder, on y trouve en nombre les classiques de l'Antiquité, qui sont dépôts de normes de syntaxe autant que viviers d'histoires : Cicéron, Virgile, Caron, Suétone, Ovide, Valère Maxime, Quinte-Curce, Térence. Viennent ensuite les ouvrages de philosophie, de cosmographie, d'histoire naturelle et de médecine, qui circonscrivent le

---

la Mort est un topos que l'on trouve chez Lemaire de Belges, André de La Vigne, Jean Marot, etc.

220. F. FERRAND (éd.), *Jean Parmentier. Œuvres poétiques*, *op. cit.*, p. 117-119.

221. La notion de « bien commun » oscille, au début du XVIe siècle, entre celles d'« espace public » et d'« ordre public » (Gisela NAEGLE, « Armes à double tranchant ? Bien commun et chose publique dans les villes françaises au Moyen Âge », *Studies in European Urban History, 1100-1800*, 2010, 22, p. 55-70).

lieu d'une curiosité à l'égard de la marche générale du monde comme de ses singularités : Platon, Aristote, Pline, Appien, la *Cosmographie universelle* de Sébastien Münster et la *Géographie* de Glaréan, la *Chronique des Rois de France* et une *Histoire de Normandie*, une traduction latine du Coran[222], l'*État de la cour du Grand Turc* d'Antoine Geuffroy, les *Mœurs du Prêtre Jean* – légendaire souverain d'Éthiopie vanté par Marco Polo et Jean de Mandeville –, l'*Usage de l'astrolabe* de Johannes Martinus, les *Aphorismes* d'Hippocrate et l'*Anatomie* de Galien[223].

Les humanistes – italiens, notamment – occupent une place de choix dans les rayonnages, puisque y figurent plusieurs volumes des traductions de Guillaume Budé, un opuscule de Lorenzo Valla, les *Météores* de Giovanni Pontano et les *Commentaires urbains* de Rafaello Maffei (Volterranus), qui traitent en détail des « découvertes » des Espagnols et des Portugais[224]. Les Miffant jouent toutefois avec le feu, car il est pour le moins imprudent, à l'époque, de conserver chez soi *La Marguerite des marguerites* de la reine de Navarre, l'intégrale d'Érasme et, surtout, un exemplaire du *De liber anima* de Philippe Mélenchton – lieutenant de Luther et auteur du manifeste anti-épiscopal des Réformés, la *Confession d'Augsbourg*[225]. Chose digne d'être notée, cette bibliothèque, loin

222. Il s'agit très certainement de l'ouvrage de Theodor BIBLIANDER, publié en 1543 (*Machumetis Saracenorum principis*..., Bâle, Ioannes Oporinus). Les penchants évangéliques voire protestants des Miffant sont ici patents, puisque Bibliander succède à Ulrich Zwingli dans la chaire d'étude de l'Ancien testament de l'université de Zurich.

223. Par son nombre de titres (près de 300) et la morphologie de son contenu, la bibliothèque des Miffant correspond très exactement au type de la « moyenne bibliothèque » tel que défini par Pierre AQUILON (« Petites et moyennes bibliothèques, 1480-1530 », dans André VERNET, dir., *Histoire des bibliothèques françaises*, vol. 1, *Les bibliothèques médiévales, du VIe siècle à 1530*, Paris, Éditions du Cercle de la librairie, 2008, p. 386-398). À la même époque, un autre conseiller au Parlement de Rouen, un dénommé Jubert, possède une bibliothèque de 180 ouvrages, dont 20 % de classiques de l'Antiquité. Pour être fournies, ces bibliothèques de parlementaires paraissent chétives au regard des immenses collections des « grandes familles » rouennaises. En 1591, les Bourgtheroulde disposent, dans leur hôtel de la place de la Pucelle, de plus de 4 200 titres couvrant toute la gamme des savoirs : humanités, médecine, histoire, etc. (X. PAGAZANI, *La Demeure noble en Haute-Normandie*, *op. cit.*, p. 44-45).

224. Publié à Rome en 1506 et à Paris en 1511, le *Commentariorum urbanorum* de Maffei est l'un des tout premiers ouvrages à détailler les voyages de Colomb et les « raretés » des Amériques (Aires A. NASCIMENTO, « Littérature latine des Grandes Découvertes », *Evphrosyne*, 1999, 27, p. 395).

225. C. LEROY (éd.), *Inventaire des biens meubles dépendant de la succession de Me Jehan Miffant*..., *op. cit.*, p. 42-55.

de n'avoir qu'une fonction décorative, est mise à profit par ses propriétaires, puisqu'en 1501 David Miffant – descendant de l'écumeur du même nom – fait paraître à Paris une traduction des *Offices* de Cicéron[226].

Les jeunes gens de bonne famille ne sont donc pas dépourvus, à Dieppe, de ressources culturelles. Ils s'évertuent même à en faire publiquement montre pour acquérir un lustre de lettré. À l'instar de Jean Parmentier, qui s'affaire à rendre Salluste en français, plusieurs sont en commerce avec les auteurs antiques, tel Jacques Miffant, dont une allégorie latine est primée en 1545 et qui publie, en 1550, une version du *Dialogue de Xénophon*[227]. Preuve de l'importance de la compétence poétique comme signe extérieur de capital social, presque tous les héritiers des grandes familles de bourgeois et d'échevins de la cité concourent au « Puy », comme David de Bures, fils d'armateur et cousin d'écumeur, membre du Parlement de Rouen à compter de 1519 et auteur, selon l'un de ses confrères magistrats, de « brillantes compositions, que faisait valoir un débit éloquent[228] ». Rejeton d'un clan de maîtres de navires et apparenté par sa mère aux Miffant, Jean Doublet connaît même un début de gloire nationale avec ses *Élégies* (1559), où il se révèle astucieux imitateur de Pétrarque[229].

226. David MIFFANT, *Sensuyt le livre Tulle des Offices : cest a dire des operacions humaines*, Paris, Le Petit Laurens pour Jean Petit, c. 1500-1501 (BNF, ms. Rothschild 2556). Un serviteur du duc d'Orléans, Anjourrant Bourré, a réalisé dans les années 1470-1480 la première traduction française des *Offices* : David Miffant la connaît, puisqu'il en dit pis que pendre dans la ballade qui conclut sa propre traduction (« veu que aucuns n'ont pas intelligence / de concevoir latin si bien dité [si bien rédigé/composé] »).

227. Jacques MIFFANT, *Le Dialogue de Xenophon, nommé le Tyrannicque ou bien Hieron, tourné de Grec en Françoys*, Paris, Martin le Jeune, 1550, et G. LEBAS, *Les Palinods et les Poètes dieppois…*, *op. cit.*, p. 145-146. Jacques Miffant est l'oncle de Jean Doublet. Ce dernier lui consacre un éloge dans lequel il vante tour à tour ses mérites de traducteur et ses succès lors des « Puys » : « S'il t'a plu de ton encre t'ébattre / Peignant ou Grec, ou Français, ou Latin […]. / Les lys fleuris, les palmes glorieuses / En ont été hors du Carme couvent / Par tes Muses victorieuses / Jusqu'ici rapportées souvent. » Doublet ajoute qu'il est l'auteur de « saintes comédies » mises en musique et jouées dans les rues de Dieppe (J. DOUBLET, *Élégies…*, *op. cit.*, n° 4, p. 8-9). Dans les années 1545-1550, deux autres Miffant – Richard et Joachim – concourent aux « Puys » de Dieppe et de Rouen (A. TOUGARD, éd., *Les Trois Siècles palinodiques…*, *op. cit.*, vol. 2, p. 114, 136).

228. G.-A. PREVOST (éd.), *Éloges en vers latins des présidents et conseillers du Parlement de Rouen…*, *op. cit.*, IV.19, p. 74.

229. Guillaume COLLETET (éd.), *Les Élégies de Jean Doublet, Dieppois*, Rouen, H. Boissel, 1869, p. V.

Il ne faut ni minorer ni s'exagérer les accomplissements de ce cénacle dieppois, dont le renom, au XVIe siècle, ne dépasse guère Rouen. Certes, ses pratiques littéraires n'ont rien d'original. Á l'époque où Parmentier se met en devoir d'en donner une nouvelle traduction, Machiavel assure que « tout le monde a lu la *Conjuration de Catilina* de Salluste[230] ». Mais bien que dominé par les notables, ce cercle provincial paraît beaucoup plus ouvert que d'autres à des hommes de condition modeste. Quoiqu'il ne soit pas un marchand mais un « astrologue » de marine, l'ami et compagnon d'aventures des frères Parmentier, Pierre Crignon, présente ses compositions aux « Puys » et reçoit, en 1517, la couronne d'or[231]. Dans la plus pure tradition bourguignonne des « grands rhétoriqueurs », qui étaient tous issus de la roture et n'épargnaient aucun de leurs soucis pécuniaires à leurs lecteurs, les poètes des « Puys » ne font pas mystère de leurs origines subalternes. En ouverture de l'un de ses poèmes, Jean Parmentier écrit :

Dirais-je, avec Horace ou Juvénal,
En concluant, sous un propos final,
Qu'aux Indes je vais pour fuir pauvreté ?
Cet argument est faux et anormal :
Faute d'argent ne me peut faire mal,
Point ne la crains, car j'ai plus pauvre été[232].

En fait de religion et de poésie, c'est de pouvoir et d'argent qu'il est le plus souvent question lors des « Puys ». Les liesses publiques forment l'écrin de la domination, dont elles masquent brièvement les

230. MACHIAVEL, *Discours sur la première décade de Tite-Live*, III (1531), cité dans Étienne ROUZIÉS, « Salluste dans les bibliothèques du XVe siècle », dans Catherine VOLPILHAC-AUGER (dir.), *D'une Antiquité l'autre. La littérature antique classique dans les bibliothèques du XVe au XIXe siècle*, Paris, ENS, 2006, p. 34. Tout comme Cicéron, Salluste fait partie des auteurs de référence du début du XVIe siècle. Les « écoliers » l'étudient pour parfaire leur latin et la retraduction en langue vulgaire de ses œuvres est très à la mode. Guillaume Michel publie en 1532 un volume incluant *La Guerre catilinaire* et *La Guerre que les Romains feirent à l'encontre de Jugurtha, roy de Numidie* (Paris, En la boutique de Galliot du Pré, 1532).

231. G. LEBAS, *Les Palinods et les Poètes dieppois*..., *op. cit.*, p. 61. Dans un recueil de poèmes du « Puy » de Rouen datant des années 1520-1530, Crignon apparaît même comme l'un des auteurs les plus représentés, avec neuf pièces (BNF, ms. Fr. 379, fos 10r, 12v, 20v, 21v, 28r-v, 29r-v, et 30r).

232. F. FERRAND (éd.), *Jean Parmentier. Œuvres poétiques*, *op. cit.*, « Traité en forme d'exhortation contenant les merveilles de Dieu... », III.19-24, p. 91-92.

rouages et le tranchant. Or, Jean Parmentier devient, au fil des ans, l'un des principaux chorégraphes de ces spectacles où les notables réaffirment, sur un ton badin, leur emprise sur la vie collective.

*
* *

1527 est l'année du triomphe social de Jean Parmentier. Les bourgeois de Dieppe – qui tiennent les rênes de la municipalité aussi bien que celles des confréries – lui passent commande de deux pièces à dialogues versifiés : une « mômerie » et une « moralité ». Jouée le 27 juillet à l'occasion de la fête de la confrérie des Sept Dormants[233], la « mômerie » célèbre la paix conclue entre François Ier et Henry VIII, laquelle augure du renouveau du commerce maritime et d'une saison de pêche fructueuse[234]. Jean jette sur le papier, et dans les rues,

233. On ne sait malheureusement rien de cette confrérie, qui n'est jamais mentionnée dans les actes de l'archevêché de Rouen. Dans les archives dieppoises, un transfert de rente hypothécaire évoque en 1627 une « maison ditte les *Sept Dormans* », sise rue de l'Avoine et appartenant à un dénommé Carré (AMD, Lang. 6C/L6/3, 25 octobre 1627). La légende des « Sept Dormants d'Éphèse » est celle de jeunes chrétiens qui, fuyant les persécutions romaines, s'endorment dans une caverne au IIIe siècle et se réveillent, deux siècles plus tard, miraculeusement préservés de la morsure du temps. Si elle ne forme pas un motif courant de l'iconographie religieuse normande, on en trouve néanmoins l'écho ici et là, par exemple dans un sanctoral du Mont-Saint-Michel datant de la seconde moitié du XIVe siècle (Louis CHEVALIER, « *Agere* et *statuere* : étude historique et édition critique et numérique des deux ordinaires liturgiques du Mont Saint-Michel, XIVe-XVe siècles », thèse d'histoire, université de Caen, 2019, vol. 1, p. 139 et vol. 2, p. 70).

234. L'origine du terme « mômerie » reste obscure. Dans un poème de 1537, François Sagon, brodant sur une invention poétique de l'humaniste Leon Battista Alberti (1404-1472), évoque un dieu de la moquerie espiègle et cruel, nommé « Momus », « qui reprend et qui mord » (François BOUQUET, éd., *Le Regret d'honneur féminin. Poème français sur la mort de la comtesse de Chateaubriand*..., Rouen, H. Boissel, 1880, p. 6). Seule certitude : le verbe « mommer » désigne aux XIIIe et XIVe siècles le fait – très souvent prohibé par édit – de se masquer ou de participer à des mascarades (F. GODEFROY, *Dictionnaire de l'ancienne langue française*..., *op. cit.*, vol. 5, p. 381). Il faut par ailleurs noter que le traité de Cambrai donne lieu à de nombreuses représentations de théâtre allégorique. À Valenciennes, le 1er juillet 1529, une troupe amiénoise en fait le thème d'une « farce moralisée » jouée en l'honneur de Marguerite d'Autriche (Estelle DOUDET, *Moralités et jeux moraux. Le théâtre allégorique en français, XVIe-XVIIe siècle*, Paris, Garnier, 2019, p. 592).

tous les héros de la Bible et de l'Antiquité, ainsi que quelques gloires nationales :

> Sur les quatre heures après midi, on fit sortir du logis de Monseigneur l'Archevêque, ordinairement appelé la Vicomté, un chariot mignardement construit, peint d'un blanc poli, bordé de balustres, enrichi en quelques endroits de lames de fin or et orné de plusieurs ouvrages faits à l'antique, étoffés de ce précieux métal. [...]
> Quatre personnages marchaient aux quatre coins de ce chariot. Trois d'entre eux étaient vêtus de longues robes faites d'un précieux drap de soie, à la mode des Anciens, et bordées de [peaux de] genettes de demi-pied de long, et d'autres riches pelleteries [des fourrures]. Ces hommes s'appelaient Platon, Quintus Cincinnatus, Lycurgue, et le quatrième, qui représentait Samson, était vêtu d'une toile d'argent et avait sa poitrine et ses bras nus, et sa grande chevelure ceinte et ornée d'un gros cordon de soie. Il marchait, élevant une mâchoire d'âne, laquelle était ensanglantée comme si c'eût été du sang des Philistins[235].

La ribambelle de grands noms ne s'arrête pas là. Parés et habillés « à la mode des Anciens », personnages historiques et allégories se pressent sur le pavé dieppois. Aristote, Cicéron, Pythagore, le grammairien Priscien de Césarée et Ptolémée ouvrent la marche, suivis par Euclide, les Arts libéraux, Astronomie, Tubal (l'ancêtre biblique des forgerons) et sept des Neufs Preux illustrant l'idéal chevaleresque dans la littérature courtoise du temps : David, Josué, Judas Macchabée, Godefroy de Bouillon, Hector de Troie, Jules César et Alexandre le Grand[236]. Ce dernier, qui incarne les richesses des « Indes », bénéficie d'un supplément de faste :

> Il était vêtu d'un double manteau de velours cramoisi, fait à la turque et garni de larges bandes de drap d'or et grêlé d'un très grand nombre de

235. Description de cette mômerie (ici et plus bas), dans D. ASSELINE, *Antiquités et chroniques de la ville de Dieppe*, *op. cit.*, vol. 1, p. 224-231.

236. Décrits dans les *Vœux du paon* de Jacques de Longuyon (c. 1310-1312) et figurés sur des fresques, des tapisseries ou dans la statuaire, les Neuf Preux sont omniprésents dans la culture nobiliaire des XIVe et XVe siècles (Anne SALAMON, « Les Neuf Preux, entre glorification et édification », *Questes. Revue pluridisciplinaire d'études médiévales*, 2008, 13, p. 38-52). Dans un chant royal, Pierre Crignon convoque lui aussi – au côté du dieu Phoebus et des demi-dieux – « les héros pleins de chevalerie » (J. NOTHNAGLE, éd., *Pierre Crignon : poète et navigateur...*, *op. cit.*, VII.23-27, p. 77, « En âme et corps par-dessus les hauts cieux »).

> pierres orientales. Le reste de ses vêtements n'était pas moins précieux. Il était assis entre deux griffons embellis de fin or et son trône était posé sur un grand drap d'or frisé et porté par huit nègres. Au-dessus de ce trône, il y avait un revers [un dais] élevé, et orné de petites plumes de diverses couleurs, qui leur étaient naturelles.
>
> Il y avait aussi des grandes lames d'or de l'épaisseur d'un écu, lesquelles avaient été taillées en forme de serpents et d'autres sortes d'animaux. Ainsi ce revers, qui avait été fait par des Indiens et apporté des Indes occidentales [les Amériques], embellissait merveilleusement ce trône, devant lequel un petit page, orné de petites plumes des Indes méridionales [l'Inde], se présentait à demi nu, avec une épée en ses deux mains.

Gemmes venues d'Asie, dais et coiffe de plumes d'oiseaux du Brésil, « nègres » de Guinée : c'est le Monde à portée de main – ou plutôt de poing, puisque tous ces items, humains compris, procèdent d'un rapport mercantile et prédateur aux êtres et aux choses. La présence à Dieppe en 1527 de huit esclaves africains, acquis selon toute logique auprès de marchands portugais, rappelle opportunément la part de destruction et de souffrance de ce que l'on nommait hier encore les « Grandes découvertes » – et que l'on appelle de nos jours, avec un sens non moins développé de l'euphémisme, la « première mondialisation »[237]. Pour qui n'a pas d'œillères, le chariot fleuri d'Alexandre a des allures de corbillard.

S'avance alors, dans une débauche de velours et de pierreries, la cohorte des grands conquérants : Charlemagne, le roi Arthur, Bertrand du Guesclin, Guillaume le Conquérant, Scipion l'Africain et Hercule. On ne saurait penser plus magnifique portrait de groupe des personnages clés de l'imaginaire de la Renaissance : à l'exception de Jason et de quelques demi-dieux, aucun ne manque à l'appel. Le point d'orgue du défilé consiste en un dialogue empesé entre Honneur et Vertu, qui se félicitent l'un l'autre d'avoir œuvré à la paix entre la France et l'Angleterre.

237. Antonio de Almeida Mendes, « Portugal e o tráfico de escravos na primeira metade do século XVI », *Studia Africana*, 2004, 7, p. 13-30, et Id., « Les réseaux de la traite ibérique dans l'Atlantique nord, 1440-1640 », *Annales ESC*, 2008, 63-4, p. 739-768. Les « huit nègres » de la « mômerie » de 1527 ont pu être achetés en plusieurs points du réseau de traite ibérique : à Lisbonne ou au marché aux esclaves de Lagos, au sud de la Péninsule, bien sûr, mais aussi bien à Madère ou à Rio de Janeiro, où l'importation ponctuelle de main-d'œuvre servile débute peut-être dès les années 1520.

L'originalité du canevas narratif sur lequel brode Parmentier paraît ici d'autant plus minime que les similitudes avec une création célèbre de Jean Molinet sautent aux yeux. Dans l'éloge funèbre qu'il compose à l'occasion de la mort de Philippe le Bon, en 1467, Molinet imagine que, passé son trépas, le prince bourguignon traverse l'un après l'autre « neuf cieux ». Il est à chaque étape accueilli par l'un des Neuf Preux, accompagné de l'une des qualités propres aux bons combattants : ainsi la Prudence et Jules César l'attendent-ils au premier ciel, Hardiesse et Hector de Troie au second, Justice et Charlemagne au cinquième, etc. Au terme de ce périple, il rencontre Vertu. Celle-ci le présente à Honneur, qui le fait s'asseoir à sa droite sur son trône et lui confère solennellement « sceptre et couronne de laurier » sous les vivats des Immortels[238].

Mais comme il se doit dans une « mômerie », le sérieux le cède à la fin au burlesque. Des danseurs, habillés « de pourpoints, de hauts de chausses et de toques à plumes », surgissent du fond d'un chariot où ils se tenaient cachés et entament une gigue endiablée. Dans le même temps, « un facétieux, vêtu d'une longue robe de grosse bure et porté dans un tonneau », fait mine de lire, lunettes en mains, un épais volume et distribue gaiement à la ronde de « petits écriteaux » portant – on l'imagine – des dictons drolatiques. Le succès des festivités se mesure au fait que de « considérables habitants » sont venus « de Rouen, de Paris, d'Abbeville et d'ailleurs » pour y assister[239]. Après avoir été régalés d'un banquet et avoir écouté les grâces, ces visiteurs de marque sont « priés d'entretenir les dames et de danser avec elles » sur la place de l'Hôtel commun, au son « des tambours et des fifres » et à la lumière d'un feu de joie.

Parce qu'elles relèvent autant du spectacle du pouvoir que du théâtre de rue, les « mômeries » constituent d'authentiques performances littéraires : les mots ne s'y ébrouent pas librement, qui doivent convoyer un propos officiel tout en scandant le jeu des figurants et les cabrioles des danseurs. En dépit ou à cause de leur tonalité carnavalesque, elles sont aussi des faits politiques complexes, où l'ambiguïté et l'ambivalence sont de mise. Transfigurées par la licence poétique qu'autorise

238. N. Dupire (éd.), *Les Faictz et Dictz de feu de bonne mémoire Maistre Jehan Molinet*, *op. cit.*, vol. 1, p. 36-58 (« Le trosne d'Honneur »).

239. La présence d'invités venus d'Abbeville s'explique probablement par le fait qu'il s'agit d'une ville où se tient, depuis 1498, un « Puy » de la Conception de la Vierge (G. Gros, *Le Poète, la Vierge et le Prince du Puy...*, *op. cit.*, p. 99).

la liesse, toutes les hiérarchies, toutes les sujétions s'y donnent à voir – et ce dans l'éclat de leur évidence comme sous le jour de leur fragilité. La première, et assurément la plus sulfureuse leçon des « mômeries », c'est que, s'il convient d'écouter tête baissée le pouvoir lorsqu'il pérore, il ne faut jamais pleinement le croire sur parole. Ce que claironnent Honneur et Vertu, le « facétieux » aussitôt le moque.

Jean Parmentier marche ici dans les pas d'une tradition profuse. Les « mômeries » sont fréquentes aux XIVe, XVe et XVIe siècles : on en joue aux quatre coins du royaume, dans les bourgs aussi bien que dans les châteaux. Que ce soit de leur propre initiative ou sur la demande expresse de leurs protecteurs, la plupart des littérateurs de métier en composent. Chose notable, l'élément exotique y est souvent présent. Dans les années 1460-1480, à la cour de la duchesse de Savoie, des « mômeries » mettent en scène des « Maures » qui rejouent des scènes de l'Ancien Testament et pratiquent une danse appelée « la morisque » en référence aux musulmans d'Andalousie[240]. En 1533, Marot souhaite que l'une de ses épîtres soit « présentée à la reine [Marguerite de Navarre] en une mômerie [dansée] par Madame Ysabeau et deux autres damoiselles habillées en amazones[241] ». En peuplant les tableaux de son spectacle de créatures et d'artefacts ultramarins, Parmentier ne fait que reprendre à son compte un élément conventionnel de scénario. Le monde de sa « mômerie » n'est pas uniquement le monde récemment découvert outre-Atlantique, mais aussi le monde retrouvé des fables et de l'Antiquité.

Cette continuité thématique masque pourtant une profonde rupture sociale et politique. Tandis que la « mômerie » de Jean, émaillée d'épisodes bouffons, conserve des traits parodiques et populaires typiquement médiévaux, le genre évolue dans les années 1530 vers des formes assagies, plus proches du ballet que du tableau vivant ou du défilé

240. Alison ROSIE, « "Morisque" and "Momeries" : Aspects of Court Entertainment at the Court of Savoy in the Fifteenth Century », dans Christopher ALLMAND (dir.), *Power, Culture and Religion in France, c. 1350-c. 1550*, Woodbridge, The Boydell Press, 1989, p. 60-61 et 70. La « morisque » reste pratiquée au XVIe siècle. En 1541, lors de ses jours de carnaval, l'« Abbaye des Conards » de Rouen organise un dîner ponctué par des « farces et comédies, danses et morisques, avec moralités de bonne audace » (Jérémie BICHÜE et Katell LAVÉANT, « Replacer la farce dans les festivités joyeuses du XVIe siècle : le cas des *Soupiers de Monville* », *Réforme, Humanisme, Renaissance*, 2021, 93, p. 134).

241. Adeline LIONETTO-HESTERS, « La momerie, de Marot aux poètes de la Pléiade : histoire d'un genre », *Réforme, Humanisme, Renaissance*, 2009, 69, p. 88-89.

carnavalesque. En 1541, lors d'un dîner à Châtellerault, François Ier entretient ses hôtes au moyen d'une série de danses costumées qui n'ont plus de « mômeries » que le nom[242]. Appropriées par les élites de cour, les « mômeries » perdent leur caractère festif et subversif. La pièce de Parmentier forme un jalon de cet entre-temps, qui signe pour certains la fin de la « culture populaire » du rire irrévérencieux[243].

La « mômerie » de juillet 1527 ne nous est connue que dans ses grandes lignes : seul la mentionne David Asseline, qui écrit au mitan du XVIIe siècle et sur la foi de documents désormais disparus. Son attribution à Parmentier coule de sens plus qu'elle ne découle des sources. Nous sommes en revanche parfaitement renseignés sur la « moralité » donnée quelques semaines après lors des « Mitouries », c'est-à-dire à l'occasion du « Puy » de l'Assomption, puisque le script en a été publié en 1531 par Pierre Crignon dans le volume rassemblant les textes de son ami mort à Sumatra. Le *casting* des personnages tient là encore de la sarabande de poncifs, puisqu'on y trouve le Bien Naturel, le Bien Gracieux, le Bien Vertueux, la Bien Parfaite, la Bien Humaine, le Bien Souverain, le Bien Triomphant et les « trois filles de Sion », qui font office de chœur. La leçon de la longue série de dialogues entre ces allégories, explicitée dans l'envoi, tient en quelques mots : la Bien Parfaite – autrement dit la Vierge – s'arrache vaillamment à l'amour de son père, Bien Naturel, pour s'unir mystiquement à Bien Souverain (Dieu) et accéder ainsi à la gloire céleste.

Hormis un petit nombre de trouvailles, qui tiennent parfois plus de la poésie galante que du chant de dévotion (« vrais amants ont une joie grande, quand on leur fait d'amours quelque devis »), les 550 stances ne font que ressasser une imagerie triviale et égrener des saynètes de la Vulgate connues de tout un chacun, comme l'Annonciation, la trahison de Judas, la Passion ou les noces de Cana. Étonnamment, ces dernières sont décrites par Parmentier sur un ton folâtre qui détonne avec la componction cléricale allant d'ordinaire de pair avec leur évocation : elles font presque songer aux scènes de beuverie des « vaux-de-vire » – ces chansons à boire qui ont fait le renom du poète normand Olivier

242. Georges GUIFFREY (éd.), *Cronique du roy Françoys, premier de ce nom*, Paris, J. Renouard, 1860, p. 371-372. Cette œuvre anonyme date probablement de 1541 ou de 1542.

243. Mikhaïl BAKHTINE, *L'Œuvre de François Rabelais et la culture populaire au Moyen Âge et à la Renaissance*, Paris, Gallimard, 1982.

Basselin à la toute fin du XVe siècle[244]. Le Christ y apparaît comme un « bon compagnon » de tablée dont le miracle consiste à changer l'eau, non pas en simple piquette, mais en cru délicat :

Il est vrai, quand j'y pense,
Par mon âme, c'est un bon compagnon !
Quoi ? Il fit d'eau un vin pour mouiller l'ance [*le gosier*],
Plein de liqueur, plein de melliflence [*douceur sucrée*],
Friant, coulant, un gaillard vin mignon ;
Ce n'était pas un gros vin bourguignon.
J'avais mis un bon vin naturel,
Mais celui-là fut supernaturel,
Le plus parfait que jamais goûta bouche,
Que plût à Dieu que j'en tins une touche[245] *!*

On est cependant bien en peine de déceler, dans cet amoncellement de vérités convenues, ce qui fait le charme des chants royaux de Parmentier, à savoir le recours au détail réaliste, tiré de la pratique du « métier de la mer ». L'intérêt du texte se situe ailleurs : dans les mentions d'interludes musicaux et les indications de jeu qu'il contient (« se promenant sans dire mot », « elle entre dedans le chariot », etc.) et qui l'apparentent à un livret de scène. Jean compose pour des acteurs, à l'attention d'un public : plus que d'être salué par ses pairs, il a ici à cœur d'être compris par les profanes. Or, ce souci est la marque du caractère profondément politique de son art, qui ne se conçoit pas en dehors d'une recherche d'effet(s)[246].

*

* *

244. Paul-Louis JACOB (éd.), *Vaux-de-vire d'Olivier Basselin et de Jean Le Houx, suivis d'un choix d'anciens vaux-de-vire et d'anciennes chansons normandes*..., Paris, A. Delahays, 1858.

245. F. FERRAND (éd.), *Jean Parmentier. Œuvres poétiques*, *op. cit.*, « Moralité très excellente, à l'honneur de la glorieuse Assomption [de] Nostre-Dame », v. 216-220, p. 76.

246. L'usage (parcimonieux) de didascalies n'est pas une originalité dans le théâtre français du XVIe siècle. On le trouve aussi bien chez les auteurs occasionnels de « mystères » ou de « moralités » que parmi les dramaturges de cour (Véronique LOCHERT, *L'Écriture du spectacle. Les didascalies dans le théâtre européen aux XVIe et XVIIe siècles*, Genève, Droz, 2009).

L'apothéose de Jean Parmentier est totale[247]. Le jour même où l'on donne sa « moralité », il remporte le premier prix du « Puy » pour un chant royal intitulé « Au parfait port de salut et de joie », dans lequel il vante les richesses et les curiosités amassées lors des voyages au long cours :

> *Sur l'océan et grosse mer mondaine*
> *Où jamais n'eut quelque assuré repos,*
> *Fut jadis mise une barque soudaine,*
> *Légère et belle et bonne à tout propos,*
> *Pour voyager en lointaine contrée*
> *Et apporter une belle ventrée*
> *D'un riche bois rouge par charité,*
> *Au grand profit de toute humanité* [...].
> *En cette nef de beauté souveraine,*
> *Il n'y avait vieux singes ni marmots* [*petits macaques*]
> *Mais papegays* [*perroquets*] *de céleste domaine,*
> *Qui triomphaient de dire maints beaux mots*[248].

Il présente encore, au « Puy » de Rouen, en 1528, une composition plus abstraite, cadencée par le refrain « ordre et raison en pureté parfaite ». On y retrouve, régnant au ciel sur les « régions heureuses », Vertu et Honneur[249]. Ce n'est pourtant pas à Rouen ni à Dieppe, sur une estrade, qu'il déclame sa toute dernière composition poétique, mais au large des côtes de Sumatra, sur le gaillard arrière de *La Pensée*, à l'automne 1529. Baptisée par Crignon « Traité en forme d'exhortation contenant les merveilles de Dieu et la dignité de l'homme », cette pièce de plus de 600 vers s'adresse aux « bons matelots » et leur enjoint, quand bien même ils seraient confrontés aux périls de la navigation et douteraient de la faveur divine, de persévérer dans leur foi :

247. Un recueil anonyme de poèmes du « Puy » de Rouen, datant des années 1520-1530, contient plusieurs illustrations susceptibles de représenter Jean et Raoul Parmentier, figurés tous deux vêtus de tuniques sombres et coiffés de bonnets à bords relevés (BNF, ms. Fr. 379, f°s 23v, 24r et 25r) [cf. Illustration 4].

248. F. FERRAND (éd.), *Jean Parmentier. Œuvres poétiques*, *op. cit.*, n° VIII, I.1-8 et V.45-48, p. 27-29.

249. *Ibid.*, n° IX, V.68, p. 32.

Et si raison est en toi compassée [*bien proportionnée*],
Tu ne feras une seule passée [*une seule traversée*],
Sans louer Dieu, qui tel bien te parfait [...].
Par ce moyen, vous étant sur la mer,
Tant plus avez quelque péril amer,
Tant plus pensez au haut Dieu admirable [...].
Mais en la terre, à l'auge et à l'étable,
Vous ne pensez ni à Dieu ni à diable,
Tout vous est un, mais que Margot [*votre panse*] *soit pleine ;*
C'est fait en brute et bête variable
Qui suit son corps mortel et misérable
En laissant l'âme en la voie incertaine[250].

On ne sait s'il faut sourire ou s'émouvoir de cette scène dans laquelle un capitaine parle en rimes à ses équipages, épuisés par huit mois de voyage sur les deux plus dangereux océans de la planète. Bizarrement, d'aucuns y ont vu une manifestation d'autorité, destinée à dissoudre un mécontentement naissant[251]. Mais Jean Parmentier s'était-il à ce point éloigné du monde des simples mariniers qu'il en fût venu à penser qu'il pouvait les impressionner par son seul talent littéraire ? Pouvait-il croire, lui l'enfant des quais, éduqué au « métier de la mer » dans une ville d'« écumerie », que quelques décasyllabes allaient apaiser des hommes aigris et affamés ? A-t-il jamais récité ce poème ailleurs qu'en son for intérieur ?

Glosée par certains romanciers en mal de légende comme le moment décisif où s'aboutent, aux portes de la mort, les deux facettes du capitaine dieppois, l'une littéraire et l'autre maritime, cette séquence dit peut-être, au contraire, la déchirure intime d'un homme qui, tout en se voyant convié aux fêtes de l'élite, n'en a jamais véritablement fait partie. À l'instar de la plupart des littérateurs qui concourent aux « Puys », Jean n'a droit qu'aux miettes du banquet des notables. Les quelques heures de gloire qui lui sont accordées ne sont qu'un entracte dans une vie de labeur et de sujétion : jamais le lys ni la couronne d'or ne lui entrouvrent les portes du pouvoir municipal, qui reste tout entier dans

250. *Ibid.*, « Traité en forme d'exhortation... », XXX.311-320, p. 102, et XLVII.513-515 et 519-524, p. 109-110.

251. Michael WINTROUB, *The Voyage of Thought. Navigating Knowledge across the Sixteenth Century World*, Cambridge, Cambridge University Press, 2017, p. 153 et 210.

les mains des grandes familles ayant fait fortune grâce à la « course » et au mareyage. Au contraire d'Ango et des Miffant, il n'occupe aucune charge, ne préside aucune confrérie, n'acquiert aucun titre.

Comment, dès lors, ne pas déceler, dans l'inadéquation manifeste du discours poétique de Jean aux attentes pragmatiques de ses matelots, l'empreinte de l'« habitus clivé » du transfuge de classe ? Le sentiment de n'être nulle part à sa place, la nécessité de maintenir une « double distance » par rapport aux dominés et aux dominants[252], la hantise de l'inconvenance et du faux pas, ne sont-ce pas là les véritables tourments de ce nouveau bourgeois qui affirme, bravache, ne pas craindre le manque d'argent pour avoir « plus pauvre été[253] » ?

Héros hexagonal des Grandes découvertes, précurseur de la modernité littéraire : Jean Parmentier a toujours porté des costumes trop grands pour lui. Continuer, contre toute évidence, à l'ériger en humaniste accompli, en poète professionnel ou en cartographe érudit revient à lui dénier, une fois encore, le bénéfice du plus grand des courages qui soient dans une société de rangs et de privilèges : celui d'avoir conquis puis employé à sa manière – singulière et souveraine – les mots et les savoirs dont sa condition lui interdisait l'accès. Jean n'est pas un savant en chambre, et se moque d'ailleurs du « grave bonnet rond » des maîtres de l'Université. Il se sait et s'avoue « rejeté » par le monde des doctes :

Considérez quel docteur j'eusse été,
En quel honneur ma grave majesté
Pesantement [*pesamment*] *on eût vu apparaître !*
Et en lieu [*à la place*]*, suis un pauvre déjeté,*
Un matelot qui n'a autorité
Fors [*ailleurs*] *qu'en la mer, quand au danger faut être.*
Mais en la terre, on m'eût dit : « Notre maître,

252. Pierre Bourdieu, *Esquisse pour une auto-analyse*, Paris, Raisons d'agir, 2004, p. 127. Dans le poème qu'il dédie à la mémoire des frères Parmentier, Crignon évoque « ceux [probablement les notables de la cité] qui leur donnaient louanges / en leur vivant plus qu'on ne fait aux anges ». Et il signale en cette occasion que Jean Parmentier « était fâché de leur louange vaine / comme il [lui] a dit en privé plusieurs fois » (P. Crignon, *Description novvelle des merveilles de ce monde…, op. cit.*, f° H2r). Jean n'est donc pas dupe des flatteries que lui adressent ceux qui ne l'accueillent qu'à demi dans leur monde.

253. F. Ferrand (éd.), *Jean Parmentier. Œuvres poétiques*, *op. cit.*, « Traité en forme d'exhortation contenant les merveilles de Dieu… », III.24, p. 92.

> Bona dies [*bonjour*], *vos beaux mots, par saint Gilles,*
> *Sont aussi vrais que la belle Évangile »*[254] *!*

Jean n'est jamais aussi bon que quand il parle d'expérience, peignant une nef à l'approche du port ou un équipage à la manœuvre dans une tempête, à l'instant exact et terrifiant où la mer dévoile « sa profondeur, son creux et son abîme[255] ». Ses mots touchent d'autant plus juste qu'ils sont ceux de sa pratique. Lorsque, à l'inverse, il manie le latin, la philosophie ou la mythologie, c'est avec gaucherie ou une excessive application – comme quand, dans le prologue emphatique de sa traduction de la *Conjuration de Catilina*, il en appelle à l'autorité du « divin Platon » pour expliquer platement, en défense et illustration des mérites de Jean Ango, que « le bon gouvernant oublie son propre profit pour observer, pour garder et défendre tout le corps de la chose publique, et non pas une partie seulement[256] ». Ou encore lorsque, à l'occasion de la parade des personnages de sa « mômerie », il flanque Aristote d'un panonceau portant le distique « Aristote, homme vertueux / fut en logique affectueux » et lui met en main une énorme épée, frappée sur la garde du mot « Syllogisme »[257].

Biberonnés à la prose des Anciens et habitués à se mouvoir dans des milieux nobiliaires où la réputation se jauge aux traits d'esprit, les « grands rhétoriqueurs » tels Molinet et Marot en prennent à leur aise mais sans impair avec les classiques. Parmentier, lui, en fait toujours trop ou pas assez avec les références de la culture lettrée – comme si, les respectant au plus haut degré, il ne pouvait entretenir avec elles le commerce ironique qui est la marque de la familiarité des doctes avec le savoir livresque. Lui qui n'a « pas beaucoup hanté les écoles » se comporte à la façon d'un écolier ébloui par ses premières lectures : il montre envers les grandes œuvres une déférence outrancière, qui l'empêche d'en faire son miel, et cite les philosophes comme on implore des divinités. C'est cela – cette foi du charbonnier dans la puissance des idées – qui donne à sa poésie le caractère « sincère », « vivant » ou « rafraîchissant » que tant de commentateurs lui ont reconnu[258].

254. *Ibid.*, X.90 et XII.100-105, p. 94-95.
255. *Ibid.*, XVII.150, p. 96.
256. *Ibid.*, « Dédicace à Jean Ango », p. 118.
257. D. Asseline, *Antiquités et chroniques de la ville de Dieppe*, *op. cit.*, vol. 1, p. 226.
258. D. Hüe décèle même dans l'une de ses créations – un rondeau contenant une paraphrase du *Magnificat* – l'expression d'un « sentiment personnel » amoureux (*La Poésie palinodique à Rouen*..., *op. cit.*, p. 376).

Mais il y a autre chose encore. Issu du monde foisonnant de l'analogie, où chaque être fait signe sans retenue vers ce qui lui ressemble, Jean doit se plier à l'ordre austère de la métaphore autorisée. Tandis que mille sentiers buissonniers s'ouvrent dans les forêts de la ressemblance, une seule route mène à la vérité mariale, jalonnée d'images dont les théologiens ont cadenassé l'interprétation. C'est cette tension entre la puissance sauvage de l'analogie et l'autorité glacée de la métaphore qui galvanise ses vers – et interdit d'arbitrer entre leur caractère « médiéval » et leur tonalité « moderne ».

Portrait de Jean Parmentier en autodidacte ? On aimerait à penser, oui, que dans son for intérieur comme à bord de sa nef, cet homme ne connut pas d'autre maître que Dieu.

III

Immense désert brûlant balayé par des vents d'une violence inouïe, Arrakis est impropre à toute vie humaine organisée. Qu'est-ce qui, dès lors, en fait la planète la plus convoitée de toutes les galaxies ? L'Épice. Substance rare et précieuse, sécrétée par les Vers des sables au stade larvaire de leur cycle de croissance, l'Épice allonge l'espérance de vie et éveille la faculté de « prescience » nécessaire aux voyages interstellaires. Ressource critique de l'Imperium, qui ne pourrait sans elle administrer ses confins, elle fait l'objet de luttes sans merci entre les pouvoirs en lice. La Guilde des navigateurs, les Grandes maisons Atréides et Harkonnen, l'ordre mystique Bene Gesserit : tous s'emploient à obtenir l'exclusivité de sa collecte ou de son emploi, et ce aux dépens des habitants originels d'Arrakis, les Fremen.

À quelques nuances près, climatiques pour l'essentiel, le scénario de la célèbre saga de Frank Herbert, *Dune*[1], s'applique parfaitement au processus d'implantation des Portugais en Asie. Certes, l'« empire » ultramarin édifié par Manuel Ier à compter de 1505 ne dispose pas de la puissance de feu de l'Imperium de Shaddam IV : les quelques centaines de lanciers postés en garnison à Calicut, à Cochin et à Goa font piètre figure en regard des armes atomiques qui assurent l'hégémonie de la dynastie des Padishah[2]. Mais il en possède la morphologie, puisqu'il consiste lui aussi en une guirlande de comptoirs militarisés,

1. Herbert publie la première nouvelle mettant en scène l'univers de *Dune* dans le magazine *Analog* en 1963, puis le premier titre de sa saga en six volumes en 1965.

2. Sur la faiblesse militaire structurelle des places fortes portugaises en Asie, aggravée de manière récurrente par la violence endémique au monde des nobliaux, cf. Sanjay SUBRAHMANYAM, *L'Empire portugais d'Asie, 1500-1700. Une histoire économique et politique*, Paris, Maisonneuve et Larose, 1999.

gouvernés à très grande distance par une métropole en proie aux conflits factionnels[3]. Seule une puissante flotte royale, faite de nefs hauturières plutôt que de *starships*, permet de desservir ces enclaves, afin de les ravitailler et d'y prendre possession des épices (au pluriel) acquises auprès des populations locales – lesquelles ne sont souvent pas moins maltraitées que les Fremen.

La question de l'organisation du monopole du commerce d'un produit de haut prix hante pareillement les deux entités. Si les Padishah en délèguent la récolte aux Grandes maisons, à commencer par les Atréides, la Couronne portugaise en afferme les revenus à des familles de négociants germaniques : les Imhoff et les Hirschvogel de Nuremberg, les Fugger et les Höchstetter d'Augsbourg[4]. Et tout comme les Padishah, qui, tenaillés par l'angoisse du larcin et de la trahison, multiplient les espions, Manuel Ier crée de redoutables organismes de tenue des comptes et de gestion des stocks : la Casa da Índia, en 1503, et la « factorerie » (*feitoria*) d'Anvers, en 1508[5].

On trouve d'autres similitudes entre les deux univers au chapitre de l'attitude – résolument agressive – du centre dynastique envers ses compétiteurs. Tandis que seule la Guilde des navigateurs peut voyager dans l'« espace plissé », les Portugais instituent dès 1502 dans l'océan Indien un système de « licences » (*cartazes*) qui expose tout contrevenant à la saisie de sa cargaison et de sa nef[6]. Devant la levée de boucliers des partisans de la libre concurrence des intérêts, mais aussi par suite de la difficulté à patrouiller efficacement les mers, ce système est aboli en 1517. Mais la « grande ouverture » du marché asiatique aux opérateurs privés ne change pas radicalement

3. Le principe même d'une installation pérenne en Asie divise profondément les milieux nobiliaires portugais, qui redoutent que celle-ci ne se fasse aux dépens du maintien des places fortes du Maroc et d'Afrique (Luís Filipe THOMAZ, « Factions, Interests and Messianism. The Politics of Portuguese Expansion in the East, 1500-1521 », *The Indian Economic and Social History Review*, 1991, 28-1, p. 97-109).

4. Jürgen POHLE, « Sugar, Pepper, Precious Stones : The Economic Impact of the Portuguese Overseas Expansion in the German World around 1500 », *Rivista dell'Instituto di Storia dell'Europa Mediterranea*, 2021, 9-11, p. 9-34.

5. Sous le règne de Manuel Ier, de 1495 à 1521, plus d'un million de livres de poivre sont acheminées à Anvers depuis la péninsule Ibérique (Jean Arthur VAN HOUTTE, « Anvers aux XVe et XVIe siècles : expansion et apogée », *Annales ESC*, 1961, 16-2, p. 253-254).

6. Mathen Mathew KALLOOR PUTHENPARAMBIL, *History of the Portuguese Navigation in India (1497-1600)*, Delhi, Mittal Publications, 1988, p. 131-138.

la donne. La nuée d'aventuriers qui se mettent à écumer le golfe du Bengale bénéficient de l'effet de dissuasion des escadres officielles. En retour, les contrebandiers, rendus à la légalité, accroissent la capacité de surveillance portugaise dans l'océan Indien : l'État reste le maître de la partie[7].

Le jeu des ressemblances pourrait continuer indéfiniment, d'autant que l'auteur de *Dune* invite lui-même, non sans malice, aux rapprochements entre son monde et celui, peuplé d'acteurs musulmans, de l'« État portugais des Indes » (*Estado da Índia*). Ainsi lorsque, après avoir narré dans un livre le « *djihad* » de Serena Butler contre les « machines pensantes », il évoque dans un autre la religion à tous égards islamique des Fremen, à qui il donne non seulement pour ancêtre spirituel le « Troisième Mahomet », mais aussi pour livre sacré le *Kitāb al-'Ibar* : le « Livre des leçons » du célèbre théologien musulman du XIVe siècle Ibn Khaldūn – lequel s'est rendu en Inde, à Ceylan et à Sumatra. Ou lorsqu'il précise, dans le quatrième volume de la saga, que l'Épice a « une immanquable odeur de cannelle amère[8] ».

L'islamophilie galopante de Herbert n'a pas échappé à l'attention des commentateurs de son œuvre, lesquels ont cru deviner dans la rencontre puis l'alliance entre Paul Atréides et les Fremen une évocation de la mythologie orientaliste de Lawrence d'Arabie, parti combattre aux côtés des bédouins lors de la Révolte arabe de 1916[9]. Mais si l'on verse au dossier, outre le rôle narratif moteur des guerres pour le contrôle de l'Épice, les nombreuses références linguistiques aux Persans, aux Moghols et aux Ottomans – en commençant par rappeler que le terme *pādishāh* est un élément de titulature utilisé par les trois puissances[10] –, alors tout porte à croire que l'action se situe dans le golfe Persique plutôt que dans le désert du Sinaï, autrement dit là où

7. Dejanirah Couto, « Les Portugais, le commerce et la contrebande du poivre dans l'océan Indien dans la première moitié du XVIe siècle », dans Jean Trinquier et Pierre Schneider (dir.), *Le Poivre, fragments d'histoire globale. Circulations et consommations, de l'Antiquité à l'époque moderne*, Paris, Hermann, 2022, p. 159-183.

8. L'annexe traitant de la religion des Fremen figure à la fin du premier volume de la saga. Le récit du « *djihad* butlérien », qui donne naissance aux Bene Gesserit, elles-mêmes évocatrices des soufis, se trouve dans *Children of Dune* (1976), l'allusion à l'odeur de cannelle amère de l'Épice dans *God Emperor of Dune* (1981).

9. Haris Durrani, « The Muslimness of *Dune*. A Close Reading of "Appendix II. The Religion of Dune" », *Tor.com*, 18 octobre 2021.

10. Autre allusion à l'empire moghol : le terme *siridar*, qui désigne les fiefs des Grandes maisons, et qui est une variation sur le titre nobiliaire indo-persan *sardar*.

les Portugais ont rencontré leurs plus rudes adversaires commerciaux et livré leurs plus féroces batailles navales[11].

*
* *

La vraie différence entre les deux univers tient en réalité au degré de volatilité du prix de la ressource. Si l'Épice des Padishah vaut invariablement son pesant d'or et de violence, le cours du poivre asiatique connaît des hauts et des bas – surtout des bas. Car, contrairement à l'idée répandue selon laquelle les Européens, et parmi eux Jean Parmentier, ne se seraient rendus en Asie au XVIe siècle qu'afin de s'y approvisionner en poivre noir, en noix muscade et en clous de girofle, le commerce buissonnier des épices des Indes orientales ne fait déjà plus recette dans les années 1520. Pour prévenir la dépréciation du poivre, dont les stocks gonflent démesurément, les Portugais décident dès 1506 d'en figer le prix à un niveau équivalent à celui qu'il avait dans la seconde moitié du XVe siècle. Comme l'inflation ne cesse d'augmenter dans les premières décennies du XVIe siècle, ce prix nominal stable masque une décrue de valeur réelle[12].

Si le poivre reste un condiment recherché, il n'est plus un produit de luxe. En 1501, à Rouen, une livre de poivre ne coûte que 15 sols : à peine trois fois le prix d'un pot d'huile d'olive[13]. En 1508, les apo-

11. Dejanirah COUTO, « "The Affairs of the Turks are Growing Strongly". The Portuguese, the Mamluks, the Ottomans, and the Indian Ocean », dans Abdulrahim ABU-HUSAYN (dir.), *1516. The Year that Changed the Middle East*, Beyrouth, American University of Beirut Press, 2021, p. 303-352.

12. Frederic C. LANE, « Pepper Prices Before Da Gama », *The Journal of Economic History*, 1968, 28-4, p. 590-597, et Kevin H. O'ROURKE et Jeffrey G. WILLIAMSON, *Did Vasco da Gama Matter for European Markets ? Testing Frederic Lane's Hypothesis Fifty Years Later*, Cambridge (Mass.), National Bureau of Economic Research, 2005.

13. Ch. de ROBILLARD DE BEAUREPAIRE, *L'État des campagnes de la Haute-Normandie…*, *op. cit.*, p. 383 et 385. Sur la très large demande sociale de poivre et son prix décroissant à partir des années 1450, cf. Paul FREEDMAN, « Spices and Late-Medieval Ideas of Scarcity and Value », *Speculum*, 2005, 80-4, p. 1214-1216. Le poivre n'est pas la plus onéreuse des épices orientales. En 1542, dans les comptes d'un apothicaire se fournissant à Toulouse, il coûte 18 sols la livre, contre 23 sols 6 deniers pour le gingembre, 25 sols pour la cannelle et 40 sols pour le clou de girofle (René PRAT, « Les achats d'un apothicaire du pays d'Oc au XVIe siècle », *Revue d'histoire de la pharmacie*, 1955, 145, p. 103).

thicaires, les ciriers et les épiciers de la ville se réunissent en corporation. Leurs statuts leur confèrent un droit d'achat prioritaire sur les « drogues et épiceries » des marchands étrangers, mais les obligent à jurer « qu'ils ne feront conspiration ou monopole pour plus chèrement vendre leurs denrées ». Ils s'engagent en outre à présenter chaque année aux gardes du métier les « recettes » de leurs remèdes, ainsi qu'à ne commercialiser aucune marchandise « corrompue » afin que « nul homme ni femme n'en puisse être déçu »[14].

Encore ne faut-il pas s'exagérer l'importance des « épiceries » dans la pharmacopée du XVIe siècle. Bien que nous ne sachions rien des apothicaires de Dieppe[15], l'inventaire de la boutique de l'un de leurs confrères amiénois, Jehan de Louvigny, actif de 1487 à 1520, révèle un usage parcimonieux des épices asiatiques dans les préparations curatives : outre qu'elles constituent moins de 5 % des quelque 300 ingrédients mentionnés, elles sont rarement de premier choix. À l'exception du gingembre vert, de la cannelle de Ceylan et de la cardamome du Malabar, il s'agit de produits dégradés : du « poivre menu », un « aromatique » à base de brisures de clous de girofle et de noix muscade, une huile de nard de l'Himalaya, un « électuaire » (sirop) contenant du bois de santal. Tandis que les produits venus de Méditerranée orientale et du Levant – comme le mastic, le sumac, l'aloès, la terre sigillée de Lemnos ou le séné de Tripoli – figurent dans un grand nombre de « recettes » suivies par Louvigny, les épices des Indes y sont d'un emploi limité[16].

14. « Statuts des apothicaires, ciriers, épiciers » (ADSM, C 127, art. XVIII, XXVIII, XXIX et XLII), dans Charles OUIN-LACROIX, *Histoire des anciennes corporations d'arts et métiers et des confréries religieuses de la capitale de la Normandie*, Rouen, Lecointe Frères, 1850, p. 555-561.

15. On trouve mentionné en 1484 comme apothicaire, mais sans plus de détails sur son activité, un Jacques Paoul, domicilié dans la paroisse Saint-Jacques (P. LARDIN, *Dieppe au Moyen Âge…*, *op. cit.*, p. 487, ADSM, G 8111, 24 avril 1484). Les premiers statuts de métier des apothicaires de Dieppe datent de 1575 et sont confirmés en 1583 par un arrêt du Parlement de Rouen. L'impétrant doit notamment passer un « examen des herbes » au cours duquel il doit réaliser des poudres et des onguents (André LIOT, *Contribution à l'histoire de la pharmacie en Normandie. Les apothicaires dieppois du XVIe au XIXe siècle*, Rouen, L. Wolf, 1912, p. 1 et 6).

16. Octave THOREL, *Jehan de Louvigny, apothicaire amiénois de 1487 à 1520*, Amiens, Yvert et Tellier, 1906, p. 112, 119, 126-127, 132, 138 et 143. Il faut noter qu'à l'instar de la plupart de ses confrères, Louvigny se réfère prioritairement à l'*Antidotaire Mésué* et au *Petit antidotaire* de Nicolas de Salerne. Or, ces deux recueils datent des XIe-XIIIe siècles, donc d'une époque bien antérieure à l'établissement des Portugais aux Indes. Pour une liste détaillée des « drogues » qui se vendent alors

L'offre d'épices croissant de manière exponentielle au fil des ans, leur revente au détail n'est bientôt plus le privilège des professionnels ayant pignon sur rue. C'est ce que prouvent les tribulations normandes d'un dénommé Chapperon, accusé en 1534 d'avoir dérobé une tasse en argent dans une gibecière, et dont le bailli du chapitre de Notre-Dame de Rouen recueille les aveux :

> Enquis quelles épiceries il avait porté, a dit qu'il ne portait point d'épiceries de Paris [mais] a dit qu'il s'en alla dudit lieu de Paris à Dieppe pour trouver de la marchandise, auquel lieu il trouva Antoine Le Charpentier, fils de Guille Le Charpentier, d'Avranches, lequel est grossier [grossiste] d'épiceries et autres marchandises, lequel Antoine il connaissait parce qu'il l'avait vu plusieurs fois audit lieu de Paris portant devant lui une tablette où il y avait de la mercerie comme couteaux, bourses et ceintures.
> Toutefois, ne se chargea ledit déposant d'épiceries audit lieu de Dieppe, [car] ledit Antoine dit qu'il était délibéré s'en aller au pays de Bas [en Basse-Normandie] et qu'il aimait mieux charger à Honfleur [...], auquel lieu il acheta du poivre et de la muguette [de la noix muscade], c'est à savoir trois livres de poivre, une de muguette et une de gingembre, c'est à savoir le poivre dix sols la livre, douze sols le gingembre et autant la muguette, disant que ladite muguette n'était pas entière mais était rompture [brisures] de muguette qui sert à battre avec le poivre [...].
> Enquis de ce qu'il avait fait depuis son arrivée [à Rouen], a dit qu'il a battu des épiceries en la maison d'un apothicaire qui demeure près mais n'en sait le nom, [et] qu'il a fait audit lieu des oreillers de nuit de senteurs, et les allait vendre chaque jour sur les quais et retournait tous les jours coucher audit logis[17].

Chapperon camelote sous le manteau du poivre et du gingembre comme d'autres des cartes à jouer ou de la verroterie : c'est dire combien les aromates orientaux ont perdu de leur superbe. Certes, les épices qu'il achète à Honfleur et à Rouen ne sont pas de première qualité, raison pour laquelle il en fait des « oreillers de senteurs » plutôt que de

---

communément au Levant (à Tripoli, Alep, Damas et Alexandrie), cf. le « Mémoire des drogues » du pilote méditerranéen Germain Sorin (BNF, ms. Fr. 2132, f°s 21r-23r).

17. ADSM, G 3380 (information du bailli du chapitre de Notre-Dame contre Robert Chapperon, prévenu d'un vol commis en l'église, 2 novembre 1534), f°s 1r-3v et 6v. « Fustigé de verges » à deux reprises, Chapperon nie farouchement le vol, de sorte qu'il est élargi.

les écouler auprès des taverniers. Cette vente à la sauvette atteste, quoi qu'il en soit, une large diffusion sociale de la consommation des épices – bien loin du mythe de délicatesses réservées à la haute noblesse[18]. Pour faire fortune avec du poivre ou de la cannelle, il faut en rapporter des milliers de kilos. Les survivants de l'expédition de Magellan l'ont appris à leurs dépens, qui n'ont pas tiré de quoi mener longtemps grand train de la vente à Séville, en 1522, de leurs coffres de clous de girofle[19].

Le monopole portugais des « épiceries des Indes » pose au demeurant de sérieux problèmes économiques à la France. Outre qu'il tarit l'une des principales sources de revenus des ports de la côte méditerranéenne, il creuse le déficit de la balance des paiements et amenuise les réserves d'or et d'argent du royaume. Le flot d'épices ibériques déferlant sur les marchés s'enfle à un point tel que François Ier songe en 1518 à en interdire l'importation[20]. Consultés sur la question, les édiles de Rouen se récrient au motif que

> les marchands ont plus d'intérêt et profit pour raison des marchandises qu'ils portent en Portugal, Flandre et autres lieux [d'où ils] rapportent les épiceries, qu'ils n'auraient si la dite défense avait lieu, et [qu'il leur] serait [dès lors] impossible [de] faire le voyage de Calicut sans la permission et vouloir du roi de Portugal[21].

18. Il en va déjà ainsi aux XIVe et XVe siècles (Bruno LAURIOUX, « De l'usage des épices dans l'alimentation médiévale », *Médiévales*, 1983, 5, p. 15-31).

19. Les quantités d'épices rapportées par chacun de ces dix-huit hommes nous sont connues par une liste de leurs « espaces de charge privés » (*quintaladas*), établie peu après l'arrivée de la *Victoria* à Sanlúcar de Barrameda, le 6 septembre 1522 (AGI, Contad. 425, N 1, R 1, doc. 1, fos 98r-104v).

20. Ce déferlement des épices portugaises touche toutes les grandes places commerciales françaises : sensible dès 1506 à Lyon, il atteint Marseille en 1516 (Richard GASCON, « Un siècle du commerce des épices à Lyon, fin XVe-fin XVIe siècle », *Annales ESC*, 1960, 15-4, p. 646).

21. Ch. de ROBILLARD DE BEAUREPAIRE, *L'Entrée de François Ier*..., *op. cit.*, p. VIII (motion des délégués de la Ville de Rouen arrêtée lors d'une assemblée en l'Hôtel commun de Paris, 20 janvier 1518). La peur de mesures de rétorsion est plus visible encore dans la justification du refus opposé à la proposition royale d'un ban sur les importations de laine étrangère : « Les autres pays pourraient faire semblable défense de non acheter draps » (p. IX). À compter de 1542, la Couronne change de politique : plutôt que de tenter d'interdire l'importation des épices ibériques, elle en augmente et en centralise la fiscalité. Par une ordonnance du 10 septembre 1549, Henri II établit Rouen, Lyon et Marseille comme seuls et uniques lieux de perception des droits de gabelle sur les « épiceries et drogueries » – à savoir 2 écus par quintal pour le

Le commerce mondial forme déjà un lacis serré d'interdépendances : tout acte unilatéral de protectionnisme entraînerait des mesures de rétorsion. Or, les grands commerçants normands ne souhaitent pas se fermer tout accès à l'Asie en s'aliénant la seule puissance européenne qui y ait pris pied, et avec laquelle, de surcroît, ils entretiennent de fructueuses relations : tout bien pesé, la cannelle de Ceylan ne vaut pas le sucre de Madère, surtout si l'on ajoute dans la balance les figues de l'Algarve et les cuirs de Lisbonne[22].

Les épices présentent, qui plus est, cet inconvénient que, mal préparées, elles se gâtent et pourrissent lors du voyage retour vers l'Europe[23]. Seuls les marchands ayant à disposition des entrepôts en Asie même – les Portugais, donc, et par extension quelques Italiens opérant sous leur contrôle – peuvent les faire sécher et les empaqueter de façon adéquate. Le coût de la création et de la maintenance de ces lieux de conditionnement, qu'il faut défendre contre les adversaires et dont il faut assurer la desserte par voie maritime, grève lourdement le budget de la Couronne portugaise. Le bénéfice net tiré de la revente à Lisbonne des épices indiennes serait assurément nul s'il fallait en retrancher les frais d'entretien des troupes, des comptoirs et des caraques qui en garantissent l'acquisition[24].

---

poivre, la noix muscade, la cannelle, le gingembre, l'onyx et les clous de girofle. Rouen obtient de la sorte le privilège de la revente de toutes les épices « venues par la mer océane » (Antoine FONTANON, *Les Edicts et ordonnances des Rois de France...*, Paris, s. e., mais avec mention du privilège royal, 1611, vol. 2, p. 508-514). Prise pour mettre fin aux achats directs à Anvers tout comme aux « tromperies » des regrattiers (des revendeurs de seconde main), cette ordonnance subordonne définitivement Dieppe et Le Havre à Rouen en matière de commerce des épices.

22. M. MOLLAT, *Le Commerce maritime normand...*, *op. cit.*, p. 226 et 229. Pour un aperçu de l'ampleur du commerce du sucre de Madère dans la seconde moitié du XVe siècle, cf. Jacques PAVIOT, « Marins et marchands portugais en Méditerranée à la fin du Moyen Âge », dans Damien COULON, Catherine OTTEN-FROUX, Paule PAGÈS et Dominique VALÉRIAN (dir.), *Chemins d'outre-mer. Études d'histoire sur la Méditerranée médiévale offertes à Michel Balard*, Paris, Éditions de la Sorbonne, 2016, p. 671-679.

23. Un marchand de l'East India Company, en poste à Bengkulu dans les années 1780, estime qu'un quart du poivre exporté depuis Sumatra est rendu impropre à la consommation par suite de son exposition à l'eau de mer (William MARSDEN, *The History of Sumatra, containing an Account of the Government, Laws, Customs, and Manners of Its Inhabitants...*, Londres, Longman and Hurst, 1811, p. 145).

24. Les coûts de maintenance des places fortes d'Afrique et d'Asie font en outre peser de lourdes contraintes sur l'économie péninsulaire. À l'épuisement des

Alors, pourquoi diable les Français, qui ne possèdent pas la moindre place forte en Asie et sont à couteaux tirés avec les Portugais, s'aventurent-ils dans les années 1520 dans un négoce à ce point verrouillé, au coût d'entrée exorbitant et à la rentabilité déclinante ?

N'en déplaise aux promoteurs de la fable d'un Jean Ango livrant bataille pour l'honneur de la patrie et la « liberté des mers[25] », les Dieppois ne sont pas la tête de pont d'une contre-offensive française en Asie. Bien sûr, tous les marchands et les navigateurs normands haïssent à l'époque la prétention ibérique au monopole du commerce avec la Guinée, le Brésil et l'Asie, qui les oblige, pour se fournir en « épiceries » et en résines tropicales, à passer sous les fourches caudines des grossistes lisboètes et anversois. Ainsi l'anonyme auteur du « Discours d'un grand capitaine du lieu de Dieppe », publié par le cosmographe vénitien Ramusio en 1539, n'a-t-il pas de mots assez durs à l'encontre des Portugais, lesquels, par suite de leur « insatiable avarice », « agissent comme si la terre [entière] était à eux »[26]. Mais les nefs des frères Parmentier, qui jaugent à elles deux moins de 400 tonneaux, c'est-à-dire pas même la moitié du volume d'un bâtiment de desserte ibérique[27], n'abritent pas de soldatesque profes-

ressources agricoles s'ajoute un retard d'industrialisation dû à la mobilisation ultramarine d'une fraction conséquente de la force de travail (António dos SANTOS PEREIRA, *Portugal, o imperio urgente, 1475-1525*, Lisbonne, Casa da Moeda-Imp. Nacional, 2003, 2 vol.).

25. E. GUÉNIN, *Ango et ses pilotes*..., *op. cit.*, p. VIII, et Charles de LA RONCIÈRE, « L'armateur Jean Ango et la liberté des mers », *Le Correspondant*, 25 février 1902, p. 718. Chez La Roncière, l'attribution à Ango de plus larges vues que le simple commerce s'articule toujours à une critique de l'inaction de la Couronne dans le domaine des affaires maritimes : « Si vous cherchez en France une idée directrice en fait de politique maritime, n'allez pas à la cour de François Ier, mais à Dieppe » (*Histoire de la marine française*..., *op. cit.*, vol. 3, p. 243). Les débats concernant la « liberté des mers » vont alors *crescendo* : ils culminent au XVIIe siècle dans les échanges entre John Selden et Hugo Grotius (Guillaume CALAFAT, *Une mer jalousée. Contribution à l'histoire de la souveraineté. Méditerranée, XVIIe siècle*, Paris, Seuil, 2019).

26. G. B. RAMUSIO, *Navigationi e Viaggi*, *op. cit.*, vol. 3, fo 426v. Ce texte a longtemps été attribué à Pierre Crignon, mais rien ne permet de valider définitivement cette thèse, d'autant que l'ensemble des voyages portés par l'auteur au crédit d'un « grand capitaine de Dieppe » (à Terre-Neuve, en Guinée et au Brésil) ne correspondent pas aux navigations connues de Jean Parmentier (G. LELIÈVRE, « Le *Discours d'un grand capitaine de Dieppe*... », art. cit., p. 89-90).

27. Les *naus* portugaises jaugent de 500 à 1 000 tonneaux au mitan du XVIe siècle (Frédéric MAURO, « Types de navires et construction navale dans l'Atlantique portugais

sionnelle : elles n'ont pas les moyens de faire face aux escadres lourdement armées venues de Goa. On les imagine mal modifier, fût-ce d'un iota, l'équilibre des forces dans l'océan Indien. Ne s'attaque pas qui veut aux Padishah.

En réalité, les Dieppois ne courent pas seulement ni prioritairement après les épices. Ce qu'ils convoitent, sur cette île de Sumatra que les cosmographes nomment toujours « Taprobane », ce n'est pas le poivre, mais l'or – un produit dont les réserves, à la différence des stocks d'épices, s'amenuisent[28]. Souvenez-vous du chant royal que Jean Parmentier compose en 1526 :

> *Un cosmographe, expert en la marine,*
> *Entreprend la route et navigation*
> *De Calicut, pour trouver l'or en mine*[29].

Ce que l'on sait à l'époque de Sumatra – c'est-à-dire presque rien – tient tout entier dans cette certitude : elle regorge de mines d'où l'on extrait un or de grande pureté. À compter de la brève escale de Lopes de Sequeira sur l'île, en 1508, les Portugais s'y mettent en quête de la mythique Ophir, d'où le roi d'Israël Salomon faisait venir tous les trois ans, *via* les ports de la mer Rouge, une cargaison d'or, de bois de santal et de pierres précieuses[30]. Ophir en Insulinde ? Rien là que de très banal. L'Ancien Testament fait office de guide des Nouveaux mondes. Égarés aux confins des connaissances de leur temps, les navigateurs européens ne se contentent pas, en un geste de réassurance, de

aux XVIe et XVIIe siècles », *Revue d'histoire moderne et contemporaine*, 1959, 6-3, p. 186, d'après l'*Arte da guerra do mar* de Fernando Oliveira, 1555).

28. Sur le déclin de la quantité d'or utilisée dans la frappe de monnaie en France dans la seconde moitié du XVe siècle, cf. John DAY, « The Great Bullion Famine of the Fifteenth Century », *Past & Present*, 1978, 79, p. 50.

29. F. FERRAND (éd.), *Jean Parmentier. Œuvres poétiques*, *op. cit.*, n° XIX, VII.5-15, p. 24.

30. Patricia RUEB, « Une mine d'or à Sumatra. Technologie saxonne et méthodes indigènes au XVIIe siècle », *Archipel*, 1991, 41, p. 13-14. La légende, qui vient du Premier livre des Rois (IX, 26-28 et X, 11-12), est souvent reprise dans la littérature antique, qui situe Ophir tantôt en Arabie, tantôt dans l'océan Indien. Dans ses *Antiquités juives*, Flavius Josèphe fait de « Sophira, terre de l'or » une région de l'Inde (Loïc-Gérald LAIZET, « Aspects du commerce oriental, de la mort d'Alexandre à l'avènement de l'islam », thèse d'histoire ancienne, université Bourgogne Franche-Comté, 2021, n. 43, p. 47).

cartographier les terres lointaines au moyen de la toponymie biblique ou de les nommer grâce au calendrier des saints : ils décèlent, partout où ils font relâche, les traces estompées d'un christianisme primitif. Tandis que Colomb navigue toujours plus à l'ouest vers l'Éden, Vasco da Gama croit reconnaître la Vierge dans les traits d'une divinité hindoue[31]. En dépit d'un regrettable manque d'oliviers, le bout du monde a de faux airs de Samarie.

Un surprenant récit versifié, publié à Toulouse en 1537, rebat les cartes de cette équation imaginaire entre l'Orient, le Paradis et la Terre sainte. Dans les *Lettres des ysles et terres nouvellement trouvées par les Portugalois*, c'est bien à « Salmatra » (Sumatra) que débarquent deux aventuriers français, Guy de Sambale et Jehan de Saverdun. Mais aucun élément de description pragmatique ne permet de faire coïncider ce lieu fictionnel avec l'île réelle, dont Varthema a pourtant donné en 1510 quelques aperçus dans son *Itinerario*. Cette Sumatra-là n'est qu'une projection fantasmatique : un Pays de Cocagne où « toujours est carême prenant », c'est-à-dire où le temps de la débauche et de la ripaille n'a pas de fin. On n'y endure ni les rigueurs de l'hiver ni la rébarbative institution du mariage : chacun y déambule « l'animal au poing », autrement dit le vit à la main. L'argent y est inconnu : « nul n'achète, aucun n'usurpe [ni ne] vend ». « Tout bien à chacun abonde » : porcs, lapins et perdrix y poussent sur les arbres.

Ce n'est cependant pas folle insouciance mais choix délibéré que cette vie sans normes ni lois, puisque le pays compte de doctes vieillards, et même « des physiciens, qui sont grands astrologues[32] ». C'est une autre mouture d'Éden, païen et paillard, que l'anonyme auteur de

31. Jean-Pierre SANCHEZ, *Mythes et légendes de la conquête de l'Amérique*, Rennes, Presses universitaires de Rennes, 1996, p. 93-101, et Alexander HENN, *Hindu-Catholic Encounters in Goa. Religion, Colonialism, and Modernity*, Bloomington, Indiana University Press, 2014, p. 19-22.

32. Guillaume BERTHON et Raphaël CAPPELLEN (éd.), *Letres des ysles et terres nouvellement découvertes par les Portugalois. Un voyage imaginaire à Sumatra à la Renaissance*, Genève, Droz, 2021, p. 16-18, 22-23 et 25. Les rares emprunts repérables dans le texte procèdent en réalité de récits de voyages aux Amériques, ainsi de la mention du « jus de Zucque [*yucca*, la racine de manioc] ». Les années 1530 sont celles de la « réactualisation américaine » des récits du Pays de Cocagne, inventés au XIIIe siècle (Florian QUELLIER, « Le Pays de Cocagne, un texte voyageur du Moyen Âge aux Temps modernes », dans Isabelle TRIVISANI-MOREAU et Sandra CONTAMINA, dir., *Les Textes voyageurs des périodes médiévale et moderne*, Rennes, Presses universitaires de Rennes, 2021, p. 253-269).

cette robinsonnade graveleuse domicilie, par le fait de son souverain caprice, à Sumatra. Comme chez Rabelais, qui, très au fait des navigations portugaises, fait voguer la nef de Pantagruel « par-delà le cap de Bonne-Espérance[33] », Utopie ne peut se trouver que parmi les îles insulindiennes.

Pourtant, Magellan et les frères Parmentier peuvent en témoigner avec une égale assurance : l'Asie n'est pas le Paradis.

*

* *

La Pensée est « mise en rade » sans incident le 28 mars. Mais *Le Sacre*, dont la coque « touche » le soulier de galets lors de l'opération, doit attendre la marée du lendemain. Le vendredi suivant, le 2 avril, Jean Parmentier et le « reste des compagnons » assistent aux vêpres, puis s'embarquent de nuit sur les deux nefs[34].

Il y a là Prolin Coulle, Guillaume d'Eu, Collenet Flarelle, « Pollet », Nicolas Bout, Robert Colas dit « Gros dos », Jacques Lécossais, Guillaume Sepin, le page (mousse) Barbier, Jean le Roux, René Paviau, Jean Saisy dit « le grand peintre », Binet le canonnier, Jean Masson, Noël Chandelier, le Breton Jean des Saulx, Pierre le Conte, Alleaume de Rambures, Beauseron « le trompette », Antoine le Portugais, Maître Michel Merry, Antoine de la Sarde, un Flamand « expert en artillerie », Nicolas Gonnet, Lefour le « fils de l'oublieur [le pâtissier] nommé Thomassin le Boulanger », Maître Pierre de Maucler, Guillemin Le Page, Nicolas Boucher, Guillaume Richet, Vasse, Briant et Jean-François. Sans oublier « le petit Nicolas Gilles » et « le fils de Pontillon ». Soit trente-quatre hommes – et adolescents – dont Pierre Crignon, dans son récit de bord, nous livre le nom, et parfois rien de plus que le prénom ou la nationalité[35].

33. Frank Lestringant, « Questions sur la géographie de Rabelais. À propos de *Pantagruel* », dans Isabelle Garnier *et al.* (dir.), *Narrations fabuleuses. Mélanges en l'honneur de Mireille Huchon*, Paris, Garnier, 2022, p. 309-315.

34. AMD, FAL, ms. 197 (P. Crignon, « Voyage aux Indes orientalles 1529 »), f° 1. Pour l'histoire des manuscrits comme des éditions contemporaines du récit de Crignon, cf. la note intitulée « Le récit du voyage des frères Parmentier : genèse et résurgences d'une source » en fin de volume.

35. Il faut ajouter à cette liste un trente-cinquième nom : celui d'un survivant de l'expédition, Jean Plastrier, retrouvé en 1575 à Dieppe par le copiste du manuscrit

Trente-quatre hommes dont nous ne savons rien, si ce n'est qu'ils sont presque tous morts au fil du voyage. « Gros dos » périt noyé six jours après le départ en « assurant la bonnette », c'est-à-dire en suspendant une voile d'appoint à une vergue. « Le fils de Pontillon » succombe à « des apostumes en la tête », autrement dit à des tumeurs purulentes. Jean des Saulx décède d'une affection pulmonaire, Guillemin Le Page des suites d'un « mal des jambes, des reins et de l'estomac ». Alleaume de Rambures « meurt fort sec et usé ». Noël Chandelier, Nicolas Gonnet et « le petit Nicolas Gilles » sont emportés par les fièvres à Sumatra. Comme la plupart des récits de voyage de la première moitié du XVIe siècle, qui forment des excroissances narratives de livres de bord destinés à renseigner des faits de navigation et d'intendance, la chronique de Crignon est un caveau. Il n'y est souvent fait mention de tel ou tel que pour indiquer les causes et les circonstances de son décès – et ce avant tout pour pouvoir, de retour à bon port, en donner connaissance aux familles des disparus.

Trente-quatre hommes, donc, mais sur combien ? Si les effectifs du *Sacre* et de *La Pensée* nous demeurent inconnus, le texte de Crignon comporte plusieurs indices de leur ordre de grandeur. Le 26 avril, lors d'une escale aux Canaries, ce sont « quatre-vingts hommes bien armés » qui se rendent à terre pour chercher un point d'eau. Le 11 mai, à l'occasion du franchissement de l'Équateur, « environ cinquante [marins] furent faits chevaliers », autrement dit adoubés selon un rite parodique[36]. Sachant qu'il ne faut pas moins d'une quinzaine d'hommes pour garder chaque vaisseau et que la proportion paraît réaliste d'un matelot sur deux n'ayant jamais « passé la Ligne », l'estimation de l'ensemble des membres d'équipage se trouve portée à 110 hommes. Pour hypothétique qu'il soit, ce chiffre offre l'avantage d'être congruent avec le ratio, alors habituel pour les voyages au long cours, d'un homme pour deux à trois tonneaux de charge[37]. Crignon

---

de Crignon (G. LEFÈVRE, « Navigation de Jean Parmentier. Premier volume », BNF, ms. NAF 7510, fº 81v). Dans le texte de Crignon, certains patronymes phonétiquement consonants ou à l'orthographe quasi similaire renvoient selon toute probabilité à la même personne (« Vasse » et « Wast », « Nicolas Bout » et « Nicolas Boutté », « Pierre Moucler » et « Pierre Maucler »). Crignon fait en outre référence, sans les nommer, au « barbier du *Sacre* » et au « chapelain » de l'expédition.

36. AMD, FAL, ms. 197 (P. CRIGNON, « Voyage aux Indes orientalles 1529 »), fos 4 et 10.

37. S. KWOCZ, « Marchands et marins havrais au XVIe siècle… », art. cit., p. 33-34.

liste enfin vingt-quatre décès durant le périple, du départ des nefs à leur retour à bon port. À s'en tenir au chiffre de 110 navigants, le taux de mortalité s'établit à 25 %, ce qui est très exactement la norme pour le « voyage des Indes » jusqu'aux années 1750[38].

Bien qu'ils concernent moins du tiers du contingent de bord, les patronymes mentionnés par Crignon signalent le caractère cosmopolite des équipages des frères Parmentier, qui sont à l'image du monde bigarré des ports de la façade atlantique. Un Portugais, un Sarde, un Écossais, un Breton, un Flamand : 5 % déjà d'« estrangiers » – mais rien là de surprenant quand on se souvient qu'en 1519 Magellan a recruté à Séville, pour garnir ses nefs, dix-neuf Français, neuf Grecs, cinq Flamands, quatre Allemands, deux Irlandais et un Anglais, soit 16 % de non-Ibériques[39]. À Dieppe comme dans n'importe quelle cité majoritairement peuplée de « gens de mer », l'une des règles d'or de la composition des équipages reste toutefois de puiser dans les réseaux locaux d'interconnaissance. Les mousses du *Sacre* et de *La Pensée* sont les rejetons de vieilles connaissances, tel Lefour, fils d'un « oublieur », autrement dit d'un fabricant de petites pâtisseries, dont Crignon semble avoir fréquenté la boutique[40].

C'est la ville avec toutes ses connivences, mais aussi avec ses hiérarchies, qui se transporte à bord des nefs. Au-dessus des simples matelots règnent les frères Parmentier, qui sont « marchands et bourgeois », mais aussi les « maîtres » Michel Merry, Pierre de Maucler et Jean Saisy, qui ont gagné leurs galons en excellant dans leur art – l'astrologie maritime pour les deux premiers, le dessin pour le dernier.

Les nefs, qui quittent Dieppe dans la nuit du 2 au 3 avril, mettent le cap sur le Cotentin, puis contournent la Bretagne. Le 10 avril, elles

38. Sur les nefs de la *carrera de Indias* reliant l'Espagne au Mexique, le taux de mortalité moyen aux XVIe et XVIIe siècles est de 20 à 25 % (Delphine TEMPÈRE, *Vivre et mourir sur les navires du Siècle d'or*, Paris, Presses de l'université Paris-Sorbonne, 2009, p. 255-257). À bord des vaisseaux de la Compagnie française des Indes, il s'établit à 19,7 % dans la décennie 1740-1749, puis décroît à 11,7 % dans la décennie suivante par suite d'une meilleure intelligence médicale du scorbut, partant de sa prévention par la consommation de fruits riches en vitamine C (Philippe HAUDRÈRE, « Heurs et malheurs des voyages maritimes sur la route des Indes orientales au XVIIIe siècle », *Annales de Bretagne et des pays de l'Ouest*, 2014, 121-3, p. 170).

39. X. de CASTRO *et al.* (éd.), *Le Voyage de Magellan*..., *op. cit.*, vol. 1, p. 479.

40. Un « oublieur » est un pâtissier fabricant d'« oublies » : de petits gateaux minces et ronds à base de farine et de lait, cuits comme l'hostie entre les deux plaques d'un fer (F. GODEFROY, *Dictionnaire de l'ancienne langue française*..., *op. cit.*, vol. 5, p. 664).

doublent le cap Finisterre, au nord de la péninsule Ibérique ; le 17, elles sont en vue des Canaries, terres espagnoles où mieux vaut ne pas faire relâche[41]. Le 24, elles font leur première escale à l'île Saint-Jacques, dans l'archipel du Cap-Vert. Quatre-vingts hommes sont envoyés à terre « quérir des eaux » sous la conduite de Jean Saisy et de Nicolas Bout. Ils tombent inopinément sur un groupe « de maures et d'esclaves » gardant du bétail sous la direction d'un Espagnol.

Passé un instant de surprise, le pilote portugais du *Sacre*, António, prend langue avec eux – et leur ment prudemment en affirmant que les nefs dieppoises font partie d'une flottille de dix navires « équipés en guerre » et faisant voile vers les Antilles. L'un des esclaves ne s'en laisse pas conter, et rétorque du tac au tac que deux caraques portugaises venues de Madère – et peu auparavant « pillées » par des Bretons – mouillent à une douzaine de lieues à peine. Les deux parties ayant montré leurs muscles, les négociations s'engagent, et les Français acquièrent deux bœufs et cinq poules pour 2 écus. Crignon prend le temps d'inventorier les ressources de l'île : « force fontaines », du pourpier, des figuiers, des pois, des orangers, quelques vaches ensauvagées. Il consigne, sans s'en émouvoir, cette bizarrerie propre aux îles relais de l'Atlantique ibérique, où s'épanouissent, à l'abri des scrupules, de petites sociétés esclavagistes : un Espagnol vivant seul « avec trois ou quatre femmes ou filles nègres, qui le servent[42] ».

Les nefs cinglent au sud sud-ouest jusqu'à « passer sous l'Équateur » le 11 mai. En manière de rite initiatique, les équipages célèbrent alors une « fête de la chevalerie » au cours de laquelle une cinquantaine d'hommes reçoivent l'accolade. La cérémonie – tout aussi récréative que solennelle – s'accomplit au son d'une messe chantée en l'honneur de la Vierge. Pour la conclure, « on fait chaudière » avec une soupe de

41. Dans la première moitié du XVIe siècle, les Canaries sont un point d'avitaillement crucial pour les nefs de la « route des Indes » : il y a toutes les chances d'y croiser de fortes escadres espagnoles (Manuel LOBO CABRERA, « La Casa de la Contratación y Canarias en el siglo XVI », dans António ACOSTA RODRÍGUEZ, Adolfo GONZÁLEZ RODRÍGUEZ et Enriqueta VILA VILAR, dir., *La Casa de la Contratación y la navegación entre España y las Indias*, Madrid, CSIS, 2003, p. 401-416).

42. AMD, FAL, ms. 197 (P. CRIGNON, « Voyage aux Indes orientalles 1529 »), f°s 4-8. Sur la genèse de la société esclavagiste des îles du Cap-Vert, tournées au XVIe siècle presque exclusivement vers la « traite » des « nègres de Guinée », cf. Iva CABRAL, Maria Emília MADEIRA SANTOS, Maria João SOARES et Maria Manuel FERRAZ TORRÃO, « Cabo Verde, uma expêriencia colonial acelerada (séculos XVI-XVII) », *Africana*, 2001, 6, p. 49-78.

bonites[43]. Après s'être déportés à l'ouest pour prendre la « volte » de l'Atlantique, les navires tirent au sud sud-est pour rallier les côtes africaines. Le 29 mai, les Dieppois aperçoivent une île dont de mauvais courants les empêchent de s'approcher, mais qu'ils décrivent au moyen du langage des amers : « Il y a un haut pic ou pyramide de rocher au côté d'ouest, et un autre comme une grosse tour au côté de l'est. » Il s'agit selon toute vraisemblance de l'Île de l'Ascension, que les Portugais ont reconnue en 1503 mais que les Dieppois, croyant la découvrir, baptisent La Françoise « en l'honneur du très chrétien Roi de France[44] ».

S'ensuivent près de deux semaines de navigation sans incident en plein océan – jusqu'à ce que, à partir du 12 juin, les signes annonçant la proximité des côtes se multiplient : des « oiseaux mouchetés de blanc comme bourettes et d'autres comme margaux[45] », puis « des herbiers sur la mer ». Les vents se font plus impétueux. Le 29 juin, « il passe un grand metz [un paquet d'eau] par-dessus le château gaillard [la partie surélevée du pont] », de sorte qu'on rabat les voiles pendant vingt-quatre heures. Le 1er juillet, l'expédition endure sa « plus grosse tourmente depuis [le départ] de Dieppe ». Crignon, qui n'est pas homme à oublier sa rhétorique au cœur du danger, rend compte de la péripétie en convoquant le ban et l'arrière-ban des divinités antiques :

> Je crois que le dieu Éolus, accompagné de Favonius et d'Africus Libo, faisait ou célébrait les noces de lui et de Thétis, fort délibéré de bien faire danser, et plusieurs grands poissons comme marsouins et chaudrons s'assemblèrent par grandes troupes et faisaient sauts et passades, et même notre nef et nous tous dedans dansions d'une haute sorte[46].

43. AMD, FAL, ms. 197 (P. Crignon, « Voyage aux Indes orientalles 1529 »), f° 10. D'évidence, cette cérémonie du « passage de la Ligne » n'a rien à voir avec la création d'un authentique « ordre de chevalerie maritime », comme l'avance Fletcher S. Basset (*Legends and Superstitions of the Sea and the Sailors*..., Chicago, Belford, Clarke & Co., 1885, p. 418). Il s'agit simplement d'un rituel initiatique visant à faire accéder les mousses et les matelots n'ayant connu que le cabotage au statut de navigateurs hauturiers.

44. AMD, FAL, ms. 197 (P. Crignon, « Voyage aux Indes orientalles 1529 »), f° 13.

45. En patois normand, le mot « bourette » désigne une jeune cane et le prénom « Margot » une pie (Louis du Bois, *Glossaire du patois normand*, Caen, A. Hardel, 1856, p. 50 et 223).

46. AMD, FAL, ms. 197 (P. Crignon, « Voyage aux Indes orientalles 1529 »), f° 17. Le terme « chaudron » désigne un cétacé « qui a le dessus de la tête rond comme un chaudron renversé », probablement une variété de cachalot (Pierre Belon, *La Nature et diuersité des poissons, auec leurs pourtraicts representez au plus pres du naturel*,

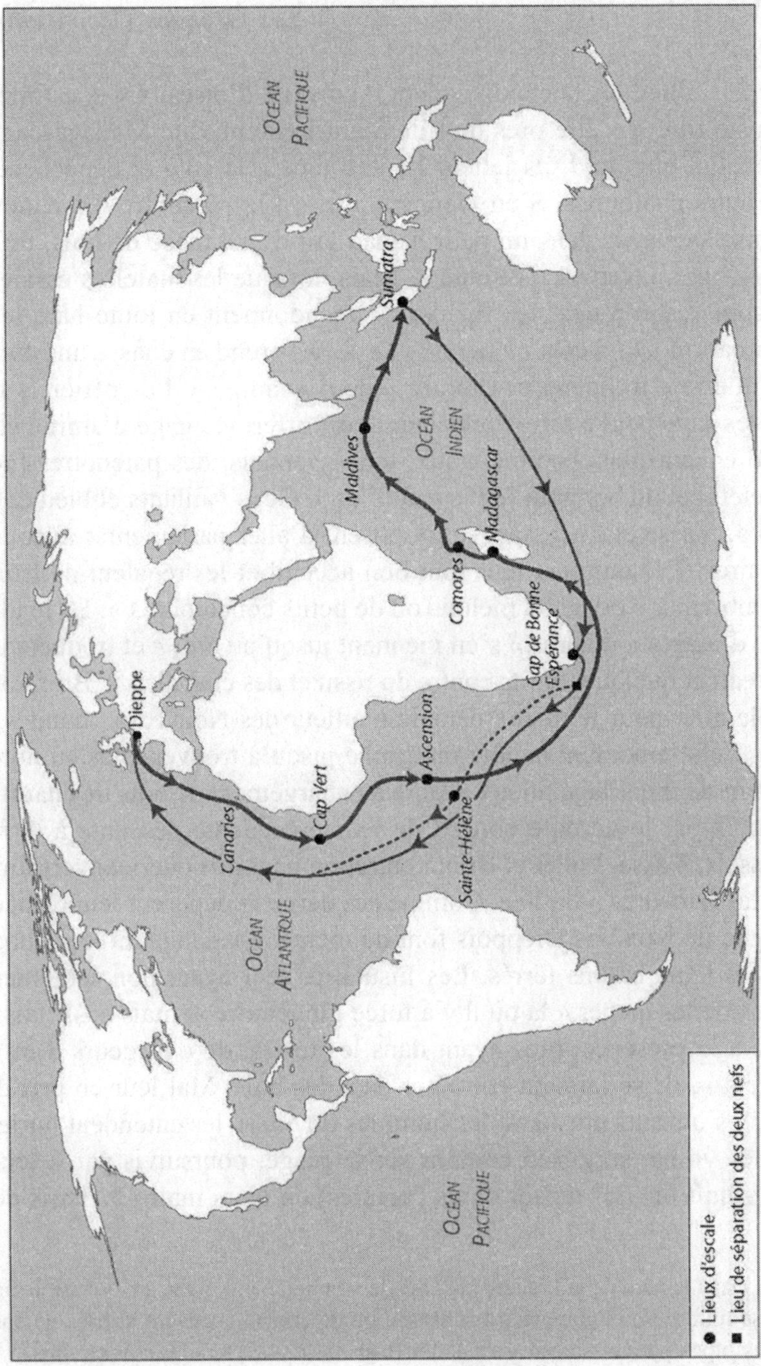

CARTE 3. La navigation des frères Parmentier (1529-1530)

Paris, Charles Estienne, 1555, f° 6). On trouve le mot utilisé en 1488 dans le compte d'un receveur de seigneurie de Saint-Malo (Georges SAINT-MIEUX, « Notes d'étymologie malouine », *Annales de Bretagne et des pays de l'Ouest*, 1913, 29-4, p. 635).

Le 21 juillet, les Dieppois voient « quantité d'oiseaux » et estiment – à juste titre – « être près de l'île Saint-Laurent, dite Madagascar ». Cinq jours plus tard, ils jettent l'ancre face à la côte et dépêchent à terre leurs chaloupes. S'en viennent alors, à la rencontre des canots, « quatre sauvages dans un petit bateau fait d'une pièce de bois, de la façon d'une navette à tisserand ». Mais, lorsque les matelots essaient de nager jusqu'à eux, les Insulaires abandonnent en toute hâte leur embarcation. Qu'à cela ne tienne : *Le Sacre* prend en chasse une autre « barquette » indigène et capture « deux maures ». Les officiers de bord les ramènent à terre après leur avoir offert, en gage d'amitié et à titre d'échantillons commerciaux, « des bonnets, des patenôtres [des chapelets] et du bougran [de la toile][47] ». « Gens vaillants et bien délibérés », Vasse et Lécossais se proposent d'aller parlementer avec les Insulaires. Ces derniers leur font bon accueil et les régalent de fruits ressemblant à « de petits melons ou de petits concombres ». Le lendemain, d'autres « maures » s'en viennent jusqu'au *Sacre* et troquent un chevreau et quelques fruits contre du tissu et des chapelets[48]. Bref, tout semble aller pour le mieux dans le meilleur des Nouveaux mondes.

Les nefs remontent la côte malgache jusqu'à trouver, plus au nord, un point de mouillage mieux adapté au chargement de bois de chauffe. Enhardis par le déroulé cordial de leur précédente descente à terre, Lécossais, Vasse, Pollet et Briant entreprennent de nouer conversation avec les « maures » du lieu. Comme ces derniers déposent leurs lances en signe de paix, les Dieppois font de même, abandonnant leurs boucliers et leurs bâtons ferrés. Les Insulaires leur ayant non seulement promis de les mener « là où il y a force gingembre », mais aussi laissé croire à la présence, plus avant dans les terres, de « forgeurs d'or et d'argent », ils se laissent entraîner dans les bois. Mal leur en prend : quelques instants plus tard, les hommes du *Sacre* les entendent hurler, puis les voient surgir en courant sur la plage, poursuivis par « seize ou dix-huit maures tenant dards [sagaies] en leurs mains ». Trois des

47. Dans le nord de la France, le terme de « bougran » désigne au XVIe siècle une « grosse toile forte et gommée, de chanvre ou de coton », souvent utilisée en soutien des jupes portées sur un vertugadin (Isabelle PARESYS, « Le noir est mis. Les Puys d'Amiens, ou le paraître vestimentaire des élites urbaines à la Renaissance », *Revue d'histoire moderne et contemporaine*, 2009, 56-3, p. 87). Il s'agit en tout état de cause d'une étoffe grossière et peu onéreuse.

48. AMD, FAL, ms. 197 (P. CRIGNON, « Voyage aux Indes orientalles 1529 »), f° 21.

quatre malheureux sont massacrés sous les yeux de leurs compagnons, qui prennent aussitôt la poudre d'escampette :

> Ceux du bateau firent sonner la trompette afin que ceux qui étaient allés emplir les barillets d'eau se retirassent au bateau, lesquels ne surent si tôt venir qu'ils virent tuer lesdits Vasse et Briant, et [les sauvages] poursuivirent le demeurant [Lécossais] jusqu'au bord de la mer, tenant déjà la chemise du premier qu'ils avaient tué toute sanglante, et celui qui la portait, de dépit qu'il ne sut rattraper les autres de nos gens, jeta la chemise [par] terre et pilla dessus [la piétina], puis retournèrent dépouiller les autres, et en prirent chacun leur pièce, puis les vinrent laver au bord de la mer et s'en allèrent vers le côté du sud.

Mais il est toujours un petit bien pour un grand mal. L'ire et le dépit des capitaines se trouvent vite tempérés par la découverte prometteuse de poivre de brousse et de paillettes d'argent :

> Quand les capitaines et maîtres surent la chose advenue, [ils] furent fort courroucés et marris. Toutefois, d'aucuns avaient rapporté des graines croissant au bord de la mer sur les arbres de la forêt, semblables à des cubèbes, ayant quasi-goût de poivre. Outre plus, ils avaient recueilli de l'arène [du sable] d'entre la mer et la rivière qui semblait être limée de petite limeure ou écailles d'or ou d'argent menues comme sablon, et [pour cette raison], d'aucuns disaient qu'il y avait mine d'argent.

Ce n'est ainsi qu'au matin du jour suivant, après que l'on a « passé une once de sable par la cendre » pour en extraire d'éventuelles pépites, qu'une expédition est organisée pour retrouver les dépouilles de Lécossais, de Vasse et de Briant :

> Nous arrivâmes au point du jour à la terre où il y a une belle descente, et de prime face [en premier lieu] allâmes chercher les lieux où nos gens avaient été tués, et trouvâmes Briant enterré hors le bois sur le sablon, enseveli en des feuilles de palmes, et enfoui demi-pied dans le sablon, et dessus avaient mis une grosse boise sèche [un morceau de poutre] et planté un roseau au bout de sa fosse. Nous ôtâmes un petit [peu] de sablon pour voir lequel c'était, et vîmes à son visage que c'était Briant, et ci aperçûmes aucuns coups qu'il avait [en] la poitrine et au visage, puis fut recouvert.
>
> [Nous] entrâmes au bois pour chercher les autres, et assez avant dedans nous trouvâmes Jacques Lécossais tout nu, couché à dents [face contre

> terre], ayant diverses plaies par tout le corps. [Il] fut retourné et lui vîmes la poitrine toute couverte de dardilles [de petites flèches], et puait fort. Auprès du lieu où il était, nous lui fîmes sa fosse et le mîmes dedans. En retournant vers la rive, environ quinze pas de ce lieu, nous trouvâmes Vasse tout nu, couché à dents et percé tout au travers par les reins, si [bien] qu'on lui voyait les entrailles et plusieurs coups de dards [de javelines] au dos, aux fesses et aux côtés, et fut retourné, et les tripes lui sortaient du ventre, et avait plusieurs coups de dard à la gorge. En ce lieu, on fit sa fosse en priant Dieu qu'il lui plût avoir merci de leurs âmes.

Avant de remettre à la voile, les Dieppois doivent finir de faire de l'eau. Ils en profitent pour tamiser une fois encore l'alluvion du ruisselet, mais sans succès : « Quand nos capitaines eurent bien considéré le coût et le temps qu'il y faudrait mettre pour avoir quantité [rentable d'argent], ils trouvèrent qu'il y aurait plus de perte que de gain. » Cependant qu'ils s'affairent sur la plage, neuf ou dix Insulaires s'assemblent sur la pente de la montagne voisine, puis font mouvement dans leur direction « en branlant leurs dardilles », c'est-à-dire en agitant leurs javelines de façon menaçante. Une fois rembarqués, les gens du *Sacre* les bombardent copieusement à coups de « passe-volant », faisant plusieurs victimes parmi eux[49].

*

* *

Le voyage des Dieppois en Asie débute donc à la façon d'un séjour en Sauvagerie. La poignée d'Insulaires croisés le long des côtes malgaches ne sont que des brouillons d'humanité : ils vont quasi nus, sont armés de lances primitives, paraissent n'éprouver d'autre désir que d'acquérir des babioles et n'obéir à d'autre loi qu'à celle d'une agressivité bestiale. Telle que narrée par Crignon, leur hostilité à l'encontre des nouveaux venus semble dépourvue de tout fondement. L'Indigène est au mieux stupide, au pire ingrat : on lui offre de jolis colifichets et voilà qu'il se met en rogne.

Mais si l'on voit les choses à leur aune, les habitants de Madagascar ont de bonnes raisons de refuser les avances commerciales des hommes du *Sacre* et de la *Pensée*. Car ils ont déjà eu à plusieurs reprises affaire – pour leur malheur – aux Européens. En 1506, une nef de la flotte de

49. *Ibid.*, f°s 24-25. Le « passe-volant » est une pièce d'artillerie légère.

Tristão da Cunha – le *São Vicente*, commandé par Rui Pereira Coutinho – fait escale dans un port du sud-ouest de l'île. Après avoir collecté des échantillons d'épices, les Portugais enlèvent deux pêcheurs et les ramènent à Malindi pour les interroger sur les ressources locales, ainsi que sur les « jonques montées d'hommes blancs » (les navires chinois) qui y font relâche tous les deux ans[50].

Convaincu, sur la foi de ces témoignages contraints, du fort potentiel économique de l'île, Da Cunha décide d'en explorer le littoral nord-ouest, du cap Saint-André au cap d'Ambre. Tombant sur le comptoir portuaire musulman de Langany, où mouillent des « sambouks » (des voiliers à deux mâts) venus de Mombasa et de Malindi, il le prend d'assaut sans crier gare : terrifiés, « hommes, femmes et serviteurs » se jettent à la mer et se noient « en grand nombre[51] ». Forts de cette victoire sans éclat, les Portugais pillent la cité, faisant provision de tissus indiens, de cire et d'esclaves. Ils incendient dans la foulée le comptoir voisin de Sada[52].

Le canal de Mozambique, par où se sont engouffrées les nefs des frères Parmentier, donne sur un monde aussi complexe que singulier, mais dont les Portugais ont entrepris, méthodiquement, la destruction. À compter du XIIIe siècle, l'océan Indien occidental forme

50. Luís Filipe THOMAZ, « La découverte de Madagascar par les Portugais au XVIe siècle », *Archipel*, 2009, 78, p. 162-164.

51. G. CORREA, *Lendas da India*, *op. cit.*, t. I, vol. 1, p. 665. Passé cette série de raids meurtriers, les Portugais ne montrent qu'un intérêt intermittent pour Madagascar. Manuel Ier tente à deux reprises, en 1514 et en 1521, d'établir une factorerie à Matitanana, sur la côte orientale, mais, faute de ressources commerciales locales, ce projet est rapidement abandonné – d'où la quasi-absence de données concernant l'île dans les sources ibériques jusqu'au milieu du XVIIe siècle (Malyn NEWITT, « The Comoro Islands in Indian Ocean Trade before the Nineteenth Century », *Cahier d'études africaines*, 1983, 89-90, p. 146-147).

52. Élie VERNIER et Jacques MILLOT, *Archéologie malgache. Comptoirs musulmans*, Paris, Muséum national d'histoire naturelle, 1971, p. 9-12, et François VIRE et Jean-Claude HÉBERT, « Madagascar, Comores et Mascareignes à travers la *Hawiya* d'Ibn Mādjid (866 H./1462) », *Omaly sy Anio. Revue d'études historiques*, 1987, 25-26, carte, p. 64, et n. 22-24, p. 67. La question des origines de la communauté musulmane du nord-ouest de Madagascar reste disputée, mais l'hypothèse de son ascendance arabe directe, qui relève d'une quête contemporaine de légitimité islamique, est fragile : il faut à tout le moins la doubler de celle d'une vague d'immigration swahilie, possiblement consécutive à la destruction de Kilwa par les Portugais en 1505 (Gabriel RANTOANDRO, « Une communauté mercantile du nord-ouest : les Antalaotra », *Omaly sy Anio*, 1983-1984, 17-20, p. 198-200).

un « lac islamique » : un espace de négoce relativement autonome, strié de routes le long desquelles circulent des marchands musulmans originaires, non seulement de l'Hadramaout, au sud de la péninsule Arabique, et du Gujarat, au nord-ouest du sous-continent indien, mais aussi des cités-États swahilies d'Afrique de l'Est – produits d'un métissage entre le monde bantou et les populations du golfe Persique[53].

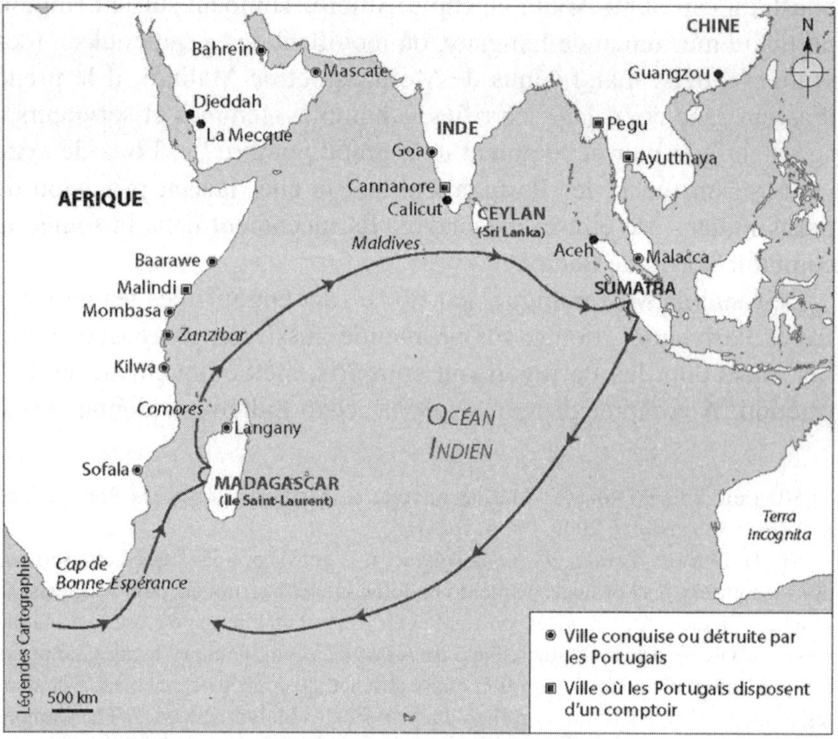

CARTE 4. La traversée de l'océan Indien

Le long des littoraux, au creux des anses ou au débouché des fleuves, s'égrènent des comptoirs fortifiés où les jonques en provenance des

53. Sur l'islamisation et le caractère maritime de la « civilisation swahilie », cf. Stéphane PRADINES, « Commerce maritime et islamisation dans l'océan Indien : les premières mosquées swahilies (XIe-XIIIe siècles) », *Revue des mondes musulmans et de la Méditerranée*, 2012, 130, p. 131-149, et Adria LAVIOLETTE, « Swahili Cosmopolitanism in East Africa, A. D. 600-1500 », *Archaeologies. Journal of the World Archaeological Congress*, 2008, 4-1, p. 24-49.

provinces chinoises du Fujian et du Guangdong viennent vendre des pièces de céramique bleu et blanc et s'approvisionner en produits de la brousse, de la jungle et des lagons. Le pourtour de Madagascar, réputée dans les sources arabes de l'époque pour son ambre gris, son cristal de roche et son ivoire, est ainsi maillé d'« échelles islamiques », comme celle de Langany, dont le nom dérive du terme persan désignant le « lieu de halte d'une caravane[54] ».

Or, en l'espace d'un quart de siècle, presque tous ces lieux de négoce sont mis à sac, détruits ou occupés par les Portugais. Les troupes de Francisco de Almeida s'emparent de Kilwa et de Sofala en 1505 ; Da Cunha incendie les villes d'Oja et de Baarawe, sur la côte somalienne, en 1506 ; Zanzibar tombe en 1509 ; Mombasa est bombardée et pillée en 1528 et en 1529[55]. La guerre fait également rage à l'extrémité septentrionale des réseaux innervant le système est-africain et ses appendices archipélagiques. En 1507, la flottille d'Afonso d'Albuquerque conquiert Socotra, à l'entrée du golfe d'Aden, puis soumet les cités omanies de Mascate, d'Ormuz et de Sohar[56]. En 1521, António Correia ajoute le sultanat de Bahrein au tableau de chasse des Portugais : une grande partie du golfe Persique est désormais entre leurs mains, et

54. Bien qu'il n'ait pas navigué lui-même dans l'océan Indien, l'amiral ottoman Pīrī Re'īs attribue une grande importance économique à Madagascar (Claude ALLIBERT, « Le *Kitāb-i bahriyye* de Pīrī Re'īs et l'océan Indien dans le contexte vohémarien. Analyse des versions de 1521 et 1526 », *Études océan Indien*, 2011, 46-47, p. 197-220). Sur le comptoir de Langany, cf. Philippe BEAUJARD, *Les Mondes de l'océan Indien*, vol. 2, *L'océan Indien, au cœur des globalisations de l'ancien monde (7e-15e siècles)*, Paris, Armand Colin, 2012, p. 477, et Pierre VÉRIN, « Les échelles anciennes du commerce sur les côtes du nord de Madagascar », thèse de lettres, université Paris 1, 1972, vol. 1, p. 519 et 525-529.

55. Stéphane PRADINES, « Portuguese Fortresses in East Africa », *Fort. Journal of the Fortress Study Group*, 2016, 44, p. 50-75, et Thomas VERNET, « Les Cités-États swahilies de l'archipel de Lamu, 1585-1810. Dynamiques endogènes, dynamiques exogènes », thèse d'histoire, université Paris 1, 2005, p. 57-70 et 83-84. L'effondrement des centres politiques du littoral swahili se traduit, pour les marchands et les membres des aristocraties déchues, par une insécurité permanente. Jusque dans les années 1520, nombre d'entre eux sont rançonnés, et parfois même enlevés et torturés par des nobliaux portugais agissant tels de vulgaires « chauffeurs de pâturons » (Sanjay SUBRAHMANYAM, « A Handful of Swahili Coast Letters, 1500-1520 », *International Journal of African Historical Studies*, 2019, 52-2, p. 266-267 et 273-274).

56. Dejanirah COUTO, « Muscat and the Portuguese. Economic and Political Dynamics in the Early Sixteenth Century (1507-1529) », *Arabian Humanities*, 2022, 15, n. p.

les nefs de pèlerins se rendant à Djeddah font régulièrement les frais de *fidalgos*[57] mus par la soif de l'or autant que par la haine de l'islam. Les chroniques yéménites expriment au plus juste le sentiment ambiant quand elles ponctuent chaque mention des Portugais par la formule « qu'Allāh les maudisse[58] ! ».

On comprend, dans ces conditions, que les populations malgaches ne fassent pas bon accueil aux marins normands – lesquels sont d'autant plus aisément identifiés aux perpétrateurs de la dévastation qu'ils s'expriment en portugais par l'entremise de leur pilote, António. Les Dieppois viennent de pénétrer dans les territoires tout juste mis à feu et à sang par les Padishah, et les Fremen les tiennent pour des séides de l'Imperium.

*

* *

Passé leur mésaventure à Madagascar, les frères Parmentier mettent le cap au nord-ouest et traversent le petit archipel des Barren – un dédale de brisants et de bancs affleurants qu'ils baptisent les « îles de la Crainte ». Mais la peur est moins celle du naufrage que de l'épidémie. Depuis que les nefs ont doublé le cap de Bonne-Espérance, les cas se multiplient d'hommes présentant des troubles inquiétants. Certains « deviennent las, faillis et vains, ayant maladie de reins et aiguillons de fièvre ». D'autres « ont mal de jambes qui se fait comme par tâches meurtries de gros sang, avec chez certains les cuisses couvertes de pourpre » – l'un des symptômes, avec les atteintes gingivales, du syndrome hémorragique propre au scorbut. Après quatre mois de mer, on voit en outre s'exaspérer, dans les corps affaiblis, « les maladies gagnées par certains par leurs mérites en notre terre avant que de partir, comme la vérole[59] ».

Crignon – on le voit – n'épargne jamais à son lecteur la mention d'une plaie ou le détail d'une ecchymose. Or, Jean Parmentier partage

57. Le mot *fidalgo* désigne un membre de la noblesse portugaise. En Asie, les commandants des flottes de guerre et les capitaines en charge des comptoirs fortifiés sont tous des *fidalgos* – en règle générale, des cadets partis se faire un nom.

58. Robert B. Serjeant, *The Portuguese off the South Arabian Coast. Hadrami Chronicles. With Yemeni and European Accounts of Dutch Pirates off Mocha in the Seventeenth Century*, Oxford, Clarendon Press, 1963, p. 41-43.

59. AMD, FAL, ms. 197 (P. Crignon, « Voyage aux Indes orientalles 1529 »), f° 28.

cet intérêt pour la physiopathologie, puisqu'il fait procéder coup sur coup, à bord de *La Pensée*, à deux autopsies :

> Le jeudi [12e jour d'août], le fils [de] Pontillon, après avoir été malade deux ou trois mois de quelques apostumes [des tumeurs ou des abcès] qui lui étaient venues en la tête, mourut, et pour connaître [d'où] cela pouvait venir, le capitaine fit faire une anatomie [une autopsie] et lui coupa la tête tout alentour jusqu'aux oreilles, et lui fut trouvé sur la cervelle une grosse apostume pleine d'ordure et de noir sang, fort puante, qui avait déjà pourri l'os de la tête par dedans. Après, il fut enseveli à la mode marinière [enveloppé dans un linceul lesté de terre et jeté pardessus bord], Dieu en ait l'âme.
>
> Le vendredi 13e [jour d'août], un Breton nommé Jean des Saulx mourut, lequel avait langui un mois ou deux, et fut ouvert pour voir d'où le mal lui venait, et fut trouvé qu'il avait le poumon fort empiré et avait le creux du corps plein d'eau rousse tirant au jaune, et avait une grosse apostume à la jointure du genou sous le petit os qui [soude ?], laquelle n'apparaissait point par dehors[60].

Si l'on suit Crignon à la lettre, Jean Parmentier ne se contente pas d'ordonner les deux examens *post-mortem* : il exécute lui-même un acte chirurgical, à savoir la trépanation du « fils de Pontillon ». Mais on sait à quel point le chroniqueur en rajoute dès lors qu'il s'agit d'exalter les talents de son ami disparu. Car le récit de Crignon n'est en aucun cas une narration en temps réel. Si son recours au passé simple suffit à le démontrer, l'une de ses notations prouve par surcroît qu'il n'a mis au propre ses notes que bien après le retour des nefs à Dieppe : revenant sur le débat qui, au milieu de l'océan Indien, divise les pilotes à propos de la position respective des Maldives et des Moluques, Crignon indique qu'il a « vu, depuis, une carte de Portugal » clarifiant la distance entre les deux archipels[61]. Ce qu'il avance concernant le comportement de Jean Parmentier durant l'expédition relève donc du genre hyperbolique de l'éloge funèbre.

En réalité, les autopsies sont très certainement réalisées par le « barbier du *Sacre*[62] », lequel, selon les statuts de son métier, se trouve

60. *Ibid.*, fº 31.

61. *Ibid.*, fº 37.

62. *Ibid.*, fº 48. Ce « barbier », dont Crignon ne nous dévoile pas le nom, est encore en vie au moment où Parmentier ordonne les autopsies, puisque c'est lui qui « médicine » les blessés à Sumatra trois mois plus tard. La présence de chirurgiens-barbiers à

dépositaire de la compétence chirurgicale[63]. Il n'est pas exceptionnel, à l'époque, que des capitaines commandent de procéder à la dissection d'un cadavre au fil de la navigation. Durant son expédition canadienne de 1535-1536, alors que le scorbut décime ses équipages, Jacques Cartier demande au barbier de bord – un certain Samson Ripault – d'ouvrir le corps du jeune matelot Pierre Rougemont :

> Et fut trouvé qu'il avait le cœur blanc et flétri, environné de plus d'un pot d'eau rousse comme datte, le foie beau, mais avait le poumon tout noirci et mortifié, et s'était retiré tout son sang au-dessus de son cœur. Car quand il fut ouvert, sortit au-dessus du cœur grande abondance de sang noir infect. Pareillement, avait la rate par devers l'échine un peu entamée, environ deux doigts, comme si elle eût été frottée sur une pierre rude. Après cela vu, lui fut ouverte et incise une cuisse, laquelle était fort noire par dehors, mais dedans la chair fut trouvée assez belle[64].

À l'instar du barbier du *Sacre*, Ripault porte une attention particulière à la texture des organes aussi bien qu'aux sucs dont ils sont remplis et aux liquides dans lesquels ils baignent. La table des symptômes tient de la pensée analogique autant que de l'expérience clinique. Tout se joue, ici, à la surface des choses : de même que le pilote « lit » les flots, le chirurgien déchiffre les membranes. Conformément aux canons diagnostiques

---

bord de nefs entreprenant des voyages au long cours n'est pas inédite en Normandie au début du XVIe siècle. Lors de son expédition de 1503-1505, Gonneville emmène avec lui « un chirurgien de Pont-l'Évêque » nommé Jean Bicherel (L. PERRONE-MOISÉS, éd., *Le Voyage de Gonneville*..., *op. cit.*, p. 25).

63. Jusqu'au XVIIIe siècle, ce sont les mêmes praticiens qui exercent la « barberie », la phlébotomie et la « chirurgie ». Au début du XVIe siècle, la régulation de la profession est extrêmement difficile du fait de la mobilité des praticiens. À la suite de plusieurs affaires survenues dans les années 1490, le chambellan du roi et le bailli de Rouen rendent le 21 juillet 1502 un jugement vouant à des peines sévères les « compagnons barbiers vagabonds » exerçant sans « maîtrise », lesquels « entreprennent la phlébotomie et chirurgie et s'entremettent de saigner des bras et du pied en l'aine sans conseil de médecin et [d'appliquer] médicaments es plaies et maladies qu'ils ne connaissent [...], dont par les sueurs, breuvages et autres applications qu'ils font et administrent [à leurs patients], plusieurs sont péris et morts en leurs mains » (François HÜE, *La Communauté des chirurgiens de Rouen, 1407-1791*, Rouen, A. Lestringant, 1913, p. 45-46).

64. Anonyme, *Brief récit et succincte narration, de la nauigation faicte es ysles de Canada, Hochelage & Saguenay & autres*..., Paris, Ponce Roffet dict Faucheur, 1545, f° 35v (modernisé).

en vigueur, issus de la physiologie des « humeurs », le « sang noir » et l'« eau rousse » sont tenus pour des signes pathologiques. À l'inverse, le bel éclat des chairs, la vivacité de leur couleur, le tissage régulier de leurs fibres signalent un membre sain, épargné encore par la pestilence[65].

Le fait d'ordonner une autopsie en mer s'avère ainsi moins inaccoutumé que ne l'ont soutenu certains commentateurs – lesquels ont en outre pris pour argent comptant le propos de Crignon attribuant à Parmentier en personne la réalisation d'une craniotomie. La curiosité des deux Normands à l'égard des choses médicales ne procède pas non plus nécessairement de la connaissance approfondie des travaux des grands physiciens du temps[66]. Le plus probable est que Jean Parmentier se soit frotté au savoir anatomique en compulsant l'un des volumes de la bibliothèque dieppoise des Miffant – laquelle contient les œuvres de Galien et d'Hippocrate[67].

En tout cas, si sa curiosité comporte quelque audace, celle-ci n'est pas d'ordre moral. Aucun interdit religieux ne pèse sur la pratique de l'anatomie. Outre que l'Église la tolère de longue date, le pape Clément VII en autorise en 1531 l'enseignement, levant toute réserve théologique à l'encontre de la dissection de cadavres[68]. Pour spectaculaire qu'il soit,

65. Pour une présentation des principes clés de cette vision diagnostique, cf. Jean Céard, *L'Univers obscur du corps. Représentation et gouvernement des corps à la Renaissance*, Paris, Belles Lettres, 2021.

66. Il existe certes dans le réseau de correspondants de Lefèvre d'Étaples, aux confins du « cercle de Meaux » sur lequel veille Marguerite d'Alençon, lointaine et occasionnelle protectrice de Jean Ango, un spécialiste de physiologie : Jacques Dubois (Jacobus Sylvius) (M. Wintroub, *The Voyage of Thought*..., *op. cit.*, p. 132-133). Mais rien n'indique que Crignon et Parmentier aient eu vent de son travail, d'autant que le jeune savant n'obtient son diplôme de médecin à Montpellier qu'en 1531 et ne publie ses premiers ouvrages que dans les années 1540 (Jean Astruc, *Mémoires pour servir à l'histoire de la faculté de médecine de Montpellier*, Paris, Pierre Guillaume Cavelier, 1767, p. 335-343).

67. C. Leroy (éd.), *Inventaire des biens meubles dépendant de la succession de Me Jehan Miffant*..., *op. cit.*, p. 52-54 (« la *Enatomye* de Gallyen », « les *Aphorismes* d'Ypocras » et « ung traicté de Gallian, *De Facultate purgatyona medicamynum* »).

68. La bulle *de Protomedici et Collegii Medicorum Urbis iurisdictione et facultate* de Clément VII, fulminée le 6 mars 1531, encadre néanmoins strictement le traitement des corps destinés aux leçons publiques d'anatomie, de leur mise à disposition à leur inhumation une fois reconstitués (Modestino Del Gaizo, « Dell'efficacia della religione cattolica sul progresso dell'anatomia e della chirurgia prima e dopo del 1600 », *La Scuola cattolica e la scienza italiana*, 1895, II-10, p. 58). Concernant la tolérance ancienne de l'Église à l'égard des dissections jugées « médicalement

l'épisode des autopsies du « fils de Pontillon » et de Des Saulx ne mérite pas de retenir l'attention autant que le réclament ceux qui s'essaient à faire de Jean Parmentier l'incarnation héroïque de l'humanisme, de la Renaissance et de la « modernité ».

*

* *

Plus les Dieppois progressent vers le cœur de l'océan Indien, moins il leur devient possible de reléguer dans la Sauvagerie les sociétés qu'ils frôlent. Ayant mis le cap au nord-ouest, ils aperçoivent au matin du 9 août « une île assez grande », où ils dépêchent une chaloupe. Surprise : « Nos gens virent une ville et plus de 500 hommes qui venaient vers eux, leur faisant signe de leurs pavillons partie de blanc et de noir, et étaient vêtus et grands hommes ». En l'absence de point d'ancrage, les capitaines écourtent l'interaction, et les nefs s'en vont mouiller plus avant le long de la côte. Envoyés à terre, António et quelques marins parviennent à troquer auprès des Insulaires une chemise, des couteaux et des bonnets en échange de « coques de palme grosses comme la tête », autrement dit de noix de coco. Ils découvrent en cette occasion que « les gens de cette île sont noirs, et ont barbe de moyenne grandeur comme nous, et ont deux langages[69] ».

Une ville, un étendard, des Noirs vêtus et polyglottes : ce qui étonne Crignon relève de l'évidence pour tout navigateur arabe. Les Comores, où l'islam se diffuse massivement au tournant du XVe siècle, sont un maillon essentiel du négoce d'esclaves entre le golfe Persique et l'Afrique de l'Est[70]. Les principales cités de l'archipel – Sima et Domoni à Anjouan, Tsingoni à Mayotte et Mwali Mdjini à Mohéli – abritent une élite lettrée arabophone, qui manifeste son prestige par l'usage ostentatoire de biens importés : textiles indiens, porcelaine chinoise, vaisselle de schiste vert de Madagascar[71]. L'influence maté-

---

utiles », cf. Rafael MANDRESSI, *Le Regard de l'anatomiste. Dissections et invention du corps en Occident*, Paris, Seuil, 2003, p. 41-42.

69. AMD, FAL, ms. 197 (P. CRIGNON, « Voyage aux Indes orientalles 1529 »), f° 29.

70. Thomas VERNET, « Les réseaux de traite de l'Afrique orientale : côte swahilie, Comores et nord-ouest de Madagascar (vers 1500-1750) », *Cahiers des Anneaux de la mémoire*, 2006, 9, p. 67-107.

71. Claude ALLIBERT, « L'archipel des Comores et son histoire ancienne. Essai de mise en perspective des chroniques, de la tradition orale et des typologies de

rielle du sultanat tanzanien de Kilwa, qui tire sa prospérité de la traite d'esclaves bantous et du monopole du commerce de l'or du plateau du Zimbabwe, s'y fait sentir tout du long des XIVe et XVe siècles, notamment dans le domaine de la céramique[72].

Si les certitudes ethnocentriques de Crignon commencent à se fendiller aux Comores, c'est lors de l'escale suivante des Dieppois – aux Maldives, les 24 et 25 septembre – que vole en éclats tout scénario préconçu de la rencontre entre l'Europe civilisée de la Renaissance et des mondes asiatiques peinant à en concevoir et, plus encore, en égaler les réalisations. La donne change d'entrée de jeu. Faisant office d'émissaire auprès des Insulaires, Jean Masson leur offre, comme à l'accoutumée, « des couteaux et des miroirs et quelque peu de mercerie ». Mais en lieu et place de simples fruits, ceux-ci

> lui firent présent pour le capitaine d'une petite charrette artificiellement faite d'une pièce qui se ployait en deux, et envoyèrent [aussi] au capitaine, entre deux grandes feuilles d'arbre, environ deux ou trois livres de sucre candies qu'ils nommèrent sagre, qu'ils font desdites palmes, et environ un quarteron ou demi cent de pelotes de gros sucre noir qui est tiré d'avec ledit sucre candie, ainsi que le marc ou l'assiette de la chose dont est ledit sucre composé[73].

Jean Parmentier pressent certainement que ce changement d'échelle des aménités est prélude à de plus amples rituels diplomatiques, puisque, pour la première fois depuis le début de l'expédition, il se rend lui-même à terre le lendemain avec les deux canots « bien armés et en bon ordre ». Tout juste débarqué, il est « honorablement reçu du principal et grand archiprêtre de l'île, lequel se vint agenouiller devant lui en lui voulant baiser les mains [et en] lui présentant un beau gros

céramiques locales et d'importation », et Sophie BLANCHY, « Anjouan (Comores), un nœud dans les réseaux de l'océan Indien. Émergence et rôle d'une société urbaine, lettrée et marchande (XVIIe-XXe siècle) », *Afriques. Débats, méthodes et terrains d'histoire*, 2015, 6, n. p. ; Claude CHANUDET, « Un site majeur de Mohély : Mwali Mdjini », *Études océan Indien*, 1991, 12, p. 9-123.

72. Martial PAULY, « Acoua, archéologie d'une communauté villageoise de Mayotte (archipel des Comores). Peuplement, islamisation et commerce océanique dans le sud-ouest de l'océan Indien (XIIe-XVIe siècles) », thèse de l'INALCO, 2018, p. 119-123 et 414-415.

73. AMD, FAL, ms. 197 (P. CRIGNON, « Voyage aux Indes orientalles 1529 »), f° 35.

limon tout rond comme une grosse orange ». Le capitaine, après s'être précipité pour « le [re]lever et l'embrasser », le gratifie en retour de « deux grands couteaux que fort il estima ». S'ensuit la visite guidée d'un lieu de culte, dont la charpente et les parements font grande impression sur les Dieppois :

> En cette île, [il y] avait un temple ou mosquée de façon assez antique et magistralement composé de pierre. Le capitaine le voulut voir tant dedans que dehors : le grand prêtre le fit ouvrir et [il] entra dedans, et l'ouvrage lui plut fort, et en especial une clôture de hucherie [d'ouvrage de menuiserie] de moulures d'antique les meilleures qu'il vit jamais, avec balustres si mignonnement tournés que le menuisier de notre nef s'ébahit de voir si bon ouvrage. En ce temple, [il y] avait des galeries tout autour et au bout un lieu secret clos de hucherie comme un *Sancta Sanctorum* [un saint des saints : une alcôve ou un tabernacle].
> Le capitaine le fit ouvrir pour voir ce qui était dedans, et pour savoir s'il n'y avait nulle idole, mais il n'y aperçut qu'une lampe faite de coque de noix de palmes. Le comble ou voûte dudit temple était de forme ronde, bien lambrissé et peint d'antique. Auprès de ce temple, [il] y a une piscine ou lavatoire pavé à fond de cuve de pierre comme marbre, bien taillée à bonnes moulures d'antique, et semblait composée de grande architecture. En un autre lieu plus à côté, [il y] avait une manière de puits ou fontaine carrée profonde de six ou huit pieds, et dedans [il y] avait plusieurs perches ayant chacun[e] une courge au bout dont ils puisaient l'eau, et ce lieu était pavé au fond de cuve de semblable pierre que le lavatoire susdit. Et [ils] ont en cette île plusieurs fontaines et puits semblables, et [il y a aussi] plusieurs petites chapelles et oratoires ensuivant la forme du grand temple[74].

74. *Ibid.*, f° 36. Selon la *Tārīkh* (la chronique officielle des Maldives composée au XVIIIe siècle), la conversion du dernier *raja* bouddhiste à l'islam a lieu dans les années 1140 par suite de la prédication d'un *ʿālim* persan, le *mawlānā shaykh* Yūsuf Shams al-Dīn Tabrīzī. La plus ancienne inscription en arabe – sur une dalle du *mihrāb* de la mosquée Sidi Miskit de Malé, sculptée en marbre de Cambay et importée du Gujarat – ne date cependant que de 1322, et son insistance sur la mission prophétique de Mahomet suggère une islamisation récente (Ludvik KALUS et Claude GUILLOT, « Inscriptions islamiques en arabe de l'archipel des Maldives », *Archipel*, 2005, 70, p. 19-23). Selon Ibn Baṭṭūṭa, qui séjourne un an et demi dans l'archipel en 1340-1341, « tous les habitants sont des gens probes, pieux, d'une foi sincère » et il y a partout « de belles mosquées », mais les femmes vont la poitrine découverte (IBN BAṬṬŪṬA, *Voyages. III. Inde, Extrême-Orient, Espagne et Soudan*, éd. et notes Stéphane YERASIMOS, trad. Charles DEFRÉMERY et Benjamino Raffaelo SANGUINETTI, Paris, La Découverte, 1997, p. 223, 229). Les données d'une campagne de recensement archéologique

Les Dieppois ne semblent pas très au fait des spécificités liturgiques et rituelles de l'islam : ils traquent des « idoles » dans une mosquée et ne voient que fontaines d'agrément ou « lavatoires » dans les bassins d'ablution. Mais la finesse d'exécution des garde-corps et de la voûte, « bien lambrissée » et « peinte d'antique », suscite l'admiration inconditionnelle du menuisier du *Sacre*, qui « s'ébahit de voir si bon ouvrage ». C'est au niveau le plus humble, celui des artisans ne jurant que par le travail bien fait, que s'établissent les contacts les moins empreints d'a priori : la main ne ment pas. Les échanges avec l'« archiprêtre » se poursuivent cependant dans le registre tout autre de la conversation savante :

> L'archiprêtre [est] un sage homme, car il y eut un petit estrif [un différend] entre le capitaine et le Portugais du *Sacre* [António], car ledit Portugais disait aux mariniers que cette île était une des îles de Maldive, ce qui ne pouvait être car nous étions demi degré au sud, et les îles de Maldive sont depuis 7 degrés jusqu'à 13 en la bande du nord, parquoi le capitaine lui dit qu'il ne disait pas bien, et persistant en son opinion [António] disait que si, et que l'on demandât à l'archiprêtre, lequel dit que cette île avait nom Moluquas et que les îles de Maldive en étaient bien à 200 lieues au nord de ladite île. Néanmoins, j'ai vu depuis en une carte de Portugal où ces îles sous la ligne sont nommées de Maldiva. Outre plus, ledit archiprêtre montra au capitaine en quelles aires de vent gisent les terres d'Adam et [de] Perse, d'Ormuz, de Calicut, de Zela [Ceylan], de Melacque [Malacca] et de Sumatra, et montrait être homme savant et avait beaucoup vu [et] était fort dévot, humble et amiable, de hauteur commune, la barbe blanche, se montrant d'âge de 45 à 50 ans, duquel le nom était Orquarou Liacarou[75].

Si Jean Parmentier se sent suffisamment d'assurance pour contredire son pilote portugais, c'est l'« archiprêtre » qui tranche leur différend, et qui en profite pour asséner aux Dieppois une leçon de cartographie de l'océan Indien. Il n'est plus question ici de Sauvages, ni même d'une

---

montrent que les premières mosquées ont été bâties aux XIIe et XIIIe siècles sur les sites de temples bouddhistes et par remploi de certains de leurs matériaux – ce qui peut expliquer les « moulures d'antique » et les « balustres mignonnement tournés » dont s'émerveillent les Dieppois (Andrew FORBES, « The Mosque in the Maldive Islands : A Preliminary Historical Survey », *Archipel*, 1983, 26, p. 43-74).

75. AMD, FAL, ms. 197 (P. CRIGNON, « Voyage aux Indes orientalles 1529 »), f°s 37-38.

supériorité de la science européenne sur les connaissances asiatiques, puisque c'est un *'ālim*, un érudit musulman des Maldives, qui incarne en fin d'échange la figure de « l'homme savant, dévot et amiable, à la barbe blanche ». Cette situation de renversement des positions de savoir n'est pas inédite : elle scande plusieurs épisodes clés de l'histoire de l'implantation des Portugais en Asie. En 1498, alors qu'il fait escale à Malindi, sur la côte kenyane, Vasco da Gama se trouve singulièrement décontenancé lorsque le pilote gujarati auquel il fait admirer ses instruments de navigation les regarde d'un air blasé :

> Vasco da Gama montra au Maure le grand astrolabe en bois qu'il avait emporté, et d'autres en métal, au moyen desquels il prenait la hauteur du soleil. Le Maure ne manifesta aucun étonnement de voir de tels instruments. Il dit que les pilotes arabes de la mer Rouge se servaient d'instruments en laiton de forme triangulaire et de quadrants pour prendre la hauteur du soleil et surtout de l'étoile [Polaire], dont ils se servaient le plus pour naviguer[76].

En 1512, c'est Afonso d'Albuquerque qui, dans une lettre au roi Manuel Ier, s'extasie devant la précision et l'étendue de la « grande carte d'un pilote de Java » sur laquelle figurent

> le cap de Bonne-Espérance, le Portugal, le pays de Brésil, la mer Rouge et le golfe Persique, les îles des clous [de girofle], les routes de navigation des Chinois et des Gores [les habitants de l'archipel Ryūkyū], avec leurs voies maritimes et les routes directes que prennent leurs vaisseaux, et l'intérieur des terres et les royaumes qui confinent les uns aux autres [...].
>
> Cela me parut la plus belle chose que j'eus jamais vue, Messire. [...] Les noms y étaient inscrits en lettres javanaises, mais je me les fis expliquer par un Javanais capable de lire et d'écrire [sa langue]. Votre Altesse peut clairement voir [grâce à cette carte] d'où viennent les Chinois et les Gores, et la route que Vos vaisseaux doivent suivre pour les îles des clous [de girofle], et où sont les mines d'or, et les îles de Java et de Banda, et du macis et de la noix muscade, et le pays du roi de Siam, et aussi le point où prend fin le domaine de navigation des Chinois, et par où ils passent, et où ils ne naviguent point[77].

76. João de BARROS, *Da Ásia. Decada primeira. Parte primeira...*, *op. cit.*, I. iv.6, p. 319-320.

77. António BAIAO (éd.), *Afonso de Albuquerque. Cartas para el Rei D. Manuel I*, Lisbonne, Livraria Sa da Costa, 1942, p. 76-77 (lettre d'Albuquerque au roi Manuel Ier

La présence, sur cette carte javanaise du tout début des années 1510, du Brésil – découvert par Pedro Álvares Cabral en 1500 – démontre la vitesse de circulation des informations nautiques critiques au fil des réseaux de négoce musulmans. Non seulement les « maîtres de navigation » (*mu'allimūn*) arabes sillonnent en tous sens l'océan Indien, du canal de Mozambique au détroit de Malacca, mais ils bénéficient aussi du savoir accumulé par leurs homologues du Levant et de Méditerranée occidentale, lesquels glanent de port en port des bribes de routiers ibériques.

Le plus célèbre de ces *mu'allimūn*, Ahmad ibn Mādjid, né à Oman au début des années 1430 et mort vers 1500, est l'auteur d'une œuvre cosmographique immense, où se mêlent routiers versifiés, tables des vents de mousson et traités détaillant le calcul des latitudes[78]. Son *alter ego* yéménite, Sulaymān al-Mahrī, contemporain des frères Parmentier, consacre plusieurs livres didactiques aux questions nautiques[79]. Il y explique en détail le tracé des rhumbs (*akhnan*), le maniement du

---

du 1er avril 1512). Cette carte disparaît en novembre 1511 lors du naufrage, le long des côtes de Sumatra, du *Flor do Mar* – la nef qui transporte à Lisbonne le butin issu du pillage de Malacca. Il est toutefois possible de trouver trace de son contenu dans un routier du pilote-cartographe Francisco Rodrigues, rédigé en 1513 (Johan H. F. Sollewijn Gelpke, « Afonso de Albuquerque's Pre-Portuguese "Javanese" Map, Partially Reconstructed from Francisco Rodrigues' *Book* », *Bijdragen tot de Taal-, Land- en Volkenkunde*, 1995, 151-1, p. 76-99).

78. Ahmad Maqbul, « Ibn Mādjid », *Encyclopaedia of Islam*, 2e éd., Leyde, Brill, 1979, vol. 3, p. 856-859, et Gabriel Ferrand, *Instructions nautiques et routiers arabes et portugais des XVe et XVIe siècles*, Paris, P. Geuthner, 1928, vol. 3, p. 220-221 et 228. Fils et petit-fils de *mu'allim*, Mādjid, qui est vraisemblablement de confession shiite, achève vers 1490 le *Kitāb al-Fawā'id fi 'usul al-bahr wa'l-qawā'id* (« Livre des informations utiles sur les règles et les principes de la navigation »). Ses plus célèbres *urdjūzas* (poèmes en mètre « tremblant » *radjaz*) décrivent d'une manière alors inégalée les routes maritimes entre la péninsule Arabique, l'Inde, Madagascar, la côte swahilie, Ceylan, le Siam, l'Insulinde, Formose, la Chine et les abords occidentaux du Pacifique.

79. Originaire de la ville côtière de Shihr, dans l'Hadramaout, au sud du Yémen, Sulaymān al-Mahrī rédige en 1511 son œuvre majeure, la *al-'Umda al-mahriyya fi ḍ abṭ al-'ulūm al-baḥriyya* (« Bases mahriennes pour le rendu précis des sciences nautiques »). Ses traités détaillent surtout les routes menant du golfe Persique vers l'Inde et les archipels de l'océan Indien (G. Ferrand, *Instructions nautiques et routiers arabes et portugais…*, *op. cit.*, vol. 3, p. 237-246, et Teodor A. Shumovsky, « Sulaymān al-Mahrī and his Major Work on Navigation, *al-'Umda al-mahriyya fi ḍ abṭ al-'ulūm al-baḥriyya* », dans Juan Pedro Monferrer-Sala, Vassilios Christides et Theodoros Papadopoullos, dir., *East*

kamal (une planchette de bois percée d'une ficelle à nœuds, permettant de mesurer la hauteur des astres au-dessus de l'horizon), l'usage de la « ligne à plomb » ou l'évaluation des distances en mer – lesquelles s'expriment en « périodes de quart » (*zām*), et non en « vues », comme dans l'Atlantique[80].

Ne serait-ce que du fait de la complexité de la navigation dans l'océan Indien, soumis à l'inversion saisonnière des vents dominants, cet *ars nautica* arabe s'avère aussi sophistiqué que son équivalent normand[81]. Il implique les mêmes compétences pratiques, telle la capacité à déchiffrer les « marques » (*ishārāt*) qui permettent de se repérer en mer – algues dérivantes, oiseaux, sédiments, amers côtiers. Selon Mādjid, un bon *mu'allim* doit être « savant, instruit dans les choses, plein de décision et de hardiesse » :

> Il doit d'abord avoir connaissance des mansions lunaires, des rhumbs, des routes, des distances, des *bâsî* [les différentes élévations de l'étoile Polaire], savoir prendre la hauteur des étoiles, connaître les amers, [l'époque de] l'entrée du soleil et de la lune [dans les signes du zodiaque] ; les vents et leurs moussons ; les moussons de la mer ; les instruments employés à bord du navire ; ce dont on a besoin, ce qui peut être nuisible, ce qui peut être utile, ce qu'on peut être contraint de faire pendant un voyage. Il faut que [le pilote] connaisse [l'heure et le lieu] des levers [de constellations] ; les équinoxes ; la manière de prendre une hauteur d'étoile, de la coordonner ; les levers d'étoiles et leurs couchers, leur longitude, leur latitude, leur distance [de l'équateur ou du pôle], le trajet qu'elles effectuent : celui qui veut être un *mu'allim* expérimenté doit savoir cela. Il faut qu'il connaisse toutes les côtes, leurs atterrissages, leurs amers tels que la composition de la vase du fond de la mer, les herbes [qu'on

---

and West. Essays on Byzantine and Islamic Worlds in the Middle Ages, Piscataway, Gorgias Press, 2009, p. 133-154).

80. Sur le fonctionnement concret du *kamal*, dont l'amiral Pīrī Re'īs dresse l'éloge en 1526 dans son *Kitab-ı Bahriye* (« Livre de la navigation »), cf. Gaye Danişan Polat, « *Kamal*, An Instrument of Celestial Navigation in the Indian Ocean as Described by Ottoman Mariners Piri Reis and Seydi Ali Reis », *Osmanlı Bilimi Araştırmaları*, 2017, 19-1, p. 1-12. Un *zām* équivaut à une durée de 3 heures et à une distance de 12 miles nautiques.

81. Eric Staples, « Navigation in Islamic Sources », dans Abdulrahman al Salimi et Eric Staples (dir.), *Oman. A Maritime History*, Hildesheim, Georg Olms, 2017, p. 223-252, et Gerald R. Tibbetts, « Milāḥa », *Encyclopaedia of Islam*, *op. cit.*, vol. 7, p. 46-50. Sur la saisonnalité des vents, partant, de la navigation hauturière dans l'océan Indien, cf. Dionisius A. Agius, *Classic Ships of Islam. From Mesopotamia to the Indian Ocean*, Leyde, Brill, 2008, p. 188-190.

rencontre à la surface], les serpents marins, les poissons, les *māriza* [les repères côtiers], les vents, le changement des eaux, la marée de la mer ; ses îles dans toutes les directions[82].

Il n'est pas une seule de ces aptitudes dont Jean Parmentier contesterait la nécessité, tant les attendus empiristes de sa vision de la « maritime étude » corroborent ceux de la « science de la mer » (*ʿilm al-bahr*) des *muʿallimūn* de l'océan Indien. Les marins européens font d'ailleurs fréquemment montre de considération pour le savoir-faire de leurs homologues d'Asie du Sud et du Sud-Est : non seulement Albuquerque tient « en grande estime » les calfats et les charpentiers de marine de Malacca, mais il juge aussi que « les Javanais sont grands experts dans les mystères de la mer », et ce au point de songer à les intégrer à ses propres équipages[83]. La réciproque est loin d'être vraie. Quand Mādjid liste les différences entre son art et celui des pilotes des « pays d'au-dessus de l'Égypte », la comparaison tourne vite au désavantage des Européens :

Ils connaissent le compas [la rose des vents], et sur celui-ci ils ont des lignes pour marquer les miles, et ils ont [au total] seize rhumbs [...]. Nous utilisons trente-deux rhumbs et leurs subdivisions en degrés, ainsi que le calcul des distances en mer et les mesures d'altitudes stellaires [*qiyās*]. Mais ils sont incapables de faire ce que nous faisons ni même de le comprendre, alors que nous comprenons ce qu'ils font, que nous sommes à même d'utiliser leurs connaissances et que nous pouvons piloter leurs navires.

Car l'océan Indien est connecté au Grand océan circulaire [l'Atlantique] et on y trouve une science couchée par écrit, avec des mesures d'altitudes stellaires – mais ils n'ont pas de telles mesures ni une telle science ni de tels livres [...]. Nous pouvons facilement voyager sur leurs vaisseaux

82. Gerald R. TIBBETTS, *Arab Navigation in the Indian Ocean Before the Coming of the Portuguese, Being a Translation of* Kitāb al-Fawā'id fi 'usul al-bahr wa'l-qawā'id *of Ahmad b. Mājid al-Najdi (1490)*, Londres, Royal Asiatic Society, 1971, II, p. 77, et VIII, p. 196-198 (pour une liste complète des *ishārāt*).

83. A. BAIAO (éd.), *Afonso de Albuquerque. Cartas para el Rei D. Manuel I*, *op. cit.*, p. 52 (lettre d'Albuquerque au roi Manuel Ier du 1er avril 1512). Dans sa *Suma Oriental*, composée lors de son séjour en tant que commis à Malacca, de 1512 à 1515, Tomé Pires (c. 1470-c. 1527) loue la compétence nautique des Gujaratis, qui ont par ailleurs cette particularité d'embarquer de nombreux soldats à bord de leurs nefs pour se défendre contre les pirates (Armando CORTESÃO, éd., *The Suma Oriental of Tomé Pires*, Londres, The Hakluyt Society, 1944, vol. 1, p. 45).

et naviguer sur leur mer [la Méditerranée], de sorte que certains d'entre eux nous ont magnifiés dans cet emploi et nous admirent pour cela[84].

Qu'un érudit maldivien tienne la dragée haute aux Dieppois en matière de cartographie nautique n'a par conséquent rien de surprenant. À l'instar de n'importe quel *ʿālim*, Orquarou a été éduqué dans les diverses branches de la culture islamique, c'est-à-dire non seulement dans les matières religieuses, mais aussi dans les « sciences séculières » (*ḥikma*). Ce n'est pas un penseur isolé, mais le dépositaire d'un immense savoir collectif, indéfiniment enrichi par l'expérience des marchands et des pilotes arabes. Situées à 600 km des côtes indiennes et à équidistance de la péninsule Arabique et de Sumatra, les Maldives sont un carrefour de routes commerciales, et à ce titre une escale privilégiée pour les navires omanis et gujaratis comme pour les nefs malaises, javanaises et birmanes : mille portulans s'y ajointent[85]. La richesse tirée de cette posi-

84. G. R. TIBBETTS, *Arab Navigation in the Indian Ocean…*, *op. cit.*, III, p. 121 (*Kitāb al-Fawā'id fi 'usul al-bahr wa'l-qawā'id of Ahmad b. Mājid al-Najdi*, 1490), et Juan ACEVEDO, « The Sixteenth-Century Portuguese *Suma Orientalis* and the Arab Pilots : A Comparative *summa orientalis* ? », *Proceedings of the Seminar for Arabian Studies*, 2022, 51, p. 3. Jusqu'au tournant des années 1970, de nombreux auteurs combattent pied à pied l'idée d'une science nautique arabe aussi développée que celle des Européens. Bien que Mādjid ait été d'un âge avancé à l'arrivée des Portugais, et que rien ne prouve qu'il ait pris du service auprès d'eux, c'est en faisant de lui le pilote guidant Vasco da Gama jusqu'à Calicut que les tenants de la thèse de la précellence européenne rabaissent son art au rang d'un plagiat des savoirs ibériques (Avelino TEIXEIRA DA MOTA, « Méthodes de navigation et cartographie nautique dans l'océan Indien avant le XVIe siècle », *Studia*, 1963, 11, p. 49-91).

85. Pierre-Yves MANGUIN, « The Maldives Connection : Pre-Modern Malay World Shipping Across the Indian Ocean », dans Chantal RADIMILAHY et Narivelo RAJAONARIMANANA (dir.), *Civilisations des mondes insulaires. Mélanges en l'honneur du professeur Claude Allibert*, Paris, Karthala, 2010, p. 261-284. Duarte Barbosa, qui sert comme clerc et comme interprète en Inde (Cannanore, Cochin, Calicut) de 1511 à 1516, note vers 1518 que « de nombreux navires musulmans venus de Chine, des Moluques, de Pegu [Birmanie], de Malacca, de Sumatra, du Bengale et de Ceylan font escale en ces îles lorsqu'ils se rendent dans la mer Rouge : ils s'y ravitaillent en eau, en vivres et en toutes choses nécessaires à leur voyage […] ; dans ces îles sont drossés de nombreux et riches navires de Maures, lesquels, traversant la mer, n'osent pas finir leur voyage jusqu'aux côtes du Malabar par peur de nos vaisseaux » (Mansel LONGWORTH DAMES, éd., *The Book of Duarte Barbosa. An Account of the Countries Bordering on the Indian Ocean and their Inhabitants…*, Londres, The Hakluyt Society, 1921, vol. 2, § 94, p. 108). On trouve en outre chez Sulaymān al-Mahrī le détail des routes maritimes menant de Diu à Malacca, de Malacca aux Maldives et

tion nodale est visible jusque dans le vêtement de l'homme de la rue, comme le note admirativement Duarte Barbosa vers 1518 :

> On fabrique en ces îles de somptueux tissus de coton, d'or et de soie, qui valent de grandes sommes d'argent chez les Maures, qui en font usage pour leurs habits comme pour leurs turbans. Les hommes de ces îles portent, enroulés autour de leurs chapeaux, des foulards fins et très beaux, si parfaits et si délicatement confectionnés qu'on n'en distingue pas l'intérieur de l'extérieur, de sorte que nos artisans n'en sauraient faire de semblables[86].

L'excellent accueil fait aux Dieppois par l'« archiprêtre » contraste on ne peut plus vivement avec les réactions de défiance ou d'évitement qu'ils ont connues à Madagascar et aux Comores. Mais c'est que la situation, aux Maldives, joue en leur faveur. L'homme qui règne presque sans discontinuer sur l'archipel de 1491 à 1528, le sultan Kalu Muhammad Hilali, n'est parvenu à contrecarrer les manœuvres factieuses des hauts dignitaires de la cour (les *bodun*) et à reprendre les rênes de l'État qu'en nouant une alliance avec la dynastie des Ali Raja de Cannanore. Ces derniers appartiennent à un puissant clan de négociants mappila – des musulmans du Kerala. Or, les Mappila sont les premiers bénéficiaires de l'exode de talents et de capitaux provoqué par la conquête portugaise de Calicut en 1509. Même s'ils choisissent pour un temps de s'associer aux entreprises vengeresses du Zamorin de Calicut et de ses alliés Marakkar de Cochin, ils optent clairement, à la fin des années 1520, pour une politique de neutralité dans les conflits luso-indiens[87].

S'étant placé dans la dépendance de Cannanore[88], qui appuie militairement son emprise sur le trône, le sultan maldivien ne peut qu'agréer ce changement de stratégie. Tout en intensifiant les relations avec le Gujarat et le Bengale, fournisseurs de riz et acheteurs de cauris et

---

de Diu à la côte occidentale de Sumatra (G. FERRAND, *Instructions nautiques et routiers arabes et portugais*..., *op. cit.*, vol. 3, p. 244).

86. M. LONGWORTH DAMES (éd.), *The Book of Duarte Barbosa*..., *op. cit.*, vol. 2, § 94, p. 106.

87. Jorge DOS SANTOS ALVES, « Kalu Muhammad Hilali, Sultan of the Maldives, 1491-1528 », *Archipel*, 2005, 70, p. 53-65, et Binu John MAILAPARAMBIL, *Lords of the Sea. The Ali Rajas of Cannanore and the Political Economy of Malabar (1663-1723)*, Leyde, Brill, 2012, p. 56-65.

88. Duarte Barbosa écrit vers 1518 que « le roi [des Maldives] est élu par certains Maures, marchands de Cannanore, et ils en changent quand cela leur chante » (M. LONGWORTH DAMES, éd., *The Book of Duarte Barbosa*..., *op. cit.*, vol. 2, § 94, p. 104).

de cordages en coir (fibre de coco), il ouvre ses ports aux nefs européennes[89]. Les Portugais, pour leur part, sont trop occupés à consolider leur présence dans le golfe Persique et sur les côtes de l'Inde pour envisager l'occupation d'un archipel s'étirant sur 800 km. Abandonnant à la fin des années 1510 le projet de bâtir une forteresse à Malé, ils se contentent de transformer la voie menant de Ceylan aux Maldives en zone de piraterie, détroussant les nefs de négoce indiennes qui osent encore s'y aventurer[90]. Comme le dit avec résignation le lettré malais Abdullah bin Abdul Kadir : « Telle est la règle : là où il y a de l'eau, il y a des poissons ; là où il y a un champ, il y a des criquets ; là où il y a une mer, il y a des pirates[91]. »

Quoiqu'ils n'en aient pas la moindre idée, les frères Parmentier profitent d'une conjoncture d'accalmie relative, au cours de laquelle le commerce retrouve ses droits.

*

* *

Après avoir fait ample provision de noix de coco et de « figues longues et vertes » – des bananes ? –, les Dieppois mettent le cap au sud sud-ouest sur les indications d'Orquarou. Deux semaines plus tard, du 10 au 14 octobre, Crignon consigne « tout plein d'indices de la terre » :

89. Sanjay SUBRAHMANYAM, « Notes on the Sixteenth-Century Bengal Trade », *Indian Economic and Social History Review*, 1987, 24-3, p. 265-289. L'essentiel des cauris acquis par les négociants indiens aux Maldives sont revendus à des marchands chinois du Yunnan, où ils sont utilisés comme monnaie. À compter de 1515, les Portugais s'en procurent 500 quintaux par an afin de les acheminer à São Tomé, où ils servent au négoce avec l'Afrique de l'Ouest (Hans Ulrich VOGEL, « Cowry Trade and Its Role in the Economy of Yünnan : From the Ninth to the Mid-Seventeenth Century. Part 1 », *Journal of the Economic and Social History of the Orient*, 1993, 36-3, p. 224-226). D'après Ibn Baṭṭūṭa, les cordes de coir maldiviennes, qui servent à coudre entre elles les planches du bordé de la coque des vaisseaux, sont exportées en Inde, au Yémen et en Chine (IBN BAṬṬŪṬA, *Voyages. III. Inde, Extrême-Orient…*, *op. cit.*, p. 228). Les Portugais eux-mêmes en font usage, qui les nomment *cairo*.

90. Alexandra PELÚCIA, *Corsários e piratas portugueses. Aventureiros nos mares da Ásia*, Lisbonne, A Esfera dos Libros, 2010, p. 50-51, 58, 96.

91. Amin SWEENEY (éd.), *Karya Lengkap Abdullah bin Abdul Kadir Munsyi*, Djakarta, Kepustakaan Populer Gramedia-EFEO, 2008 (*Kisah Pelayaran Abdullah bin Abdul Kadir Munsyi dari Singapura ke Kelantan*, 1838), vol. 1, p. 99 (« *adatlah itu : ada air ada ikan ; ada padang ada belalang ; ada laut ada perompak* »).

> Un tiercelet de faucon [un faucon mâle] qui s'était tenu en notre nef douze ou quinze jours nous laissa, par quoi nous estimions qu'il avait vu terre, et prîmes un martelet [un martinet], et un hoche-cul [une bergeronnette] vint à notre bord [...]. Le jeudi [14 octobre], la hauteur fut prise à un degré six minutes et ce jour fut vu un serpent venant de terre en une pleine mer. Le vendredi et le samedi, nous eûmes tout plein d'indices de la terre, comme de petits oiseaux et du varech [des algues dérivantes]. Ceux du *Sacre* pêchèrent deux serpents liés par la queue qui flottaient sur la mer et en firent présent à notre capitaine[92].

Singulier cadeau – et étrange augure – que ces deux serpents entrelacés. Qui sait ce que Jean Parmentier peut en penser, lui qui, dans ses poèmes, fait du serpent satanique l'éternel adversaire de la Vierge[93] ? Mais, à la différence des serpents, les oiseaux et les algues ne mentent pas : le 20 octobre, « Pollet voit terre ». Les nefs s'engagent dans l'archipel des Batu et jettent l'ancre entre « deux îles fort couvertes de grands bois », à savoir Tanahmasa et Tanahbala[94]. Les marins envoyés

92. AMD, FAL, ms. 197 (P. CRIGNON, « Voyage aux Indes orientalles 1529 »), f° 39.

93. Origine du malheur de tous mais aussi symbole de l'hérésie de quelques-uns, le serpent est alors malmené par les poètes. Dans l'une de ses ballades, Crignon pourfend le « serpent tortueux » qui s'attaque vainement à l'innocence de la Vierge (J. NOTHNAGLE, éd., *Pierre Crignon : poète et navigateur*..., *op. cit.*, XI.19-21, p. 85, « La fleur d'honneur et de beauté »). Le thème du combat que l'enfant Jésus livre au serpent diabolique inspire même à Clément Marot l'une de ses pièces les plus vigoureusement rimées, où affleure encore l'art des « grands rhétoriqueurs » (C. MAROT, *L'Adolescence clémentine*..., *op. cit.*, p. 120).

94. L'histoire de l'archipel des Batu à l'époque des frères Parmentier reste un complet mystère. Des fouilles menées sur l'îlot de Tello, situé à la pointe nord-ouest de Tanahmasa, ont permis la mise au jour de fragments de céramique chinoise des XVIIe et XVIIIe siècles, ainsi que de tessons de poteries de fabrication locale, de couleur rougeâtre et arborant un motif en zigzag. Ces poteries, faites d'argile jaune, de sable et d'un pigment issu du *jagu* (le fruit d'une sorte de palétuvier), sont aujourd'hui la spécialité de l'îlot voisin de Marit, tandis que l'archipel dans son ensemble est plutôt réputé pour sa vannerie, notamment pour ses *hilo* – de grandes hottes en nervures médianes de feuilles de sagoutier. La présence sur certains atolls coraliens de cercueils en bois – dont l'un gravé d'un buste de *lasara* (un animal mythique à corps de cerf et tête de dragon) – prouve l'influence de l'île de Nias, située à 70 km au nord-ouest, mais là encore, aucune datation n'a pu être avancée, non plus que pour des éléments malais (coupes à bétel en bronze en forme de fleurs de palétuviers) et bugis (pirogues monoxyles) – lesquels pourraient n'être pas antérieurs au XIXe siècle (Dyah HIDAWATI, « Merajut hidup di wilayah kepulauan. Adaptasi dan konsepsi dalam kehidupan bahari etnis Nias di Kepulauan Batu, Nias Selatan », dans Lucas PARTANDA KOESTORO, dir.,

à terre ne trouvent pas âme qui vive mais découvrent les traces de l'ingéniosité indigène :

> Nous trouvâmes plusieurs bouées, nous en tirâmes plusieurs [en] haut, où nous trouvâmes tout plein de bon poisson et de diverses sortes de couleurs et figures, et étaient en des nasses faites de sellettes [clisses] de bois bien faites, quasi en manière d'un cœur [sauf] qu'il était un peu rond par le bas. Et les cordes pour les haler n'étaient que de raupe [corde, de l'anglais *rope*] grosse comme le doigt, faites ainsi qu'un roseau, mais elles étaient bien plus longues qu'un roseau car il y en avait qui avaient plus de vingt brasses de long, et est fort souple, et sont quasi aussi grosses à un bout qu'à l'autre et sont nouées ensemble trois ou quatre bout à bout pour tenir la nasse et la bouée. [...]
> Le lundi [25 octobre], nous fûmes requérir le demeurant [prendre le reste] de notre bois et recueillîmes cinq nasses en chemin avec les bouées et cordages, et eûmes du poisson pour faire chaudière [festoyer] et jetâmes deux de nos nasses près notre nef[95].

Les Dieppois, qui sont grands pêcheurs, s'émerveillent à ce point de la qualité de ces nasses qu'ils finissent, les ayant dérobées, par en faire usage à la place de leurs propres lignes. Le point peut paraître anecdotique, mais il atteste, une fois encore, l'absence de préjugés des Européens à l'égard des Insulaires tant qu'il est question de savoirs pratiques : de bons marins savent reconnaître d'excellents pêcheurs. La pêche à la nasse de rotin est l'un des traits techniques distinctifs des populations côtières de la péninsule Malaise et de l'archipel insulindien[96]

Budaya maritim Nusantara dalam perspektif arkeologi, Medan, Balai Arkeologi Sumatera Utara, 2019, p. 78 et 80-83). Il est fait mention de Nias dans les récits de voyage arabes des IXe-XIVe siècles, et l'île est fréquentée au XVe siècle par des marchands chinois et gujaratis. Elle tombe en 1624-1625 sous la coupe du sultanat d'Aceh, situé au nord de Sumatra, qui s'y fournit en esclaves (Denys LOMBARD, *Le Sultanat d'Atjeh au temps d'Iskandar Muda, 1607-1636*, Paris, EFEO, 1967, p. 94, 197).

95. AMD, FAL, ms. 197 (P. CRIGNON, « Voyage aux Indes orientalles 1529 »), f°s 39-41. Tomé Pires évoque « les rotins, qui sont des cannes au moyen desquelles [les habitants de Sumatra] fabriquent des nattes [et qu'ils utilisent] comme coir ou comme *esparto* [l'alfa ou sparte, une graminée servant à la vannerie] et qui sert de fil avec lequel ils attachent toutes choses [...] ; [les Batak] s'en servent pour faire des câbles et des cordes de toutes sortes » (A. CORTESÃO, éd., *The Suma Oriental of Tomé Pires..., op. cit.*, vol. 1, p. 136 et 146).

96. Raymond FIRTH, *Malay Fishermen : Their Peasant Economy*, Londres, Kegan Paul / Trench, Trubner & Co., 1946, p. 7 et 54.

[cf. Illustration 10]. Les casiers mobiles trouvés aux abords des îles Batu – et précisément appelés « pots en forme de cœur (*bubu jantung*) » – ne sont toutefois pas les plus impressionnants des dispositifs de piégeage locaux. D'autres, fixés entre les récifs et dénommés *belat*, *jermal* et *kelong*, forment des tunnels de pieux et de lattes de bambou pouvant atteindre 150 mètres de long et débouchant sur une série d'enclos à clapets. Ils peuvent emprisonner à marée basse des bancs entiers[97].

Ces pièges sont à ce point précieux qu'un code de droit maritime malais de la fin du XVe siècle dispose qu'en cas de divorce un pêcheur doit faire estimer ceux en sa possession et verser la moitié de leur valeur à son ex-épouse. Le même code établit les conditions dans lesquelles le fait de se servir en poissons dans la nasse d'autrui constitue un délit : si le chapardage a lieu alors que l'esquif de passage remonte le courant de la rivière, aucune charge n'est retenue, car « il s'agit de repos, et non de vol », mais il faut alors remettre soigneusement la nasse en place, puis, si l'on croise son propriétaire, lui restituer ses prises. En revanche, si l'embarcation descend le courant, son immobilisation relève de l'intention délibérée de commettre un larcin, lequel est puni d'une amende conséquente de 2,5 *mas* (petites pièces d'or)[98]. Un autre recueil de droit, datant du XIVe siècle et provenant de Kerinci, au sud-ouest de Sumatra, ne s'embarrasse pas d'un tel distinguo et condamne celui qui vide une nasse à la « remplir de riz récolté[99] ».

97. Mohamed Ibrahim bin HAJI MOHAMED, « The Malaysian Fishing Gears and Methods », thèse en affaires maritimes, université de Rhode Island, 1980, p. 67-76. Il existe d'autres types de nasses mobiles en rotin, notamment le « pot à poisson rouge » (*bubu ikan merah*), de forme semi-cylindrique.

98. Richard O. WINSTEDT et Patrick E. de JOSSELIN DE JONG (éd.), « The Maritime Laws of Malacca », *Journal of the Malayan Branch of the Royal Asiatic Society*, 1956, 29-3, p. 22. Le terme *mas*, qui peut renvoyer à une unité de poids, désigne ici une monnaie d'or – probablement, comme à Aceh au sortir du XVIe siècle, une petite pièce de 0,60 gramme. La table de conversion entre unités de paiement est alors la suivante : 1 *tahil* vaut 4 *pardau*, 1 *pardau* vaut 4 *mas*, 1 *mas* vaut 4 *kupang* (Jorge DOS SANTOS ALVES, « Gold and Tin Coinage in the Sultanates of Northern Sumatra, 14th-16th Centuries », dans Pierre LE ROUX, Bernard SELLATO et Jacques IVANOFF, dir., *Poids et mesures en Asie du Sud-Est*, vol. 1, *L'Asie du Sud-Est austronésienne et ses marches*, Paris, EFEO : Institut de recherche sur le Sud-Est asiatique, 2004, p. 102).

99. Uli KOZOK (éd.), *A 14th Century Malay Code of Laws. The Nītisārasamuccaya*, Singapour, Institute of Southeast Asian Studies, 2015, § 26, p. 76. Ce code dispose aussi que le voleur d'un piège à poissons *hampangan* (en forme de panier) ou d'une corbeille de crevettes doit s'acquitter, en guise d'amende, d'un cochon sauvage (ou à défaut de 5 *mas*) et celui d'un piège *takalak* (en forme de cône, hérissé de piques à l'intérieur)

Bien qu'elle ne soit qu'implicitement esquissée par les marins du *Sacre* et de *La Pensée*, la comparaison entre les pratiques halieutiques malaises et dieppoises peut aisément être poussée plus avant. Dans ses mémoires, publiés en malais en 1849, le *munshi* Abdullah bin Abdul Kadir, clerc-interprète des Britanniques à Singapour[100], se souvient que, quand il avait 10 ans, c'est-à-dire dans les premières années du XIXe siècle, un vieil homme venu de Malacca, surnommé *Haji* Mata-Mata (« l'Espion »), fabriquait des *belat* et des *kelong*, tandis que d'autres immigrés malais confectionnaient des *jermal*. Ces pièges étaient destinés à la capture « de maquereaux dans des quantités telles qu'on ne pouvait les manger tous et qu'on finissait par les jeter : on se contentait de prélever leurs œufs, que l'on mettait dans des tubes de bambou et que l'on saupoudrait de sel afin d'en faire une marchandise à vendre aux navires[101] ». Tout comme le hareng « caqué » des ports normands, l'*ikan masin* (poisson salé et séché) des littoraux malais est l'une des principales provisions de bord des nefs hauturières[102].

---

de 10 *mas* et de 5 *kupang* (*ibid.*, § 45-46, p. 77). Les pièges à poissons font par ailleurs l'objet d'une ritualité particulière. En 1897, un ethnologue britannique assiste, sur la côte du Selangor (péninsule Malaise), à un « sacrifice à la nasse à poissons » (*menyemah belat*). Durant la cérémonie, un *pawang* (spécialiste rituel) met à mort une chèvre noire et offre sa tête, ses pattes et ses viscères aux esprits marins. Selon cette même source, un *pawang* récite une supplique à l'attention de Moïse et du « Roi de la mer » (*Raja Laut*) à l'occasion de la pose du premier piquet d'un piège à clapets de type *jermal* (Walter W. SKEAT, *Malay Magic, Being an Introduction to the Folklore and Popular Religion of the Malay Peninsula*, Londres, Macmillan and Co., 1900, p. 310-316 et 626 ; même rituel de sacrifice décrit en 1936 par un fonctionnaire du département des pêches de la Malaya britannique, dans Ishak bin AHMAD, « Malay Fishermen's Superstitions », *Journal of the Malayan Branch of the Royal Asiatic Society*, 1941, 19-1, p. 131-136).

100. Il faut souligner que le *munshi* Abdullah (1796-1854) est tout sauf un simple gratte-papier au service des colons britanniques. Érudit polyglotte et littérateur d'exception, il est l'auteur de la première autobiographie jamais rédigée en malais : il y porte un regard distancié et souvent ironique sur les Européens – notamment sur Sir Stamford Raffles, le « fondateur de Singapour ».

101. A. SWEENEY (éd.), *Karya Lengkap Abdullah bin Abdul Kadir Munsyi*, *op. cit.*, vol. 3, p. 382 (*Hikayat Abdullah*, 1849). Le surnom « Mata-Mata » fait probablement référence au regard perçant du vieux marin expérimenté plutôt qu'à une activité d'espionnage proprement dite. Le poisson dont il est ici question (*tenggiri*) est le maquereau espagnol (*Scomber colias*).

102. Au début du XVIe siècle, l'île de Nias, qui fait face à Barus, produit « de l'huile de poisson et du poisson séché en grande quantité » (A. CORTESÃO, éd., *The Suma Oriental of Tomé Pires...*, *op. cit.*, vol. 2, p. 162). Dans sa méthode de conversation malaise publiée à Amsterdam en 1655 (*Grondt ofte Kort Bericht van de Maleische*

Des nasses de rotin, des poissons salés : pas de quoi en faire toute une histoire. Précisément, si. Chaque fois que surgit dans le texte de Crignon un élément d'artisanat indigène appelant une description fouillée, chaque fois aussi qu'il se résout, faute d'équivalent français, à employer tel quel un terme vernaculaire, une porte dérobée s'entrouvre, qui mène au cœur des mondes sud-est asiatiques – bien plus loin, dans les profondeurs du temps et les replis de l'espace, que les Européens ne peuvent alors voyager.

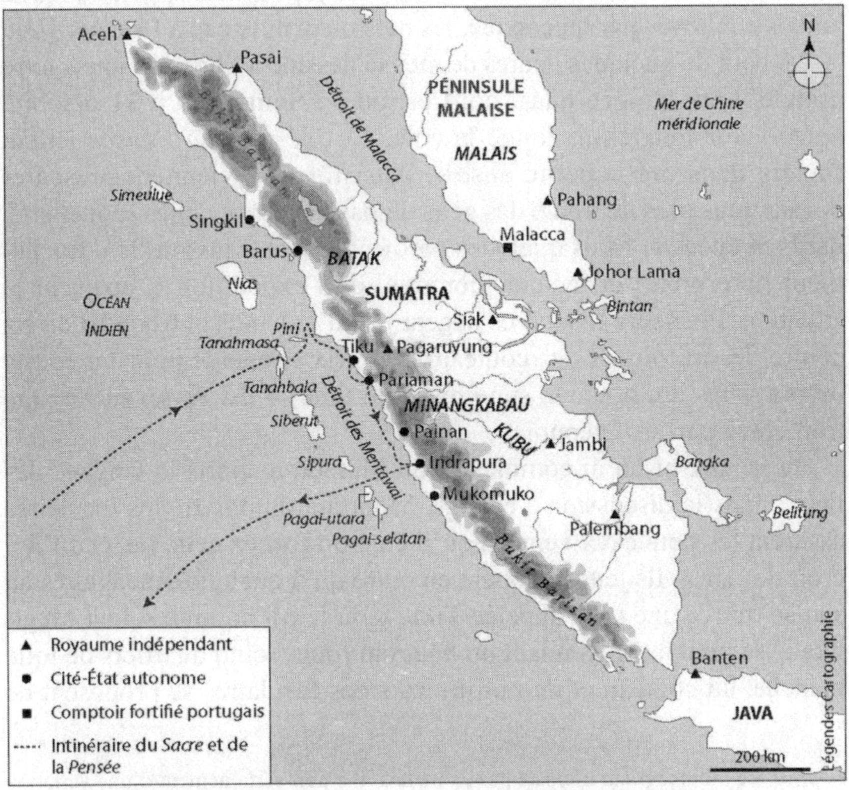

CARTE 5. Sumatra et le monde malais au début du XVIe siècle

Taal), le pasteur Johannes Roman, en poste à Batavia à compter de 1647, mentionne la consommation de « poisson salé » (*ikan garam*) (Kalim HARUN, James COLLINS et Maslida YUSOF, « Adjectives in a Seventeenth Century Malay Language Grammar », *Pertanika. Social Sciences and Humanities*, 2016, 24, p. 19). Dans les années 1780, les Malais des littoraux de Sumatra préparent des « gâteaux de pâte de crevettes et de petits poissons séchés (*blacang*) » ainsi que de la « laitance salée » (*trobo*) (W. MARSDEN, *The History of Sumatra*..., *op. cit.*, p. 63-64).

*
* *

Comme la nature, les navigateurs européens ont horreur du vide, ou du moins du blanc sur les cartes : il leur faut nommer chaque île, chaque rivage où ils abordent. Jean Parmentier rebaptise en toute modestie Tanahmasa, Pini et Tanahbala « la Louise, la Parmentière et la Marguerite ». Laissant derrière elles ces toponymes appelés à n'être jamais employés par quiconque, les nefs mettent le cap à l'est nord-est.

Au bout de quelques heures de mer se dessine à l'horizon une « terre grande, toute rangée quasi nord et sud » : Sumatra. Le 31 octobre, après avoir longtemps longé la côte, *Le Sacre* et *La Pensée* jettent l'ancre dans une « petite anse ». Aussitôt « se viennent présenter devant nous plus de trente des gens du pays avec rondelles [boucliers], dards et épées ». Mais quelques paroles de Jean Masson, le « truchement [interprète] et facteur [commis] de l'expédition », apaisent la situation. Plusieurs Insulaires nagent jusqu'aux nefs et troquent du riz contre des miroirs et des couteaux. Le prix demandé pour un coq et un poussin – un bougran (une pièce de toile) – est en revanche jugé trop élevé par les Dieppois.

On ne sait ni où ni comment Jean Masson a appris le langage des lieux, mais la discussion s'engage. Montrant du poivre, les Insulaires assurent les nouveaux venus « qu'il en croît fort en cette île, et qu'il y croît de l'or ». Ils leur indiquent en outre qu'à quelques encablures au sud se trouve une ville appelée Tiku, « où le roi nommé sultan Megilika[103] se tient ». Moyennant un bougran rouge, cinq quartiers de toile blanche, un couteau et un miroir, trois des Insulaires se proposent de

103. Le mot *megilika* n'existe pas en malais. Il s'agit certainement d'une variation phonétique sur le terme d'origine sanskrite de *māṇḍalika*. Désignant un gouverneur de province (*māṇḍala*), celui-ci figure sur la plus ancienne inscription connue faisant usage de l'écriture arabico-malaise (le Jawi) : la stèle du Terengganu, une proclamation royale de la *sharīʿa* datant de 1303 (Major H. S. Paterson, « An Early Malay Inscription from Trengganu », *Journal of the Malayan Branch of the Royal Asiatic Society*, 1924, 92-3, A.5, p. 255). Le terme se trouve attesté au XIVe siècle à Sumatra, dans la région de Kerinci, proche de Mukomuko (U. Kozok, éd., *A 14th Century Malay Code of Laws...*, *op. cit.*, III.2, p. 66). Tomé Pires soutient, dans les années 1510, que les « gouverneurs » de la péninsule Malaise portent tous le titre de *māṇḍalika* (A. Cortesão, éd., *The Suma Oriental of Tomé Pires...*, *op. cit.*, vol. 2, p. 261).

les y conduire[104]. Le lendemain matin, mardi 2 novembre, les choses sérieuses commencent :

> Le mardi matin vint un esquif de terre et trois hommes dedans dire au capitaine que le roi lui mandait qu'il fût le bienvenu et qu'il menât ancrer son navire entre la terre et trois îlets qui sont devant la ville de Ticou, et que notre navire y serait escorté en un bon abri, et que le roi lui voulait faire quelque présent, et le capitaine lui dit qu'il remerciait le roi et qu'il avait volonté aussi de lui faire quelque honnête présent et l'aller voir à terre, et les ancres furent levées et allâmes ancrer entre la grande terre et le prochain îlet.
>
> Et quand nous fûmes arrivés et furent les ancres hors [dévidées], arriva un autre esquif de terre qui fit présent au capitaine par le roi de deux chevreaux, un quartier de coques [noix de coco] et un boisseau de riz avec feuilles de betre [bétel[105]] et chaux vive et une racine forte mise en une écuelle de cuivre en façon de tasse, le bord épais et le demeurant jaune, et bien légère. [Et c'est] une feuille dont ils font grand état et en mangent souvent devant ou après le repas avec un peu de chaux éteinte, et en la mâchant donne bonne odeur et rend un jus rouge qui leur teint les dents et [les] leur conserve[106].

La présentation du nécessaire à bétel – composé d'une feuille de la plante éponyme et d'une autre de *gambir*, d'une cuillerée de chaux éteinte et de fines tranches de noix d'arec disposées côte à côte dans un récipient en cuivre ou en étain – constitue, en monde malais, le prélude à toute interaction sociale engageant la réputation et les intérêts des parties en présence[107] [cf. Illustration 11]. Dans son *Étude globale*

104. AMD, FAL, ms. 197 (P. Crignon, « Voyage aux Indes orientalles 1529 »), f°s 41-43. Selon Pires, « l'étoffe de coton rouge est celle à laquelle les Minangkabau [les habitants de la partie centrale et de la côte occidentale de Sumatra] accordent le plus de prix » (A. Cortesão, éd., *The Suma Oriental of Tomé Pires*..., *op. cit.*, vol. 1, p. 152).

105. Le mot malais pour le bétel est *sirih*. Le terme de « bétel » utilisé par les Européens procède de la déformation portugaise d'un mot malayalam (une langue du sud de l'Inde), *vethalai*, qui signifie « feuille de poivrier (*Piper betle*) ».

106. AMD, FAL, ms. 197 (P. Crignon, « Voyage aux Indes orientalles 1529 »), f° 43.

107. Le *gambir* est une plante grimpante ligneuse, que l'on trouve couramment à Sumatra et à Bornéo : c'est une rubiacée aux propriétés astringentes. Il existe de nombreux types de *tepak sirih*, depuis de simples boîtes rectangulaires en bois jusqu'à des contenants octogonaux en argent ou en étain richement ouvragés. En

des rivages et des océans, rédigée en 1433, le lettré chinois Ma Huan, qui accompagne l'amiral Zheng He lors de ses expéditions, signale qu'à Java, « lorsqu'on accueille des étrangers de passage, on ne les reçoit pas avec du thé, mais avec de la noix d'arec[108] ».

Le simple fait de poser devant un hôte, couvercle ôté, une « boîte à bétel » (*tepak sirih*) équivaut à une invite à la parole, ou plus exactement à une entrée en pourparlers. C'est aussi une façon d'honorer un invité en lui accordant le bénéfice d'un statut social élevé, car, dans sa forme la plus ritualisée, la mastication de bétel constitue l'une des pratiques de commensalité des classes nobles. Dans les « épopées » (*hikayat*) et les chroniques malaises des XVIe et XVIIe siècles, les scènes où le sultan confère avec ses hauts dignitaires s'ouvrent fréquemment par son injonction à « manger du bétel[109] ».

Contrairement à ce que pense Ludovico di Varthema – le tout premier voyageur européen à en décrire la consommation –, les feuilles de bétel ne sont pas « pour [les Indiens] ce que sont pour nous les confitures », et ils ne les ingèrent pas « pour favoriser la luxure »[110]. Elles ne sont pas non plus, comme le rapporte le chroniqueur de Magellan, Antonio Pigafetta, un genre de rafraîchissement dont les Malais usent sans discontinuer « car le pays est si chaud qu'ils ne sauraient vivre

---

novembre 1521, le sultan de Tidore, aux îles Moluques, reçoit les survivants de l'expédition de Magellan à bord de son navire d'apparat : ses serviteurs leur apportent aussitôt « deux vaisseaux d'or pleins d'eau pour laver leurs mains [et] deux coffrets dorés pleins de bétel » (X. de CASTRO *et al.*, éd., *Le Voyage de Magellan…*, *op. cit.*, vol. 1, p. 200).

108. MA HUAN, *Ying-yai Sheng-lan* (« Étude globale des rivages et des océans », 1433), cité dans Anthony REID, « From Betel-Chewing to Tobacco-Smoking in Indonesia », *The Journal of Asian Studies*, 1985, 44-3, p. 530. La consommation de chiques de bétel à travers le monde insulindien est signalée dès le VIIe siècle dans les sources chinoises. Chau Ju-kua en documente au XIIe siècle l'usage dans les rituels de mariage et les cérémonies de cour à P'o-ni (Brunei).

109. Achadiati IKRAM (éd.), *Hikayat Seri Rama. Suntingan Naskah disertai dengan Telaah Amanat dan Struktur*, Djakarta, Universitas Indonesia, 1980, p. 296, et Teuku ISKANDAR (éd.), *De Hikajat Atjéh*, 's-Gravenhage, M. Nijhoff, 1958, p. 82. Dans les années 1830, le sultan du Kelantan accueille le *munshi* Abdullah, qu'il tient pour un *sayyid* (un érudit musulman de haut rang, descendant du Prophète), par ces paroles louangeuses : « Mangez du bétel, *Tuan Sayid* ! » (A. SWEENEY, éd., *Karya Lengkap Abdullah bin Abdul Kadir Munsyi*, *op. cit.*, vol. 1, p. 91).

110. Paul TEYSSIER (éd.), *Voyage de Ludovico di Varthema en Arabie et aux Indes orientales, 1503-1508*, Paris, M. Chandeigne, 2004, p. 151 (d'après l'édition de l'*Itinerario* à Rome en 1510).

sans cela[111] ». Quelles que soient les vertus tonifiantes ou psychostimulantes de la chique de bétel, sa valeur symbolique l'emporte sur ses effets physiologiques – et ce à tel point qu'un code de droit sumatranais du XIVe siècle dispose que « celui qui vole la fleur de bétel et la noix d'arec d'autrui doit être réduit en esclavage pendant vingt-huit jours [ou] s'acquitter d'une amende de cinq petites pièces d'or[112] ». Tout comme le calumet empli de tabac que les Algonquins du Québec tendent immanquablement aux Français au commencement d'une négociation, le bétel est, en Insulinde, « le grand signe de paix[113] ». Son usage inaugure – et circonscrit – le temps de l'échange commercial et politique.

Une déclaration de paix ne suffit cependant pas à instaurer la confiance, *a fortiori* lorsqu'il s'agit d'un premier contact entre des acteurs qui ignorent tout les uns des autres. Le jour suivant, mercredi 3 novembre, un autre esquif vient à la rencontre des nefs, et des émissaires malais annoncent aux Dieppois que « le roi attend que le capitaine descende [à terre] ». Jean Parmentier leur rétorque qu'il ne s'y résoudra qu'à la condition de disposer « de bons pleiges dedans sa nef ».

Dans sa stricte acception commerciale, le terme de « pleige » désigne le garant d'une transaction : celui qui se porte caution d'un débiteur ou d'un emprunteur[114]. Mais c'est ici d'autre chose qu'il est question, à savoir d'un échange d'otages – une technique universellement employée à l'époque moderne en situation de marchandage à haut risque. Tandis que trois Malais prennent place à bord du *Sacre*, Jean Masson, Nicolas Bout et Crignon se rendent à terre pour choisir « ceux qui sont plus suffisants pour être pleiges de nos capitaines ». Le chroniqueur est dorénavant aux premières loges, et la précision de son récit s'en trouve augmentée :

111. X. de CASTRO *et al.* (éd.), *Le Voyage de Magellan…*, *op. cit.*, vol. 1, p. 139.

112. U. KOZOK (éd.), *A 14th Century Malay Code of Laws…*, *op. cit.*, § 33, p. 76.

113. Richard WHITE, *The Middle Ground. Indians, Empires and Republics in the Great Lakes' Region, 1650-1815*, Cambridge, Cambridge University Press, 1991, p. 20-23. En Insulinde contemporaine, la feuille de bétel et la noix d'arec jouent toujours un rôle symbolique important lors des cérémonies de mariage. L'association entre la gestuelle de préparation du *sirih* et la quête d'une bonne épouse, voire d'une simple partenaire sexuelle, y est pour cela récurrente (cf., *inter alia*, Carol RUBENSTEIN, *The Honey Tree Song. Poems and Chants of Sarawak Dayaks*, Ohio, Athens University Press, 1985, p. 123, 128 et 239).

114. F. GODEFROY, *Dictionnaire de l'ancienne langue française…*, *op. cit.*, vol. 6, p. 210-211.

Nous descendus à terre, fûmes reçus assez humainement de ceux du pays, et conduits jusqu'au lieu où le lieutenant [du roi] nommé Tue Baginda Raia nous attendait avec toute la seigneurie de la ville de Ticou, lequel vint au-devant de nous accompagné de deux principaux Gouverneurs, et le saluâmes, pensant que ce fût le roi ainsi que nous avaient donné à entendre ceux qui nous conduisaient. Après la salutation, il nous mena sous un arbre où tous ses gens l'attendaient, et s'assit à terre les jambes croisées comme un couturier, et à sept ou huit pieds ou environ, ses gens s'assirent en manière d'une couronne, les jambes croisées, et [il] nous fit signe que nous nous assissions comme les autres, ce que nous fîmes, et on lui vint présenter des feuilles de betre [bétel] et aux principaux, et nous en fit donner que nous mangeâmes.
Après cela, ledit lieutenant demanda qui nous étions, qui nous menait [et ce que] nous cherchions. Jean Masson lui dit en langue malaye [en malais] que nous étions français et qu'il y avait huit mois que nous étions partis de notre pays pour les venir voir, et que nous apportions de bonnes marchandises de notre pays, dont il leur nomma plusieurs espèces, et aussi pour avoir de leur poivre, et autres marchandises, ce qu'ils écoutaient volontiers. Ils demandèrent si nous étions point gens de guerre : il leur répondit que nous étions marchands et que ne demandions que paix et amour, mais qui nous voudrait faire tort qu'étions gens pour nous défendre, et que nos capitaines avaient grand désir de trouver bonne paix et amour avec eux, et ils dirent qu'ils le désiraient ainsi.
Et après plusieurs paroles où n'entendions [ne comprenions] rien car Jean Masson ne nous disait pas tout en français, le lieutenant du roi se leva, et tous les seigneurs et nous aussi, et fûmes conduits en la maison de l'un des principaux de la ville, où nous fûmes traités à la mode du pays, une natte de jonc blanc étendue sous nos pieds, et nous fut présenté pour notre souper un plat de porcelaine plein de riz à demi cuit [à] l'eau sans sel et environ un demi coq haché par morceaux avec le brouet qu'ils mirent sur le riz, et une grande tasse de cuivre pleine d'eau claire, et mangeâmes tout à la belle sauce d'appétit avec du pain que nous avions apporté de la nef qui bien nous servit.
Et puis après souper, nous couchâmes au lieu où nous avions soupé, sur la natte de jonc tendue, et nos manteaux nous servaient d'oreiller, et Dieu que nous fîmes maints tours la nuit, et ainsi attendîmes le jour, que nous désirions fort pour nous peigner et abattre la plume de nos cheveux[115].

115. AMD, FAL, ms. 197 (P. CRIGNON, « Voyage aux Indes orientalles 1529 »), f°s 44-46.

Les trois Dieppois n'en mènent de toute évidence pas large, qui tentent de faire bonne contenance lors du dîner mais ne ferment pas l'œil de la nuit. Par-delà la peur de se retrouver à la merci d'inconnus aux intentions opaques, leur malaise procède très probablement du sentiment de devoir soudainement jouer dans la cour des grands. S'ils se sont contentés jusque-là de troquer des babioles avec de pauvres hères croisés au hasard, il leur faut désormais entrer en relation avec un système de pouvoir sophistiqué, dont ils ne maîtrisent pas les tenants et les aboutissants.

Leur incapacité à déchiffrer la hiérarchie locale se déduit de la confusion concernant l'identité de leur interlocuteur. Ce que Crignon prend pour un patronyme – et qu'il transcrit phonétiquement sous la forme *Tue Baginda Raia* – correspond en réalité à un titre : *Tuan Baginda Raya*. L'usage du mot *baginda* (« [sa] majesté ») pour désigner la personne royale est propre à la monarchie minangkabau du nord-ouest de Sumatra, qui n'a jamais pleinement adopté le modèle du sultanat[116]. *Tuan* est un appellatif honorifique, et *raya* signale la grandeur. Donc, de deux bourdes l'une : soit les Dieppois ont eu directement affaire au souverain de Tiku mais l'ont pris pour le chancelier, soit ils ont été accueillis par un officier du palais auquel ils ont donné du « votre majesté[117] ».

116. Christine DOBBIN, *Islamic Revivalism in a Changing Peasant Economy : Central Sumatra, 1784-1847*, Londres, Curzon, 1983, p. 119. Au XVIIe siècle, le terme de *baginda* est un titre nobiliaire utilisé dans l'aire de juridiction du sultanat d'Indrapura par les « chefs de villages » (*peroatin*) (Jeyamalar KATHIRITHAMBY-WELLS, « The Inderapura Sultanate. The Foundations of Its Rise and Decline, from the Sixteenth to the Eighteenth Centuries », *Indonesia*, 1976, 21, n. 41, p. 72). Il est de nos jours encore employé dans cette acception à Pariaman et dans la région de Tanah Datar, centre névralgique du système politique minangkabau (Gérard MOUSSAY, *Dictionnaire Minangkabau-Indonésien-Français*, Paris, Archipel-L'Harmattan, 1995, vol. 1, p. 113).

117. On ne sait trop à quoi peut correspondre, à Sumatra, la charge très française de « lieutenant du roi » à laquelle Crignon fait référence. S'agit-il du Premier ministre du royaume, lequel s'appelle usuellement, en Insulinde, le *Bendahara* ? Ou bien, plus modestement, d'un office semblable à celui du *korkon* – ce fonctionnaire qui, dans le sultanat d'Aceh, participe aux inspections de navires et que les voyageurs européens présentent, à la fin du XVIe siècle, comme « le secrétaire du Prince » ? Les deux seules sources mentionnant l'office de *korkon* sont liées à l'expédition menée par les frères Houtman à Aceh en 1599 : l'une est le glossaire joint en appendice par Frederick DE HOUTMAN au récit de sa captivité dans le sultanat de juin 1599 à août 1601, l'autre le récit du pilote anglais John DAVIS, embauché par les Hollandais (*Cort*

La solennité de l'entrevue, qui tient du rituel d'audience, n'est pas non plus pour mettre à l'aise les trois hommes. Les voici littéralement propulsés au centre du cercle des « seigneurs » du lieu, eux qui ne sont que de simples marins. Pour expliciter les impairs à répétition des Dieppois à Tiku, il ne faut pas abattre trop tôt dans la partie le *joker* du « choc culturel », mais plutôt imaginer l'embarras d'hommes du peuple se trouvant inopinément contraints de se plier aux règles d'étiquette contournées propres à un milieu aristocratique. Crignon et ses compagnons n'ont du faste des puissants qu'une expérience limitée. S'ils ont pu contempler de loin François Ier et ses grands officiers lors du passage de la cour à Dieppe en 1517, c'est essentiellement dans un cadre municipal qu'ils ont approché l'apparat du pouvoir, à l'occasion des banquets des confréries ou durant les assemblées tenues en la salle de la « cohue » de l'Hôtel de la Vicomté[118]. Alors qu'ils n'ont jamais été que les spectateurs passifs de la comédie des notables, ils sont sommés, à Tiku, de monter sur scène devant un parterre de nobles.

Puis l'incertitude linguistique redouble leur gêne sociale. Jean Masson a beau exciper de sa connaissance de la « langue malaye », il ne traduit « pas tout » à ses camarades – et rien ne certifie qu'il comprenne ne serait-ce que la moitié de ce que lui dit le « lieutenant du

---

Verhael vant gene wedervaren is Frederick de Houtman tot Atchein..., dans Willem S. UNGER, *De Oudste Reizen van de Zeeuwen naar Oost-Indië, 1598-1604*, 's Gravenhage, M. Nijhoff, 1948, p. 110, et « Voyage of Captain John Davis to the East Indies, in 1598, as Pilot to a Dutch Ship », dans Robert KERR, F. R. S. et F. A. S. EDIN, éd., *A General History and Collection of Voyages and Travels*..., Édimbourg, James Ballantyne & Co., 1813, vol. 8, II.3.IX.9, p. 53). Il existe une autre piste d'interprétation : dans le « Discours d'un grand capitaine de Dieppe », court récit anonyme publié par Ramusio en 1539, il est fait mention du « capitaine des gens armés [de Tiku], nommé Nacanda Raia, ce qui veut dire Capitaine du Roi » (G. B. RAMUSIO, *Navigationi e Viaggi*..., *op. cit.*, vol. 3, f° 432r). Or, ce titre malais pourrait correspondre à celui de Nakhoda Raja (« Armateur-capitaine du roi »), qui désigne l'agent commercial chargé des intérêts privés du *raja*, le « marchand de la Couronne ». L'usage de ce titre est en tout cas attesté à Sumatra Ouest, puisqu'en 1677 l'émissaire d'un *raja* minangkabau hostile aux Hollandais s'en prévaut (Jane DRAKARD, *A Kingdom of Words. Language and Power in Sumatra*, New York, Oxford University Press, 1999, p. 121).

118. Sur la nécessité d'épuiser l'analyse sociologique des « situations de contact » avant de recourir à l'hypothèse de la discordance ou de l'incommensurabilité des « cultures » des acteurs en présence, autrement dit de référer prioritairement le comportement de ces derniers aux dispositions qu'ils ont acquises au fil de leur trajectoire, cf. Romain BERTRAND, *L'Histoire à parts égales. Récits d'une rencontre Orient-Occident (XVIe-XVIIe siècle)* (2011), Paris, Seuil, 2014, p. 24.

roi ». Il est en effet douteux qu'un commis normand ait pu, au tout début du XVIe siècle, apprendre plus que des rudiments de malais, et plus improbable encore qu'il l'ait fait sur place, en Asie du Sud-Est, plutôt qu'auprès de marins portugais ayant servi sur les caraques de la « route des Indes[119] ». En tout état de cause, les qualités de « truchement » de Jean Masson restent sujettes à caution.

L'effroi des trois Dieppois s'avère toutefois sans fondement : au sortir de leur nuit blanche, ils regagnent leur nef en compagnie « du chabandare de Ticou, qui est quasi tout gouverneur du roi, et assied [fixe] les prix sur toutes les marchandises qui s'achètent ou vendent, et tient les poids et les mesures, et nul n'oserait vendre ou acheter sans son congé [son agrément][120] ». Il est peu plausible que Crignon, qui trame son récit bien après les faits, ait compris dès le premier jour l'importance des fonctions de ce haut dignitaire de Tiku. Il n'en demeure pas moins qu'il les détaille avec une remarquable exactitude.

Dans chaque sultanat du monde malais – à Malacca, à Banten (Java), à Pasai (Sumatra), à Banjarmasin (Bornéo), à Patani (Thaïlande), etc. –, il existe, tout comme dans les grands ports du golfe Persique, un *Shahbandar*, littéralement un « maître du port » en charge des relations commerciales avec les marchands étrangers[121]. Tout ce

119. Le personnage de Jean Masson est d'autant plus intrigant que Crignon, sans rien nous apprendre à son propos, en fait l'un des protagonistes clés des relations avec les dignitaires de Tiku. Or, dans la plupart des récits de voyage français de l'époque moderne, les « truchements » sont entièrement occultés au profit d'une chorégraphie de la conversation en face-à-face entre les « Grands découvreurs » et leurs interlocuteurs indigènes (Céline BONNOTTE-HOOVER, « Le Truchement : représentation d'une instance de médiation dans les récits de voyageurs français du XVIe au XVIIIe siècle », thèse en littérature, université de Toronto, 2019, p. 26-31).

120. AMD, FAL, ms. 197 (P. CRIGNON, « Voyage aux Indes orientalles 1529 »), f° 46.

121. Purnadi PURBATJARAKA, « Shahbandars in the Archipelago », *Journal of Southeast Asian History*, 1961, 2, p. 1-9, et Jean AUBIN, « Le royaume d'Ormuz au début du XVIe siècle », dans ID., *Le Latin et l'Astrolabe*, vol. 2, *Recherches sur le Portugal de la Renaissance, son expansion en Asie et les relations internationales*, Paris, Centre culturel Calouste Gulbenkian, 2000, p. 348-350. Certaines cités-États portuaires sont alors équipées de « postes de péage » (*pabean*) où les cales des nefs entrantes sont inspectées (Gabriel RANTOANDRO, « Lieux de rencontre particuliers de l'ancien Banten : les *pabean* », *Archipel*, 1995, 50, p. 26-30, et Muhammad Yusoff HASHIM, *The Malay Sultanate of Malacca. A Study of Various Aspects of Malacca in the XVth and XVIth Centuries in Malaysian History*, Kuala Lumpur, Dewan Bahasa dan Pustaka, 1992, p. 98 et 182).

qui relève de la fiscalité et des conditions de félicité du grand négoce maritime forme sa juridiction, à commencer par la perception des droits de mouillage et des taxes sur les cargaisons. Il lui appartient, autrement dit, d'assurer la sécurité des marchands aussi bien que de garantir celle de leurs transactions. Un proverbe malais de la fin du XIXe siècle capture au mieux cette antienne irénique : « Un bon havre portuaire est un lieu où les bateaux peuvent s'amarrer sans péril et les commerçants vivre en toute sécurité[122]. »

Cette sollicitude est d'autant plus essentielle qu'il existe de nombreux lieux d'escale le long des routes menant du détroit de Malacca aux « îles aux épices » des Moluques. La concurrence est rude entre sultanats, et la moindre rumeur d'entorse au droit commercial ou d'incivilités à l'égard des étrangers suffit à rayer une ville de la liste des havres recommandés par les *mu'allimūn* dans leurs routiers. La police des étrangers – lesquels sont logés selon leur communauté, dans des quartiers séparés proches du port – a autant pour objet de les protéger des malandrins locaux que d'assurer le respect de l'ordre public islamique, avec lequel les négociants musulmans de l'Inde et du golfe Persique ne transigent pas. Dans l'un de ses précis, Mādjid s'indigne du comportement licencieux des Malais de Malacca :

> [Ce sont] de mauvaises gens. Ils ne connaissent aucune règle. L'infidèle épouse la musulmane et le musulman la femme infidèle. Quand je dis « infidèle », je ne sais pas s'ils sont réellement infidèles ! Ils se disent musulmans, mais je n'ai à ce propos aucune certitude. Le vol n'est pas un délit pour eux. Ce qu'ils ont, ils le possèdent sans discernement de la loi. Le musulman y mange de la viande de porc, cela n'est pas interdit en cette terre. Ils boivent du vin en public et ne prient pas lorsqu'ils se mettent en chemin.
>
> La fidélité et la piété y sont réduites à néant. Leurs seules occupations consistent à mentir et à tricher dans les ventes et les achats et en tout négoce. Évite-les soigneusement [car] les pierres précieuses ne doivent pas se mêler aux pierres ordinaires[123].

122. Richard J. WILKINSON, *A Malay-English Dictionary*, Hongkong, Kelly & Walsh Ltd., 1901, vol. 2, entrée « Tambat », cité dans Pierre-Yves MANGUIN, « "A Real Seafaring People". Evocations of Sailing in Malay Literature », *Archipel*, 2022, 103, p. 12 (« *perahu bertambatan, dagang bertepatan* »).

123. T. A. CHUMOVSKY (éd. et trad.), *Três roteiros desconhecidos de Ahmad ibn Mādjid, o piloto árabe de Vasco da Gama*, Moscou, Academia de Ciências da URSS, 1957, II, p. 70.

Du haut de son arabité revendiquée, Mādjid exagère l'irreligiosité des Malais. Il n'empêche que son avis fait autorité dans tout l'océan Indien, et que Malacca se serait bien passée d'une aussi mauvaise publicité. C'est pour éviter une telle mise au pilori que le sultanat du Kedah, situé sur la côte ouest de la péninsule Malaise, promulgue dans les années 1650 des lois portant obligation au *Shahbandar* et à ses « enquêteurs » (*mata-mata*) de patrouiller le marché et les quartiers des étrangers pour y prévenir les rixes, la pratique du jeu et la consommation d'opium et d'alcool[124]. Au sortir du XVIe siècle, on exige pareillement de lui, dans le sultanat voisin du Pahang, qu'il « fasse sans délai rapport de tout mauvais traitement infligé à un marchand » – et aussi, à toutes fins utiles, qu'il « recueille les nouvelles venues des pays étrangers »[125].

Mais le danger surgit plus souvent dans un bureau de change qu'au coin d'une ruelle. L'extrême diversité des unités de compte et de pesée en vigueur dans le monde malais n'est pas faite pour rassurer les marchands étrangers. Qui leur indiquera le juste cours de la sapèque chinoise ou de la « pagode » birmane ? Qui leur expliquera la différence entre le « grand *bahar* », qui vaut 276 kilos et s'applique aux épices, et le « petit *bahar* », lequel s'emploie pour les métaux rares et le camphre mais ne fait que 185 kilos ? Qui leur apprendra que le *tahil* vaut 1/16e de *kati* pour les denrées communes mais 16 *mayam* pour l'or[126] ?

Pour lutter contre la hantise de la tromperie née de cet imbroglio métrologique, les sultans n'ont d'autre choix que de réglementer autant que possible les aspects techniques du négoce. C'est la raison pour laquelle figure en bonne place dans les *Undang-Undang Melaka* – les « Lois de Malacca », composées dans les années 1450 – un article disposant que les « règles de droit concernant les poids et les unités de mesure *gantang*, *cupak*, *kati* et *tahil* sont du ressort exclusif

124. Richard O. WINSTEDT (éd.), « Kedah Laws », *Journal of the Malayan Branch of the Royal Asiatic Society*, 1928, 6-2, I.27, p. 22.

125. Richard O. WINSTEDT et John E. KEMPE (éd.), « A Malay Legal Digest Compiled for Abd al-Ghafur Muhaiyud'din Shah, Sultan of Pahang, 1592-1614 AD », *Journal of the Malayan Branch of the Royal Asiatic Society*, 1948, 21-1, p. 28.

126. Daniel PERRET, « Poids et mesures dans la littérature traditionnelle malaise », dans P. LE ROUX, B. SELLATO et J. IVANOFF (dir.), *Poids et mesures en Asie du Sud-Est…*, *op. cit.*, vol. 1, p. 86.

du *Shahbandar*, tout comme celles qui s'appliquent au marché[127] ». Un recueil de règles coutumières de la péninsule Malaise énonce de même, sentencieusement, que

> *La coutume ancienne est :*
> *La petite mesure qui est juste,*
> *La grande mesure qui est vraie,*
> *Le poids qui est correct,*
> *Les balances qui sont bonnes*
> [*Et*] *ne peuvent être corrompues*[128].

En amont de ce contrôle sourcilleux des instruments de pesée, c'est l'ensemble de l'environnement juridique du négoce maritime que les sultanats s'efforcent de stabiliser. Tout comme les *Rôles d'Oléron*, qui régissent en Normandie les droits et devoirs des « compagnons de la nef », les *Undang-Undang Laut Melaka* (« Lois maritimes de Malacca »), mises par écrit entre 1488 et 1511 sous le règne du sultan Mahmud Syah, épellent les responsabilités respectives du pilote, du capitaine et des différents officiers de bord en cas d'avarie, de naufrage ou de perte de la cargaison. Considéré comme « un calife à bord de son navire », le capitaine (*nakhoda*) y jouit d'une autorité absolue. La nef se trouve pensée comme un minuscule État en mouvement, de sorte que sa structure de pouvoir réplique fidèlement la hiérarchie d'un sultanat[129]. Le timonier y fait fonction de Premier ministre (*Bendahara*),

127. Liaw Yock Fang (éd.), *Undang-Undang Melaka. The Laws of Melaka*, La Haye, M. Nijhoff, 1976, XXIX, p. 134-135.

128. Richard O. Winstedt et Patrick E. de Josselin de Jong (éd.), « A Digest of Customary Law from Sungai Ujong », *Journal of the Malayan Branch of the Royal Asiatic Society*, 1954, 17-3, VII, p. 41. La vérification des poids et mesures participe du maintien de l'ordre public islamique. Plusieurs sourates coraniques vouent les filous de la balance à la damnation éternelle (par exemple, 55.9 : « Donnez le poids exact et ne faussez pas la pesée »). D'où le lien établi, dans ce même compendium, entre souveraineté, autorité religieuse et instruments de pesée : « Si un *negeri* [État] n'a pas de *raja*, la tradition des Malais dit qu'il faut que les gens de La Mecque y apportent les balances » (*ibid.*, XVI, p. 45). Les « Lois du Kedah » mentionnent également le « décret d'Allāh » concernant l'exactitude de la pesée (R. O. Winstedt, éd., « Kedah Laws… », art. cit., I.28, p. 23).

129. Le texte dit plus précisément – et plus poétiquement – qu'« un navire appareillé et prêt à mettre à la voile est comme un *raja* sur le point de quitter son palais » (R. O. Winstedt et P. E. de Josselin de Jong, éd., « The Maritime Laws of Malacca »,

le bosco de chef de la police (*Tumenggung*) et les contremaîtres de bâbord et de tribord de « fonctionnaires de la cour » (*sida-sida*)[130].

Une discipline de fer règne sur le tillac. Si le marin qui manque de respect au capitaine ne doit s'attendre qu'à être « publiquement moqué et insulté » par ses compagnons, celui qui fait montre de « déloyauté » encourt une exécution immédiate. Un subrécargue « qui s'approche agressivement du capitaine quand celui-ci se tient à la poupe » doit être lui aussi mis à mort sans délai. Quiconque conteste l'ordre d'un contremaître se voit administrer sept coups de fouet par le timonier, bien qu'il soit précisé que ce dernier « ne doive pas monter son bras au-dessus de son épaule ». Le simple fait, pour un matelot, de s'asseoir sur l'écoutille avant – la place réservée au second et aux contremaîtres – l'expose à six coups de fouet. Les hommes de « quart » ont quatre devoirs : « vérifier le niveau de l'eau dans les cales, scruter les vents, surveiller les ennemis et prévenir les incendies ». Pour peu qu'ils faillissent à l'une de ces tâches, ils sont punis de sept coups de fouet.

En revanche, toute escale imprévue et tout franchissement d'estuaire doivent faire l'objet d'une « consultation avec l'ensemble de l'équipage », de même qu'un délestage de cargaison en cas de tempête. Il existe même un temps dédié à la « réunion pour parler à voix haute » (*berhimpun berbicara bermesuarat*), c'est-à-dire une sorte de conseil délibératif de la nef, lequel se tient dans la « cabine transverse » réservée à cet effet[131].

art. cit., § XXIII, p. 46-47 : « *jong itu apabila bersauh tunggal* [...] *dan serta sudah mendirikan alat, adalah sa-umpama raja akan berangkat* »).

130. Le rôle exact des *sida-sida* est d'autant plus difficile à établir qu'il existe, d'un sultanat à l'autre, des variations significatives dans la dénomination et le contenu des offices palatins. Dans la *Sejarah Melayu*, qui décrit la vie de cour à Malacca au XVe siècle, ils sont présentés tels de simples serviteurs du sultan ayant à charge de « porter des lettres », mais à Aceh, où ils sont fréquemment dépeints au XVIIe siècle comme des eunuques, ils paraissent jouer un rôle bien plus large de personnes de confiance du souverain (Leonard ANDAYA, « The Seventeenth-Century Acehnese Model of Malay Society », dans Frans HÜSKEN et Dick VAN DER MEIJ, dir., *Reading Asia. New Research in Asian Studies*, Londres, Routledge, 2001, p. 94-95).

131. R. O. WINSTEDT et P. E. de JOSSELIN DE JONG, éd., « The Maritime Laws of Malacca », art. cit., § 1, 6-7, 10-12, 14-15 et 20-21, p. 51 et 53-56. Le texte, dont la plus ancienne copie connue date de 1655, précise que ces règles ont été établies par deux *patih* (hauts dignitaires de la cour) et « les capitaines Zainal, Buri et Ishak après une consultation avec tous les capitaines » (*ibid.*, § 22, p. 56-57). Il ne s'agit donc pas d'une initiative du pouvoir royal, mais bien d'une demande de régulation émanant du milieu maritime. Il faut noter, par ailleurs, que si plusieurs des dispositions des

L'organisation de la vie de bord reste malgré tout nécessairement hiérarchique, puisque chaque homme y remplit un office fortement spécialisé. À la poupe du navire règne le *malim angin*, le « pilote de vent », qui a la charge des indications de cap. Il a sous ses ordres directs le *juru mudi*, le « spécialiste du gouvernail », et les gabiers qui s'occupent de faire « pendre les voiles », c'est-à-dire de les hisser ou de les amener selon la manœuvre. À la proue se tient le *juru batu*, le « spécialiste des pierres », qui s'occupe des ancres. On voit s'activer partout ailleurs sur le pont, sous la houlette du *serang* (« chef d'équipage ») et du « maître de paye » (*tekoh*), les marins, les hommes de peine et une myriade de mousses (*muda-muda*, les « jeunots »). Assurant la rotation des canots de charge, les *juru sampan* n'entrent quant à eux en action que lorsque le navire est à l'ancre.

La nature composite des équipages – qui associent fréquemment Malais, Javanais et Birmans – démontre que ce système de rangs ne relève pas d'un particularisme local, mais d'une culture maritime commune à l'ensemble des sociétés ceignant l'océan Indien[132]. On constate qu'en dépit de l'imagerie du « pirate malais » forgée et propagée par la littérature coloniale britannique au XIXe siècle, la mer, en Insulinde, n'est aucunement un espace de non-droit. Elle est saturée de règles, que ses usagers arabes et asiatiques connaissent et respectent[133].

Undang-Undang Laut Melaka s'inspirent vraisemblablement de codes de droit maritime islamiques en usage dans l'océan Indien, aucun de ces derniers ne nous est parvenu. Dans son *Kitāb al-Fawā'id* (1490), Mādjid mentionne une « étiquette nautique » (*siyāsāt*) régulant les relations entre le pilote et les membres d'équipage. Mais il s'agit plus d'un portrait du *mu'allim* en bon commandant, « courageux patient et indulgent », que d'une énumération méthodique de droits et de devoirs (G. R. TIBBETTS, *Arab Navigation in the Indian Ocean*..., *op. cit.*, VIII, p. 192-193, 195 et 387-388).

132. Cette liste de rangs se trouve dans les carnets de comptes de Pero Pais : un commis portugais qui voyage à deux reprises, en 1512 et en 1514, de Malacca à Pegu (Birmanie) sur un navire affrété par le Bendahara et le capitaine de Malacca. Le capitaine et les marins de la « jonque » sont javanais, mais ses pilotes birmans (Luís Filipe THOMAZ, *De Malaca a Pegu. Viagens de um feitor português, 1512-1515*, Lisbonne, Instituto de Alta Cultura-Centro de Estudos Históricos, 1966, p. 108, 130, 143-145, 309-310 et 330).

133. Il faut ajouter à ces règles de bord des prescriptions d'un autre ordre. Dans l'ensemble du monde malais, des côtes du Kelantan à celles des îles Aru, aux portes de la Papouasie, les marins craignent et révèrent un « Esprit de la mer » (*Hantu laut*) auquel ils adressent, avant toute campagne de pêche ou de cabotage, des offrandes et des prières votives. D'autres créatures invisibles règnent sur tel ou tel lieu ou phénomène maritime, qui sont aussi les récipiendaires de présents rituels – tels Mambang

Les *Lois de Malacca* contiennent de surcroît de nombreuses dispositions encadrant les transactions marchandes. Tandis que plusieurs sections traitent des procédures de certification et de contestation d'un « accord à l'amiable » (*sulh*), d'autres détaillent la procédure à suivre en cas de règlement par voie judiciaire d'un litige commercial. La juridiction et les prérogatives du magistrat, le statut des témoins, l'obligation de l'énonciation des clauses du jugement dans un document écrit, les modalités d'interrogatoire des plaignants et des accusés, les sanctions en cas de faux témoignage ou de tentative de corruption d'un juge au moyen d'un « pot-de-vin » (*hadiah*), les critères de capacité limitée s'appliquant aux mineurs ou aux esclaves : rien n'échappe à l'effort de codification[134].

*
* *

La venue du *Shahbandar* de Tiku à bord de *La Pensée* signe l'entrée des Dieppois dans un univers de normes et de rituels complexes, graduant l'accès à la faveur du souverain. Après l'offre de bétel et l'échange d'otages vient la requête du « présent au roi » :

> [Le *Shahbandar*] fut recueilli honorablement de nos capitaines ainsi que si c'eût été la personne du roi. Le capitaine [Jean Parmentier] lui fit un présent assez honnête, et lui fit montrer plusieurs sortes de nos marchandises, mais il disait que l'on ne savait faire marchandise tant que l'on eût fait le présent au roi, et eût bien voulu que l'on eût été ce jour même le faire, mais il fut différé jusqu'au dimanche 7e jour de novembre, ce nonobstant que tous les jours venait quelque messager dire que le roi n'attendait que ce présent et pourquoi on différait tant. Cependant nos

---

Tali Harus, la « divinité des courants », l'ange Ali Sabur, qui « détient les vents », ou *Si* Madu-Raya, le « maître des estuaires » (W. W. Skeat, *Malay Magic*..., *op. cit.*, p. 85-98). La ritualisation du rapport à la mer constitue une incitation complémentaire – spirituelle, et non plus légale – à agir de manière pondérée lors d'une navigation. Pour un panorama régional de cette ritualité maritime, cf. Barbara Watson Andaya, « Seas, Oceans and Cosmologies in Southeast Asia », *Journal of Southeast Asian Studies*, 2017, 48-3, p. 349-371.

134. L. Yock Fang (éd.), *Undang-Undang Melaka*..., *op. cit.*, XXXII.2, p. 142-143, XXXIV.1-2, p. 146-149, XXXVII.1-2, p. 150-153, et XXXVIII.1-4, 152-159. Cf. également R. O. Winstedt et J. E. Kempe (éd.), « A Malay Legal Digest... », art. cit., § 62-63, p. 19-20.

capitaines firent faire des habits triomphants pour se présenter devant le roi en bon ordre pour faire le présent[135].

Le fait que le *Shahbandar* conditionne aussi rigoureusement le droit de négoce à Tiku à la remise au sultan d'un « présent » ne se comprend qu'à la condition d'apprécier au plus juste ce qui se trouve exigé des Dieppois. Dans sa description du sultanat malais de Patani (Thaïlande) où il séjourne en 1612, un marchand de l'East India Company, Peter Floris, se plaint des « cadeaux importants et excessifs » que les autorités locales réclament aux Européens pour les autoriser à commercer. Il précise que ces « cadeaux » (*sembah*), d'un montant total préétabli de 30 à 40 livres, se répartissent de la façon suivante :

> Le premier consiste en ce que l'on doit *sembah datang* [offrir un cadeau de bienvenue], c'est-à-dire signaler son arrivée ; le second est le *sembah berniaga* [le cadeau pour commercer], lequel équivaut à demander la permission de décharger ses marchandises et d'en faire libre négoce ; le troisième est le *sembah dacing* [cadeau de la balance], c'est-à-dire [le présent pour s'acquitter] du droit d'obtention des poids et mesures ; le quatrième est le *sembah musim* [cadeau de mousson], c'est-à-dire [celui qui permet de] prendre congé afin de charger ses marchandises et de partir[136].

Marchand expérimenté doublé d'un collecteur de manuscrits asiatiques, Floris possède une excellente maîtrise du malais : il se trompe rarement dans ses transcriptions et dans ses traductions[137]. Or, le mot *sembah*, qu'il utilise comme classif pour qualifier les présents attendus des marchands étrangers, renvoie à une salutation cérémonielle manifestant la déférence à l'égard du souverain. « Accomplir le *sembah* (*menyembah*) » signifie s'agenouiller face au sultan, tête baissée et mains jointes à hauteur du front[138]. Par l'entremise d'une série

135. AMD, FAL, ms. 197 (P. Crignon, « Voyage aux Indes orientalles 1529 »), f°s 46-47.

136. William H. Moreland (éd.), *Peter Floris. His Voyage to the East Indies in the Globe, 1611-1615. The Contemporary Translation of his Journal*, Londres, The Hakluyt Society, 1934, p. 37.

137. Romain Bertrand, « Peter Floris, Erpenius, and Textual Transmission in and out of the Malay World at the Turn of the 17th Century », *Quaderni Storici*, 2013, 142-1, p. 1-26.

138. Le mot *sembah* désigne une prosternation rituelle : il s'emploie également pour qualifier un acte d'adoration de type religieux (Raja Iskandar bin Raja Halid,

d'injonctions à s'acquitter de « cadeaux », les nouveaux venus sont donc requis d'accepter sans réserve l'autorité et la juridiction du sultan. Il est ici question de véritables rituels d'allégeance, et non de simples gestes de convivialité ou de courtoisie.

Si, au risque de faire capoter toute transaction, Jean Parmentier diffère de jour en jour la cérémonie de remise au sultan du présent que celui-ci exige, c'est qu'il souhaite paraître sous son meilleur jour, et doit pour cela se faire confectionner « des habits triomphants ». S'agit-il d'une astuce commerciale visant à promouvoir les textiles français dès le début des échanges ? Ou bien d'une ruse politique permettant à un marchand de prétendre à de plus grands égards en se déguisant en gentilhomme ? Une scène étonnamment similaire prend place lors de la rencontre en 1596 à Banten, au nord de Java, entre le capitaine hollandais Cornelis de Houtman – ancien commis d'une maison de négoce – et le jeune sultan Abdul Kadir. Cherchant à éblouir les aristocrates javanais, et surtout à se hisser au niveau protocolaire d'un émissaire officiel des Provinces-Unies alors même qu'il n'agit que pour le compte de financiers privés, Houtman s'accoutre d'une cape de velours et d'une collerette, puis se rend à terre flanqué d'un porteur d'ombrelle et précédé d'un trompettiste et de huit aspirants en livrée de satin[139]. De manière aussi naïve que vaine, les marchands européens croient pouvoir duper avec quelques parures de fortune des élites insulindiennes qui ne jurent que par les produits luxueux de l'Inde et de la Chine. Mais que peut le velours face à la soie ?

Le fait que Jean Parmentier rentre dans le rang et accepte de jouer le jeu du cérémonial local permet de désamorcer les tensions politiques. Mais la concurrence des intérêts ne s'en trouve pas éteinte pour autant. De fait, sitôt que le *Shahbandar* aborde la question du montant des

---

The Malay Nobat. A History of Power, Acculturation and Sovereignty, Lanham, Rowman & Littlefield, 2022, p. 68).

139. Willem LODEWIJCKSZ., *Premier livre de l'histoire de la Navigation aux Indes Orientales, par les Hollandois, et des choses à eux advenues*..., Amsterdam, Cornille Nicolas, 1598, f° 21r. Sur une gravure figurant le face-à-face entre Houtman et le régent de Banten, on trouve une représentation du capitaine hollandais portant des chausses hautes, un pantalon bouffant, une collerette, un corset boutonné, une cape de velours et une rapière à la ceinture (Isaac COMMELIN, *Begin ende voortgang, van de Vereenighde Nederlantsche Geoctroyeerde Oost-Indische Compagnie*..., Amsterdam, Jan Jansz., 1646, I.37, p. 112). Or, le port de la rapière – épée de prestige réservée aux duels entre gentilshommes – est alors, en Hollande comme partout ailleurs en Europe, strictement interdit aux roturiers.

droits de douane que les Dieppois doivent régler pour pouvoir écouler leurs marchandises en ville, les esprits s'échauffent :

> Le présent fut honorablement porté et honorablement reçu selon la coutume du pays, avec bonne paix, alliance et amour par foi promise entre France et Ticou, promettant tous être amis de leurs amis et ennemis de leurs ennemis, et eux à nous par réciproque, tant [et si bien] qu'ils disaient tous « Ticou France, France Ticou ».
> Après ces choses, les capitaines louèrent une maison pour mettre les marchandises, et notre capitaine Jean Parmentier demeura huit jours à terre pour faire fortifier la maison et aussi pour connaître des poids et mesures et appointer des coutumes [régler la question du montant des taxes] avec le *Shahbandar*, où il se trouva fort empêché [très embarrassé], et à grande difficulté accordèrent-ils ensemble[140].

Qu'importe son pays d'origine : nul capitaine ne s'acquitte de bon cœur de droits portuaires. Les marins malais de la région d'Indrapura, au sud de Tiku, en parlent même narquoisement comme de « méduses collées au gouvernail[141] ». Pour autant, rares sont les marchands qui, sitôt arrivés dans un sultanat, osent en contester ouvertement la politique fiscale, ainsi que s'y risque Jean Parmentier.

Ce n'est pas tout. Bien que l'agrément du *Shahbandar* et la location d'un entrepôt en ville leur permettent de prendre pied sur le marché local, les Dieppois sont loin d'en maîtriser les arcanes. En deux

140. AMD, FAL, ms. 197 (P. CRIGNON, « Voyage aux Indes orientalles 1529 »), f° 47. Selon le « Discours d'un grand capitaine de Dieppe », texte anonyme publié en 1539, le taux de ces droits, « levés sur chaque article que l'on vend », est de 3 % (G. B. RAMUSIO, *Navigationi e Viaggi*..., *op. cit.*, vol. 3, f° 432r). Ce pourcentage est congruent avec ceux en vigueur dans les années 1610 dans plusieurs sultanats de la région. Cf. Jan Karel DE JONGE (éd.), *De Opkomst van het Nederlandsch gezag in Oost-Indië*..., 's Gravenhage, M. Nijhoff, 1865, vol. 3, p. 344 (lettre de J. L'Hermite aux Heren XVII de la VOC, 10 novembre 1610, Banten, côte septentrionale de Java : taux de 5 %), et W. H. MORELAND (éd.), *Peter Floris. His Voyage to the East Indies in the Globe*..., *op. cit.*, p. 23-24 (Patani, sud-est de la Thaïlande, 1612 : taux de 3 % après négociation).

141. L'expression se trouve dans les *Undang-undang Mukomuko* (« Lois de Mukomuko »), couchées par écrit en 1822 (Jeyamalar KATHIRITAMBY-WELLS, « Myth and Reality : Minangkabau Institutional Traditions in the Rantau », dans Lyun L. THOMAS et Franz von BENDA-BECKMANN, dir., *Change and Continuity in Minangkabau. Local, Regional and Historical Perspectives on West Sumatra*, Athens, Ohio University Press, 1985, n. 17, p. 134 : « *ubur-ubur gantang kamudi* »).

semaines, et « non sans fort barguigner [marchander] », ils parviennent tout juste à amasser une livre d'or et à vendre « un peu de miroirs, de coins de fer [et] sept ou huit aunes de [tissu] rouge » : une misère. Or, plutôt que d'imputer leur échec commercial à leur position de tard-venus, à leur mécompréhension des règles de négociation localement pertinentes ou à la qualité médiocre de leurs produits au regard des standards asiatiques, ils préfèrent le mettre sur le compte de la rouerie des Insulaires :

> [Ceux de Ticou] ne sont point forts mais fins et astucieux, grands flatteurs, menteurs et marauds, [et] toujours demandent. Si nous avions voulu obtempérer à leur requête, nous n'aurions point eu [assez de] marchandise pour y fournir. Ils sont fort barguigneux, plus qu'Écossais ou houivets [personnes rusées], car après marché fait, ils veulent rabattre du prix ou ils se dédisent, et n'est si sage qui aucune fois n'en fut courroucé contre eux, mais nous le portions [nous l'endurions] plus patiemment à cause que voyions que c'était la coutume du pays, car le roi et les plus grands sont tous faits à ce moule.
>
> Et outre plus nous fûmes avertis par aucuns marchands de Priane [Pariaman, une ville voisine] qu'ils leur avaient défendu d'acheter de nos marchandises sur peine d'avoir le chef tranché, et d'autres marchands horsains [étrangers] disaient qu'ils n'oseraient acheter si le *Shahbandar* n'en faisait premier le prix, lequel voulait que donnassions la marchandise à vil prix, parquoi nos capitaines l'eurent en haine[142].

Que le sultan de Tiku prenne part au négoce des épices et en influence les prix avec un droit d'achat prioritaire, voilà ce qui, après avoir déconcerté les Dieppois, achève de les convaincre que les pouvoirs locaux œuvrent en sous-main à leur ruine. Dictée par une trop grande incertitude concernant les mécanismes politiques de l'échange marchand, cette interprétation confine à la paranoïa, ou plutôt au délire de persécution :

142. AMD, FAL, ms. 197 (P. Crignon, « Voyage aux Indes orientalles 1529 »), f° 55. Concernant la signification péjorative du terme « houivet », propre à la Normandie, cf. F. Godefroy, *Dictionnaire de l'ancienne langue française*..., *op. cit.*, vol. 4, p. 508-509. Ses origines sont obscures : il pourrait dériver de « houvet », qui désigne un crabe qui « se houle », c'est-à-dire se réfugie dans son trou, et est employé jusqu'au XIXe siècle dans la région rouennaise pour moquer les avocats (Édouard Le Héricher, « Ethnologie et familiation des noms propres », *Mémoires de la société des antiquaires de Normandie*, 1867, 26, p. 625).

rien dans l'attitude des hauts dignitaires de Tiku ne la corrobore[143]. À l'inverse, la défiance des Insulaires à l'égard des Européens se soutient de faits précis, à commencer par l'attitude de Jean Parmentier, qui rechigne à offrir au roi le présent valant acceptation des règles du jeu locales, mégote sur les droits de douane, se plaint de tout et de rien, alors même qu'il a obtenu le droit de tenir boutique comme n'importe quel marchand étranger. Les Dieppois se comportent avec une grossièreté qui détonne dans un univers de transactions réglées par une étiquette proscrivant toute manifestation excessive de sentiments. Dans les termes d'un proverbe malais, ils agissent « comme une hache qui négocie un mariage[144] ». Puis le sultan de Tiku ne peut qu'avoir présent à l'esprit le déroulé des interactions entre son homologue de Pasai et les Portugais[145].

Cité-État de la côte orientale de Sumatra tirant sa richesse de la revente du poivre cultivé dans son hinterland, Pasai est l'un des plus anciens sultanats du monde malais. Dès la fin du XIIIe siècle, la ville s'affirme comme l'une des principales places du commerce insulindien[146]. Mais ce qui fait sa fortune fait aussi son malheur : les grands marchands locaux

143. Le fait qu'un souverain intervienne en nom propre sur le marché des biens d'exportation – soit en affrétant ses propres nefs, soit en choisissant un marchand local ou étranger pour agent – est une constante dans le monde malais à l'époque moderne (Barbara WATSON ANDAYA, « The Indian *Saudagar Raja* [King's Merchant] in Traditional Malay Courts », *Journal of the Malaysian Branch of the Royal Asiatic Society*, 1978, 51-1, p. 12-35). Mais la chose est également commune en Europe, où la limite entre la fortune du monarque et le trésor public reste floue, et où le favoritisme commercial constitue une modalité ordinaire de gouvernement.

144. William E. MAXWELL, « Malay Proverbs », *Journal of the Straits Branch of the Royal Asiatic Society*, 1879, 3, n° 219, p. 24 (« *bagi kapak masok meminang* »).

145. D'après la chronique de royauté locale, le *Hikayat Raja-Raja Pasai*, qui date du XVe siècle, Pasai a noué des liens diplomatiques avec les ports de la côte occidentale de Sumatra. Le *raja* de Barus reconnaît le statut supérieur de son homologue de Pasai, à qui il adresse un *sembah* déférent, mais qui ne lui répond que par un *salam* – un simple bonjour (Anthony HILL, éd., « *Hikayat Raja-Raja Pasai*. A Revised Romanised Version with an English Translation and Notes [Raffles Ms 67] », *Journal of the Malayan Branch of the Royal Asiatic Society*, 1961, 33-2, p. 55).

146. La conversion du *raja* de Pasai à l'islam aurait eu lieu en 1267 à la suite d'un rêve, puis de sa rencontre avec un *fakir* (soufi) indien. Pasai entretient alors de puissants liens commerciaux et politiques avec l'empire javanais indo-bouddhique de Majapahit (Kenneth HALL, « Upstream and Downstream Unification in Southeast Asia's First Islamic Polity. The Changing Sense of Community in the Fifteenth Century *Hikayat Raja-Raja Pasai* », *Journal of the Economic and Social History of the Orient*, 2001, 44-2, p. 198-229).

et étrangers, notamment les Keling (Indiens), s'y sentent à ce point en position de pouvoir qu'ils en viennent à se mêler de haute politique et à prendre ouvertement parti dans les luttes internes à l'aristocratie. Une première crise éclate dans les années 1460, qui se solde par l'envoi de tous les négociants félons en exil à Malacca, sur l'autre rive du détroit éponyme. Faute d'héritier en âge de lui succéder, la mort du sultan Zainal ʿAbidin Malik al-Zahir IV précipite en 1494 le royaume dans la guerre civile. Après une longue période de troubles, l'un des clans en lice l'emporte grâce au soutien militaire du royaume voisin d'Aru : le fils de Zainal ʿAbidin doit fuir la cité en 1511 et trouve refuge à Java. Mais la paix ne revient pas pour autant : les assassinats de nouveaux prétendants au trône se succèdent à un rythme effréné, amenant les observateurs portugais à penser que le régicide est une tradition locale à Pasai.

Dans tous ces événements, les marchands jouent un rôle clé, en armant des milices pour épauler le prince ou l'aventurier sur lequel ils misent. Cherchant à reprendre la main, les nobles (*menteri*[147]) font venir leur propre candidat – un membre de la famille régnante du petit royaume de Pidada. Dans l'espoir de créer l'illusion d'une continuité dynastique, ce dernier prend le titre de sultan Zainal ʿAbidin. Mais, au grand dam des *menteri*, il refuse très vite d'être leur marionnette et se rapproche des marchands étrangers. Les Portugais en profitent et, en échange de leur appui, obtiennent en 1512 de formidables privilèges commerciaux – dont le monopole de la production de soie grège, jusque lors détenu par les Gujaratis. En 1513, les hostilités reprennent de plus belle : barricadé au sein du palais, le nouveau sultan doit repousser les assauts de la noblesse, qui a décidé d'en finir avec celui qui l'a trahie.

Ayant désormais contre lui tout ce que Pasai compte de professionnels de la guerre, Zainal ʿAbidin n'a plus qu'une seule et unique planche de salut : les Portugais. En 1514, il profite de la visite du capitaine de Malacca, Jorge de Albuquerque, pour implorer son aide militaire. Les troupes portugaises se rendent maîtresses de la ville en quelques jours. Vient l'heure des comptes : le successeur d'Albuquerque, Jorge de Brito, se paye sur la bête, dépouillant de leurs trésors le souverain et les *menteri*[148]. En 1516, ces derniers, qui ne souffrent plus les déprédations et les

147. Le terme *menteri* désigne usuellement les ministres du royaume, mais il est pris ici dans un sens générique englobant l'ensemble de la noblesse de cour.

148. Dans une lettre adressée en 1516-1517 à Albuquerque, dont il ignore la mort, Zainal ʿAbidin se plaint amèrement des violences et des rapineries commises par deux aventuriers portugais, Manuel Falcão et Gaspar Machado, qui ont non seulement

humiliations, passent à la contre-attaque : forts d'une armée de 4 000 à 5 000 hommes, ils incendient les quartiers des étrangers où les Portugais ont établi leur garnison, mais échouent au tout dernier moment à s'emparer du palais par suite de la désertion d'une partie de leurs officiers. La victoire de Zainal ʿAbidin est cependant de courte durée, puisqu'il est assassiné avant la fin de l'année – ce qui mène à l'accession au trône d'un nouveau prétendant étranger, natif du golfe Persique[149].

Tragique histoire en vérité, dont les dignitaires de Tiku ne peuvent tirer qu'une leçon : quels que soient les promesses suaves des Européens ou les bénéfices à court terme d'une alliance avec eux, leur entrée en scène prélude à la destruction des royaumes.

Le comportement vétilleux du *Shahbandar* de Tiku, qui s'assure que les Dieppois respectent point par point le protocole royal, ne procède toutefois pas que du précédent fâcheux de la ruine de Pasai. Dans les chroniques et les traités de royauté malais des XVIe-XIXe siècles, le personnage du marchand incarne souvent les valeurs repoussoirs de la société aristocratique. Veule, retors, prompt à céder à ses pulsions, l'homme de négoce forme l'antithèse du noble impassible et ascétique[150]. La *Sejarah Melayu* (« Chronique de Malacca »), composée à Johore (péninsule Malaise) en 1612, narre même, en manière

---

rançonné les notables de la ville et enlevé des dizaines d'esclaves, mais aussi pillé dans la rade, en faisant plusieurs victimes, des *ṭarrād* (navires légers et rapides) venant de la côte ouest de Sumatra (Barus et Pariaman) et du sous-continent indien (Malabar, Coromandel, Gujarat et Bengale). Zainal ʿAbidin se dit certain que le roi de Portugal ne sait rien de ces exactions, mais qu'en tout état de cause « il ne souhaite pas que l'on porte atteinte à son port, car notre port est votre port et vous vous devez de le protéger » (ANTT, Colecção de cartas, Núcleo Antigo 891, mç. 1, n° 59, traduit et explicité dans Andrew C. S. PEACOCK, « Three Arabic Letters from North Sumatra of the Sixteenth and Seventeenth Centuries », *Indonesia and the Malay World*, 2016, 44-129, p. 190-192 et 202-204).

149. La reconstitution de tous ces événements se trouve dans Jorge DOS SANTOS ALVES, « Princes contre marchands au crépuscule de Pasai (c. 1494-1521) », *Archipel*, 1994, 47, p. 125-146. Dans le sultanat de Banten (Java), les mêmes tensions entre classe noble et classe marchande mènent à la fin du XVIe siècle à de violents affrontements (Claude GUILLOT, « Libre entreprise contre économie dirigée. Guerres civiles à Banten, 1580-1609 », *Archipel*, 1992, 43, p. 57-72). Le heurt des intérêts se redouble d'une guerre idéologique au cours de laquelle se forgent des images dépréciatives des rivaux sociaux. Pour les aristocrates, les marchands sont des rustres qui ne vivent que pour jouir des plaisirs futiles de ce monde ; pour les marchands, les aristocrates sont des maniérés paresseux.

150. R. BERTRAND, *L'Histoire à parts égales*..., *op. cit.*, p. 118-132.

d'avertissement, l'histoire de la déchéance du plus haut dignitaire du sultanat, le Bendahara *Tun* Mutahir. Ce dernier se laisse griser par l'argent et mène grand train : s'étant fait construire un manoir aux allures de palais, il y invite des enfants pour qu'ils « s'amusent avec ses coffres de pièces d'or ». L'opulence le conduit tout droit à l'arrogance, péché irrémissible entre tous pour un fonctionnaire tenu au respect du petit peuple. Mais, comme il se doit, son avidité cause sa perte. Ayant à juger d'un litige entre le *Shahbandar* et le plus riche marchand de la cité, il se laisse corrompre par ce dernier au moyen d'un *bahar* d'or. Mis au courant, le sultan le fait exécuter sur-le-champ[151].

Bref : si les marchands sont un mal nécessaire, il ne faut jamais leur lâcher la bride ni se laisser gagner par la concupiscence qui leur tient lieu de morale. D'où le conseil que donne à ses descendants, sur son lit de mort, Malek al-Saleh, le premier souverain de Pasai converti à l'islam : « Ne courez jamais après les richesses de ce monde, qui est la demeure des orgueilleux[152]. » Dans la culture feutrée des aristocraties malaises, mélange de ritualisme palatial et de mystique musulmane, tout milite contre le culte du commerce.

*
* *

Le fait de disposer d'un pied-à-terre permet aux Dieppois d'explorer la ville. Celle-ci, selon Crignon, présente peu d'attraits. Limitée à quelques rues et composée de maisons aux parois de rotin tressé et aux toits de palmes, elle ressemble plus à un bourg du pays de Caux qu'à une capitale royale :

> La ville de Ticou n'est pas grande, et il y a deux ou trois rues. Elle est close aux deux bouts de gros pieux fichés en terre et là sont les portes, et pour la clôture il y a des boises [des poutres] traversantes passées à travers deux gros pieux par les mortaises qui y sont.
>
> Les maisons ne sont pas de gros bois et sont toutes d'une façon, mais il y en a de plus grandes les unes que les autres. Le lieu où ils se tiennent est élevé de terre environ quatre pieds, et est tout sollé [recouvert au sol]

151. Chea Boon Kheng (éd.), *Sejarah Melayu. The Malay Annals (Ms. Raffles n° 18)*, Kuala Lumpur, Malaysian Branch of the Royal Asiatic Society, 1998, XXII, p. 259-262.

152. A. Hill (éd.), « *Hikayat Raja-Raja Pasai...* », art. cit., p. 66 (« *jangan tamu banyak tama' akan harta dunia, karna dunia ini tempat segala yang maghrur* »).

de petit sollage [plancher] à demi rond de trois doigts de large et lié de petites harcèles [liens d'osier], et là-dessus aux bonnes maisons ils mettent des nattes de jonc dessus, et ont une autre boise élevée environ de deux pieds de terre au long de la maison sur quoi ils marchent et s'assoient à l'entrée de la maison, et il y a une coque pendue pleine d'eau [avec laquelle] ils lavent leurs pieds avant que de marcher sur lesdites nattes. La maison est tout ouverte proche [par-devant], et la clôture est faite de roseaux fendus en trois ou en quatre, et il y a environ un doigt d'espace entre deux roseaux, et sont tenus de harcèles, et de jour cela est roulé et tient par un croc en haut, de nuit on le décroche et [cela] s'abat jusque sur le plancher. Il n'y a d'autre étage en la maison que celui-là. La clôture de la maison est de roseaux ou de feuilles de palmes, de quoi la maison est couverte comme une bourse, et sur chaque carré [c'est] ouvrage fait à l'aiguille[153].

Quelques ustensiles rudimentaires, une simple natte de rotin déroulante en guise de porte : l'habitat modeste des gens de Tiku déçoit les attentes de Crignon. Il est pourtant difficilement imaginable qu'une cité-État disposant d'une structure de pouvoir aussi sophistiquée que celle décrite auparavant par les Dieppois se limite à quelques cabanes sur pilotis. Ce que Crignon arpente et détaille n'est en réalité que le quartier du port, où résident les étrangers et les marins les plus pauvres. Le véritable centre névralgique de la ville, le quartier du palais, se situe beaucoup plus avant à l'intérieur des terres : c'est là que l'on trouve, distribués autour de la grand-place (*padang*), la mosquée, les bâtiments officiels et les manoirs des hauts dignitaires et des seigneurs[154]. Crignon, en somme, a pris le Pollet pour Dieppe[155].

153. AMD, FAL, ms. 197 (P. Crignon, « Voyage aux Indes orientalles 1529 »), f°s 53-54, et G. B. Ramusio, *Navigationi e Viaggi…*, *op. cit.*, vol. 3, f° 434r (croquis de maison sur pilotis au centre de la carte de Sumatra illustrant le « Discours d'un grand capitaine de Dieppe », 1539). Pour une description de maisons aux parois de *palupo* (bambou coupé en deux) et toit d'*atap* (feuilles de palmier *nipah*), cf. W. Marsden, *The History of Sumatra…*, *op. cit.*, p. 56-57.

154. Au XVIe siècle, cette structure urbaine bipartite caractérise notamment Malacca et Aceh, capitale du sultanat éponyme situé au nord de Sumatra (Claude Guillot, « Urban Patterns and Polities in Malay Trading Cities, Fifteenth through Seventeenth Centuries », *Indonesia*, 2005, 80, p. 39-45). Dans les *hikayat* et les chroniques de royauté, le palais (*istana*) est souvent représenté entouré d'une palissade (*kota wang*). Même si certains marchands étrangers de haut rang peuvent obtenir le droit de résider dans la ville haute, le marché (*pasar*) est toujours situé en dehors de l'enceinte royale (Daniel Perret, « La cité royale dans la littérature traditionnelle malaise : représentation et contribution à l'histoire des cités anciennes du monde malais », *Aséanie*, 1999, 3, p. 82-83).

155. Séjournant à la fin 1620 à Tiku, le Normand Augustin de Beaulieu opère une distinction entre « le village », situé sur la côte et constitué de « quelques maisons

Au gré de leurs déambulations, les Dieppois croisent des personnages que leurs atours désignent comme les plus éminents parmi les habitants de la cité : « Ils ont de gros bracelets d'or aux bras, les manches de leurs cris [*kriss*, des poignards à lame ondulée] sont ouvrés d'or, et d'aucuns ont la tête toquée de toile [ceinte d'un turban]. » Ce sont les *orang kaya* (« hommes riches »), c'est-à-dire les notables du sultanat.

Au XVIe siècle, les *orang kaya* ne sont plus de simples commerçants locaux, mais des acteurs politiques à part entière. Propriétaires des grandes nefs de négoce et s'étant constitué de vastes réseaux de dépendants et d'esclaves, ils jouent un rôle critique dans la défense des royaumes – aussi participent-ils à la vie de cour au côté des chefs militaires, les *hulubalang*. Au fil du temps, certains en viennent à intégrer le service des souverains d'Aceh, de Johore et de Patani au titre de *bendahara* (trésorier), de *tumenggung* (chef de la police) ou de *laksamana* (amiral)[156]. À l'instar des « bourgeois gentilshommes » normands qui, tel Jean Ango, traquent d'un même élan les affaires et les offices, les *orang kaya* forment une classe sociale ascendante, de plus en plus assurée de son pouvoir et soucieuse de son prestige – ce dont témoigne à Tiku leur port ostentatoire de « gros bracelets d'or » et de turbans, à la mode des pieux musulmans ayant accompli le *ḥājj* (le pèlerinage à La Mecque).

---

et une forme de halles », et « la ville », « éloignée du rivage de la mer d'environ demi-lieue ». Il estime l'ensemble urbain à « 800 maisons, bien mal bâties et faites de roseaux de peu de force et avec peu de commodité ». Cela étant, il ne se rend pas dans la ville haute (Denys LOMBARD, éd., *Mémoires d'un voyage aux Indes orientales, 1619-1622. Augustin de Beaulieu, un marchand normand à Sumatra*, Paris, Maisonneuve & Larose, 1996, p. 102). Un siècle plus tard, un observateur néerlandais situe « le lieu principal, ou *negeri*, où le *raja* et ses *menteri*, ou conseillers, ont leur demeure » à 2 miles ½ en amont de l'estuaire, au sortir d'une zone de « grands bois denses, emplis de vermine et de vipères » (François VALENTIJN, *Oud en Nieuw Oost-Indiën, vervattende een naaukeurige en uitvoerige verhandelinge van Nederlands mogentheyd in die gewesten*..., Dordrecht, Joannes van Braam, 1724, vol. 5, VII.2, p. 11-12).

156. Jeyamalar KATHIRITAMBY-WELLS, « Royal Authority and the *Orang Kaya* in the Western Archipelago, circa 1500-1800 », *Journal of Southeast Asian Studies*, 1986, 17-2, p. 256-267. La transformation des *orang kaya* en groupe de statut interne au monde palatin se déduit de nombreuses mentions, dans les *hikayat* des XVIe et XVIIe siècles, de souverains siégeant ou festoyant « en présence de tous les ministres, des chefs militaires (*hulubalang*) et des *orang kaya* » (*Sri* Wulan Rujiati MULYADI, éd., *Hikayat Indraputra : A Malay Romance*, Dordrecht, Foris-KITLV, 1983, p. 50, et Richard O. WINSTEDT, éd., *Hikayat Bayan Budiman*, Kuala Lumpur, Oxford University Press, 1966, p. 261).

Avides d'informations commerciales et reconnaissant probablement en eux la figure familière du marchand avisé ayant gagné l'oreille du prince, les Dieppois recherchent volontiers la compagnie des *orang kaya*. C'est par leur entremise qu'ils rencontrent « Molana », avec qui Jean Parmentier entame un surprenant dialogue théologique :

> Quand il ne venait plus nuls marchands, nous allions visiter la ville et voir les orancaies [*orang kaya*]. Étant un jour entre les autres avec notre truchement [Jean Masson], notre capitaine tint propos avec Molana, le grand prêtre de la ville, qui avait un beau-fils faisant déjà l'office de prêtre.
>
> Il lui fit demander qui était le premier homme père de tous les hommes. [Le grand prêtre] dit que c'était Adam, et sa femme Ève, et qu'ils eurent huit enfants, mais le propos pour cette heure ne dura point longuement à cause d'autres *orang kaya* qui étaient présents, et fut dit qu'ils en parleraient plus à plein une autre fois, parquoi en un matin notre capitaine se délibéra de l'aller voir et mena seulement avec lui Nicolas Bout, le truchement et moi. Mais quand [le grand prêtre] vint à parler, il protesta que notre capitaine ne se courroucerait de choses qu'il lui dirait, et aussi ne ferait-il.
>
> Le capitaine lui fit demander s'il avait connaissance [de la façon dont] Adam transgressa le commandement de Dieu, [et pour cette] transgression fut banni du paradis de délices et fut sujet à mort, et après mort aller en enfer lui et tous les humains. Il dit que oui, et nous conta comment le diable ou serpent présenta le fruit à la femme, qui en donna à Adam, et comment [celui-ci] s'enfuit et se mussa [se cacha], lequel Adam mentit à Dieu et dit qu'il n'en avait point mangé.
>
> Le capitaine lui demanda s'il savait bien que [Dieu] lui ferait miséricorde, il dit que oui. Il demanda plus outre s'il avait connaissance [de la manière dont] Dieu envoya son Verbe divin se faire chair en terre et s'incarner dans une vierge par l'opération du Saint-Esprit, et comment le Verbe qui est le fils est engendré du Père ainsi que la parole est engendrée au cœur et en la pensée de l'homme, et que le Saint-Esprit procède du Père et du Fils qui est l'amour des deux.
>
> Notre truchement dit qu'il ne saurait lui dire cela. Il lui demanda s'il avait ouï parler de Jésus et de la Vierge Marie, il dit que oui, et pour ce que le truchement ne pouvait bien parler de ces choses, le propos fut changé[157].

157. AMD, FAL, ms. 197 (P. Crignon, « Voyage aux Indes orientalles 1529 »), f° 52.

Comme souvent, les Dieppois confondent les titres et les patronymes. Le « grand prêtre » de Tiku est un *mawlānā*, un maître de religion respecté, et il officie comme le garant du respect de la loi coranique (*s̲h̲arīʿa*) au sein du sultanat. Il s'agit de toute évidence d'un prédicateur rompu à la discussion avec les infidèles, puisque, non content d'accepter le principe du débat contradictoire sur des points de doctrine controversés, il le sanctuarise en posant comme règle qu'aucun des deux interlocuteurs ne doit s'offusquer des propos de l'autre. Jean Parmentier, pour sa part, ne fait pas montre d'une pareille courtoisie, qui se campe d'emblée devant le *mawlānā* comme un curé face à un premier communiant, le soumettant à une litanie de questions d'une déconcertante simplicité.

On mesure, devant cette scène, l'inculture abyssale des Dieppois en matière de clergé et de croyances islamiques. Comment un *ʿālim* de haut rang pourrait-il ignorer l'histoire d'Ādam, du diable (*s̲h̲ayṭān*) et de l'arbre aux fruits défendus du « jardin d'Éternité » (*d̲j̲annat al-K̲h̲uld*) alors que celle-ci figure dans le Coran et que de nombreux *ḥadīt̲h̲* (dits du Prophète) y font référence[158] ? Comment imaginer qu'un *mawlānā* n'ait jamais « ouï parler de Jésus et de la Vierge Marie » alors que le premier est considéré tel un prophète (*nabi* ʿĪsā) en monde musulman et que la seconde (Maryam) y fait l'objet d'une dévotion à part entière[159] ? Autant demander à l'archevêque de Rouen s'il connaît le *Notre Père*…

S'ils avaient pu pousser plus avant leurs échanges, Jean Parmentier et le *mawlānā* auraient bien sûr eu du mal à s'entendre sur le rôle et la nature des personnages saints. Si certaines traditions islamiques reconnaissent que « le fils de Marie et sa mère ont été épargnés par la piqûre de Satan », pavant la voie à une conception très normande de l'Immaculée Conception, elles ne pèsent pas lourd face à l'affirmation coranique selon laquelle Jésus et Marie ne sont que les instruments humains

158. Johannes PEDERSEN, « Ādam », *Encyclopaedia of Islam*, *op. cit.*, vol. 1, p. 178.

159. Pour un exemple de dévotion mariale en monde musulman (Égypte et Syrie) au XIIe siècle, cf. John TOLAN, « *Veneratio Sarracenorum* : dévotion commune entre musulmans et chrétiens selon Burchard de Strasbourg, ambassadeur de Frédéric Barberousse auprès de Saladin (v. 1175) », dans Nicolas PROUTEAU et Philippe SÉNAC (dir.), *Chrétiens et musulmans en Méditerranée médiévale (VIIIe-XIIIe siècle). Échanges et contacts*, Poitiers, Centre d'études supérieures de civilisation médiévale, 2003, p. 185-195.

d'Allāh, et non des êtres par essence supérieurs au Prophète[160]. Certes, l'un des plus anciens textes malais connus, le *Hikayat Muḥammad Hanafiyyah* (« Épopée de Muḥammad Hanafiyyah »), qui date du XIVe siècle et narre le combat d'un demi-frère des martyrs Hassān et Ḥusayn contre le souverain omeyyade Yazīd Ier, range Maryam – au côté d'Ève (Hawā), de Sarah, de Khadīja et de Fāṭima[161] – parmi les « puissantes prophétesses » qui, descendues des cieux, encouragent les insurgés sur le champ de bataille[162]. Mais il s'agit d'une œuvre ouvertement shiite, donc très peu représentative du corpus des textes religieux malais de l'époque.

Et quand certains mystiques, tel Ibn al-ʿArabī, font de Jésus « le sceau des Saints » (*khatm al-Awliyā*), ce n'est jamais sans rappeler que sa prophétie a été supplantée par celle de Muḥammad, qui est, lui, « le sceau des Prophètes » (*khatm al-Anbiyā*)[163]. Le point est crucial et, en Insulinde comme dans le reste du monde musulman, il est souvent asséné aux Européens. En janvier 1601, le Hollandais Frederick de Houtman, retenu prisonnier par le sultan d'Aceh, au nord de Sumatra, convainc les *ʿulamā* du lieu d'engager avec lui une joute théologique pour, s'ils le peuvent, lui prouver la supériorité de leur religion sur la sienne. Cherchant crânement à prendre les *ʿulamā* à leur propre jeu, Houtman affirme reconnaître Muḥammad comme prophète, mais ne pas lui accorder le même crédit qu'à Jésus, qui l'a précédé. Ce à quoi les *ʿulamā* répliquent placidement que, « bien qu'il soit le dernier à être venu en un sens matériel, Muḥammad est le premier en proximité avec Dieu[164] ».

160. Roger ARNALDEZ, *Jésus, fils de Marie, prophète de l'Islam*, Paris, Desclée, 1980, p. 44-45 et 50.

161. Khadīja bint Khuwaylid est la première épouse de Muḥammad, et Fāṭima la fille née de leur union. Première épouse d'Abraham et mère d'Isaac, Sāra est considérée dans de nombreux *ḥadīth* comme un modèle de piété.

162. Lode F. BRAKEL (éd.), *The Hikayat Muḥammad Hanafiyyah, A Medieval Muslim-Malay Romance*, La Haye, M. Nijhoff, 1975, I.26, p. 12 (« *paighambar perempuan yang besar-besar* »). Cet *hikayat* n'est pas une pure traduction, mais une adaptation originale d'œuvres persanes du XIIIe siècle (Majid DANESHGAR, « New Evidence on the Origin of the *Hikayat Muḥammad Hanafiyyah* », *Archipel*, 2018, 96, p. 69-102). Il a beaucoup circulé en monde malais, mais moins au titre de traité religieux qu'à celui de roman de chevalerie. À Malacca, en 1511, à la veille de la bataille contre les Portugais, les nobles malais demandent au sultan qu'il soit lu « pour en tirer édification », c'est-à-dire pour servir d'incitation à un comportement valeureux (C. BOON KHENG, éd., *Sejarah Melayu…*, *op. cit.*, XX, p. 248, et XXIII, p. 267-268).

163. R. ARNALDEZ, *Jésus, fils de Marie, prophète de l'Islam*, *op. cit.*, p. 214-215.

164. F. DE HOUTMAN, *Cort Verhael…*, *op. cit.*, p. 97.

Par ailleurs, le seul véritable miracle attribué par le Coran à Jésus – le don de vie à des oiseaux de glaise[165] – prend place alors qu'il n'est qu'un écolier et témoigne, non d'un pouvoir lié à sa part personnelle de divinité[166], mais de la faveur qu'Allāh lui accorde en vue de la réalisation de ses desseins. Le souci permanent des commentateurs est, tout en reconnaissant la vertu sans pareille de Marie et de Jésus, de ne jamais les égaler à Muḥammad, qui reste « la plus parfaite des créatures » (*khayr al-anām*)[167]. Le culte marial ne peut, dans le monde musulman, atteindre les dimensions qu'il a prises dans le catholicisme normand : l'idée même de « Mère de Dieu » est anathème pour tout *'ālim*. Il faut ici saluer l'incompétence linguistique de Jean Masson, laquelle permet que le débat s'arrête avant qu'apparaissent les divergences doctrinales les plus épineuses.

Les réponses aussi précises que charitables données par le *mawlānā* aux questions de plus en plus emberlificotées de Parmentier dévoilent l'asymétrie radicale entre les deux hommes. Tandis que le capitaine dieppois ne sait rien de l'islam, l'érudit sumatranais connaît suffisamment la version musulmane des dogmes chrétiens pour comprendre, en dépit du charabia de Jean Masson, ce dont on l'entretient[168]. La civilisation et la curiosité ne débarquent pas à Tiku avec les Dieppois : elles les y attendent de pied ferme.

165. R. Arnaldez, *Jésus, fils de Marie, prophète de l'Islam*, *op. cit.*, p. 121-122.

166. Considérée comme attentatoire au dogme de l'unicité de la puissance divine, la thèse chrétienne de la « double nature » du Christ est combattue par de nombreux théologiens musulmans dès le IXe siècle (David Thomas, éd., *Early Muslim Polemic against Christianity : Abū 'Īsá al-Warrāq's Against the Incarnation*, Cambridge, Cambridge University Press, 2002). La réfutation qui fait autorité dans le monde sunnite à compter du XIVe siècle est celle d'Ibn Taymiyya, contenue dans son *Bayān al-jawāb al-ṣaḥīḥ li-man baddala dīn al-Masīḥ* (« La réponse correcte à ceux qui ont changé la religion du Messie », c. 1321). Cf. Jon Hoover, « Ibn Taymiyya », dans David Thomas et Alex Mallett (dir.), *Christian-Muslim Relations. A Bibliographical History*, Leyde, Brill, 2012, vol. 4, p. 837-838.

167. Claude Addas, *La Maison muhammadienne. Aperçus de la dévotion au Prophète en mystique musulmane*, Paris, Gallimard, 2015, p. 19-27.

168. S'il fallait une preuve plus circonstanciée encore de la diffusion à Sumatra de versions islamiques de la vulgate chrétienne, un manuscrit collecté en 1604 à Aceh par Peter Floris nous la fournirait. Il s'agit de l'*Hikayat Yusuf* (« Épopée de Joseph »), dans laquelle ce dernier se voit conférer, comme dans le Coran, la qualité de prophète (Edwin P. Wieringa, « The Story of Yusuf and Indonesia's Islamisation : A Work of Literature Plus », dans A. C. S. Peacock, éd., *Islamisation. Comparative Perspectives from History*, Édimbourg, Edinburgh University Press, 2017, p. 444-471).

*
* *

En dépit des apparences, le marché n'est pas un espace autonome, où les intérêts s'ajustent par le seul jeu de l'offre et de la demande. Il est texturé par des exigences sociales et politiques irréductibles aux profits et aux pertes financières : le maintien de l'ordre public, la préservation de la confiance des acteurs dans la solidité et l'impartialité du système, la sauvegarde du crédit des uns et de la réputation des autres. Qu'un seul de ces impératifs en vienne à être bafoué, et c'est tout le mécanisme de l'échange qui se grippe. Les impairs et les emportements des Dieppois attisent la suspicion des Insulaires, laquelle accroît en retour chez Jean Parmentier le sentiment d'être traité avec iniquité. Une atmosphère de défiance généralisée s'installe :

> Nos capitaines délibérèrent d'eux retirer et nos marchandises au plus tôt, parquoi maître Raoul Parmentier qui était demeuré à terre fut prendre congé du roi et des *orang kaya* (ce sont les grands seigneurs du pays de Ticou), mais quand ce vint au partir [quand vint l'heure du départ], le *Shahbandar* ne nous voulait point laisser aller qu'il n'eût un sien frère et encore un autre de Ticou qui étaient en otages au *Sacre*. Le capitaine lui promit qu'il ne partirait point de la terre que les autres ne fussent venus.
>
> Nonobstant toutes promesses, voyant que nous faisions nos apprêts pour partir, ledit *Shahbandar* assembla plus de cinq cents hommes ayant chacun une pertuisane [une lance à pointe ferrée] emmanchée de roseau ou de bois, une rondelle [un bouclier[169]] et un *kriss*. Le Portugais du *Sacre*, qui allait et venait par la ville, fut averti de ces choses et vint prier au capitaine qu'il leur bailla otage jusqu'à ce que les leurs fussent venus pour éviter à tous belliqueux débats qui sont dangereux de tous côtés, et qu'il était content de demeurer pour un, et je dis que je demeurerais volontiers pour l'autre[170].

169. L'auteur du « Discours d'un grand capitaine de Dieppe » (1539) précise que ces boucliers sont « en cuir de buffle épais d'un doigt, et d'autres en bois couvert de peaux de poisson et de serpents et d'autres bêtes » (G. B. Ramusio, *Navigationi e Viaggi…*, *op. cit.*, vol. 3, f° 432r).

170. AMD, FAL, ms. 197 (P. Crignon, « Voyage aux Indes orientalles 1529 »), f°s 48-49.

Les armes de guerre ont fait leur apparition et ne laissent plus présager d'autre issue que de « belliqueux débats », entendez un affrontement ouvert. Or, tout le problème, pour ramener le calme, est de savoir qui fera le premier pas vers l'autre en lui restituant ses otages. Le *Shahbandar* exige la libération de son frère, retenu à bord de *La Pensée*. Pour temporiser, António et Crignon s'offrent à retourner sous sa garde. Redoutant d'être privé de la compagnie et des talents de Crignon, Jean Parmentier préfère envoyer Jean « le peintre ». Mais le *Shahbandar* refuse, et ce sont pour finir Crignon et le Portugais qui repartent à terre dans une ambiance à couteaux, ou plutôt à *kriss* tirés :

> [Il y avait dans] la ville grande flotte de gens portant rondelles et dardilles dont je faisais semblant de rire, et notre hôte me regardait et riait. Et quand notre capitaine fut au bord de la rive, il envoya un autre bateau [et nos hommes] furent longtemps sur la grève à faire le colimaçon [c'est-à-dire à parader en cercle], et se mettant en ordre de bataille. Le tambour et le fifre et la trompette sonnaient et ceux de Ticou étaient grande multitude qui les regardaient de bien loin et avaient grand peur [...].
> Quand je fus retourné, [le *Shahbandar* et ses gens] me demandèrent pourquoi notre capitaine ne s'en allait. Je leur fis dire que c'était pour ce qu'il avait juré ne partir de terre tant que leurs gens ne fussent venus. Ils demandèrent pourquoi notre capitaine était ainsi parti de la ville en ordre de bataille [et] je dis que l'on nous avait avertis qu'ils s'étaient mis en armes pour nous tuer. Ils dirent [qu'on] leur en avait dit autant de nous, et quand leurs pleiges furent venus, ils nous donnèrent congé amoureusement et nous embrassèrent, disant toujours : « Ticou France, France Ticou » et « adieu »[171].

Le bain de sang a été évité, et tout est bien qui finit bien. Enfin, presque :

> On demanda six marcs d'or au *Shahbandar* qu'il devait. Il différa à les bailler, parquoi nos capitaines, indignés contre lui pour autres choses, le lendemain après avoir reçu les six marcs déclarèrent la guerre à ceux de Ticou s'ils ne leur envoyaient le *Shahbandar* [...]. Nous partîmes de Ticou le 27e [jour de] novembre[172].

171. *Ibid.*, f°s 50-51.
172. *Ibid.*, f° 51.

Pour Crignon, la chose est entendue : ce sont les Dieppois qui, prenant sur eux, s'évertuent à réparer l'interaction mise à mal par des peurs infondées, et les Insulaires qui la rompent en refusant de payer leurs dettes de négoce. On savait les gens de Tiku « grands menteurs et marauds », on les découvre aigrefins. L'alternance, à quelques lignes d'écart, de la scène de l'embrassade et de celle de la déclaration de guerre ne laisse toutefois pas de surprendre, et fragilise la version de Crignon. Ce dernier n'omettrait-il pas un épisode ?

S'il fallait ne se fier à rien d'autre qu'à sa chronique, la question resterait à jamais sans réponse. Or, il existe une seconde version dieppoise des faits. Alors que l'historien s'apprête, faute de preuves, à prononcer un non-lieu dans l'affaire de Tiku, un autre témoin se lève, puis prend la parole d'une voix chevrotante. C'est un « ancien marinier âgé de quatre-vingts ans », nommé Jean Plastrier, qu'un copiste zélé du manuscrit de Crignon, un certain Guillaume Lefèvre, interroge à Dieppe en 1575. À l'époque des faits, Plastrier officie à bord du *Sacre* comme « pannetier », c'est-à-dire comme responsable de la resserre contenant les vivres[173]. Voici ce qu'il déclare :

> Lesdits Parmentier, voyant que la traite venait à peine [que le négoce marchait mal], se rembarquèrent eux et leurs marchandises. Alors les otages qui étaient dedans leurs vaisseaux furent fort fâchés, et à nuit venue une partie desdits otages dérobèrent leur grand bateau [la chaloupe] et allèrent à terre, qui fut grande perte, et ne le put-on jamais avoir par amitié ni par force, et le reste desdits otages fut envoyé dans leurs bateaux près terre, leur montrant par signe que s'ils ne leur rendaient le bateau, qu'ils leur couperaient la tête. Voyant qu'ils n'avaient envie de le rendre, les capitaines les firent exécuter par le maître du *Sacre*, dont la traite fut rompue pour cette cause audit lieu de Ticou[174].

Rarement témoignage aura à ce point inversé la donne d'une narration. Tandis que Crignon fait des Dieppois les victimes de l'escroquerie fomentée par le *Shahbandar* de Tiku, Plastrier les désigne comme les responsables d'une série d'assassinats. Et que donne-t-il comme

173. Ce que l'on nomme usuellement un cambusier.

174. G. Lefèvre, « Navigation de Jean Parmentier. Premier volume » (BNF, ms. NAF 7510), f° 82r-v. Au chapitre de sa méthode, Lefèvre affirme avoir « fait lecture par plusieurs fois de ladite navigation [c'est-à-dire du manuscrit de Crignon] » à Plastrier « pour voir s'il se trouverait conforme à ce qu'il en avait vu ».

mobile à ce déferlement de cruauté ? La volonté de récupérer la chaloupe d'accostage au moyen de laquelle se sont enfuis des hommes terrifiés à l'idée de ne plus jamais revoir leur pays. À partir du moment où Jean Parmentier donne l'ordre de mettre à la voile, les Insulaires retenus à bord de *La Pensée* ne sont en effet plus des otages de négoce, mais les victimes d'un enlèvement. On comprend aisément qu'ils aient souhaité fausser compagnie à des étrangers menaçant de mettre à sac leur ville natale pour une banale histoire d'impayé.

Grâce au témoignage d'un simple matelot, recueilli quarante-cinq ans après les faits, les raisons et les conditions de la rupture des relations entre les Dieppois et les dignitaires de Tiku apparaissent sous un tout autre jour que sous la plume de Crignon[175]. Aigris par leur échec commercial, Jean et Raoul Parmentier se sont vengés du vol d'un canot en ordonnant la décapitation de plusieurs Insulaires.

On peut évidemment s'efforcer de sauver l'image de héros humanistes impartie par la légende des Grandes découvertes aux « capitaines-poètes » de Jean Ango. Mais il faut alors ne pas regarder à la peine, et, s'étant armé d'un seau et d'une serpillière, laver à grandes eaux le pont de *La Pensée*, souillé du sang des innocents.

*

* *

Les Dieppois ont à peine quitté la rade de Tiku qu'une épidémie – de choléra ? de fièvre typhoïde ? – se déclare à bord des nefs :

> Et plusieurs de nos gens furent pris de fièvres chaudes et aiguës, et estimions que c'était [à cause] des mauvaises eaux que nous avions bues à terre, car de tous ceux qui se tinrent à terre, n'en réchappèrent qu'un ou deux que tout ne fut malade, fût-ce de fièvre, de chaud mal ou de

175. Un autre témoignage – malheureusement anonyme, donc de statut incertain – tend à accréditer la version de Plastrier. Il s'agit du bref passage concernant Sumatra dans le « Discours d'un grand capitaine de Dieppe », publié en 1539 par Ramusio. Il y est en effet dit que les habitants de Tiku, loin de se comporter tels des margoulins comme le soutient Crignon, « sont d'assez bonnes gens, pacifiques, mais astucieux et subtils dans leurs trafics [leurs affaires commerciales] et leurs façons de marchander, et ils tiennent leur parole en matière de négociations commerciales (*assai buone persone & pacifiche, ma astuti & sottili ne gli suoi traffichi et modi di mercadantare, & osservano la loro parola nel contrattare*) » (G. B. Ramusio, *Navigationi e Viaggi*..., *op. cit.*, vol. 3, f° 432r).

> flux [de dysenterie], et en mourut une grande partie, et pour le premier, notre chef et capitaine Jean Parmentier commença la danse et trépassa le 3e [jour de décembre], et huit jours après que la fièvre le prit. Ses obsèques furent faites en l'îlet [et] ce même jour nous levâmes nos ancres de devant Ticou, et allâmes chercher notre bonne aventure au long de la côte de la bande du sud.
> Le lundi suivant, 6e [jour] de décembre, trépassèrent Noël Chandelier et Nicolas Gonnet de la même maladie, et le petit Nicolas Gilles trépassa le mercredi 8e [jour] de décembre. [...] Ce jour, maître Raoul trépassa, et nous dirent que c'était plus outre jusqu'à deux degrés et demi, et trouvâmes une rivière du royaume d'Indapoure [Indrapura], et le lieu est nommé Selagan, et la ville est avant sur la terre, [et] nous y arrivâmes[176].

Dans le poème qu'il dédie en 1531 à la mémoire de Jean et Raoul Parmentier, Crignon précise que, si le corps du premier fut effectivement inhumé sur un îlot, celui du second fut simplement jeté à la mer[177]. Le décès à quelques jours d'intervalle des deux chefs de l'expédition ne semble en tout cas pas mettre en émoi les équipages : sur les indications des Insulaires, les nefs poursuivent cahin-caha leur progression en direction de la cité-État d'Indrapura – que Crignon, gagné à son tour par la fièvre acheteuse, orthographie à trois reprises « Andripoivre ». Située en amont d'un coude de rivière comme de nombreuses capitales malaises, qui se protègent ainsi des pirates aussi bien que des marées, Indrapura est placée sous l'autorité d'un *raja* portant le titre – courant parmi la noblesse javanaise – de *Sang Adipati*. Mais les Dieppois sont précédés par leur réputation, de sorte que les négociations tournent court :

176. AMD, FAL, ms. 197 (P. Crignon, « Voyage aux Indes orientalles 1529 »), fº 57. La Selagan est une rivière située à une cinquantaine de kilomètres au sud d'Indrapura. C'est à son embouchure que se trouve Mukomuko, la capitale du sultanat d'Anak Sungai – lequel grignote l'autorité d'Indrapura à compter du xviie siècle (Jelamayar Kathirithamby-Wells et Muhammad Yusoff Hashim, éd., *The Syair Mukomuko. Some Historical Aspects of a Nineteenth Century Sumatran Court Chronicle*, Kuala Lumpur, Malaysian Branch of the Royal Asiatic Society, 1985, XXXII.222, p. 89). Navigable en son cours inférieur, la Selagan relie les petites plaines du piémont des Bukit Barisan à la capitale côtière (Jelamayar Kathirithamby-Wells, éd., *Thomas Barnes' Expedition to Kerinci in 1818*, Canterbury, université du Kent, 1986, p. 76-77).

177. P. Crignon, *Description novvelle des merveilles de ce monde*..., *op. cit.*, fº H2r-v.

> Le 23e [jour de] décembre, fut Jean Masson à terre et lui dirent que nous aurions du poivre assez, parquoi nous [nous] y arrêtâmes et ancrâmes près de terre pour faire notre cas. Le jour de Noël et le dimanche, nous y retournâmes pour parler à leur seigneur nommé Sangue de Paty [*Sang Adipati*] car il nous avait promis que ce dit jour il viendrait parler à nous, ce qu'il ne fit point.
>
> Et le lundi derechef nous y retournâmes pour avoir des eaux et des vivres, mais ils s'enfuirent devant nous, nous craignant plus que le premier jour, parquoi, voyant que nous les avions toujours traités amoureusement, nous estimions que la crainte leur venait à cause des menteries qu'ils nous avaient faites et aperçûmes bien qu'il était impossible de faire marchandise avec eux[178].

La grogne commence à se faire entendre parmi les équipages, lassés des échecs commerciaux à répétition et obligés d'abattre bien plus de travail que de coutume par suite des décès qui ont éclairci leurs rangs. Pour couper court aux velléités de mutinerie, les officiers décident, conformément aux clauses des *Rôles d'Oléron*, de « prendre l'avis de la communauté des deux navires ». Ils organisent, sur chaque nef, des « délibérations » :

> Il fut conclu de regarder [ce] qu'il était besoin de faire. D'aucuns disaient qu'il fallait aller en Jave [Java], d'autres disaient qu'il valait mieux retourner à Andripoivre [Indrapura] ou en Priame [Pariaman], et qu'on y vendrait nos marchandises et qu'on y trouverait du poivre. D'autres disaient qu'il s'en fallait retourner au pays à cause des morts et malades des deux navires, et aussi de nos victuailles qui étaient fort empirées, parquoi ceux du *Sacre* et de *La Pensée* conclurent d'avoir les avis de la communauté des deux navires, à savoir lequel leur semblait le meilleur de passer [continuer] et aller en Java ou de s'en retourner au pays [...].
>
> Sur quoi il y en eut treize ou quatorze [du *Sacre*] qui dirent qu'ils s'en voulaient retourner en France, et neuf ou dix qu'ils voulaient aller en Java, [et] d'aucuns dirent qu'ils feraient tout ce qu'il plairait au maître mais qu'ils eussent des victuailles [et qu'on pourrait] les mener où l'on voudrait[179].

178. AMD, FAL, ms. 197 (P. Crignon, « Voyage aux Indes orientalles 1529 »), fos 57-58.

179. *Ibid.*, fo 59.

C'est la faim qui a le dernier mot : les nefs rebroussent chemin vers Indrapura pour s'y avitailler en prévision de la traversée retour. Mais, une fois sur place, les tractations s'avèrent aussi laborieuses qu'à Tiku : la vente des plus belles pièces de toile, le « rouge de Paris », ne rapporte qu'un peu d'or et deux *bahar* de poivre, soit environ 550 kilos d'épice[180]. Malades, affamés et toujours aussi réticents à respecter le protocole qui régit l'accès au marché local, les Dieppois en sont vite réduits à troquer leurs miroirs et leurs chapelets contre un peu de nourriture. Pour comble d'infortune, l'entrée dans la saison des pluies rend de plus en plus périlleuses les manœuvres dans la rade :

> Et pour ce que la mousson se passait, vivres nous faillaient, nos gens se mouraient, [et que] quatre hommes du *Sacre* furent noyés à la barre d'Indrapura le 18e jour [de janvier], pour ces raisons et plusieurs autres, le samedi 22e [jour] de janvier, nous déradâmes et fîmes voile à l'ouest sud-ouest pour retourner à notre pays[181].

Ainsi s'achève, dans la débandade, le voyage des Dieppois en Asie. Les derniers mots du manuscrit de Crignon – « retourner à notre pays » – disent assez la lassitude générale. À bord de *La Pensée* et du *Sacre*, on ne rêve plus d'or et d'épices, mais de falaises et de pommiers. Quant aux détails du restant du périple, c'est à Plastrier que nous les devons :

> [Les survivants] firent tant par leurs navigations qu'ils vinrent au cap de Bonne-Espérance, où ils ancrèrent, et virent grand troupeau de bêtes à cornes comme buffles, vaches, et nombre de gens qui les menaient, ne furent point à terre. [Les nefs] s'entre-perdirent.
> Environ un mois [plus tard] *La Pensée* trouva l'île Sainte-Hélène, auquel lieu entra, trouva en ladite île six Indiens que les Portugais y avaient laissés. [Les marins] recouvrèrent force rafraîchissements, poulailles et autres comme pourceaux en bon nombre, et embarquèrent lesdits six

180. *Ibid.*, fos 59-60. L'estimation des quantités d'or et d'épices acquises à Sumatra diffère fortement entre Crignon et Plastrier. Selon ce dernier, les Dieppois chargent « trois milles livres d'or fin et sept poinçons de poivre rond » à Tiku et environ « trente tonneaux de poivre » lors d'une escale à Pariaman (G. LEFÈVRE, « Navigation de Jean Parmentier. Premier volume », BNF, ms. NAF 7510, fo 82r-v).

181. AMD, FAL, ms. 197 (P. CRIGNON, « Voyage aux Indes orientalles 1529 »), fo 61.

hommes qu'ils apportèrent à Dieppe, dont il n'y a que six ans que le dernier est décédé, qui était marié audit lieu de Dieppe[182].

Une demi-tonne de poivre, quelques livres d'or et six Indiens : c'est loin du magot espéré, mais assez pour ne pas rentrer bredouille. On aimerait, bien sûr, en apprendre plus sur cet « Indien » – un hindou de Goa ? un musulman du Gujarat ? un Malais ? – qui, marié et donc converti, mène pendant quarante ans une vie de Dieppois. Mais de cette existence ballotée au gré des incursions européennes en Asie, les archives n'ont pas gardé la moindre trace.

*

* *

Les Dieppois n'ont fait qu'entrapercevoir les abords d'un monde bien plus complexe qu'ils ne l'imaginent. La limitation de leur horizon tient avant tout d'un effet de position. À l'instar de la plupart des commerçants arabes, chinois et européens se déplaçant en Asie du Sud-Est, ils ne quittent jamais l'enceinte des quartiers portuaires. Leurs descriptions sont des croquis hâtifs de villes basses où s'affairent, sur les quais et dans les entrepôts, des marins et des marchands : n'était l'originalité du bâti, on pourrait se croire à Lisbonne ou à Anvers.

Tels des touristes contemporains, ils n'apprécient de toute manière que modérément les expériences exotiques. Lorsqu'ils se rendent chez un *orang kaya* de Tiku au titre d'otages de négoce, Bout, Masson et Crignon prennent la précaution d'emporter du pain : bien leur en prend, car ils ne goûtent guère le « riz à demi cuit à l'eau, sans sel » et le « brouet » qu'on leur sert. Comme la grande majorité des voyageurs du XVIe siècle, plus occupés à compiler des listes de prix et d'équivalences monétaires qu'à observer leur environnement, ils ont l'intérêt de leurs intérêts. Les étoffes précieuses, les bijoux en or, les armes arrêtent leur regard et éveillent leur attention – mais jamais les plantes ni les motifs du tissu que porte l'homme de la rue[183]. S'il n'est pas

182. G. LEFÈVRE, « Navigation de Jean Parmentier. Premier volume » (BNF, ms. NAF 7510), f°s 82v-83r.

183. On trouve néanmoins, dans le « Discours d'un grand capitaine de Dieppe » (1539), le détail du vêtement des habitants de Tiku, à savoir « une toile de coton ou de soie descendant d'un demi-pied sur le buste jusqu'à la taille, comme une chemise courte et ouverte et fermée par des boutons d'or, [appelée] un *baiu* [*baju*], et à partir

déraisonnable d'imaginer que « Jean le peintre » s'est essayé à portraiturer les Insulaires, aucun de ses dessins ne nous est parvenu. La *terra* nouvellement *cognita* des Dieppois n'est que le liseré de Sumatra : une succession de ports, de plages, d'estuaires et de mangroves.

Le bout du monde, alors ?

Plutôt *un* bout du Monde : un fragment d'un vaste ensemble régional, lui-même relié aux principaux axes de commerce et de communication striant l'Afrique, le Moyen-Orient, la Chine et l'Europe. Pour peu qu'on y prête attention, les indices de l'insertion de la côte occidentale de Sumatra dans les réseaux du négoce à grande distance abondent dans le récit de Crignon. Indices humains, tout d'abord : les « marchands horsains » avec lesquels les Dieppois conversent sont majoritairement des Gujaratis – vivant témoignage de siècles de relations avec l'Inde[184].

Indices matériels, ensuite : le « plat de porcelaine » contenant le riz et le coq haché que l'on offre à Crignon comme souper à Tiku nous conduit jusqu'aux fours impériaux de Jingdezheng, sur les rives du Yangtsé, au cœur du royaume des Ming – pour qui l'exportation de céramique bleu et blanc dans chaque recoin de l'océan Indien représente non seulement une source d'enrichissement, mais aussi la clé d'une omniprésence diplomatique[185]. Les paroles du *mawlānā* tracent un autre chemin encore, qui mène aux Lieux saints (al-Ḥaramayn), sur lesquels règnent depuis 1517 les Ottomans – redoutables adversaires des Portugais et prolixes dispensateurs de certificats de souveraineté islamique aux *raja* du monde insulindien[186]. Les « chaînes

---

de la taille et jusqu'en dessous des genoux, ils se ceignent d'une toile de coton teint de diverses couleurs [un *sarung*, et ici probablement une étoffe d'origine indienne] » (G. B. RAMUSIO, *Navigationi e Viaggi…*, *op. cit.*, vol. 3, fº 432r). Mais on ne sait s'il s'agit du témoignage d'un participant à l'expédition des frères Parmentier ou d'une information extraite de sources ibériques.

184. A. CORTESÃO (éd.), *The Suma Oriental of Tomé Pires…*, *op. cit.*, vol. 1, p. 161-162. Pour un aperçu de l'ampleur des relations économiques et culturelles entre le Gujarat et la côte occidentale de Sumatra, cf. Claude GUILLOT et Paul WORMSER, « Gujarat and the Malay World, 15th-17th Century. Trade and Influence », dans Lotika VARADARAJAN (dir.), *Gujarat and the Sea*, Ahmedabad, Darshak Itihas Nidhi, 2011, p. 405-424.

185. Anne GERRITSEN, *The City of Blue and White : Chinese Porcelain and the Early Modern World*, Cambridge, Cambridge University Press, 2020.

186. Les liens directs entre Sumatra et les Ottomans ne s'établissent cependant qu'au milieu des années 1560, à l'occasion de l'envoi d'un émissaire de la Porte

de transmission » (*isnād*) du savoir religieux tissent, de maîtres en disciples et de gloses en redites, une myriade de fils invisibles, qui serpentent par-delà les siècles et les océans. De La Mecque à Malacca, le réseau des synapses culturelles s'entremêle avec la toile nerveuse du commerce[187].

Selon les récits combinés de Crignon et de Plastrier, les Dieppois ont fait escale tour à tour à Tiku, à Indrapura et à Pariaman. Ces dernières forment avec d'autres villes – notamment avec Barus, Mukomuko et Singkil – une guirlande de cités-États étirée tout du long des deux tiers supérieurs de la côte occidentale de Sumatra. Avant même que l'islam s'y implante et les raccorde au système de comptoirs musulmans de

---

auprès du sultan d'Aceh. La demande en poivre des Ottomans rencontre alors celle de protection des Acihais face aux menées militaires et commerciales des Européens (Giancarlo CASALE, « His Majesty's Servant Lutfı. The Career of a Previously Unknown XVIth Century Ottoman Envoy to Sumatra, Based on an Account of his Travels from the Topkapı Palace Archives », *Turcica*, 37, 2005, p. 43-81, et İsmail HAKKI KADI et A. C. S. PEACOCK, « Documents on XVIth Century Ottoman Contacts with Aceh », dans ID., éd., *Ottoman-Southeast Asian Relations. Sources from the Ottoman Archives*, Leyde, Brill, 2020, vol. 1, p. 33-74). Ce n'est pas au moyen d'une aide militaire – limitée à l'envoi de quelques canons à Aceh – que l'influence ottomane se répand en Insulinde, mais par l'entremise de la tutelle exercée par la Porte sur les Lieux saints, tombés sous sa coupe avec l'Égypte mamelouke en 1517. Le sultan de Banten, en 1630, et le *susuhunan* de Mataram (Java), en 1639, dépêchent ainsi des ambassades auprès du *sharīf* de La Mecque pour requérir, l'un la confirmation, l'autre l'obtention du titre de sultan (Hermanus J. DE GRAAF, « Titels en namen van Javaanse vorsten en groten uit de XVIe en XVIIe eeuw », *Bijdragen tot de Taal-, Land- en Volkenkunde*, 1953, 109-1, p. 72 et 78-80, et ID., *De Regering van Sultan Agung, Vorst van Mataram, 1613-1645*…, La Haye, M. Nijhoff, 1958, p. 264-266).

187. À compter du XVIIe siècle, les circuits de transmission des enseignements des grands *'ulamā* de l'Ḥaramayn épousent souvent les réseaux des confréries mystiques (*ṭarā'iḳ*), lesquelles s'implantent fortement parmi les élites de cour malaises (Azyumardi AZRA, *The Origins of Islamic Reformism in Southeast Asia. Networks of Malay-Indonesian and Middle Eastern* 'Ulamā *in the Seventeenth and Eighteenth Centuries*, Honolulu, University of Hawai'i Press, 2004, en particulier p. 17 *sq.*, et A. C. S. PEACOCK, « Sufi Cosmopolitanism in the Seventeenth-Century Indian Ocean : *Sharī'a*, Lineage and Royal Power in Southeast Asia and the Maldives », dans Joshua GEDACHT et Michael FEENER, dir., *Challenging Cosmopolitanism. Coercion, Mobility and Displacement in Islamic Asia*, Édimbourg, Edinburgh University Press, 2018, p. 53-80). Dans l'ouest de Sumatra, c'est la Shaṭṭārīyah, un ordre mystique né en Perse au XVe siècle, qui se diffuse alors le plus massivement (Oman FATHURAHMAN, *Tarekat Syattariyah di Minangkabau. Teks dan konteks*, Djakarta, Prenada-EFEO-KITLV, 2008).

l'océan Indien, elles sont des escales prisées par les négociants indiens, qui viennent s'y procurer de l'or et des résines rares. Une inscription trouvée sur le site de Lobu Tua, à Barus, prouve qu'une puissante guilde marchande tamoule y est active à l'orée du XIe siècle[188].

Récolté sous l'écorce des grands arbres de la forêt tropicale humide, au cœur de la chaîne montagneuse des Bukit Barisan, le camphre de Fanṣūr (Barus) est célèbre du golfe Persique à la mer de Chine. Selon Marco Polo, qui se fait le relais de l'opinion des navigateurs arabes du XIIIe siècle, « il se vend au poids de l'or[189] ». Un grossiste juif originaire du Levant fait même le voyage depuis l'Inde, où il réside depuis quinze ans, pour en acheter – mais meurt peu après son arrivée[190]. Les marchands chinois ne sont pas en reste, qui fondent dès les années 1400 une colonie à Palembang, et cabotent d'une place commerciale à une autre[191].

188. La stèle porte la date de 1010 Śaka (1088 AD). Il s'agit d'une proclamation fiscale de la guilde des Ayyavole, liée à la dynastie Chola qui contrôle alors une large partie du sous-continent indien (Yellava SUBBARAYALU, « The Tamil Merchant-Guild Inscription at Barus. A Rediscovery », dans Claude GUILLOT, dir., *Histoire de Barus, Sumatra. Le site de Lobu Tua*, vol. 1, *Études et documents*, Paris, Association Archipel, 1998, p. 25-33).

189. MARCO POLO, *Le Devisement du monde*, Genève, Droz, 2009, vol. 6, p. 121-122.

190. Shelomo D. GOITEIN, *Letters of Medieval Jewish Traders*, Princeton, Princeton University Press, 1973, n° 47, p. 229. Il s'agit d'une lettre trouvée dans la *genizah* – la salle des papiers perdus – de la synagogue du Caire. Elle est adressée au rabbin Avraham Maimonides par la veuve du marchand, informée du décès de son époux par un négociant de retour d'Aden. L'intérêt des commerçants juifs du Levant pour l'Insulinde se trouve confirmé par le fait qu'en 1226 un dénommé Abu 'l-Fadl bin Mukhtār, originaire d'Alexandrie, trouve la mort « à Kalah [au Kedah, dans la péninsule Malaise], dans le pays d'al-Jāwa [en Asie du Sud-Est] » (*ibid.*, n° 46, p. 227-228). Dans les documents inventoriés de la *genizah*, le « camphre de Fanṣūr » (*al-kāfūr al-fanṣūrī*) se trouve mentionné vers 1100-1130 dans une liste de prix de denrées dressée à Alexandrie, puis vers 1180 dans une lettre écrite à Aden (Marina RUSTOW, « Kalah in the Lands of Java : T-S Ar.30.42 », *Genizah Research Unit*, novembre 2021, n. 2-3).

191. Ma Huan note en 1433, dans son « Étude globale des rivages et des océans », que « de nombreux habitants de Palembang sont des immigrants de Guangdong, de Zhangzhou et de Chüan-chou [au Fujian] » (William ROCKHILL, « Notes on the Relations and Trade of China with the Eastern Archipelago and the Coast of the Indian Ocean during the Fourteenth Century. Part II », *T'oung Pao*, 1915, 16-1, p. 137). Les relations diplomatiques des principautés indo-bouddhiques de Sumatra avec la Chine sont attestées dès l'an 645. Dans le dernier quart du XIIIe siècle, le royaume de

À l'époque où *La Pensée* et *Le Sacre* y jettent l'ancre, les ports de la côte nord-ouest de Sumatra sont ainsi régulièrement fréquentés par des négociants de toutes nations et de toutes confessions. Les *mu ʿallimūn* les connaissent si bien qu'ils en inventorient sans peine les produits phares, comme Sulaymān al-Mahrī dans l'un de ses routiers :

> Les ports les plus célèbres sur la côte ouest [de Sumatra] sont : le port de Barus, [qui est] le port pour le camphre *riyāhī*, l'or et d'autres produits ; le port de Pariāman, qui est également connu parmi les hommes sous le nom de Manaqābuh [Minangkabau] et qui est le port pour la poudre d'or et le bois d'aloès ; le port d'Indrapurā, qui n'est plus si réputé aujourd'hui, mais qui était jadis célèbre[192].

La transformation de ces principautés indo-bouddhiques en sultanats, aux XIVe et XVe siècles, n'abroge pas leur caractère cosmopolite – au contraire. Sous la rubrique des formes urbaines comme sous celle des normes de l'échange commercial et diplomatique, c'est d'hybridation progressive qu'il s'agit – et non de *tabula rasa*. À Tiku et à Indrapura, le caractère bariolé des titulatures forme l'indicateur privilégié de cette période de transition. Si certaines désignations proviennent du lexique politique arabo-musulman et de son appendice persan, comme *sultān* et *s̲h̲āhbandar*, d'autres relèvent de nomenclatures d'origine sanskritique, comme *māṇḍalika*, *sang adipati* et *bendahara*[193]. Les strates d'influences ne font pas que s'empiler les unes sur les autres. Elles se compénètrent, formant des agglomérats jaspés de mots, de rites et de coutumes.

Malayu, probablement situé dans la région de Jambi, dépêche même à quatre reprises des ambassades auprès des dynastes Yuan (John MIKSIC, « Kerinci and the Ancient History of Jambi », dans U. KOZOK, éd., *A 14th Century Malay Code of Laws*..., *op. cit.*, p. 20-30).

192. Gerald R. TIBBETTS, *A Study of the Arabic Texts Containing Material on Southeast Asia*, Leyde, Brill, 1979, p. 223 (*Kitāb al-Minhāj al-Fākhir fī ʿIlm al-Bahr al-Zākhir*, c. 1510-1515). Dans la parfumerie arabe, le camphre de la variété *riyāhī* est alors considéré comme l'un des plus purs.

193. Le nom même d'Indrapura, qui signifie « la cité du dieu Indra », témoigne de l'ampleur de ces emprunts au sanskrit. De nombreux autres appellatifs de rang usités dans les sultanats malais au XVIe siècle procèdent des langues indiennes : *laksamaṇa* (amiral), *menteri*, *pāduka* (votre majesté), *rāja*, etc. (Johannes C. DE CASPARIS, *Sanskrit Loan-Words in Indonesian. An Annotated Check-List of Words from Sanskrit in Indonesian and Traditional Malay*, Djakarta, NUSA-Universitas Katolik Indonesia Atma Jaya, 1997, p. 9, 11, 13, 22, 25, 27 et 30).

Bien sûr, les récits d'islamisation contenus dans les chroniques de royauté malaises individualisent et dramatisent à outrance l'instant du basculement confessionnel. Éblouis par les prodiges d'un *mawlānā* venu de l'Inde, de la Perse ou d'Arabie, appelés en rêve par le Prophète lui-même à prononcer la *shahāda* (la profession de foi musulmane), les souverains découvrent la magnificence et la mansuétude d'Allāh, couvrent leurs terres de mosquées et y instaurent sans tarder la *sharīʿa*. Conformément à l'adage *cujus regio, ejus religio* (« tel prince, telle religion »), le peuple suit[194]. Mais les changements se produisent en réalité à bas bruit, et plus près du port que du palais. L'islam n'arrive pas en Insulinde par voie de conquête, mais de commerce. Il est une marchandise non déclarée, une cargaison clandestine dont les premières expressions sont sûrement aussi modestes que le prône d'un pilote faisant office d'*imām* pour l'équipage de sa nef[195].

Pour les élites, le bénéfice matériel secondaire de la découverte de la « vraie foi » s'avère considérable : participer de l'écoumène islamique leur permet de gagner la confiance des pouvoirs et des négociants musulmans de toutes origines. À Sumatra comme à Java, c'est cependant d'une islamisation en quinconce qu'il est question. Si le processus d'adoption de la nouvelle religion s'exerce inégalement en fonction des zones, il n'affecte pas non plus chaque groupe social au même rythme ni avec la même intensité[196]. Dans les campagnes se donne à voir un camaïeu de croyances. Peuplés par des « êtres subtils » (*orang halus*) aux propriétés et aux volontés fluctuantes, les « sites sacrés » (*kramatan*) y côtoient les mosquées et les salles de prière. Au grand dam des *ʿulamā*, Allāh doit souvent partager la ferveur des fidèles avec des *dewa* aux allures de divinités hindoues[197]. D'aucuns l'adorent même au moyen des rites destinés à Shiva, l'imaginant logé « entre leurs sourcils » ou dans leur fontanelle[198].

194. Maziar Mozaffari FALARTI, « *Hikayat* and Malay-Indonesian Conversion Narratives », dans Khairudin ALJUNIED (dir.), *Routledge Handbook of Islam in Southeast Asia*, Londres, Routledge, 2022, p. 48-67.

195. « Car le *muʿallim* est comme un *imām* pour son équipage, et son équipage est pour lui comme une assemblée de fidèles » (R. O. WINSTEDT et P. E. de JOSSELIN DE JONG, éd., « The Maritime Laws of Malacca », art. cit., IX, p. 38).

196. C. DOBBIN, *Islamic Revivalism in a Changing Peasant Economy*..., *op. cit.*, p. 118-122.

197. W. MARSDEN, *The History of Sumatra*..., *op. cit.*, p. 289-292 et 301.

198. Tout comme les techniques yogiques de la « maîtrise du souffle », ces pratiques sont dénoncées au XVIe siècle comme contraires à l'islam par le maître de

L'intrication entre identité politique, commerce et religion musulmane devient certes si puissante, en Insulinde, que l'expression *masuk Melayu* y signifie bientôt tout à la fois « devenir malais » et « adopter l'islam »[199]. Mais l'ethnicité malaise, qui se forge du XVe au XVIIe siècle le long des rivages du détroit de Malacca, a un caractère éminemment relationnel. Elle résulte du souci de distinction des habitants du littoral, lesquels ne souhaitent en aucun cas être assimilés aux populations non islamisées des arrière-pays, qui se sustentent d'idoles et de tubercules[200]. « Être malais », c'est *ne pas être* un « païen » ou un « sauvage ». Tomé Pires remarque à ce propos, dans les années 1510 :

> À Sumatra, ceux qui habitent le long du littoral du côté du détroit de Malacca sont tous maures, et ceux qui ne sont pas encore maures sont faits tels jour après jour, et aucun païen parmi eux n'a droit à une quelconque estime, sauf s'il est un négociant[201].

---

mystique sumatranais Hamzah Fanṣūri dans ses *syair* (poèmes en quatrains) et ses traités (Lode F. BRAKEL, « Hamzah Fanṣūri. Notes on : Yoga Practices, *Lahir dan Zahir*, the "Taxallos", Punning. A Difficult Passage in the *Kitāb al-Muntahī*, Hamzah's Likely Place of Birth and Hamzah's Imagery », *Journal of the Malaysian Branch of the Royal Asiatic Society*, 1969, 52-1, p. 74-76).

199. W. MARSDEN, *The History of Sumatra*..., *op. cit.*, p. 42.

200. Leonard ANDAYA, *Leaves of the Same Tree. Trade and Ethnicity in the Straits of Melaka*, Honolulu, University of Hawai'i Press, 2008. Pour les populations montagnardes semi-nomades de la péninsule Malaise, de Bornéo et de Sumatra, discriminées par les pouvoirs côtiers, « devenir malais » constitue réciproquement une option stratégique – non seulement pour éviter d'être réduit en servitude, mais aussi pour accéder aux bénéfices matériels de l'intégration dans des systèmes stabilisés de protection politique et de redistribution sociale (Geoffrey BENJAMIN, « On Being Tribal in the Malay World », dans ID. et Cynthia CHOU, dir., *Tribal Communities in the Malay World. Historical, Cultural and Social Perspectives*, Singapour, ISEAS, 2002, p. 50-54).

201. A. CORTESÃO (éd.), *The Suma Oriental of Tomé Pires*..., *op. cit.*, vol. 1, p. 143. L'antinomie entre l'identité malaise et celle d'habitant de l'intérieur des terres perdure longtemps après la séquence initiale d'islamisation. Dans les années 1780, le chef des Rejang du sud de Mukomuko, le *pangeran* Sungai Lama, est « un Mahométan très civilisé », autrement dit un pieux musulman ayant adopté les codes malais dominants du pouvoir et du paraître. Mais lorsqu'on le qualifie de Malais, il rétorque, piqué au vif : « Je ne suis pas un Malais, *Sir*, mais un véritable *orang hulu* [homme de l'amont] » (*Malayo tidak*, Sir, *orang hulu betul saya*) (W. MARSDEN, *The History of Sumatra*..., *op. cit.*, p. 42).

Couchée par écrit au début du XXe siècle, la légende d'islamisation de la côte occidentale de Sumatra entérine la même dichotomie :

> Aux environs peut-être de l'année 580 de l'Hégire [c. 1202], un Arabe [nommé Sayyid Abdullah] fut séparé [de son convoi naval] et fit naufrage au cours du voyage ou de la navigation qu'il avait entrepris pour venir commercer dans ce pays de l'orient [Sumatra]. Il s'échoua près de l'embouchure de la rivière Arau, laquelle, en ce temps-là, n'était pas encore habitée par les hommes : il n'y avait là, aux abords des marécages, que des prairies de mauvaises herbes et des buissons d'épineux.
>
> De l'autre côté de la rivière, un petit cap avançait sur la mer, que l'on appelait [le lieu des] Singes de la montagne, car de nombreux singes, petits et grands, y vivaient. Après avoir déjà beaucoup marché, [Sayyid Abdullah] se mit à chercher un village dans les environs [de ce cap]. [...] Près d'un grand arbre à durian poussant sur la rive, il finit par tomber sur des cahutes (*dangau*[202]). Il s'en alla alors à la rencontre des hommes qui habitaient à l'ombre de ce grand arbre [...].
>
> Sayyid Abdullah vécut là plusieurs mois. Durant la journée, il aidait les gens des cahutes (*orang dangau*) chez qui il habitait à travailler la terre, tout en leur expliquant les principes de l'islam. Ces gens des cahutes finirent par comprendre l'enseignement de Sayyid Abdullah et tous embrassèrent la religion musulmane. Ils firent savoir à d'autres de leurs semblables que cet Arabe avait amené une religion nouvelle : la vraie religion qui avait pour nom l'islam. Comme l'homme chez qui Sayyid Abdullah résidait était devenu le chef du hameau, ce fut lui qui enjoignit à ses habitants d'embrasser l'islam, ce que tous firent[203].

La conversion à l'islam des « gens des cahutes » s'accomplit au moyen d'une prédication feutrée, dispensée au rythme lent des travaux agricoles. En partageant leur labeur, l' *'ālim* venu d'Arabie gagne la confiance des paysans, et surtout celle de leur chef, lequel finit par imposer la « vraie religion » aux derniers récalcitrants. La suite coule

202. Le mot *dangau* désigne habituellement, en malais, les cabanes sur pilotis édifiées au milieu des rizières, où les paysans se reposent et remisent leurs outils.

203. *Maulana* Abdul MANAF AMIN AL-KHATIB, *Muballighul Islam. Riwayat tiga orang muballigh Islam yang mengembangkan agama Islam di Aceh dan Minangkabau* (Padang, Museum Negeri Adityawarman, c. 1935, transcription Irhash A. SHAMAD), p. 76, cité dans Gusti ASNAN, *Kerajaan Inderapura*, Djakarta, Kementerian Agama Republik Indonesia, 2013, p. 59-60. La mention de la rivière Arau situe l'action à Padang, à 45 km au sud de Pariaman.

de source : sous l'impulsion de Sayyid Abdullah, vivant relais de la faveur d'Allāh, le hameau miséreux prospère et devient l'épicentre de la diffusion de l'islam dans la région – et ce bien avant l'émergence des sultanats de Tiku et d'Indrapura. L'entrée en islam se trouve ici corrélée à l'arrachement à un état de quasi-sauvagerie, symbolisé par un habitat de fortune.

Tout un chacun peut donc accéder à la condition malaise pour peu qu'il adopte un mode de vie « civilisé » (*beradab*)[204], ce qui implique l'inscription dans une double hiérarchie : celle de la foi, avec la reconnaissance de l'autorité spirituelle des *imām* et des *ʿulamā*, et celle de la sujétion, avec l'acceptation de la souveraineté d'un *raja* – partant, l'inclusion dans un ordre politique complexe, à dominante urbaine (*negeri*). Cette vision assimilatrice de la condition malaise induit une relative fluidité des apparences et des appartenances. C'est en tout cas ce qu'incite à penser le *munshi* Abdullah quand il raconte – non sans rosserie – le destin d'un simple marchand indien devenu, grâce à la protection du sultan de Malacca, un noble malais de haut rang :

> J'en reviens maintenant à l'histoire d'Abdul Kadir, auquel fut accordé le titre nobiliaire de *Tengku Muda*. On voit avec quelle facilité un roturier a pu devenir aristocrate. Quelle chose extraordinaire ! [...] [Abdul Kadir] s'habillait parfois à la façon des Indiens et parfois à la façon des Malais, et il se vêtait dans ce dernier cas tel un *raja*, portant un *kriss* et un *kain* de *songket* [un tissu orné de fils de soie dorée, noué autour de la taille], une veste à manches étroites et un foulard brodé d'or. Ses deux fils s'habillaient à la mode indienne, avec des pantalons larges et des chemises-tuniques.
>
> C'est une autre chose extraordinaire que de voir comment, jadis, les Malais devenaient indiens et les Indiens malais (*Keling masuk Melayu*), car à cette époque les enfants [d'Abdul Kadir] étaient encore petits. Le sultan ne régnait qu'en apparence : c'était Abdul Kadir qui s'occupait des

204. La notion islamique d'*adab*, très présente dans les « miroirs aux princes » de l'époque moderne, désigne avant tout le respect de justes règles de comportement (Ira LAPIDUS, « Knowledge, Virtue, and Action : The Classical Muslim Conception of *Adab* and the Nature of Religious Fulfillement in Islam », dans Barbara D. METCALF, dir., *Moral Conduct and Authority. The Place of* Adab *in South Asian Islam*, Berkeley, University of California Press, 1984, p. 38-61). À Java, la même idée se trouve exprimée par la référence récurrente à des « règles de conduite » (*aturan*) s'appliquant à tous les domaines de l'existence.

affaires de l'État pour tout ce qui touchait à la collecte et aux dépenses de l'argent [public][205].

Si Malacca apparaît, sous la plume acérée du *munshi* Abdullah, comme un *melting-pot* aux relents de coups fourrés, l'appariement narratif d'un *raja* malais et d'un marchand étranger retors n'est pas une invention littéraire. Le binôme forme un thème central de l'histoire officielle des royautés côtières de Sumatra : on le retrouve dans la *Sejarah Raja-raja Barus* (« L'Histoire des rois de Barus »), qui date du XIXe siècle et concerne les lieux mêmes où les Dieppois font escale.

L'histoire est la suivante : *Raja* Alang Pardoksi, un prince originaire du pays toba batak, à l'intérieur des terres, fonde une série de *kampung* – de petites colonies – jusqu'à la côte. À sa mort, ses deux fils, Pucaro Duan et *Guru* Marsakot, héritent de ses domaines, qui font partie des zones-frontières de la royauté batak. Suivant le même processus scissipare, *Guru* Marsakot quitte son frère pour s'installer sur l'une de ses terres, à Lobu Tua. Il découvre en arrivant que des marchands indiens, hindous comme musulmans, y ont établi leurs quartiers à la suite de l'échouage de leur navire. Comme ils sont parvenus à y attirer des « étrangers de toutes nations », leur campement s'est transformé en une petite ville prospère – un *negeri*, autrement dit une société politique organisée. *Guru* Marsakot rappelle solennellement aux intrus qu'il est, de droit, le seul et unique propriétaire des lieux. Ceux-ci expliquent qu'ils n'avaient pas l'intention de faire souche à Sumatra, mais que, n'ayant trouvé sur place que du bois pourri, ils n'ont pu réparer leur nef. Ils acceptent sans discuter *Guru* Marsakot comme *raja*. Sous son autorité, la ville, rebaptisée Pansur (Fanṣūr / Barus), continue à croître[206].

L'idée que les cités-États côtières naissent du mélange d'une légitimité politique indigène et des richesses transportées par des négociants venus des pays d'« au-dessus des vents » figure dans un nombre élevé de chroniques de royauté insulindiennes, de Sumatra à Palawan (Philippines) en passant par Jepara (Java), Buleleng (Bali) et Kutai (Bornéo). Mais les modalités de cette intrication inaugurale du capital politique local avec le capital économique étranger varient du tout

205. A. SWEENEY (éd.), *Karya Lengkap Abdullah bin Abdul Kadir Munsyi*, *op. cit.*, vol. 1, p. 506 (*Hikayat Abdullah*, 1849).

206. Jane DRAKARD (éd.), *Sejarah Raja-raja Barus : dua naskah dari Barus*, Paris, EFEO, 1988, p. 81-83.

au tout[207]. Là où la chronique de Barus met en scène l'alliance heureuse entre le prince et les marchands, la plupart des récits détaillent leur concurrence, et surtout la façon dont l'une des deux parties réussit – généralement en remportant un défi – à s'emparer des biens ou du pouvoir de l'autre.

La notion d'autochtonie mise en avant dans les annales et les épopées malaises pour justifier le privilège foncier de la noblesse de sang doit par ailleurs être maniée avec précaution, puisqu'il s'agit de deux genres propres à une littérature de cour visant à légitimer *ex post* la fondation d'une lignée et d'un espace dynastiques. Or, les musulmans malais sont rarement les primo-occupants des territoires aux marges desquels ils établissent leurs cités-États.

*
* *

Au début du XVIe siècle, il existe en effet à Sumatra, plus avant à l'intérieur des terres, c'est-à-dire en amont des rivières dévalant les pentes de la chaîne des Bukit Barisan, des populations qui, bien que parlant parfois déjà des formes spécifiques de malais, ne sont pas encore entièrement islamisées ni structurées d'après le modèle des sultanats. Certaines, comme les Batak et les Minangkabau, occupent d'importants territoires et sont organisées sous forme de monarchies peu centralisées : les « clans » – les *marga* et les *suku* – y jouent un rôle clé[208]. Ces sociétés n'entretiennent pas que des contacts commerciaux, mais

207. On trouve mentionné, dans le même type de textes, le motif textile de la « nef chargée de richesses » (*jong sarat*), lequel brode – littéralement – sur l'importance politique et culturelle des profits tirés du négoce maritime (Pierre-Yves MANGUIN, « The Merchant and the King. Political Myths of the Southeast Asian Coastal Polities », *Indonesia*, 1991, 52, p. 42-45).

208. L'histoire de la royauté batak est d'autant plus élusive que l'ethnonyme « Batak », désignant au départ les populations non islamisées du nord de Sumatra, n'en vient que tardivement à qualifier une unité politique spécifique (Anthony REID, *Is There A Batak History ?*, Singapour, National University of Singapore, 2006, et Leonard ANDAYA, « The Trans-Sumatra Trade and the Ethnicization of the Batak », *Bijdragen tot de Taal-, Land- en Volkenkunde*, 2002, 158-3, p. 367-409). Selon Fernão MENDES PINTO, le « roi des Batak » réside en 1539 sur la côte, à Panaju, dans la région de Singkil : c'est « un hindou » qui tente de faire pièce aux menées expansionnistes du sultanat d'Aceh, dont il a refusé les avances religieuses (*The Travels of Mendes Pinto*, Chicago, The Chicago University Press, 1989, p. 21 et 24-25).

aussi des relations politiques avec les cités-États du littoral. D'après sa légende fondatrice, Barus constitue un surgeon de l'un des principaux ensembles culturels batak, centré sur le lac Toba[209]. Indrapura, Tiku et Pariaman gravitent quant à elles, comme Mukomuko, dans l'orbite du royaume minangkabau[210].

Cette double hégémonie découle du monopole de l'approvisionnement en ressources rares. Tandis que le camphre vendu à Barus provient des hauts-plateaux du pays batak[211], l'or que les Dieppois se procurent à Tiku est extrait de mines exploitées par les clans minangkabau dans les vallées des affluents de la Batang Hari, à l'ouest de Jambi, et dans la région de Painan, située entre Pariaman et Indrapura[212]. Au

209. La question du raccordement de Barus aux ensembles politiques avoisinants est complexe. La ville ancienne de Lobu Tua (dite d'origine batak par les chroniques) ayant été détruite, la refondation de Barus paraît avoir été menée au XIVe siècle en lien avec la royauté minangkabau – c'est du moins ce que suggère l'usage du titre *baginda* sur une stèle en vieux malais découverte à Pananggahan (Daniel PERRET, Eddy SURACHMAN et Repelita WAHYU OETOMO, « Recent Archaeological Surveys in the Northern Half of Sumatra », *Archipel*, 2020, 100, p. 33). L'hypothèse d'une première royauté batak indianisée, suivie d'un État malais entretenant des relations tributaires avec les Minangkabau, a été avancée, sur la base d'une analyse essentiellement mythologique, par Robert HEINE-GELDERN dès les années 1950 (« I. Le pays de Pi'-k'ien, le roi au Grand cou et le Singa Mangaradja », *Bulletin de l'École française d'Extrême-Orient*, 1959, 49-2, p. 385-386).

210. J. KATHIRITHAMBY-WELLS, « The Inderapura Sultanate… », art. cit., p. 65-66. Au début du XVIe siècle, les navigateurs arabes ont conscience de l'appartenance des cités-États de la côte occidentale de Sumatra au monde minangkabau. Sulaymān al-Mahrī donne ainsi pour deuxième nom à Pariaman « Manaqābuh » : une dérivation phonétique de Minangkabau (G. R. TIBBETTS, *A Study of the Arabic Texts…*, *op. cit.*, p. 246). Tomé Pires soutient à la même époque que « ces trois royaumes [Barus, Tiku et Pariaman] sont la clé du pays des Minangkabau » (A. CORTESÃO, éd., *The Suma Oriental of Tomé Pires…*, *op. cit.*, vol. 1, p. 161).

211. Produit alors très recherché par les négociants indiens et arabes, le benjoin (*kemenyan*) provient également du pays batak (W. MARSDEN, *The History of Sumatra…*, *op. cit.*, p. 152, 154).

212. John MIKSIC, « Traditional Sumatran Trade », *Bulletin de l'École française d'Extrême-Orient*, 1985, 74, p. 452-453, et F. VALENTIJN, *Oud en Nieuw Oost-Indiën…*, *op. cit.*, vol. 5, VII.2, p. 16. Dans les années 1660, les Hollandais dépêchent des experts dans la région de Painan pour rouvrir les mines d'or de Bajang, Salida et Terusan (Denys LOMBARD, « Un expert saxon dans les mines d'or de Sumatra au XVIIe siècle », *Archipel*, 1971, 2, p. 225-242). Au XIXe siècle, les mineurs malais (*orang gulla*) effritent les veines au moyen d'un pic en fer (*tabah*) et d'une pelle appelée *cangkul*, puis chargent le minerai dans de « petits chariots en forme de bateau » (*bidu*), afin de le convoyer jusqu'à une aire de lavage. Trois types d'or sont commercialisés

XVIIIe siècle, l'or en poudre, qui se recueille à même le limon ou à la surface des bassins de rétention d'eau creusés par les pluies de mousson, est si abondant, à Sumatra, que chacun

> en conserve sur lui dans des bourses faites du tissu qui enveloppe le cœur du buffle, ce qui ressemble à une vessie mais en plus épais et en plus malléable [...]. Chacun va muni d'une petite balance romaine appelée *dacing* [et] réalise par son moyen des achats qui sont parfois d'un si petit montant que l'on utilise alors des grains de *padi* [riz cru] ainsi que d'autres graines en guise de poids[213].

Objet de tous les fantasmes des marchands étrangers depuis l'Antiquité, l'or du pays minangkabau n'est pas seulement un produit d'exportation, mais aussi l'un des ingrédients clés du prestige des aristocrates et des *orang kaya*, les grands négociants locaux. Les orfèvres, qui en vivifient l'éclat au moyen d'une préparation d'alun et de nitrate de potassium, le travaillent autant sous forme de bijoux que de filigrane, de sorte qu'il embellit les *kain songket* – les pièces de tissu portées nouées autour de la taille[214]. C'est pour une large part grâce au contrôle sourcilleux du commerce de l'or que la région de Tanah Datar, comprise entre le mont Merapi et le lac Singkarak, à une cinquantaine de kilomètres au nord-est de Pariaman, constitue, depuis le règne fédérateur du souverain bouddhiste Adityawarman, au XIVe siècle, le cœur politique de la partie occidentale de Sumatra[215].

---

dans l'ouest de Sumatra : l'*emas Supayang*, extrait d'une mine située au sud-est de Pariaman sur le versant oriental des Bukit Barisan, l'*emas Sungai-Abu*, qui se présente sous forme de pépites affleurantes, et l'*emas Urei*, la poudre d'or issue de l'orpaillage des alluvions de la rivière éponyme, laquelle se jette dans la mer près d'Ipu, au sud de Mukomuko (W. MARSDEN, *The History of Sumatra...*, *op. cit.*, p. 166-168).

213. W. MARSDEN, *ibid.*, p. 171 et 401. Les *dacing* sont les balances chinoises à bras suspendus d'inégale longueur.

214. *Ibid.*, p. 178 et 180.

215. Issu de l'élite de gouvernement aristocratique de Majapahit (Java Est), Adityawarman gagne Sumatra pour y affermir la domination javanaise. Ayant proclamé son indépendance à l'égard de Majapahit et rallié à sa cause plusieurs potentats minangkabau, il déplace sa capitale (jusque-là située en amont de la Batang Hari) au cœur de la vallée de Suroaso, dans l'arrière-pays de Padang. Il règne de 1343 à 1375 (Hermann KULKE, « Adityawarman's Highland Kingdom », dans Dominik BONATZ, John MIKSIC, David NEIDEL et Mai Lin TJOA-BONATZ, dir., *From Distant Tales. Archaeology and Ethnohistory in the Highlands of Sumatra*, Newcastle-upon-Thames, Cambridge Scholars, 2009, p. 229-252).

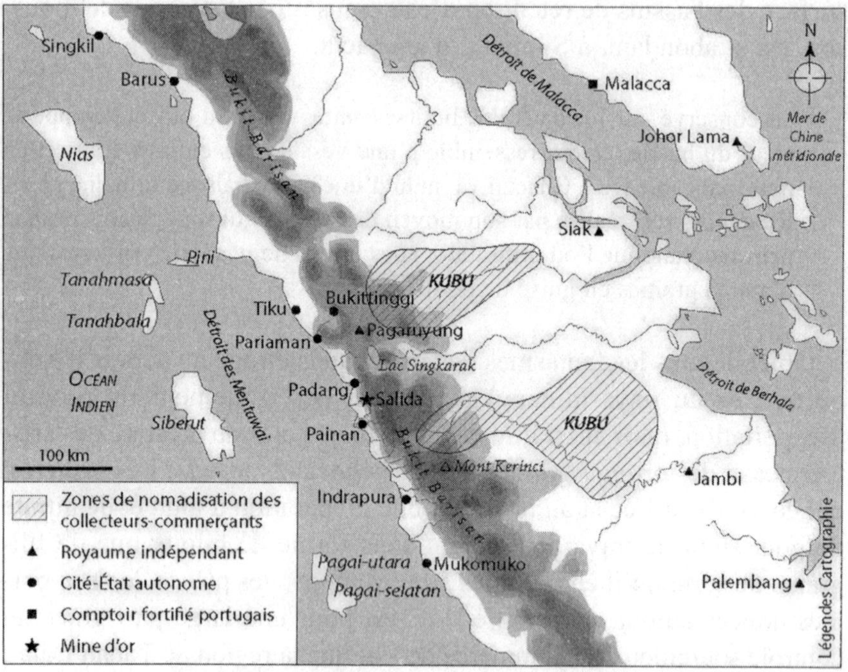

CARTE 6. La côte occidentale de Sumatra au début du XVIe siècle

C'est là que se trouve toujours, au XVIIe siècle, la capitale du monde minangkabau, Pagaruyung. Quoique retranchée derrière les montagnes, la ville, composée d'impressionnantes maisons à toits en forme de cornes de buffle, n'est pas un isolat : on y fait usage non seulement de céramiques chinoises et birmanes, mais aussi de poterie persane[216] [cf. Illustration 12]. Tel que décrit par Thomas Stamford Raffles en 1818, le paysage environnant atteste une forte densité de peuplement et un très haut degré d'occupation des sols. Tout n'est à perte de vue que *sawah* (rizières irriguées) et vergers :

216. Des fouilles menées à Bukit Gombak, dans la région de Tanah Datar, offrent un bon aperçu de cette extraversion commerciale du royaume minangkabau, puisqu'elles ont révélé la présence, pour les XIIIe-XVIIe siècles, de céramiques en provenance du Fujian (Chine), de Java, de Birmanie, du Vietnam et de Perse (Mai Lin TJOA-BONATZ, « The Highlands of West Sumatra and their Maritime Trading Connections », dans Andrea ACRI, Kashshaf GHANI, Murari JHA et Sraman MUKHERJEE, dir., *Imagining Asia(s). Networks, Actors, Sites*, Singapour, ISEAS, 2019, p. 412-415).

> [Pagaruyung] est bâtie au pied, et en partie sur le contrefort d'une montagne robuste et abrupte nommée Gunung Bongso, laquelle se distingue par ses trois sommets. En-deçà de la ville, tout au bas d'un précipice d'une profondeur de 50 à 100 pieds [15 à 30 mètres] qui tombe parfois en à-pic de façon perpendiculaire, serpente la superbe rivière Selo […].
> En face de la cité s'élève le mont Merapi, dont le sommet se situe probablement à une vingtaine de miles [une trentaine de kilomètres] de la ville. C'est sur les pentes de cette montagne que réside l'essentiel de la population. À 15 miles [25 km] à la ronde, la totalité de son versant est couverte de villages et de rizières […].
> Aussi loin que porte distinctement la vue depuis Pagaruyung, le pays entier n'est qu'un panorama continu de champs cultivés, émaillés d'innombrables villes et villages ombragés par les cocotiers et d'autres arbres fruitiers. Je peux dire avec assurance que ce spectacle égale tout ce que j'ai pu voir à Java : le paysage est plus vaste et plus majestueux, la population aussi dense, l'agriculture aussi riche[217].

Un dicton politique, recueilli au début du XXe siècle mais beaucoup plus ancien, confirme l'importance du maillage urbain aussi bien que de la prospérité agricole dans la vision minangkabau de l'État idéal :

> *Rizières inondées et cultures sèches,*
> *Cabanes et colonies,*
> *Hameaux et champs ouverts,*
> *Canard et poulets,*
> *Nièces et enfants,*
> *Chèvres et buffles,*
> *Jardins et viviers,*
> *Villages et quartiers :*
> *Voilà ce qui fait la grandeur du* negeri [État][218].

217. Sophia Raffles, *Memoir of the Life and Public Services of Sir Thomas Stamford Raffles, F. R. S. &c, Particularly in the Government of Java, 1811-1816, and of Bencoolen and its Dependencies, 1817-1824* (1830), Londres, J. Duncan, 1835, vol. 1, p. 424-426 (lettre de Thomas Stamford Raffles à la duchesse de Somerset, 10 septembre 1818).

218. Louis C. Westenenk, *De Minang Kabausche Nagari*, Padang, P. Baümer & Co., 1913, p. 7 (« *basawah baladang / batarata bapanjabungan / badusun bagalanggang / baitië baäjam / baäna bakamanakan / bakabau bakambing / batabé taman-taman / bakorong bakampung / itulah kabasaran nagari* »).

Bien que réputé être l'un des plus anciens et des plus puissants centres de pouvoir du monde insulindien, fondé par nul autre qu'un descendant en ligne directe d'Alexandre le Grand[219], le *negeri* minangkabau ne se laisse pas aisément décrire dans les termes d'un État hiérarchique et homogène. Selon les coutumiers oraux recueillis à l'époque coloniale, sa population est scindée en deux « moitiés » (*lareh*) rivales : Koto-Piliang et Bodi-Caniago, qui obéissent à des règles de droit distinctes et dont émanent les clans matrilinéaires contrôlant les villages.

Pour compliquer les choses, deux formes de gouvernement y ont cours, radicalement dissemblables. La première s'exerce dans sa partie centrale, nommée le *darat* et constituée des vallées et des hauts-plateaux jouxtant la capitale : il s'agit d'une domination directe – et à bien des égards autoritaire – du *Yang-Dipertuan* (« Celui qui règne ») sur ses sujets, lesquels le pensent détenteur de capacités surnaturelles. La seconde concerne les marches du royaume, autrement dit les « territoires migratoires » (*rantau*) situés dans les plaines côtières : le pouvoir s'y exerce par délégation, au profit des « chefs de groupes de villages » (*penghulu*), et sur le mode routinier de la ponction fiscale[220].

Germant sur le terreau du *rantau*, où les clans minangkabau établissent des bases avancées afin d'augmenter la surface de leurs zones

219. Selon le *Tambo Minangkabau*, il aurait initialement été dirigé par *Maharaja* Diraja, l'un des trois frères issus de la lignée d'Iskandar Zulkarnain : Alexandre « le Bicornu », « maître de l'Orient et de l'Occident ». Le second frère, *Maharaja* Dapang, devient empereur de Chine (ou du Japon, selon les versions) et le troisième, *Raja* Alif, sultan de Rum (Constantinople) (Vladimir Braginsky, « Imagining Kings of Rum and their Heirs. The Dynastic Space of the Malay World and Beyond », *Indonesia and the Malay World*, 2013, 41-121, p. 370-395).

220. Concernant le système des *lareh* et des *suku* (les « clans »), cf. Patrick E. de Josselin de Jong, *Minangkabau and Negeri Sembilan. Socio-Political Structure in Indonesia*, Djakarta, Bhratara, 1960, p. 47-50. Sur la distinction entre le *darat* et le *rantau*, cf. L. C. Westenenk, *De Minang Kabausche Nagari*..., *op. cit.*, p. 26 et 60-62, et J. Drakard, *A Kingdom of Words*..., *op. cit.*, p. 24-29, 75-83, 117 et 222-235. Le *darat*, c'est-à-dire le domaine dynastique central, se compose de trois « régions » (*luha'*) : Agam, Tanah Datar et Limo Pulueh Koto. Ces *luha'* sont dirigées par un triumvirat de princes (*Radjo nan Tigo Sélo*) : le *Yang-Dipertuan*, le *Radjo Ibadat* (« Roi de la religion ») et le *Radjo Adat* (« Roi de la coutume »), qui incarnent chacun l'une des facettes de l'ordre social et rituel. C'est ce caractère diffus du pouvoir minangkabau qui fait le désespoir des agents de la Compagnie des Indes néerlandaise aux XVIIe et XVIIIe siècles.

d'approvisionnement agricoles[221], les cités-États du littoral sont plus précocement et plus profondément influencées que le *darat* par le monde cosmopolite de l'océan Indien. La plus ancienne description européenne du *raja* de l'une de ces cités-États côtières – probablement Indrapura – montre que s'y développe un style spécifique de royauté, calqué sur celui des grands sultanats de la région. En 1561, la galiote portugaise *São Paulo*, qui cherche à rallier Malacca en droiture depuis le cap de Bonne-Espérance, se trouve prise dans une tempête et s'échoue sur un îlot de l'archipel des Batu ou des Banyak. À bord d'embarcations de secours, les rescapés parviennent à gagner la côte toute proche de Sumatra, où ils errent des semaines durant avant de croiser, à l'embouchure d'un fleuve, un groupe de « nègres à la peau claire ». Dans l'espoir de se procurer non seulement des provisions, mais aussi une nef, ils s'empressent d'entrer en contact avec eux :

> Le capitaine envoya une chaloupe à terre, avec à son bord un Javanais faisant office d'interprète, lequel leur demanda en malais de quel fleuve il s'agissait et en quel pays nous nous trouvions. Après avoir demandé l'un des nôtres en guise d'otage, ce qui fut accepté, un nègre de belle prestance et qui paraissait être un personnage important vint vers nous et nous dit que ce fleuve était celui de Menancabo [des Minangkabau] et que c'était là que résidait un fils du roi de Kampar [une région de la côte orientale de l'île]. Ayant appris que nous étions portugais, il nous autorisa à nous engager dans le fleuve [...].
> Le dimanche, 13 du mois, à deux heures de l'après-midi, le roi vint jusqu'à nous en descendant la rivière avec de grands tambours, des conches, des cornes et des cloches. Près de quatre-vingts radeaux le suivaient, chargés de gens d'armes portant des *kriss* étincelants, pour la plupart de grande valeur, ainsi que des boucliers et des javelots de fer luisants. [...] Il nous demanda où était le capitaine, et nous lui répondîmes

221. L'anthropologie contemporaine considère le fait de « partir en migration » (*merantau*) comme le corollaire du système matrilinéaire régissant les *suku*. Dans celui-ci, les cadets ne sont pas assurés d'une part de l'héritage foncier : ils doivent en conséquence créer leurs propres espaces agricoles et, à cette fin, coloniser de nouveaux territoires (Tsuyoshi KATO, *Matriliny and Migration : Evolving Minangkabau Traditions in Indonesia*, Ithaca, Cornell University Press, 1982). Au XIXe siècle, les marchands minangkabau distinguent deux zones au sein du *rantau* : le *rantau pesisir*, couvrant les plaines littorales situées à l'ouest du *darat*, et le *rantau hilir*, composé des hauts-plateaux de ses parties centrale et orientale (Tsuyoshi KATO, « Rantau Pariaman : The World of Minangkabau Coastal Merchants in the Nineteenth Century », *Journal of Asian Studies*, 1980, 39-4, n. 4, p. 730).

> qu'il était en train de finir son repas. Il nous répondit que, là où les rois arrivent, les capitaines ne finissent pas leur repas – des paroles auxquelles nous ne nous attendions assurément pas de la part d'un barbare[222].

Le souverain d'Indrapura, principauté malaise de la côte occidentale de Sumatra, est donc le fils du *raja* de Kampar – une région montagneuse du centre de l'île appartenant elle aussi au *rantau*, la périphérie migratoire de la monarchie minangkabau. Mieux encore : au début du XVIe siècle, ledit *raja* de Kampar est apparenté d'un côté au *raja* de Siak – royaume de la côte orientale – et de l'autre au sultan de Malacca[223]. Il n'y pas ici de coupure nette entre un littoral extraverti et un hinterland autarcique, mais la déclinaison, dans des formes politiques distinctes, d'un même monde culturel. La perception de l'espace n'obéit à aucune grammaire universelle. Quand les Européens conçoivent Sumatra comme une île fractionnée en potentats ethniques rivaux, les habitants du pays minangkabau raisonnent en termes d'un espace réticulaire de proximités – culturelles et dynastiques – englobant une partie de la péninsule Malaise[224].

La nature exacte des liens entre les cités visitées par les Dieppois et le cœur dynastique du monde minangkabau – le *darat* – est cependant d'autant plus difficile à établir qu'il faut attendre le témoignage de trois émissaires malais de la Compagnie néerlandaise unie des Indes orientales, en 1668, pour disposer à son propos d'éléments, ou plutôt de bribes d'information. Partis de Padang, sur la côte occidentale, les trois hommes – un clerc nommé Katib Muda et deux *penghulu* (« chefs ») – rencontrent tout d'abord deux des neuf ministres formant le conseil de gouvernement du souverain, puis sont escortés jusqu'à ce dernier, « au son des gongs », par des officiers militaires.

222. Bernardo GOMES DE BRITO, *História trágico-marítima, em que se escrevem chronologicamente os Naufrágios que tiveraõ os Naus de Portugal*, Lisbonne, Na Officina da Congregação do Craterio, 1735, vol. 1, p. 470-472 (« Henrique Dias. Naufrágio da Nao S. Paulo na Ilha de Samatra, no anno de 1561 »). Nef de 400 tonneaux placée sous les ordres de Rui de Melo da Cãmara, la *São Paulo* fait partie d'une flotte de six navires commandée par Jorge de Sousa.

223. A. CORTESÃO (éd.), *The Suma Oriental of Tomé Pires...*, *op. cit.*, vol. 1, p. 150.

224. Sur les conceptions locales de ce « monde minangkabau » (*alam minangkabau*), cf. Jane DRAKARD, « Inscribing Sumatra : Perceptions of Place and Space in Acehnese and Minangkabau Royal Letters », *Bulletin de l'École française d'Extrême-Orient*, 2008, 95-96, p. 135-189.

Trônant sur une terrasse de rotin (*balai*) et assis sous un dais, le *raja* les reçoit avec courtoisie mais brièvement. Tandis que les émissaires accomplissent le *sembah* – le salut cérémoniel, effectué à genoux, tête baissée et mains jointes devant le front –, l'un des *menteri* s'avance en se prosternant jusqu'aux pieds du monarque pour lui remettre la missive de la Compagnie. À l'occasion d'un second entretien, bien moins formel, le *raja* s'enquiert de la nature et de l'étendue du pouvoir des Hollandais à Sumatra[225]. Après avoir écouté la réponse circonstanciée des émissaires, « il reste assis et silencieux un long moment, avec un air de contentement[226] ».

En 1684, un autre envoyé de la Compagnie, Thomas Dias, se rend à Pagaruyung depuis la côte orientale. Accueilli par le souverain et sa cour « entourés par environ 4 000 hommes, la splendeur royale des instruments de musique et de nombreux parasols brodés d'or et d'argent », il se voit proposer « les ingrédients de la chique de bétel, posés sur un grand plateau d'argent ». D'après ces récits, la royauté minangkabau a pleinement calqué son étiquette, son apparat et son système de titres sur ceux des grandes cours malaises de la région – celles de Johore et d'Aceh. Dias nous apprend par surcroît que le monarque est conseillé par plusieurs *ḥājjī*, autrement dit par des érudits musulmans

225. Le rapport des émissaires malais est synthétisé, en hollandais, dans une série de notes de l'agent de la VOC à Padang (J. Drakard, *A Kingdom of Words*..., *op. cit.*, p. 102-108). Dans ce texte, toute la terminologie de la royauté provient du malais. Tandis que le premier *menteri* porte le titre de *Seri Paduka Maharaja* et le second celui de *Lela di Raja*, plusieurs *penghulu* usent de celui de Bendahara et la capitale est désignée au moyen du terme de *negeri*. Les gongs et les « ombrelles cérémonielles » (*payung*) sont de même typiques du protocole du pouvoir malais, tout comme le *sembah* et la façon de convoyer la missive diplomatique jusqu'au *raja* (C. Boon Kheng, éd., *Sejarah Melayu*..., *op. cit.*, VIII, p. 142-143, et T. Iskandar, éd., *De Hikajat Atjéh*..., *op. cit.*, § 163-164, p. 136-137). Le titre d'*hulubalang* (commandant militaire) est par ailleurs souvent attesté dans les *hikayat* des XVIe et XVIIe siècles, à Aceh comme dans la péninsule Malaise.

226. La mention de l'« air de contentement » du souverain minangkabau peut paraître surprenante, mais le sourire bienveillant fait partie du comportement attendu du bon *raja*. Les lois du Kedah lui font ainsi obligation, lorsqu'il rend ses sentences, d'arborer un « doux visage » (*manis muka*) (R. O. Winstedt, éd., « Kedah Laws... », art. cit., III.3, p. 34). L'idéal d'un souverain « à la voix douce » et au comportement « gentil et gracile » (*lemah lembut*) se retrouve dans plusieurs *hikayat* malais du XIXe siècle, par exemple dans l'*Hikayat Pahang* (Anthony C. Milner, *Kerajaan. Malay Political Culture on the Eve of Colonial Rule*, Tucson, University of Arizona Press, 1982, p. 41).

ayant accompli le pèlerinage à La Mecque – ce qui suggère un degré avancé d'islamisation[227].

Mais rien ne dit que ce processus d'adoption de l'islam et de la culture de cour malaise ait déjà commencé au temps des frères Parmentier[228]. Tiku, Pariaman et Indrapura ont d'ailleurs pu en être les têtes de pont, auquel cas leurs relations avec les souverains minangkabau se sont inscrites dans le cadre plus vaste des échanges intra-insulaires entre des unités politiques aux contours et aux croyances très dissemblables.

Car il existe, par-delà les hauts murs de papier des chroniques malaises et des récits de voyage européens, des peuples qui, pour n'avoir laissé aucune trace écrite, n'en ont pas moins joué un rôle de première importance dans l'histoire du négoce au long cours, et par implication dans celle du décloisonnement de l'Eurasie. Semi-nomades, vivant au cœur de la forêt tropicale humide et dotés de leurs propres dialectes et cosmologies, ils échappent d'autant plus à l'attention des historiens que ces derniers sont tributaires de sources dans lesquelles ils sont ordinairement traités avec mépris. Voyez comment le *munshi* Abdullah, qui se pense comme un lettré malais « civilisé », parle des Jakun, qui habitent les pentes arborées du mont Datuk, à quelques dizaines de kilomètres de la ville de Malacca, sur la péninsule Malaise :

227. Timothy BARNARD, « Thomas Dias' Journey to Central Sumatra in 1684 », dans coll., *Harta Karun : Hidden Treasures on Indonesian and Asian-European History from the VOC Archives in Jakarta*, Djakarta, Arsip Nasional Republik Indonesia-Yayasan Corts, 2013, p. 23, 25.

228. L'islamisation de la royauté minangkabau n'est probablement pas antérieure aux campagnes de conquête du sultanat d'Aceh, qui commencent à la fin des années 1530 (J. KATHIRITHAMBY-WELLS, « Acehnese Control over West Sumatra up to the Treaty of Painan, 1663 », *Journal of Southeast Asian History*, 1969, 10-3, p. 453-479). Il faut attendre le XVIIe siècle pour voir les *raja* de Pagaruyung faire usage du titre de sultan dans leurs échanges avec les Hollandais (J. DRAKARD, *A Kingdom of Words*..., *op. cit.*, p. 79, 82 et 92-95). Sur la côte, au début du XVIe siècle, la situation paraît particulièrement confuse. Dans les années 1510, Tomé Pires écrit que « certains disent que le roi de Tiku est un païen, d'autres qu'il est un Maure » (A. CORTESÃO, éd., *The Suma Oriental of Tomé Pires*..., *op. cit.*, vol. 1, p. 161). L'anonyme auteur du « Discours d'un grand capitaine de Dieppe » (1539) n'est guère plus affirmatif, qui note prudemment : « Les habitants de Tiku, à mon avis, sont mahométans » (G. B. RAMUSIO, *Navigationi e Viaggi*..., *op. cit.*, vol. 3, f° 432r).

> La première chose que je notais était que si, de par leur aspect général, ils étaient humains tout comme nous, de par leur comportement ils étaient inférieurs aux animaux, car les animaux eux, du moins, savent se laver. Leurs cheveux étaient comme des tresses grossières et n'avaient aucunement la couleur des cheveux humains, car ils étaient mélangés à de la terre et à de la sève d'arbre, ce qui les faisait ressembler à une écorce. Leurs têtes grouillaient de poux et d'asticots – Allāh seul sait combien il y en avait !
> Ils ne portaient ni *kain* [pièce d'étoffe couvrant les jambes] ni chemise. En vérité, ils n'avaient pas le moindre vêtement sur eux, à l'exception d'un morceau de tissu d'écorce de la taille de la paume d'une main, enroulé autour des reins. Des cheveux en désordre défiguraient leurs joues et leurs mentons, car de toute leur vie ils ne s'étaient rasés ni épilés. Leur peau ne ressemblait pas du tout à celle des êtres humains : elle paraissait couverte de couches sans nombre de boue et de sève. [...]
> Ils se tenaient serrés les uns contre les autres à côté d'un arbre à durian. Leurs yeux avaient une lueur sauvage, comme s'ils étaient sur le point d'envoyer des éclairs. Lorsqu'ils conversaient entre eux, j'avais l'impression d'entendre des oiseaux gazouiller. J'écrivis [dans mon carnet d'observation] : « *kakak-kakak kang king cha'ku* ». Ceci vaut pour les sons, bien que je n'aie aucune idée des véritables mots ni de leur signification[229].

Les sources textuelles révèlent une cascade de condescendance. Tandis que les navigateurs arabes comme Mādjid tiennent les Malais pour des infidèles et des menteurs patentés, les Malais relèguent les peuples nomades dans la bestialité. Or, qui, sinon les homologues sumatranais des Jakun, peut fournir en produits de la forêt tropicale les sultanats côtiers où les Dieppois font relâche ? Les « peuples sans histoire » sont en réalité les soutiers de l'Histoire. Sans leurs activités de chasse et de collecte, aucune des denrées recherchées par les négociants arabes, chinois et européens – le benjoin, le camphre, la « liane à encens » (*kayu laka*), le miel sauvage, l'ivoire, la résine de

229. A. SWEENEY (éd.), *Karya Lengkap Abdullah bin Abdul Kadir Munsyi*, *op. cit.*, vol. 1, p. 482-483 (*Hikayat Abdullah*, 1849). Sur ce surprenant épisode, qui voit le *munshi* Abdullah se faire l'ethnographe des Jakun pour le compte d'un lieutenant britannique et d'un marchand hollandais, cf. Romain BERTRAND, « 1832. Le *munshi* Abdullah ethnographie les Jakun de Malaisie (et les Britanniques) », dans ID. (dir.), et Hélène BLAIS, Guillaume CALAFAT et Isabelle HEULLANT-DONAT (coord.), *L'Exploration du monde. Une autre histoire des Grandes découvertes* (2019), Paris, Seuil, 2023, p. 383-388.

« sang-dragon » (*jernang*), la corne de rhinocéros – ne serait disponible dans les États-entrepôts du monde malais[230].

Bien qu'ignorés ou moqués par les chroniqueurs, les « collecteurs-commerçants[231] » des montagnes d'Asie du Sud-Est – les Punan de Bornéo, les Senoi et les Semang de Malaisie, les Agta de Luçon (Philippines) – ne vivotent pas dans le bas-côté des réseaux marchands de la « première mondialisation ». Ils en sont au contraire le premier, le plus indispensable maillon.

*
* *

Les Kubu sont l'un des seuls peuples de « collecteurs-commerçants » du nord de Sumatra à avoir – tardivement – retenu l'attention des ethnologues coloniaux. Lorsque le médecin-naturaliste allemand Bernhard Hagen leur consacre une étude, en 1908, ils se répartissent en groupes sédentaires et en bandes semi-nomades, lesquelles arpentent un territoire s'étendant de la côte orientale de l'île, dans la région de Jambi, aux contreforts du mont Kerinci, situé à moins d'une quarantaine de kilomètres à vol d'oiseau d'Indrapura[232] [cf. Illustration 13].

Leurs origines demeurent inconnues, mais la thèse coloniale selon laquelle ils seraient des « Proto-Malais » – entendez une population « archaïque » repoussée vers les montagnes par des colonisateurs « plus évolués » (les Malais) – a été battue en brèche. Il est tout autant possible qu'il s'agisse de fugitifs ayant déserté les enclaves littorales et leurs dépendances rizicoles pour échapper à l'asservissement, à la captivité

230. A. Cortesão (éd.), *The Suma Oriental of Tomé Pires...*, *op. cit.*, vol. 1, p. 160-161, et Freek Colombijn, « Dried-Up Dragon's Blood and Swarms of Bees' Nests Collectors. Non-Timber Forest Products in Sumatra, 1600-1870 », dans Peter Boomgaard et David E. F. Henley (dir.), *Muddied Waters. Historical and Contemporary Perspectives on Management of Forests and Fisheries in Island Southeast Asia*, Leyde, Brill, 2006, p. 259-278.

231. Kathleen D. Morrison et Laura L. Junker (éd.), *Forager-Traders in South and Southeast Asia. Long Term Histories*, Cambridge, Cambridge University Press, 2002. La dénomination de « collecteurs-commerçants » remplace celle de « chasseurs-cueilleurs ». Cette dernière possède le double inconvénient de reconduire une vision primitiviste des sociétés de la forêt et d'occulter leur insertion économique et politique ancienne dans les réseaux de négoce à longue distance.

232. Bernhard Hagen, *Die Orang Kubu auf Sumatra*, Francfort-sur-le-Main, Baer & Co., 1908, p. 3.

ou à une condition économique subalterne[233]. Leur spécialisation dans la collecte de produits d'exportation ne constituerait alors pas la marque de leur « nature primitive », mais l'indice de leur adaptation conjoncturelle à un nouvel environnement – une reconversion professionnelle.

Quoi qu'il en soit, l'anthropologie contemporaine des Kubu les présente comme n'étant pas de simples glaneurs, mais sous les traits d'extracteurs de ressources polyvalents pratiquant, outre la chasse et la pêche en rivière, une horticulture de subsistance sous la forme de jardins d'ignames sauvages[234]. Leur principale source de revenus réside à présent dans la récolte du miel de jungle – une activité extrêmement codifiée, qui implique non seulement la sanctuarisation des arbres *sialong* portant les ruches, mais aussi le chant de formules de séduction et d'enchantement (*tomboi*) à l'adresse des esprits ligneux et de la « reine des abeilles »[235]. Comme tous les peuples de la forêt tropicale, les Kubu font montre à l'égard de cette dernière d'une attitude respectueuse, encadrant la ponction de ses ressources de nombreuses précautions rituelles : une attitude contrastant avec celle, prédatrice et pécuniaire, qui prévaut dans les enceintes marchandes des cités portuaires.

L'absence des Kubu dans les documentations des époques anciennes constitue le signe de leur formidable ingéniosité, et non de leurs carences techniques. Comme les « civilisations du végétal[236] » de la péninsule Indochinoise, ils sont capables de créer leur habitat, leurs vêtements, leurs armes et leurs ustensiles à partir de matériaux sylvestres périssables – rotin, argile, feuilles de pandanus, écorce :

233. Concernant cette théorie de l'évolution ou de la « dévolution primitive » de segments de sociétés agricoles, cf. Richard Fox, « "Professional Primitives". Hunters and Gatherers in Nuclear South Asia », *Man in India*, 1969, 49-2, p. 139-160, et Carl Hoffman, « Punan Foragers in the Trading Networks of Southeast Asia », dans Carmel Schrire (dir.), *Past and Present in Hunter-Gatherer Studies*, Orlando, Academic Press, 1984, p. 123-149.

234. Edmond Dounias, « Les "jardins" d'ignames sauvages des chasseurs-collecteurs Kubu des forêts de Sumatra », *JATBA. Revue d'ethnobiologie*, 2004, 42, p. 127-146, et Oyrin Sandbukt, « Resource Constraints and Relations of Appropriation Among Tropical Forest Foragers. The Case of the Sumatran Kubu », *Research in Economic Anthropology*, 1988, 10, p. 117-156.

235. Steven Sager, « Enchanting the Honeybees with Magical Love Songs. An *Orang Rimba* Honey-Collecting Ritual in Jambi, Sumatra », *Asian Ethnology*, 2016, 75-2, p. 377-395.

236. Pierre Gourou, « La civilisation du végétal chez les Mnong Gar », *Annales de géographie*, 1953, 62-333, p. 389-399.

Nous vivons sous un toit de feuilles de cikai,
Entourés de murs faits de racines et d'écorce,
Enrobés de boue, ornés de [plumes de] paon,
Élevant des cerfs plutôt que des chèvres,
Élevant des tapirs plutôt que des buffles[237].

Si les sources sont si peu disertes sur la présence des Kubu, c'est peut-être tout bonnement parce qu'ils n'ont jamais fait usage de l'ethnonyme dépréciatif que leur ont attribué les savants coloniaux, puis les fonctionnaires indonésiens. Pour peu qu'on daigne leur poser la question, les Kubu disent ne s'être jamais appelés eux-mêmes Kubu et préférer se nommer *orang rimba*, « gens de la forêt », ou bien *orang batin*, « gens de l'intérieur des terres »[238]. Par-delà ce problème de désignation, qui résulte du drame d'un déni d'identité, la disponibilité de certains produits sur les marchés du littoral suffit à prouver l'existence de ces « collecteurs-commerçants » au temps de la venue des frères Parmentier, puisque seuls de parfaits connaisseurs de la forêt tropicale peuvent parvenir à « humer » les cristaux de camphre à travers les fines entailles pratiquées dans l'écorce des diptérocarpacées – ces arbres géants dont la ramée parade à plus de quarante mètres de hauteur[239]. Sans le talent des « gens de la forêt », le camphre de Barus n'aurait jamais fait la renommée de Sumatra[240].

237. « *Beratap cikai, bedinding bener, bertikar gambut, berayam kuo, berkambing kijang, berkerbau pada tuno.* » Il s'agit d'un dit de Tengganai Ngembar, le dernier conteur *orang rimba* de la région de Bukit Duabelas, dans la province de Jambi. Il a été recueilli en 2007 (Ekoningtyas M. WARDANI, *Food Security among the* Orang Rimba *in Jambi. Transformation Processes among Contemporary Indonesian Hunter-Gatherers*, Leyde, université de Leyde, 2022, p. 1).

238. Adi PRASETIJO, « Behind the Forest : The Ethnic Identity of *Orang Kubu* (*Orang Rimba*), Jambi-Indonesia », communication présentée à la 10e Conférence sur les peuples chasseurs-cueilleurs (Conference on Hunting and Gathering Societies), Liverpool, 25-28 juin 2013, p. 12-14. L'exonyme *orang sakai* est lui aussi refusé par les *orang rimba* car, dans la péninsule Malaise, *sakai* est souvent employé de manière péjorative, avec le sens d'« esclave ».

239. Cette opération est bien décrite, pour les Punan de Bornéo, par Charles HOSE, *The Pagan Tribes of Borneo. A Description of their Physical, Moral and Intellectual Condition*..., Londres, Macmillan and Co., 1912, vol. 1, p. 152-153.

240. Il existe d'autres preuves indirectes de l'existence de « collecteurs-commerçants » aux époques antérieures à la venue des frères Parmentier. À la fin du XIIe siècle, un haut fonctionnaire chinois aux affaires maritimes, Chau Ju-kua, liste plusieurs

À rebours des discours racistes qui les parquent dans l'antichambre de l'Histoire[241], les *orang rimba* n'ont jamais été des parias politiques ni les dupes dociles d'échanges économiques asymétriques avec les pouvoirs côtiers. Au XVIIe siècle, ils font office de gardes-frontières aux marches du domaine royal de Jambi, au sud-est de la partie centrale de Sumatra. Ils bénéficient à ce titre d'un statut de quasi-autonomie leur garantissant des droits sur la terre et les exemptant du paiement de l'impôt tributaire (*jajah*)[242]. Comme le prouvent plusieurs décisions royales gravées sur des plaques de métal pieusement préservées de génération en génération, une relation contractuelle du même type existe au XVIIIe siècle entre les *orang batin* du bassin de la rivière Musi et les sultans de Palembang, voisins et rivaux de ceux de Jambi[243]. À l'instar d'autres « peuples de la forêt » d'Asie du Sud-Est, réputés posséder un lien privilégié et ambivalent avec les puissances invisibles tapies dans les brumes, les *orang rimba* ont peut-être même entretenu avec les royautés rizicoles des relations rituelles les érigeant en auxiliaires sinon partenaires de souveraineté[244].

---

produits originaires de San-fo-t'si (Sumatra) dont la collecte ne peut qu'être le fait d'*orang rimba* : benjoin, cire d'abeilles sauvages, liane à encens, etc. (Friedrich HIRTH et William ROCKHILL, éd., *Chau Ju-kua. His Work on the Chinese and Arab Trade in the Twelth and Thirteenth Centuries, entitled « Chu-fan-chï »*, Saint-Pétersbourg, Imperial Academy of Sciences, 1911, p. 201, 211 et 238).

241. « La religion mahométane prévaut partout dans les possessions du sultan [de Palembang], excepté dans une région proche de la côte, appelée Salang, où les indigènes, appelés *orang kubu*, vivent dans les bois comme des bêtes sauvages » (W. MARSDEN, *The History of Sumatra*..., *op. cit.*, p. 362).

242. Steven SAGER, « The Sky is our Roof, the Earth our Floor. *Orang Rimba* Customs and Religion in the Bukit Duabelas Region of Jambi, Sumatra », thèse d'anthropologie, université nationale d'Australie, 2008, p. 296-299.

243. J. MIKSIC, « Traditional Sumatran Trade », art. cit., p. 444-446.

244. Contrairement à l'image de reclus qui leur a été impartie par l'ethnographie coloniale, les Jaraï des hauts-plateaux vietnamiens participent par exemple pleinement de la fabrique de la légitimité rituelle de la royauté khmère (Grégory MIKAELIAN, « Le roi khmer, ses neveux *jöraï*, ses dépendants *kuoy* et *pear*. Un aperçu de la double légitimation du pouvoir dans le Cambodge du XVIIe siècle », *Péninsule*, 2015, 71, p. 35-76). La présence dans des villages de montagne batak d'objets de prestige, comme des pièces de céramique chinoise ancienne, tend à étayer l'hypothèse d'une relation non pas seulement économique, mais aussi politique et rituelle entre les sociétés de la côte et les « gens de l'amont » dans la partie septentrionale de Sumatra (JOHN MIKSIC, « Archaeology, Trade and Society in Northeast Sumatra », thèse d'anthropologie, université de Cornell, 1979, p. 110-111)

La seule et unique apparition des Kubu dans une chronique de royauté malaise n'est pourtant pas à leur avantage. Selon un *hikayat* rédigé en 1855, ils tendent une embuscade fluviale aux bateaux convoyant le sultan de Siak et ses hauts dignitaires. Ces derniers parviennent à s'enfuir dans une forêt de palmiers *nipah*, où les Kubu les traquent avec leurs chiens[245]. Si les raisons circonstancielles de cette hostilité des *orang rimba* à l'encontre du *raja* de Siak ne sont pas données, elle s'inscrit dans une longue histoire sumatranaise de relations conflictuelles entre les « gens de l'amont » (*orang hulu*) et les « gens de l'aval » (*orang hilir*).

Habitant les régions montagneuses, les *orang hulu* sont des essarteurs itinérants. Pratiquant l'horticulture sur brûlis le long des rivières, il leur faut inlassablement gagner des terres sur la forêt, puis les enrichir régulièrement par écobuage – ce qui les oblige à déplacer leurs villages au gré des mises en jachère[246]. À l'inverse, les *orang hilir* sont des agriculteurs sédentaires. Installés dans les plaines, où ils se consacrent à la riziculture irriguée, ils vivent sous la coupe des potentats installés près des estuaires[247]. Le paysage se stratifie de part en part selon ces modes de culture. En progressant depuis le littoral vers l'intérieur des terres, le voyageur traverse d'abord, passé les mangroves et les marécages ceignant les plages, une plaine alluviale étroite, occupée par les rizières inondées (*sawah*) et les vergers (*kebun*). Il gravit ensuite un piémont couvert de *ladang* – des champs sur brûlis

245. M. Y. Hashim (éd.), *Hikayat Siak dirawikan oleh Tengku Said*, Kuala Lumpur, Dewan Bahasa dan Pustaka, 1992, p. 557-560.

246. Les contraintes techniques et les conséquences sociales et politiques de cette pratique d'essartage sont magnifiquement décrites, pour le monde indochinois, dans Jean Boulbet, *Paysans de la forêt*, Paris, EFEO, 1975. Sur la pratique de la culture sur brûlis dans le monde minangkabau, génératrice de zones de *ladang* (friches horticoles), cf. Carol Pierce Colfer, Dan Gill et Fahmuddin Agus, « An Indigenous Agricultural Model from West Sumatra. A Source of Scientific Insight », *Agricultural Systems*, 1988, 26, p. 191-209. Cette pratique culturale est probablement très ancienne. Un marchand chinois ayant fait escale à Palembang au XIVe siècle note que cette région est tellement prospère que l'on a coutume d'y dire que, « si l'on plante du grain la première année, on récolte de l'or la troisième » – une référence à la mise en jachère des *ladang* pour une période allant de un à trois ans (Wang Ta-yüan, *Tao i chih lio*, 1349, cité dans W. Rockhill, « Notes on the Relations and Trade of China with the Eastern Archipelago... », art. cit., p. 135).

247. Jelamayar Kathirithamby-Wells, « *Hulu-hilir* Unity and Conflict : Malay Statecraft in East Sumatra before the Nineteenth Century », *Archipel*, 1993, 45, p. 77-96, et Nathan Porat, « The *Orang Batin-Orang Sakai* in the Malay Kingdom of Siak Sri Indrapura », *Asian Ethnology*, 2018, 77, 1-2, p. 285-306.

consacrés à la riziculture pluviale et aux légumes. Il gagne enfin la forêt (*hutan*), émaillée de clairières plantées de tuberculeuses – taro, manioc, ignames. Au débouché de la sylve, sur le versant oriental des Bukit Barisan, la même succession de *ladang* et de *sawah* scande la descente vers le cœur du pays minangkabau[248].

Entre les « montagnards » toujours sur le départ et les paysans rivés à leurs champs s'établissent des relations complexes, souvent marquées du sceau de la crainte et de la suspicion. Mais cette défiance réciproque, liée à des rapports distincts à l'autorité et au territoire, n'exclut pas de constantes interactions économiques et politiques. De la fin du XVIe au milieu du XIXe siècle, Barus présente même cette particularité d'être gouvernée par deux souverains : un « roi de l'aval » (*raja hulu*) et un « roi de l'amont » (*raja hilir*)[249]. Édifiée à une lieue de la côte et placée entre les mains d'une élite malaise musulmane, la capitale exerce son autorité sur huit hameaux batak situés deux lieues plus avant à l'intérieur des terres[250]. Ces villages d'essarteurs forment les chaînons intermédiaires du négoce avec les *orang rimba*, puisque « leurs habitants achètent du camphre et du benjoin aux gens des montagnes de Diri » – un massif s'étendant du sud de Singkil à l'arrière-pays de Barus.

248. Il est extrêmement difficile, faute de descriptions antérieures au XVIIIe siècle, de trancher la question de l'ancienneté de la riziculture irriguée dans l'ouest de Sumatra. Toutefois, la diffusion de cette technique dans des zones de la péninsule Malaise occupées par des populations originaires du pays minangkabau est attestée au XVIIe siècle (John AMBLER, « Historical Perspectives on *sawah* Cultivation and the Political and Economic Context for Irrigation in West Sumatra », *Indonesia*, 1988, 46, en particulier p. 44-45).

249. Concernant le fonctionnement de cette royauté duale, cf. Jane DRAKARD, *A Malay Frontier. Unity and Duality in a Malay Kingdom*, Ithaca, Cornell University Press, 1990. Quoique issues d'une même matrice malaise, les deux lignées usent de styles d'autorité dissemblables. Tandis que les *raja hulu* privilégient la « force » (*kuasa*) et les liens avec les clans batak, les *raja hilir* font preuve d'un plus grand ritualisme et mettent en œuvre une politique d'allégeances individuelles fondée sur le principe du « pacte » (*perjanjian*).

250. En 1701, lors d'un interrogatoire à Batavia, un petit marchand chinois itinérant nommé 't Singko fournit la description de villages batak de la région d'Angkola, située « à une dizaine de jours de marche » de Barus. Selon lui, « les Batak n'ont pas de relations avec les Malais des plaines, car ils ne sont pas mahométans ». Ils s'habillent pourtant « de la même façon, hommes et femmes portant des *sarung* avec de longues chemises ». Ils élèvent des porcs, produisent du riz en abondance et troquent de la cire et du benjoin contre du sel, lequel leur sert de monnaie (Daniel PERRET, éd., « Inquiry of a Chinese Trader about the Batak People in North Sumatra, 1 March 1701 », dans coll., *Harta Karun...*, *op. cit.*, p. 8-9, *Daghregister* de Batavia).

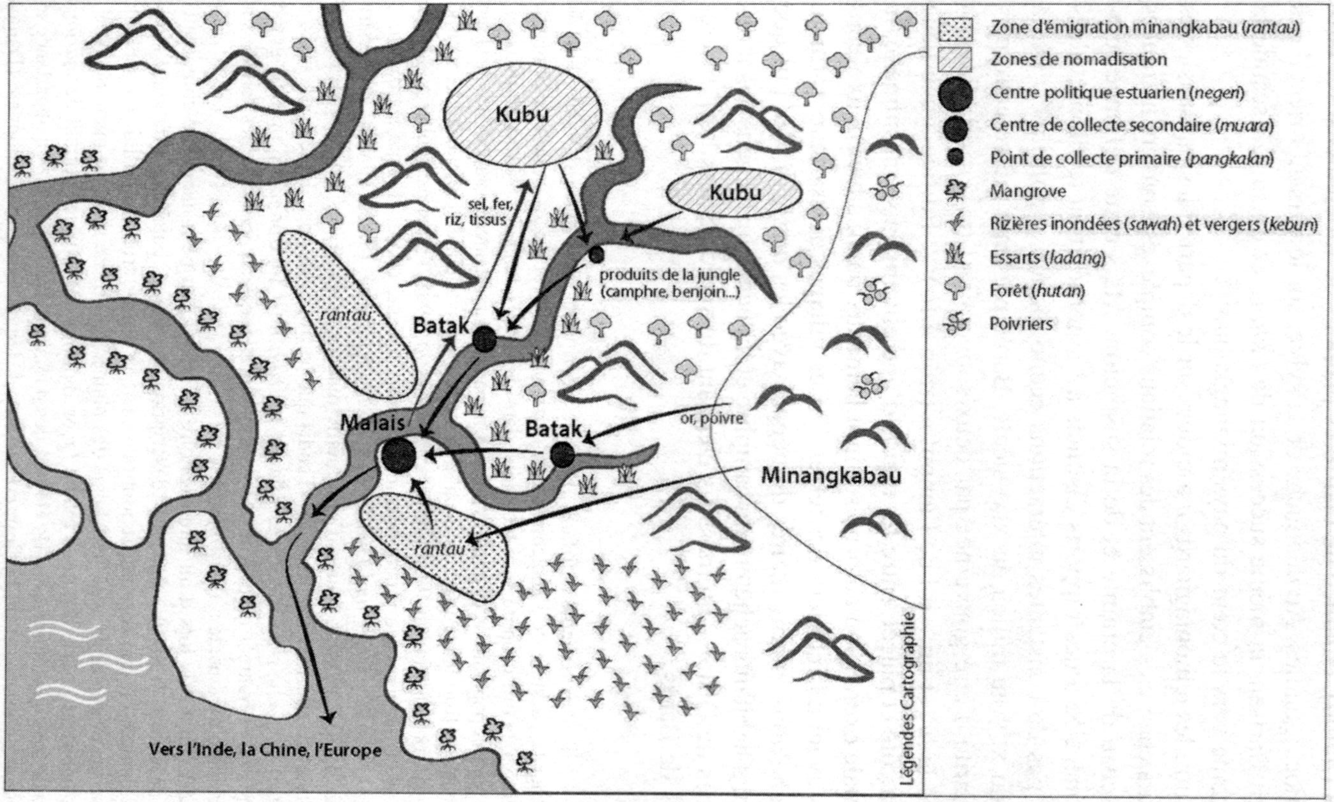

CARTE 7. Schéma d'un système politique fluvial à Sumatra

À l'exemple d'Indrapura, établie sur un affluent de la rivière du même nom, de nombreux sultanats côtiers régentent de vastes réseaux fluviaux arborescents de comptoirs de troc, lesquels leur permettent de s'approvisionner en produits de la sylve[251]. Au plus petit niveau du réseau, aux points d'intersection entre les sentes forestières et les rivières secondaires, se trouvent des lieux de collecte appelés *pangkalan*, qui ne sont souvent rien de plus que des pontons couverts[252]. C'est là que les « collecteurs-commerçants », les *orang rimba*, se rendent à date fixe pour rencontrer les agents du *raja* ou les « patrons malais » (*jenang*) et échanger avec eux du camphre, des résines, du rotin et des animaux rares contre du fer, du sel, du riz et du tissu[253].

Au niveau intermédiaire du réseau, là où les rivières secondaires se jettent dans la rivière principale, de petits ports sont implantés, dont les toponymes contiennent usuellement le terme de *muara* (« embouchure »). Ces bourgs fluviaux sont le premier échelon du système politique. Dans l'espace de souveraineté d'Indrapura, à la fin du XVIIe siècle, ils forment le siège des *peroatin*, les « chefs de

251. Ce modèle d'arborescence politique fluviale caractérise déjà, au VIIe siècle, l'empire de Srivijaya, établi dans la partie méridionale de Sumatra (Pierre-Yves MANGUIN, « Southeast Sumatra in Protohistoric and Srivijaya Times : Upstream-Downstream Relations and the Settlement of the Peneplain », dans D. BONATZ *et al., From Distant Tales...*, *op. cit.*, p. 434-484). Il a été conceptualisé sous le nom de « modèle dendritique » par Bennet BRONSON (« Exchange at the Upstream and Downstream Ends : Notes Towards a Functional Model of the Coastal State in Southeast Asia », dans Karl HUTTERER, dir., *Economic Exchange and Social Interaction in Southeast Asia. Perspectives from Prehistory, History, and Ethnography*, Michigan, University of Michigan Press, 1978, p. 39-52).

252. W. MARSDEN, *The History of Sumatra...*, *op. cit.*, p. 367. Ce lacis fluvial de *pangkalan* se double, au cœur de la forêt tropicale, d'un réseau de refuges payants. En 1818, lors du franchissement de la chaîne des Bukit Barisan entre Padang et le lac Singkarak, Thomas Stamford Raffles dort à deux reprises dans ce qu'il appelle des « *toll-posts* », « lesquels consistent généralement en un ou plusieurs grands abris destinés à l'hébergement des marchands indigènes et des voyageurs » (*Memoir of the Life and Public Services of Sir Thomas Stamford Raffles...*, *op. cit.*, vol. 1, p. 395).

253. Les *jenang* apparaissent au début du XVIe siècle dans le sultanat de Jambi. Au départ simples marchands, ils sont peu à peu cooptés par le pouvoir central jusqu'à devenir les intermédiaires entre ce dernier et les *orang batin*. Les territoires d'amont où ils collectent le tribut sont connus, à la fin du XVIIe siècle, sous le nom de « pays des *jenang* » (*tanah berjenang*) (Jang Aisyah MUTTALIB, « Jambi, 1900-1916 : From War to Rebellion », thèse de science politique, université de Columbia, 1977, p. 111-113, et Gerhard PERSOON, « The Kubu and the Outside World. The Modification of Hunting and Gathering », *Anthropos*, 1989, 84/4-6, p. 510).

villages », en charge du règlement des disputes coutumières[254]. Les denrées acquises dans les *pangkalan* de l'affluent attenant y sont stockées avant d'être chargées sur des « radeaux de bambous munis de gouvernails » (*rakit*) et sur des barques à toit de palmes, lesquels les acheminent jusqu'aux capitales côtières[255]. Un dicton malais en usage dans le sultanat de Jambi résume on ne peut mieux ce fonctionnement hydraulique du pouvoir : « Les dons [du *raja*] remontent la rivière, le tribut la descend[256]. »

Les ports où les Dieppois font relâche ne sont par conséquent que les terminaux de longues chaînes d'échanges épousant les méandres des bassins fluviaux. Organisés le long de routes liquides, les sultanats de Sumatra, vus du ciel, ressemblent à des serpentins. Dans l'une des plus célèbres œuvres malaises du XVIIIe siècle, le *Hikayat Hang Tuah* (« Épopée de Hang Tuah »), l'ordre de mobilisation donné par le Premier ministre d'Indrapura s'adresse à « tous les hommes puissants contrôlant les confluents, les boucles fluviales et les baies de la région périphérique du royaume[257] ». Quoique l'insistance malaise sur le carac-

254. J. Kathirithamby-Wells, « The Inderapura Sultanate… », art. cit., p. 72. Les *peroatin* ont autorité sur plusieurs villages. Au nombre de 59, ils sont placés sous les ordres directs de 20 *menteri* en charge de groupements supérieurs de villages dénommés *kota*. Certains *peroatin*, choisis par leurs pairs pour présider les festivités prenant place à l'échelle d'une rivière, portent le titre de *pambarab* (W. Marsden, *The History of Sumatra*..., *op. cit.*, p. 213). Cet étagement du pouvoir est concomitant de la période d'expansion d'Indrapura, qui absorbe au sortir du XVIe siècle la cité-État voisine d'Anak Sungai. Il est tout sauf certain que cette structure ait existé au temps de la visite des Dieppois, puisque Indrapura est alors jugée sur le déclin par les navigateurs arabes.

255. Freek Colombijn, « A Moving History of Middle Sumatra, 1600-1870 », *Modern Asian Studies*, 2005, 39, p. 12 ; W. Marsden, *The History of Sumatra*..., *op. cit.*, p. 145-146, 358-360 et 364 ; F. Valentijn, *Oud en Nieuw Oost-Indiën*..., *op. cit.*, vol. 5, VII.2, p. 16. Les barques à toit de palmes s'appellent des *tambangan*.

256. S. Sager, « The Sky is our Roof… », thèse citée, p. 297 (« *serah naik, jajah turun* »). La concession de droits fonciers aux *orang batin* par le sultan de Jambi est qualifiée dans les documentations palatines de « don de terre » (*tanah kurnia*). Le tribut exigé des « montagnards » se compose, lui, de quantités déterminées de produits de la sylve (rotin, benjoin, camphre, etc.). À Indrapura, au début du XXe siècle, le sultan reçoit un « tribut » (*upeti*) de la part des chefs rejang auxquels il a concédé le droit d'exploiter certains sites aurifères (G. Asnan, *Kerajaan Inderapura*..., *op. cit.*, p. 26, lettre du sultan d'Indrapura Malafar Alam Syah, c. 1903).

257. Pierre-Yves Manguin, « The Amorphous Nature of Coastal Polities in Insular Southeast Asia : Restricted Centres, Extended Peripheries », *Moussons*, 2002, 5, p. 74 (« *segala orang besar-besar yang memegang anak sungai dan teluk rantau* »).

tère aquatique du domaine de souveraineté heurte notre imaginaire de l'État, tributaire de l'idée de frontière terrestre, il ne faut pas oublier que le pouvoir noue toujours avec l'espace un rapport d'efficacité. Or, dans la forêt tropicale, il est plus aisé et plus rapide de se déplacer en suivant les cours d'eau qu'en franchissant les versants montagneux[258].

Si le troc avec les cités-États malaises garantit leur survie alimentaire, les *orang rimba* en font également un principe d'autonomie politique – d'où les heurts récurrents avec les *raja* qui tentent de les inclure de force dans leurs aires de juridiction. Au début du XIXe siècle, l'orientaliste William Marsden leur prête « une sorte de propension à l'indépendance ou à l'égalité, qu'ils expriment par le terme *sama rata* [en toute équité][259] ». D'autres témoignages de naturalistes et d'ethnologues coloniaux montrent qu'ils régulent à leur guise leurs relations avec le monde extérieur.

Les *orang rimba* pratiquent ainsi souvent le « commerce silencieux » avec les marchands chinois et malais. Ces derniers se rendent en barque jusqu'à un point de contact que matérialise un tambour à fente fabriqué à partir d'un rondin évidé. Ayant fait sonner le tambour, ils s'éloignent à faible distance. Les *orang rimba* s'en viennent aussitôt déposer les produits qu'ils souhaitent troquer, font à leur tour retentir le tambour, puis disparaissent dans la forêt. Les négociants retournent sur les lieux, y disposent leurs propres marchandises et frappent une fois encore le tambour. Dès qu'ils sont hors de vue, les *orang rimba* évaluent les biens qui leur sont proposés : s'ils jugent la transaction équitable, ils repartent avec ; s'ils l'estiment déséquilibrée, ils retranchent une partie du produit de leur collecte et attendent la réaction des marchands. Ces derniers sont dès lors contraints, soit d'augmenter leur mise, soit de sélectionner une

258. Le journal de marche du lieutenant Hastings Dare, un officier de l'East India Company traquant en 1804 des rebelles dans la région d'Ipu et de Sungai Tenang, au nord-ouest de Kerinci, donne une bonne idée de l'extrême difficulté des déplacements dans les zones sylvestres montagneuses. Paluds, rivières rendues brusquement torrentielles par les pluies de mousson, pentes escarpées et boueuses, vents violents favorisant les chutes d'arbres, sangsues, etc. : l'expédition de représailles vire au calvaire (W. MARSDEN, *The History of Sumatra…*, *op. cit.*, p. 308-324). Même sur de très courtes distances, les voyages prennent un temps considérable. En 1800, un naturaliste britannique, Charles Campbell, met trois jours pour rallier le piémont des Bukit Barisan depuis la ville côtière de Mukomuko (*ibid.*, p. 304).

259. *Ibid.*, p. 167-168. Ces « montagnards » (*hill people*) travaillent alors dans les mines d'or, où ils font obstinément valoir leurs droits collectifs.

fraction des produits qui les intéressent[260]. Menée à coups de tambour, sans qu'un seul mot soit prononcé, la négociation n'implique aucune interaction directe entre les parties. Du point de vue des *orang rimba*, elle vaut fin de non-recevoir culturelle, c'est-à-dire rejet du mode de vie, des conventions et des hiérarchies des « gens de l'aval ».

Sans aller jusqu'à faire d'eux des rebelles épris de liberté et murés dans le refus volontaire de l'État[261], force est de constater que les *orang rimba* parviennent, par leur nomadisme, à échapper à la prise des sultanats comme à celle de la royauté minangkabau. Encore faut-il rappeler que cette dernière, en ses marges, fonctionne moins à la coercition directe que par le biais de la cooptation des figures d'autorité locales. Loin de constituer un vide politique, les hauts-plateaux regorgent de « lettres de sceau » (*surat cap*) émises à Pagaruyung. Dans celles-ci, le souverain « reconnaît pour fils » tel ou tel homme fort et lui délègue une part, sinon de son pouvoir, du moins de son prestige[262]. Le fait que plusieurs de ces missives se soient révélées des forgeries confirme l'immense crédit accordé au patronage royal – et ce jusque dans les zones les plus éloignées de la capitale.

Il reste que, dans la littérature de cour malaise, la limite entre le piémont cultivé et la forêt profonde trace toujours la frontière entre l'État et son envers anarchique[263]. Un passage de la *Sejarah Melayu*, rédigée

260. Johannes W. Boers, « De Koeboes », *Tijdschrift voor Nederlandsch-Indië*, 1838, 1-2, p. 288, et Henry O. Forbes, *A Naturalist's Wanderings in the Eastern Archipelago. A Narrative of Travel and Exploration from 1878-1883*, Londres, Harper & Brothers, 1885, p. 233-236. Considéré comme le degré 0 de la transaction marchande, partant comme un signe sûr de « primitivité », le « commerce silencieux » a fait l'objet d'une théorisation anthropologique précoce, au sein de laquelle les Kubu occupent une place de choix (Philip Hamilton Grierson, *The Silent Trade. A Contribution to the Early History of Human Intercourse*, Édimbourg, William Green and Sons, 1903, p. 6-9 et 44).

261. James Scott, *Zomia, ou l'art de ne pas être gouverné. Une histoire anarchiste des hautes terres d'Asie du Sud-Est* (2009), Paris, Seuil, 2013.

262. Le premier exemplaire connu de ces « sceaux de patronage » provient d'Anak Sungai et date des années 1690-1710 (Annabel Teh Gallop, « Royal Minangkabau Seals. Disseminating Authority in Malay Borderlands », *Indonesia and the Malay World*, 2015, 43-126, p. 270-297, et Id., *Malay Seals from the Islamic World of Southeast Asia*, Singapour, NUS Press-The British Library, 2019, n°s 430, 463, 467 et 468, p. 175, 184 et 186).

263. Sur l'antinomie entre l'espace « ordonné » (*diatur*) des plaines et des piémonts agricoles et la « forêt sauvage » (*alas liar*), cf. Denys Lombard, « La vision de la forêt à Java (Indonésie) », *Études rurales*, 1974, 53-56, p. 474-485. Dans le

au début du XVIIe siècle, démontre de façon saisissante que la souveraineté des *raja* s'arrête en amont des rivières. Humilié par le sultan de Malacca, qui a fait enlever à son nez et à sa barbe l'une de ses promises et son éléphant de combat fétiche, le *raja* de Pahang décide de renoncer à son trône et de se faire ermite. Afin de quitter le domaine des lois humaines, il s'enfonce dans la sylve à bord d'un esquif tandis que bat le tambour royal – instrument des appels à la loyauté en temps de guerre ou de catastrophe naturelle :

> Tant qu'elle entendit le son du tambour de souveraineté (*nobat*), Sa Majesté continua à remonter le cours de la rivière. Lorsqu'elle ne l'entendit plus, Elle s'arrêta et prit demeure là où Elle se trouvait[264].

Cette aversion malaise pour les espaces sylvestres se redouble, dans le cas de l'ouest sumatranais, de la peur du « cannibalisme » des Batak, dont un texte chinois du VIIe siècle, le *Leang chou* (« Histoire des Leang »), fait déjà état – et que rapporte avec effroi le voyageur vénitien Nicolo de' Conti dans les années 1430[265]. Or, il ne s'agit pas d'un fantasme d'explorateurs, mais d'un fait institutionnel souvent documenté. Les Batak ne dévorent pas le tout-venant, mais uniquement les auteurs de crimes attentatoires à l'ordre social (adultère, meurtre, inceste). Interrogé en 1701 par les Hollandais, un marchand chinois itinérant ayant vécu parmi les Batak de l'arrière-pays de Barus explique que ces derniers

> mangent aussi de la chair humaine, mais uniquement celle des délinquants ou des criminels, et lorsque l'un de ceux-ci a été attaché pieds et poings liés, il est découpé encore vivant en petits morceaux, au moyen de petits couteaux, par 200 à 300 de ces gens de la forêt (*bosch-menschen*),

---

monde malais, la fondation d'un État commence toujours par le défrichement de la sylve et se trouve glosée comme la victoire de la norme humaine sur le chaos naturel (R. BERTRAND, *L'Histoire à parts égales*..., *op. cit.*, p. 390-397).

264. C. BOON KHENG (éd.), *Sejarah Melayu*..., *op. cit.*, XIX, p. 245-246. Sur l'importance du *nobat* comme dispositif de souveraineté dans le monde malais, cf. Raja Iskandar BIN RAJA HALID, « The *nobat* in Early Malay Literature : A Look into the *Hikayat Patani* », *Indonesia and the Malay World*, 2018, 135-46, p. 168-197.

265. Nicolo de' CONTI, *Le Voyage aux Indes (1414-1439)*, trad. Diane MÉNARD, Paris, M. Chandeigne, 2004, p. 148. Sulaymān al-Mahrī met lui aussi en garde le voyageur contre « une populace mangeuse d'hommes, appelée Batakh » (G. R. TIBBETTS, *A Study of the Arabic Texts*..., *op. cit.*, p. 216, *al-'Umda al-mahriyya fi ḍ abṭ al-'ulūm al-baḥriyya*, 1511).

> puis, alors qu'il saigne encore, mangé cru avec une pincée de sel et du poivre long. Les mains et les pieds, ainsi que le cœur et le cerveau sont mis de côté tels des mets délicats à l'attention des souverains, tandis que la tête, avec les oreilles, le nez, la langue et tout le reste [du visage], est pour les notables [...][266].

On comprend que cette « anthropophagie judiciaire » – qui reste pratiquée jusque dans les années 1850 – ait découragé les incursions au-delà du piémont des Bukit Barisan. D'autant que, comme les missionnaires européens vont l'apprendre à leurs dépens, elle concerne aussi les étrangers ayant pénétré sans autorisation en territoire batak[267].

Comme la plupart des marchands étrangers, les Dieppois n'aperçoivent que la vitrine côtière de l'ensemble politique sumatranais. Alors même qu'ils forment les rouages du négoce des ressources locales, les liens de dépendance réciproque entre les sultanats malais, la royauté minangkabau, les chefferies batak et les *orang rimba* restent en dehors de leur champ de vision. Or, c'est sur l'ignorance du rôle productif des « collecteurs-commerçants » que s'est bâtie la conception contemporaine de la « première mondialisation » comme d'un phénomène purement urbain, lié aux « grandes civilisations ».

*
* *

L'affaire est entendue : Sumatra abrite au XVIe siècle un monde social et politique en tout point aussi complexe que celui de la Normandie. Certes, ni Tiku ni Indrapura ne valent Dieppe au plan démographique. Mais le réseau régional des sultanats malais ne le cède en rien au système des alliances princières européennes, non plus que le décorum de la cour de Pagaruyung à la pompe des Valois. Les rituels de la présentation du bétel, du « cadeau au roi » et du *sembah* (le salut déférentiel propre au monde palatin), l'extrême spécialisation des offices constitutifs du service du *raja*, l'usage ostentatoire des bannières dynastiques,

266. D. PERRET (éd.), « Inquiry of a Chinese Trader about the Batak People... », art. cit., p. 9.

267. Deux missionnaires américains, entrés sans permission en pays toba batak, sont tués et mangés en 1834, et le linguiste néerlandais Herman van der Tuuk affirme en 1853 avoir échappé de peu au même sort (R. HEINE-GELDERN, « I. Le pays de Pi'-k'ien, le roi au Grand cou et le Singa Mangaradja... », art. cit., p. 362-363).

des ombrelles de royauté et d'autres regalia : tout, dans le cérémonial malais du pouvoir, se prête à l'analogie avec l'Europe[268].

Il ne suffit pourtant pas de parler de batailles, de rois et d'éléphants[269] aux tenants de la légende des Grandes découvertes pour qu'ils abdiquent séance tenante leur croyance enfiévrée en la supériorité européenne. Les Malais ont des capitaines ? Soit. Mais ont-ils des poètes ?

Autrement dit, existe-t-il en Insulinde des personnages conjoignant, tels Jean Parmentier et Pierre Crignon, les deux facettes – maritime et littéraire, technique et culturelle – de ce que nous persistons à nommer la Renaissance ? La réponse est oui, et nous les avons d'ailleurs déjà rencontrés. Les grands « maîtres de navigation » (*muʿallimūn*) de l'océan Indien, comme Ahmad ibn Mādjid et Sulaymān al-Mahrī, sont très précisément des « capitaines-poètes » puisqu'ils composent leurs routiers sous forme de longs poèmes didactiques. De plus, ces textes – génériquement appelés *ur<u>dj</u>ūzas* – obéissent, à l'instar de ceux des « grands rhétoriqueurs » français, à des règles de versification minutieusement codifiées, dont on trouve la liste dans les traités de « science poétique » (*ʿilm al-<u>sh</u>iʿr*). Ils recourent à l'un des mètres les plus couramment utilisés dans la poésie arabe populaire à l'époque moderne : le « tremblement » (*ra<u>dj</u>az*), qui repose sur l'alternance continue de deux syllabes longues et d'une syllabe courte. Longtemps associé aux chants au moyen desquels les chameliers dirigent leur troupeau, le *ra<u>dj</u>az* forme la mélopée des traversées au long cours – du désert comme des océans[270].

On objectera qu'il s'agit là de formes primaires d'énonciation poétique, plus proches du dicton mnémotechnique ou de la comptine enfantine que du chant royal décasyllabique qui a fait la gloire des littérateurs des « Puys » de Dieppe et de Rouen. La dissemblance des registres paraît en outre fermer les portes de la comparaison : là où Mādjid détaille de façon pragmatique un itinéraire maritime, Jean

268. Étienne ANHEIM, « Les sociétés de cour », dans Patrick BOUCHERON (dir.), *Histoire du monde au XVᵉ siècle*, Paris, Fayard, 2009, p. 691-707.

269. Mathias ÉNARD, *Parle-leur de batailles, de rois et d'éléphants*, Arles, Actes Sud, 2010.

270. Manfred ULLMANN et Wolfhart HEINRICHS, « Ra<u>dj</u>az », *Encyclopaedia of Islam*, *op. cit.*, vol. 8, p. 378-379, et Dimitri FROLOV, « The Place of *ra<u>j</u>az* in the History of Arabic Verse », *Journal of Arabic Literature*, 1997, 28-3, p. 242-290. Considéré à l'origine comme une forme « vulgaire », et pour cela réservé aux compositions licencieuses ou à celles rythmant une pratique répétitive (conduite de troupeau, chasse, irrigation manuelle, etc.), le *ra<u>dj</u>az* évolue dès le VIIIᵉ siècle vers des usages plus littéraires, notamment dans le cadre des élégies (*ḳaṣīdas*).

Parmentier use du vocable de la navigation comme d'un code métaphorique pour évoquer de subtils problèmes théologiques – la nécessité discutable de la médiation cléricale du salut, la lutte de la grâce et du péché. Mais, même à ce compte-là, il n'est pas certain que l'Europe sorte facilement victorieuse d'un duel avec le monde malais. Car peu ou prou à l'époque où les Dieppois rallient la côte occidentale de Sumatra, un puissant maître de mystique y fait école, pour qui l'expérience de la mer et de ses périls constitue la métaphore par excellence de la quête d'Allāh.

La chose la plus certaine, concernant cet homme, reste sa *nisba*, c'est-à-dire l'indication de lieu qui suit son nom : Hamzah Fanṣūri est sans conteste originaire de Fanṣūr / Barus. Mais pour ce qui est des détails de sa biographie, les spécialistes en sont rendus à un grand nombre de conjectures[271]. S'il est consensuellement admis qu'il séjourna à La Mecque et fut initié dans la confrérie soufie de la Qādirīya, alors toute-puissante à Bagdad[272], l'hypothèse de son voyage à Java ne fait pas l'unanimité – pas plus, de façon autrement embarrassante, que ses dates de naissance et de décès. S'appuyant sur les dires allusifs de ses disciples comme de ses adversaires, la plupart des traducteurs et des commentateurs de son œuvre le font vivre dans la seconde moitié du XVIe siècle, choisissant le plus souvent l'année 1590 pour *terminus ad quem* de son existence[273].

Mais la découverte, dans le cimetière mecquois de Maʿlāh, d'une stèle funéraire portant son nom – et datée de 1527 – jette le doute

271. Pour un aperçu des principales pièces du dossier aussi bien que de la controverse concernant les dates clés de sa biographie, cf. Vladimir BRAGINSKY, « Towards the Biography of Hamzah Fanṣūri. When Did Hamzah Live ? Data From His Poems and Early European Accounts », *Archipel*, 1999, 57, p. 135-175, Claude GUILLOT et Ludvik KALUS, « La stèle funéraire de Hamzah Fanṣūri », *Archipel*, 2000, 60, p. 3-24, et Vladimir BRAGINSKY, « On the Copy of Hamzah Fanṣūri's Epitaph Published by C. Guillot and L. Kalus », *Archipel*, 2001, 62, p. 21-33.

272. Il est cependant tout sauf certain qu'il ait été fait *khalīfa* (dirigeant) de cette confrérie à Bagdad, comme le soutient son disciple Hasan Fanṣūri (Martin VAN BRUINESSEN, « Shaykh ʿAbd al-Qadir al-Jilani and the Qadiriyya in Indonesia », *Journal of the History of Soufism*, 2000, 1-2, p. 362-365).

273. Hamzah est un ardent défenseur de la doctrine mystique des cinq « degrés d'émanation » (*martabat*) d'Allāh. Or, dans son traité intitulé *al-Tuḥfah al-Mursalah ilá Rūḥ al-Nabī* (« Présent adressé à l'esprit du Prophète »), composé en 1590, le shaykh indien Muḥammad ibn Faḍl Allāh Burhānpūrī étend à sept le nombre de ces *martabat*, forgeant ainsi un nouveau canon du monisme mystique.

sur cette chronologie, tout comme le fait que Hamzah ne mentionne ni le sultanat d'Aceh (qui ne prend son essor qu'à compter des années 1530) ni aucun auteur postérieur au persan Nur ud-Dīn ʿAbd ar-Rahmān Jāmī, décédé en 1492. Le rapport de Hamzah aux pouvoirs demeure tout autant débattu. Si d'aucuns en font le conseiller religieux officiel du sultan ʿAlauddin Riʿayat Syah al-Mukammil, qui règne à Aceh au tournant du XVIIe siècle, d'autres rappellent avec raison qu'il n'a eu de cesse d'inviter à suivre Allāh plutôt que les puissants, allant jusqu'à écrire ces mots téméraires : « Ne prends pour compagnons ni les rois ni les grands de ce monde[274]. » Enfant du XVe siècle ou contemporain d'Henri IV, ascète rejetant tous les honneurs ou *spin doctor* des sultans : la vie de Hamzah Fanṣūri est une énigme irrésolue.

L'importance de son œuvre ne souffre en revanche aucun débat. Outre qu'il peut à bon droit être considéré comme l'un des principaux importateurs des doctrines mystiques en Insulinde, la créativité de sa pratique littéraire est stupéfiante. Écrivant dans une langue malaise lourdement chargée de termes arabes et de formulations persanes, Hamzah multiplie à l'envi les paradoxes, les jeux de mots et les doubles sens[275]. Il utilise ainsi l'homophonie de l'arabe et du malais pour initier ses lecteurs à l'imagerie soufie, rendant par exemple *lāhūt* (« divin ») par *laut* (« la mer ») ou *diyā'* (« la lueur ») par *Dia* (« Lui », autrement dit Allāh)[276]. Pour traduire en malais le propos du poète mystique persan ʿAbd ar-Rahmān Jāmī, il fait feu de tout bois. On le voit ici forger un néologisme à partir d'une racine malaise (*sekampung*, « du même village », pour *hamsāya*, « voisin »), là recourir à une périphrase pour qu'un vers retombe sur le bon nombre de pieds (« *segala yang minta makan* » – « ceux qui quêtent leur pitance » –, pour *gadā*,

274. Gerardus W. J. Drewes et Lode F. Brakel (éd. et trad.), *The Poems of Hamzah Fanṣūri*, 1986, Dordrecht, Foris, XI.1, p. 74-75.

275. L'œuvre de Hamzah est à ce point envahie par les termes et les tournures arabes qu'il est souvent difficile de la comprendre – et plus encore de la traduire. Elle est une parfaite illustration de ce que les philologues nomment, par opposition au malais classique, le *Kitab Malay* : un registre de langue exclusivement dédié à l'expression des idées et des débats religieux, « mélange impie de syntaxe arabe et de lexique malais » (Henri Chambert-Loir, « Islamic Law in 17th Century Aceh », *Archipel*, 2017, 94, p. 62-66).

276. Pour le détail de ces exemples, cf. L. F. Brakel, « Hamzah Fanṣūri. Notes on : Yoga Practices, *Lahir dan Zahir*… », art. cit., p. 82-85.

« mendiant », et ce en lieu et place du strict équivalent, *pengemis*[277]). Hamzah invente même un nouveau genre poétique malais, le *syair*, en usant à contre-emploi du format classique du *pantun* – le quatrain à rimes croisées, organisé en distiques. Alors que le *pantun* sert à croquer des saynètes ou à énoncer des dictons à la façon des haïkus, il en fait la trame de longues pièces filant les métaphores mystiques[278].

Si l'itinéraire biographique de Hamzah reste elliptique, peu d'incertitudes pèsent sur sa trajectoire spirituelle, dont il s'ouvre dans les quatrains conclusifs de ses poèmes. Rien, au départ, ne semble le destiner à devenir un homme de religion. Il n'est « ni persan ni arabe » – entendez qu'il ne provient pas d'une longue lignée de pieux musulmans – et, « dans son état antérieur [à sa conversion mystique], il était voué au [négoce du] camphre des arbres de la région de Barus ». Mais, une fois le mystère de la présence divine entrevu, il « quitte la foule » sans le moindre regret. Comme tous les mystiques, il recherche le frisson – et plus encore l'ivresse – de l'union intime avec Allāh, s'évertuant pour cela à atteindre à son propre « effacement » (*fanā'*). La voie mystique (*ṭarīḳa*) s'avère cependant semée d'embûches : faute de guide, on « tarde en chemin ».

Espérant trouver la révélation dans la réclusion, Hamzah décide de « se retirer dans la forêt durant des mois », mais, « trop étroitement dirigée, sa prière ne porte pas au-delà du Paradis ». Il se rend alors en pèlerinage dans le saint des saints, à la Ka'ba, à La Mecque[279]. S'il n'y trouve pas plus Allāh que dans la sylve, du moins réalise-t-il que c'est « dans sa propre maison [en lui-même] » qu'il doit le chercher, ce à quoi il s'efforce en menant sans répit « la guerre contre son moi ». C'est finalement lors d'un séjour à Shahr-i Naw (Ayutthaya, la capitale du royaume de

277. Paul WORMSER, « The Recreation of Jāmī's *Lavā'ih* by Hamzah Fanṣūri », dans Thibaut D'HUBERT et Alexandre PAPAS (dir.), *Jāmī in Regional Contexts. The Reception of 'Abd ar-Rahmān Jāmī*, Leyde, Brill, 2018, p. 371-372. Achevés vers 1485, les *Lavā'ih* (« Jaillissements de lumière »), sont un recueil de poèmes convoyant les doctrines mystiques, certains sous forme de *ghazal* (pièces recourant aux codes lyriques de la passion amoureuse).

278. Andries TEEUW, « The Malay *sjair* : Problems of Origin and Tradition », *Bijdragen tot de Taal-, Land- en Volkenkunde*, 1966, 122-4, p. 429-446. Les *syair* de Hamzah contiennent en moyenne une quinzaine de quatrains.

279. La Ka'ba (« le Cube ») est un petit édifice recouvert d'une étoffe de soie noire (*kiswa*), situé au centre de la cour de la mosquée al-Harām de La Mecque. Dans l'un de ses angles se trouve enchâssée la « Pierre noire » (*al-Hadjar al-Aswad*) qui, selon la tradition, remonterait à Adam et Ève et y aurait été placée par le Prophète. La circumambulation autour de la Ka'ba (*tawāf*) fait partie des rites du pèlerinage musulman.

Siam) qu'il Le rencontre. « Purifié par ʿAbd al-Qādir [al-Jilāni][280] », qu'il s'est choisi pour maître d'outre-tombe, il se sent « entièrement annihilé, tel un bois réduit en cendres ». Rejetant les séductions du siècle, se maintenant « en constante union avec l'Être Vrai », il traverse dès lors ce bas monde à la façon d'« un étranger dans le plus grand dénuement », d'« un pauvre qui va nu », conscient cependant que son ascèse le destine à devenir « le Souverain des deux mondes »[281].

Hamzah n'est pas un paisible anachorète, mais « une torche à l'intérieur comme à l'extérieur[282] », le fervent défenseur d'une version radicale de la pensée mystique, héritée du grand <u>*shaykh*</u> andalou du XIIIe siècle Ibn al-ʿArabī. Cette doctrine de l'« unicité de l'Être » (*waḥdat al-wudjūd*) postule la consubstantialité du Créateur et de sa création : qu'elle soit gigantesque ou infinitésimale, animée ou inanimée, toute chose participe de la « pure lumière » (*nūr*) d'Allāh. La diversité des phénomènes physiques n'est dès lors qu'une illusion[283]. Hamzah l'explique au moyen d'une formidable analogie dans son *Asrār al-ʿārifīn* (« Secret des gnostiques ») :

280. Le fondateur de la confrérie mystique de la Qādirīya, mort à Bagdad en 1166. Il peut paraître surprenant que Hamzah ait vécu sa première expérience d'extase mystique à Ayutthaya. Mais le royaume de Siam entretient alors des liens denses de négoce avec le Bengale, où le soufisme se développe depuis le XIVe siècle (Richard M. EATON, *The Rise of Islam and the Bengal Frontier, 1204-1760*, Berkeley, University of California Press, 1993, p. 71-81). Qui plus est, les marchands persans y sont suffisamment présents pour que les Portugais les mentionnent à peine arrivés sur place (A. CORTESÃO, éd., *The Suma Oriental of Tomé Pires*..., *op. cit.*, vol. 1, p. 104).

281. G. W. J. DREWES et L. F. BRAKEL (éd. et trad.), *The Poems of Hamzah Fanṣūri*, *op. cit.*, VII.17, p. 64-65, IX.15, p. 74-75, XII.13, p. 80-81, XIII.19, p. 84-85, XVI.15, p. 92-93, XIX.13, p. 102-103, XX.15, p. 104-105, XXI.14, p. 108-109, XXII.13, p. 110-111, XXIX.13, p. 128-129, XXX.16, p. 136-137, et XXXII.13, p. 142-143.

282. *Ibid.*, XXIV.13, p. 114-115.

283. La notion de *waḥdat al-wujūd*, prise au sens d'une indifférenciation primordiale de l'Être, dérive du premier principe de l'islam : le *tawḥīd* – l'affirmation selon laquelle Allāh est unique et doit seul être adoré. Couramment associée à Ibn al-ʿArabī, qui ne l'emploie pourtant pas en tant que telle, elle fait l'objet, au XIIIe siècle, d'une virulente réfutation par Ibn Taymiyya, qui l'assimile aux hérésies du *ḥulūl* (« l'incarnationnisme ») et de l'*ittiḥad* (« l'unificationnisme »). Ce n'est pas avant le XVIIe siècle que le <u>*shaykh*</u> pendjabi Aḥmad Sirhindī la formalise, afin de lui opposer sa doctrine du *waḥdat al-shuhūd* (« l'unicité du témoignage ») (William C. CHITTICK, « Rūmī and *waḥdat al-wujūd* », dans Amin BANANI, Richard HOVANNISIAN et Georges SABAGH, dir., *Poetry and Mysticism in Islam. The Heritage of Rūmī*, Cambridge, Cambridge University Press, 1994, p. 70-111).

> Prenons l'exemple de la glaise ; on peut en faire ce que l'on veut : des assiettes ou des marmites. Qu'importe la variété de leurs formes, tous ces objets sont fondamentalement faits de la même argile. Il en va de même du monde : ses formes sont innombrables, mais il n'en est pas moins pétri de la même lumière[284].

Il existe certes, de la divinité à la matière, des « degrés » (*marātib*). En bonne logique néo-platonicienne, les « existants » (*mawjūdāt*) ne constituent que les actualisations partielles des « essences » (*māhiyyāt*), dont seul Allāh possède la connaissance. La Création elle-même ressemble à un clair-obscur, puisque, à mesure qu'elle se disperse dans le monde, la lumière primordiale perd en intensité – et ce jusqu'à plonger certains êtres dans une obscurité à laquelle seule l'adoration des Noms divins leur permet d'échapper[285].

Selon le principe clé de l'émanation, inspiré d'Ibn al-ʿArabī, ces « degrés » ne marquent cependant aucune détérioration intrinsèque, aucune déperdition de substance : infinie et éternelle, la puissance divine ne s'amenuise pas plus qu'elle ne se divise. Tel est le troublant secret de la « Science de la Réalité » : Allāh est tout à la fois « Un et Multiple » (*al-wāhid al-kathīr*)[286]. L'« essence divine » (*dhāt*) se trouve toujours, de manière latente, à son niveau maximal d'intensité en chaque être. Seul le mirage de l'individualité empêche de s'en apercevoir et de s'y abandonner.

C'est la raison pour laquelle Hamzah insiste tant – et avec une telle virulence – sur la nécessité première, pour quiconque souhaite s'engager sur la voie mystique, de se défaire non seulement de ses richesses, mais aussi de son identité. Il faut, dit-il, « abandonner son nom et sa personnalité », « tuer le chien solitaire de la convoitise », « détruire son moi », car « le moi n'est qu'une ombre », « un reflet dans un miroir »[287]. Qu'il s'agisse de domicilier le divin dans

284. Denys Lombard, *Le Carrefour javanais. Essai d'histoire globale*, Paris, EHESS, 1990, vol. 2, p. 161 (*Asrār al-ʿārifīn*, 22).

285. Syed Muhammad Naguib al-Attas, *The Mysticism of Hamzah Fansuri*, Kuala Lumpur, University of Malaya Press, 1970, p. 70-73, 81-86 et 95-96, et Esmé L. Partridge, « The Celestial "Polished Mirror". The Mystical Dimension of the Moon according to Muhyiddin Ibn al-ʿArabī », *Journal of the Muhyiddin Ibn al-ʿArabī Society*, 2020, 68, p. 103-116.

286. W. C. Chittick, « Rūmī and *waḥdat al-wujūd* », art. cit., p. 76.

287. G. W. J. Drewes et L. F. Brakel (éd. et trad.), *The Poems of Hamzah Fanṣūri*, *op. cit.*, II.11, p. 46-47, IV.12, p. 54-55, V.6, p. 56-57, et XIV.10, p. 86-87,

une marmite ou de parquer l'ego dans un miroir, Hamzah excelle dans l'art de concocter des comparaisons d'une redoutable efficacité pédagogique, qui tissent ensemble le questionnement mystique et les aspects les plus triviaux de l'existence[288]. Mais il n'y a en réalité rien de très original dans son propos, puisque la topique de l'anéantissement de soi sous-tend l'immense majorité des doctrines soufies – ce qu'atteste la fréquence en leur sein de la référence à un *ḥadīth* cryptique du Prophète : « Meurs avant de mourir (*mūtū qabla an tamūtū*)[289]. »

La particularité de Hamzah se situe ailleurs, au niveau des métaphores autrement équivoques dont il use pour rendre compréhensible la question des formes et des essences. C'est dans le registre des références marines et maritimes qu'il puise alors à pleines mains – et bien plus systématiquement que ses devanciers arabes et persans. Certaines de ses comparaisons paraissent au premier abord déroutantes – ainsi lorsqu'il s'identifie au « poisson très exalté en constante union avec les flots » ou à « la baleine de la mer de Chine [qui] cherche de l'eau sur le mont Sinaï »[290]. D'autres nous sont, ou du moins nous semblent,

---

et S. M. N. AL-ATTAS, *The Mysticism of Hamzah Fansuri*, *op. cit.*, p. 331 et 450 (*Kitāb al-Muntahī*).

288. Le statut de l'opération de comparaison chez Hamzah est complexe, et renvoie très directement à son projet mystique. Pour introduire ses analogies, Hamzah utilise le plus souvent les mots malais *seperti* (« comme ») et *ertinya* (« ce qui signifie »). Mais, lorsqu'il explicite un verset coranique, il recourt au terme arabe de *tamthīl*. Or, si celui-ci qualifie en rhétorique une assertion de similarité, il possède également chez certains théologiens – comme Ibn Taymiyya – le sens d'une exemplification des Noms et des Attributs d'Allāh, autrement dit d'une « exégèse par analogies » (*qiyās al-tamthīl*) (Sobhi RAYAN, « Ibn Taymiyya's Criticism of the Syllogism », *Der Islam*, 2011, 86-1, p. 93-121). Se trouve dès lors posée la question – sensible entre toutes – de la licéité de l'explication du Créateur par sa Création.

289. Atif KHALIL, « White Death : Ibn al-ʿArabī on the Trials and Virtues of Hunger and Fasting », *Journal of the American Oriental Society*, 2021, 141-3, p. 577-586. Hamzah reprend ce *ḥadīth* dans plusieurs de ses *syair* (G. W. J. DREWES et L. F. BRAKEL, éd. et trad., *The Poems of Hamzah Fanṣūri*, *op. cit.*, II.12, p. 46-47, et XIX.9, p. 130-131).

290. G. W. J. DREWES et L. F. BRAKEL (éd. et trad.), *ibid.*, XXXI.1-2, p. 136-137, et XXXII.1, p. 140-141. Dans la tradition mystique insulindienne, le motif du « poisson à trois queues et à une tête » (*iwak telu sirah sanunggal*) symbolise le mystère d'Allāh « Un et Multiple ». À Java, ce motif est récurrent dans les illustrations de manuscrits de cour à compter de la fin du XVIIIe siècle : il apparaît alors lié de manière privilégiée à la confrérie de la Shaṭṭārīyah, laquelle s'est aussi massivement diffusée en pays

plus familières, à commencer par l'équivalence entre la colère de Dieu et la furie de l'océan :

> *Notre Seigneur est comparable à l'Océan sans forme*
> *Dont les vagues roulent de tous côtés.*
> *L'Océan et les vagues sont de constants compagnons*
> *Et les vagues finissent par se mêler à l'Océan.*
> *L'Océan est Celui-qui-sait, les vagues sont Ce-qui-est-su :*
> *C'est Lui qui punit, châtiées sont les vagues ;*
> *La tempête est le Seigneur ; à sa discrétion sont les affaires*
> *Qui règlent la course de l'univers*[291].

Synecdoque de la puissance illimitée d'Allāh aussi bien qu'évocation d'un monde indifférencié manifestant l'unicité de l'Être, cet « Océan sans forme » (*baḥr al-ʿamīq*) constitue le chemin, l'épreuve et la destination du mystique. Ce dernier doit en surmonter les périls et en déchiffrer la véritable signification pour atteindre à la condition d'« Homme parfait » (*al-Insān al-Kāmil*), c'est-à-dire à l'état de sainteté :

> *Écoute, ô jeune étranger :*
> *Cet Océan ne connaît pas les marées,*
> *Ses estuaires n'ont pas d'horizon,*
> *Sur ses récifs, nombreux sont ceux qui se sont échoués* [...].
> *Nage sans le secours d'un rondin,*
> *Laisse-toi emporter par la marée,*
> *N'épargne pas ton vaisseau*
> *Afin que toujours il se dresse de lui-même* [*sur le flot*] [...].
> *Aspire à l'Océan éternel,*

---

minangkabau (Annabel TEH GALLOP, « Three Fish with One Head : Sufi Sources from Southeast Asia », *British Library : African and Asian Studies Blog*, 5 décembre 2019).

291. G. W. J. DREWES et L. F. BRAKEL (éd. et trad.), *The Poems of Hamzah Fanṣūri*, *op. cit.*, IV.9-10, p. 52-53. Hamzah reprend fréquemment cette métaphore (XXIX.8, p. 130-131, XXX.1, p. 134-135, XXXII.6, p. 140-141). L'imagerie connexe de l'océan « sublime », « éternel », « profond », « primordial », « sans rivage », etc., apparaît en outre prépondérante dans ses *syair* (V.13-14, p. 56-57, XV.1, p. 86-87, XVII.11, p. 94-95, XXIX.13-14, p. 132-133, XXX.12-14, p. 136-137). Empruntée à Ibn al-ʿArabī, cette topique a souvent été considérée comme emblématique de sa doctrine de l'unicité de l'Être – raison pour laquelle elle a donné lieu dès le XIVe siècle à de virulents débats théologiques (Mohammad Amin MANSOURI, « The Sea and the Wave : A Preliminary Inquiry into Sayyid Ḥaydar Āmulī's Ontological Criticism of Ibn al-ʿArabī », *Journal of the Muhyiddin Ibn al-ʿArabī Society*, 2020, 68, p. 75-101).

Abandonne ton existence transitoire
Et jette-la à tout jamais dans le pur Océan.
Ô jeune homme, si tu te connaissais toi-même,
Tu serais une mer sans récifs[292].

Un poème sumatranais du XVIe siècle, le *Syair Perahu* (« Chant de la nef »), qui n'est pas de la main de Hamzah mais porte son empreinte, détaille mieux encore les préparatifs et les étapes de la traversée. Chose digne d'être notée à défaut de pouvoir s'expliquer, l'air de famille que cette composition présente avec celles de Jean Parmentier ne tient pas seulement à un commun recours au lexique spécialisé du « métier de la mer », mais aussi à une forte homologie structurelle. De fait, ce *syair* comporte, à l'instar d'un chant royal, un « envoi », c'est-à-dire un couplet conclusif explicitant ses allégories :

Ô jeune homme ! Connais-toi toi-même !
Ton corps est comme un navire
Et ta vie ici-bas de courte durée :
Ton séjour permanent est dans l'autre monde.
Ô jeune homme studieux et avisé !
Munis-toi d'un gouvernail et d'une boussole,
Et grée convenablement ta nef :
Telle est la voie de la perfection […].
Sois vigilant jour et nuit :
La mer devient de plus en plus agitée,
Le vent est puissant, les vagues grondent sans répit ;
Sois vigilant ou ton navire coulera […].
« Être d'Allāh » est le nom du bateau ;
« Connaissance d'Allāh » est le nom de sa cale ;
« Foi en Allāh » est le nom de son gouvernail ;
« Assurance d'Allāh » est le nom du pilote ;
« Allāh sait mieux » (Wallāhu a'lam) *est le nom de la côte ;*
« Volonté d'Allāh » est le nom du port ;
« Omnipotence d'Allāh » est le nom de la rade,
« Paradis délicieux » le nom du pays[293].

292. G. W. J. DREWES et L. F. BRAKEL (éd. et trad.), *The Poems of Hamzah Fanṣūri*, *op. cit.*, XXX.2-9-14-15, p. 134-137.

293. Vladimir BRAGINSKY, « Some Remarks on the Structure of the *Syair Perahu* by Hamzah Fansuri », *Bijdragen tot de Taal-, Land- en Volkenkunde*, 1975, 131-4, p. 414-415.

Ce remarquable dispositif d'allégorisation des parties constitutives de la nef mystique se retrouve dans un poème javanais de la fin du XVIe ou du début du XVIIe siècle, le *Suluk Sukarsa* (« Chant mystique de Sukarsa ») :

À travers tous les océans,
Son vaisseau l'avait emmené.
Il tenait la Suprême Science,
Vie et mort pour lui se valaient.
Sa lampe sans cesse brûlait,
Jamais son habit ne s'usait
Ni ses vivres ne s'épuisaient ;
La vue était illimitée [...].
Ainsi Sukarsa faisait voile.
Son navire avait nom « Constance » ;
« Prière » était le nom du mât,
« Connaissance » celui du timon.
Sa voilure était « Vérité » et ses rames « Fidélité » [...].
Son voyage l'avait conduit
Jusqu'en l'océan de Merci ;
Ses voiles l'avaient dirigé
Vers l'onde où tout s'anéantit[294].

À la différence du novice qui, ne sachant gouverner sa nef, n'a d'autre choix que de l'abandonner au courant, le mystique accompli est un pilote émérite qui la conduit sans peine à bon port :

Connais-toi toi-même, ô étranger :
Change [*cette connaissance*] *en vaisseau pour ton retour.*
Suis un cap déterminé sans osciller,
De telle manière que ton retour soit certain.

294. PURBATJARAKA, *Kepustakaan Djawa*, Djakarta, Jambatan, 1952, p. 102-103, traduit dans D. LOMBARD, *Le Carrefour javanais*..., *op. cit.*, vol. 2, p. 161. Comme le remarque Vladimir Braginsky, cette formule énumérative apparaît dans une « incantation au navire » (*lancang*) recueillie à la fin du XIXe siècle auprès de pêcheurs du Selangor, au nord-est de la péninsule Malaise. Les pièces de la nef n'y sont toutefois pas comparées à des éléments de la doctrine mystique, mais à des formes et des créatures naturelles – ainsi du gouvernail, semblable à « un nid d'abeilles oscillant », ou des chaînes des ancres, pareilles à « des pythons qui se battent » (W. W. SKEAT, *Malay Magic*..., *op. cit.*, CCX, p. 439).

Assieds-toi sur le pont supérieur du navire,
Garde ton ancre levée
Et tiens-toi sur les remparts de la Loi (rubing sharīʿa),
Sinon ton vaisseau déviera de son cours.
Si tu souhaites regarder l'horizon,
Alors méfie-toi des affleurements des récifs.
Empoigne le gouvernail sans jamais laisser ton esprit s'égarer,
De telle sorte que tu gagnes le port en toute sécurité.
Le timonier connaît la route :
Il navigue calmement à travers les mers.
Puisque ton navire n'est pas fait de planches,
Il est sans égal[295].

Le principal instrument de salut du croyant reste toutefois la prière, que le *Syair Perahu* compare au *timba*, le petit seau au moyen duquel les matelots écopent l'eau qui s'accumule dans les cales[296]. Pour avoir fait l'expérience de cette navigation spirituelle, Hamzah en connaît les dangers, mais aussi le bénéfice :

Hamzah Fanṣūri est complètement submergé
Par l'insondable Océan.
Quand le vent tombera et que les vagues se calmeront,
Il deviendra le Souverain des deux mondes[297].

Car au terme du voyage, une fois la tempête apaisée et les écueils évités, le mystique entrevoit la plus sublime – et la plus dangereuse – des vérités :

Il est celui qui observe et ce qui est observé,
Il est l'eau et la vague,
Il est le poisson et son odeur :
Comment les gens limités pourraient-ils saisir cela ?

295. G. W. J. DREWES et L. F. BRAKEL (éd. et trad.), *The Poems of Hamzah Fanṣūri*, *op. cit.*, XXIII.8-11, p. 112-113.

296. Vladimir BRAGINSKY, « A Preliminary Reconstruction of the *Rencong* Version of "Poem of the Boat" », *Bulletin de l'École française d'Extrême-Orient*, 1988, 77, p. 280 et 294, et P.-Y. MANGUIN, « "A Real Seafaring People"... », art. cit., p. 19-20.

297. G. W. J. DREWES et L. F. BRAKEL (éd. et trad.), *The Poems of Hamzah Fanṣūri*, *op. cit.*, XIII.18-19, p. 84-85.

Les vagues sont l'extérieur (ẓāhir), *la mer l'intérieur* (bāṭin)[298],
Mais il n'y a aucune différence entre elles :
En dépit de la tourmente, du vent et de la pluie,
En mouvement ou immobiles, elles sont toujours Une [...].
Laisse ton moi être emporté par le Grand Océan ;
Que cette vie apparente ne suscite en toi aucune confusion.
Dis : « Je suis la Réalité Suprême » ; ne sois pas effrayé :
Cela signifie que la vague s'est dissoute dans la mer.
Ta corporéité n'est qu'une simple forme extérieure
Mais le principe de ton intériorité est toujours présent.
Si tu souhaites Le rencontrer face à face,
Alors deviens comme Manṣūr sur la potence[299].

Manṣūr : la mention publique de ce prénom a conduit des générations de mystiques au gibet. Pour avoir osé dire « Je suis la Vérité (*Ana 'l-ḥaḳḳ*) » et s'être ainsi égalé à Allāh, le prédicateur soufi Manṣūr al-Ḥallāj a enduré à Bagdad, en 922, le plus atroce des supplices : après lui avoir infligé 500 coups de fouet, le bourreau du calife lui a tranché les mains et les pieds, puis l'a crucifié et décapité. Roulé dans une natte imbibée de pétrole, son cadavre a été brûlé, et ses cendres dispersées aux quatre vents du haut d'un minaret[300]. En se réclamant ouvertement de son héritage, Hamzah risque gros. Au XVIe siècle, deux maîtres de mystique javanais – le s͟hayk͟h Siti Jenar, à Giri, et *Ki* Bebeluk, à Pajang – sont condamnés à mort pour avoir « divulgué le savoir ésotérique[301] », autrement dit révélé

298. Le couple notionnel *ẓāhir-bāṭin* est omniprésent dans la prose de Hamzah. Il ne recouvre pas que la distinction entre l'extériorité et l'intériorité, mais aussi celle entre l'explicite et l'implicite, ce qui peut être dévoilé et ce qui doit rester caché.

299. G. W. J. Drewes et L. F. Brakel (éd. et trad.), *The Poems of Hamzah Fanṣūri*, *op. cit.*, XXVIII.5-6 et 11-12, p. 126-129, et XIX.1-2, p. 98-100.

300. Concernant la doctrine et le martyre de Manṣūr al-Ḥallāj, l'étude de référence reste celle de Louis Massignon, *La Passion de Hallâj, martyr mystique de l'islam*, Paris, Gallimard, 1975, 4 vol. Dans l'un de ses traités, Hamzah n'hésite pas à coucher noir sur blanc les paroles proscrites : « Je suis la Vérité ! Véritablement, je suis Allāh ! » (S. M. N. al-Attas, *The Mysticism of Hamzah Fansuri*, *op. cit.*, p. 334-335 et 453, *al-Muntahī*).

301. S. Soebardi (éd.), *The Book of Cabolek. A Critical Edition with Introduction, Translation and Notes. A Contribution to the Study of the Javanese Mystical Tradition*, La Haye, M. Nijhoff, 1975, VI.5, p. 104 (« *nglahirken ngilmu* »). Considéré comme l'un des plus puissants poèmes mystiques jamais composés à Java, le *Serat Cabolek* (« Livre de Cabolek ») date des années 1730.

aux non-initiés les arcanes des confréries soufies. Ce à quoi Hamzah s'attelle lui aussi.

Aux quatre coins de l'Insulinde, la bataille fait rage entre les gens de la Loi – les *'ulamā'* pour qui prime le respect de la *sharī'a* et de ses interprètes autorisés – et les gens de la Voie : les mystiques radicaux qui font fi du monopole clérical de la vérité religieuse. Ces derniers sont loin d'être de doux rêveurs inoffensifs, puisque leur rejet des titres et des honneurs menace à tout moment de se muer en un refus de la souveraineté des *raja*. Comme le clame Hamzah dans l'un de ses traités, « celui qui est intoxiqué et oblitéré par la divinité n'est plus conscient de la Loi ni de la Voie ni de la Vérité ni de la Gnose, aussi ne peut-il être blâmé[302] ». Devenu « l'esclave d'Allāh », le mystique n'obéit plus à aucun autre maître :

> *Maintenant Il est un mystique,*
> *Un amoureux fou* [*de la divinité,* shawqī].
> *Maintenant on Le nomme le tonnerre,*
> *Maintenant on Le nomme une torche,*
> *Maintenant Il est l'ennemi,*
> *Celui qui toujours dérange autrui*[303].

Nul besoin de forcer le trait pour déceler ici une surprenante similarité entre les situations européenne et insulindienne. À la quête de l'union intime avec Allāh répond le désir évangélique d'un rapport direct avec les Saintes Écritures – et à Rouen comme à Aceh se déchaîne, à l'encontre des promoteurs des nouvelles dévotions, une répression sans pitié, orchestrée par les pouvoirs cléricaux[304].

302. S. M. N. AL-ATTAS, *The Mysticism of Hamzah Fansuri…, op. cit.*, p. 414 (*Asrār al-'ārifīn*).

303. G. W. J. DREWES et L. F. BRAKEL (éd. et trad.), *The Poems of Hamzah Fanṣūri, op. cit.*, XVIII.10, p. 98-99.

304. Sous le règne d'Iskandar Thani (r. 1636-1641), le chef des *'ulamā'* du sultanat d'Aceh, le Gujarati Nūr al-Dīn ar-Rānīrī, déclare hérétique l'interprétation que Hamzah fait de la doctrine de l'unicité de l'Être au motif qu'elle conduit tout droit au panthéisme. S'ensuit une chasse aux sorcières ciblant non seulement les disciples de Hamzah, mais aussi ceux du précédent *shaykh al-islām*, Shamsuddin, lui aussi défenseur d'une variante de monisme mystique (Gerardus W. J. DREWES, « Nūr al-Dīn ar-Rānīrī's Charge of Heresy Against Hamzah and Shamsuddin from an International Point of View », dans Cornelis GRIJNS et Stuart O. ROBSON, dir., *Studies on Cultural Contact and Textual Interpretation*, Leyde, KITLV, 1986, p. 54-59, et Paul WORMSER, « The Religious Debates of Aceh in the Sixteenth and Seventeenth

Jean Parmentier et Hamzah Fanṣūri habitent un même monde, ou plutôt un même moment historique : celui au cours duquel se fissure le rapport aux dogmes de la foi. Or, ce constat rend caduque la frise du temps qui sert d'étai à la légende des Grandes découvertes. Au diptyque opposant une Europe renaissante, cavalant seule sur la route de la modernité, à une Asie immobile, prisonnière d'une longue durée monotone, se substitue le tableau raisonné de conjonctures affectant la totalité de l'Eurasie. Les ressemblances prononcées entre le savoir maritime des Dieppois et l'*ars nautica* des *mu'allimūn*, entre les rituels de souveraineté du sultanat de Tiku et la culture de cour des Valois, entre les *orang kaya* sumatranais et les bourgeois gentilshommes normands, entre la poésie mariale de Jean Parmentier et les *syair* mystiques de Hamzah Fanṣūri, ne doivent rien au hasard. Elles sont le produit du développement parallèle de sociétés issues d'un même bassin d'historicité.

Contrairement aux érudits français et portugais du XIXe siècle, aveuglés par le mythe d'une modernité à peau blanche, les voyageurs européens du XVIe siècle semblent éprouver, du moins par à-coups, le trouble qui naît de la conscience de ces similitudes et de ces simultanéités. De là le fait que le menuisier du *Sacre* s'ébahisse à la vue des « balustres si mignonnement tournés » d'une mosquée maldivienne, ou encore que le propos théologique sophistiqué du *mawlānā* de Tiku laisse coi Jean Masson. De là, aussi, l'affirmation inattendue au moyen de laquelle, dans sa *Poetica* (1596), le philosophe Tommaso Campanella prend le contrepied d'Aristote et de siècles d'égotisme européen : « En Amérique aussi on trouva la poésie, bien qu'elle eût un mètre différent[305]. »

*

* *

Outre une pratique assidue de la « maritime étude », la volonté de briser le monopole portugais du négoce des épices et une mort précoce en Asie du Sud-Est, Jean Parmentier et Magellan ont en commun

Century : An Invisible Cultural Dialogue ? », *Journal of the Economic and Social History of the Orient*, 2012, 55-2/3, p. 369-382).

305. Luigi FIRPO (éd.), *Tutte le opere di Tommaso Campanella*, Milan, Mondadori, 1954, vol. 1, p. 1008-1009.

d'avoir pu compter sur un chroniqueur dévoué à leur cause. Pierre Crignon et Antonio Pigafetta sont de scrupuleux exécuteurs testamentaires : de page en page, ils font fructifier le pécule de gloire de leur défunt mentor. Leurs récits sont les pierres d'angle du mythe d'une Europe partie à l'assaut des lointains, l'incipit de la légende dorée des Grandes découvertes.

Pourtant, le chant de Crignon rend parfois le son d'une cloche fêlée. À l'exaltation sans retenue de la bravoure des frères Parmentier succèdent, dans le recueil de 1531, des vers teintés de doute – et peut-être de remords :

Au temps que les humains vivaient en grande plaisance
Au lieu de paix et de dilection [*d'amour*],
Que froid ou chaud ne leur faisait nuisance
Mais de tous bien avaient amplexion [*abondance*],
Hautain vouloir, d'ardente affection
Leur mit au cœur, par son subtil langage,
D'entrer sur mer pour faire un navigage [*une navigation*]
En l'Orient où croît l'or précieux,
Et qu'au moyen de son bon trafic,
Ils chargeraient de tous biens spécieux [*pleins d'attraits*]
Au grand profit de tout le bien public.
Humains, oyant cette vaine jactance [*ce vain discours suffisant*],
Ont entrepris la navigation
Et mis sur mer corps, biens, vivres, substance,
Levé leur ancre et sans dilation [*sans délai*]
Ont guindé haut [*les*] *voiles d'élation* [*d'arrogance*].
Le vent d'orgueil, comme foudre et orage,
S'est mis dedans : soufflant par tel outrage
Qu'il a poussé leur nef en divers lieux
Trop loin de Dieu : vers le pôle antarctique,
Tenant au vent, toujours pour trouver mieux,
Au grand profit de tout le bien public.

Crignon trame le contre-chant de sa propre épopée. Ce n'est plus le souci de la renommée qui jette les hommes sur les mers, non plus que la volonté de s'affronter à l'inconnu, mais la concupiscence, instillée en leurs âmes par « hautain vouloir ». L'Orient, malheureusement, est « trop loin de Dieu », et seule une mort sans gloire y attend les orgueilleux :

Lorsqu'ils ont eu de terre connaissance,
Fière Atropos par mortelle action
Leur a montré l'effet de sa puissance,
Mettant leurs corps en putréfaction,
En maculant de son infection
Tous les forts de ce noble équipage
Depuis le grand jusqu'au petit page.
Dont ce voyant [*ils*] *ont été curieux*
De retourner vers la bonté célique [*céleste*] [...].
Et nonobstant les vagues d'ignorance,
Le vent d'envie et d'obstination,
Jusqu'au cap dit de Bonne-Espérance
Ont capié [*louvoyé*] *pour leur salvation* [*leur salut*][306].

Les « vagues d'ignorance », le « vent d'envie » et le havre de la « bonté céleste » : Crignon décrit le retour du croyant dans le giron de la mansuétude divine en des termes que n'aurait pas désavoués Hamzah Fanṣūri. Mais il est une note plus personnelle dans ses stances. La mention du voyage en droiture jusqu'au cap de Bonne-Espérance, juste après la mort en Orient d'une partie des équipages, ne laisse guère de doute sur le fait que Crignon évoque ici le périple du *Sacre* et de *La Pensée*. Or, la mort du « petit page » ne peut dès lors que faire référence à deux décès survenus au fil de l'expédition : celui du mousse Barbier, lors de l'arrivée à Tanahbala, au large de Sumatra, et celui du « petit Nicolas Gilles », quelques jours après le départ de Tiku. Quoique lesté en son refrain de la certitude de l'exploit et du salut, le chant de Crignon ploie sous le poids du souvenir de deux jeunes visages.

*
* *

Tout comme celle de Pigafetta, passé le retour de la *Victoria* en Espagne, la trace de Crignon se perd peu après l'arrivée du *Sacre* et de *La Pensée* à Dieppe. Le souvenir de l'expédition des frères Parmentier à Sumatra s'efface alors, lui aussi, presque complètement. À l'exception du cosmographe vénitien Ramusio, qui l'évoque en 1539 en

306. P. Crignon, *Description novvelle des merveilles de ce monde*..., *op. cit.*, f° H5r-v.

moins de deux pages, nul n'en fait plus cas des siècles durant – jusqu'à la redécouverte du manuscrit de Crignon par l'érudit royaliste Louis Estancelin chez un libraire-imprimeur de ses connaissances, au début des années 1830[307].

Les raisons de cet oubli ne manquent pas, à commencer par l'évidence de l'échec. Bien que nous ne sachions rien de la revente à Rouen des 550 kilos de poivre rapportés par les deux nefs, il est certain que la transaction n'a pu couvrir plus d'une fraction du coût de la navigation. Au prix où l'épice se monnaie alors sur la place publique, les Dieppois ont empoché, au mieux, 400 livres. Même en y ajoutant l'or acquis lors de leur second passage à Tiku, on reste loin du compte – puisqu'en additionnant les frais d'avitaillement, le gréement abîmé et la solde des équipages, on franchit vite la barre du millier de livres. Bref, Ango et ses « parsonniers » en sont de leur poche, et pas qu'un peu.

Outre que la débâcle commerciale se double de la perte de capitaines, de pilotes et de marins expérimentés[308], la déconvenue politique laisse peu d'espoir quant à la possibilité de renouer des liens avec les cités-États de Sumatra : on imagine mal le sultan et le *Shahbandar* de Tiku faire de nouveau bon accueil à des étrangers s'étant comportés tels des va-t-en-guerre. Jusqu'à l'orée du XVIIe siècle, où les Malouins reprennent la main, plus aucune nef française n'est armée pour l'océan Indien[309]. Tout semble donc confirmer le cinglant diagnostic de Fernand Braudel :

307. L. ESTANCELIN, *Recherches sur les voyages et découvertes des navigateurs normands...*, *op. cit.*, p. 191-192.

308. À Dieppe même, l'ampleur des pertes semble avoir donné lieu à une campagne de dénigrement posthume des frères Parmentier. Ainsi Crignon ne cache pas qu'il prend la plume pour contrer le « grand mensonge » propagé par d'« invectifs détracteurs », lesquels « font ce bruit fluer [cette rumeur se répandre] en tous quartiers / pour offusquer l'honneur des Parmentier » – et le sien par implication. Crignon affirme que ces médisants sont ceux-là mêmes qui encensaient autrefois Jean et Raoul Parmentier et qui « leur commande faisaient », autrement dit leur donnaient des ordres (P. CRIGNON, *Description novvelle des merveilles de ce monde...*, *op. cit.*, f° H2r). De là à penser que Jean Ango lui-même mit la déconvenue sur le compte de l'incompétence de ses capitaines, il n'y a qu'un pas – que rien, après tout, n'interdit de franchir.

309. Armé à Saint-Malo et commandé par le sieur Frotet de la Bardelière, *le Croissant* gagne Aceh en 1602. En décembre 1620, *L'Espérance*, mise en rade à Honfleur par Augustin de Beaulieu, fait escale à Tiku. Sur ces voyages et leurs suites narratives, cf. Guillaume LELIÈVRE, *La Préhistoire de la Compagnie des Indes orientales, 1601-1622*, Caen, Presses universitaires de Caen, 2021.

> Au XVe et au XVIe siècle, la France a échoué par deux fois, sur les sept mers du monde. Une première fois lors de la vaste aventure des Grandes découvertes […]. Échec encore au XVIe siècle quand la France – entendez les diverses forces qui l'animent – renonce au grand combat pour les routes, les îles, les côtes et les profits de l'Atlantique, de l'Afrique et de l'Amérique[310].

Incurie d'une monarchie rendue exsangue par son faste et ses guerres ? Fragilité financière de bourgeoisies provinciales saignées à blanc par l'impôt et l'inflation ? Intérêt exclusif de l'une et des autres pour la Méditerranée, sur fond d'une obsession récurrente pour la Terre sainte ? Qu'importent, en fin de compte, les raisons de cet insuccès. Ce qui doit nous retenir, ce sont moins les causes que les conséquences de ce rendez-vous manqué avec le Monde, à commencer par l'incapacité à penser la « modernité » au pluriel. Si la France, non par excès de morale mais par défaut de moyens, s'est épargnée au XVIe siècle l'abomination de la conquête et de l'esclavage, ses élites n'en ont pas pour autant conçu une idée plus charitable des humanités distantes. Elles ont simplement attendu leur heure pour prendre part à la curée.

Un temps réclamé à cor et à cris, l'héritage des Grandes découvertes est devenu embarrassant. La « course » dans l'Atlantique, la prédation effrénée des ressources naturelles, le profit au prix de la probité, l'arrogante assurance d'appartenir au camp de la Civilisation : tout ce que les propagandistes du XIXe siècle exaltent à qui mieux-mieux dans l'histoire savamment enjolivée du vicomte de Dieppe et de ses « capitaines-poètes » dessine désormais les contours de nos détestations.

La légende n'est plus le chant des vainqueurs. Tout juste l'alibi des perdants.

310. Ce constat figure dans la brève recension d'un ouvrage de Charles-André Julien étrillant les « prétendues découvertes françaises » (Fernand BRAUDEL, « La double faillite "coloniale" de la France aux XVe et XVIe siècles », *Annales ESC*, 1949, 4-4, p. 452-453).

Le récit du voyage des frères Parmentier : genèse et résurgences d'une source

Il existe deux versions manuscrites du récit du voyage à Sumatra des frères Parmentier. La première, conservée dans le Fonds ancien et local de la Médiathèque Jean Renoir de Dieppe sous la cote ms. 197, est intitulée « Voyage aux Indes orientalles, 1529 ». De sa graphie à son lexique, tout porte à croire qu'elle date du milieu du XVIe siècle et qu'elle est de la main d'un contemporain de Pierre Crignon – lequel est indubitablement l'auteur de la chronique originelle.

C'est ce manuscrit que Louis Estancelin, député royaliste de la Somme, retrouve en 1831 chez un libraire-imprimeur de Caen, Gratien-Théodore Tarbé, qui l'a hérité de son frère Charles, négociant à Rouen[1]. Descendant d'une famille de verriers dieppois, fils de petit seigneur, Louis Estancelin est un orléaniste fervent[2]. Soutenant sans réserve la politique conservatrice de la monarchie de Juillet, dont il partage les vues en Algérie, il n'a de cesse d'appeler à un renouveau des « expéditions maritimes ». Il en va selon lui non seulement du renom extérieur de la Patrie, mais aussi de sa paix intérieure. Les « colonies florissantes » sont de fait « les asiles de ceux qui ne peuvent plus subsister sur le sol

1. Sur Théodore-Gratien Tarbé (1770-1848) et sa parentèle, cf. Guy ANTONETTI, « Tarbé, Louis-Hardouin », dans ID., *Les Ministres des finances de la Révolution française au Second Empire. Dictionnaire biographique, 1790-1814*, Vincennes, Comité pour l'histoire économique et financière de la France, 2007, p. 43-59.

2. Louis Estancelin (1777-1858) exerce la charge de régisseur du domaine des Orléans dans le comté d'Eu. Il siège de 1830 à 1846 dans la majorité conservatrice de la monarchie de Juillet comme député d'Abbeville (Chaix D'EST-ANGE, *Dictionnaire des familles françaises anciennes ou notables à la fin du XIXe siècle*, Évreux, Ch. Hérissey, 1918, vol. 16, p. 243). Un Guillaume Estancelin est qualifié en 1474 de « peintre et verrier » dans les registres de la vicomté de Dieppe (P. LARDIN, *Dieppe au Moyen Âge*..., *op. cit.*, ADSM, G 543, f° 52r).

de la métropole »[3]. Quoi de mieux que de lointains outremers pour parquer les prolétaires et leurs colères ? Ce parti pris colonialiste se double d'un engagement régionaliste. Estancelin se sent investi de la mission de réhabiliter les « découvertes dieppoises » – un projet dont la publication en 1832 du texte de Crignon forme l'une des pièces maîtresses.

La seconde version du récit du voyage des frères Parmentier se trouve dans un recueil de manuscrits de la Bibliothèque nationale de France, sous la cote ms. NAF 7510. Les origines de ce texte demeurent obscures. Portant le titre de « Navigation de Jean Parmentier. Premier volume », il s'ouvre par une lettre d'un certain Guillaume Lefèvre, rédigée à Dieppe et datée du 18 décembre 1575. Lefèvre y explique qu'ayant entrepris la copie du manuscrit de Dieppe afin d'en faire présent à un haut personnage[4], il s'est étonné de n'y « rien trouver [à propos] du retour dudit voyage », et qu'il a décidé de « s'informer » sur cette séquence manquante auprès de l'un des survivants de l'expédition : Jean Plastrier, « ancien marinier âgé de quatre-vingts ans ». Plastrier ne fait pas qu'instruire Lefèvre du détail du voyage retour : il lui révèle les véritables raisons de l'interruption de l'échange commercial et politique entre les Dieppois et les autorités de Tiku.

S'il n'existe aucune raison particulière de douter de l'existence de Lefèvre, non plus que de celle de Plastrier, le fait est que l'orthographe et la syntaxe de ce manuscrit démontrent qu'il n'a pas été écrit au XVIe siècle : il date bien plus vraisemblablement du début du XVIIIe siècle – comme celui qui le précède dans le recueil[5]. Il s'agit par conséquent, au mieux, d'une copie de copie. C'est pourtant ce texte dont l'orientaliste Charles Schefer, grand spécialiste du monde ottoman, publie en 1883 une édition critique, avec pour objectif affiché de constituer une « bibliothèque française des voyages » imitant les anthologies espagnole et britannique[6].

3. L. ESTANCELIN, *Recherches sur les voyages et découvertes des navigateurs normands…*, *op. cit.*, p. IV-VII.

4. Contrairement aux allégations d'Eugène GUÉNIN (*Ango et ses pilotes…*, *op. cit.*, p. 141), qui fait de Guillaume Lefèvre un pilote écrivant à l'attention de l'amiral de France, nous ne savons rien de cet homme – ni du grand personnage auquel il dédie sa copie du récit de Crignon.

5. Il s'agit du « Dialogue sur les génies et sur la nature de l'âme » de F. O. Soucher, portant la date du 12 juillet 1714.

6. Ch. SCHEFER (éd.), *Le Discours de la navigation de Jean et Raoul Parmentier…*, *op. cit.* Après avoir occupé des postes de drogman (traducteur officiel) au Proche-Orient et à Constantinople, Charles Schefer (1820-1898) est élu professeur

La même année, un conservateur adjoint du ministère de la Marine, Pierre Margry, publie une nouvelle transcription du manuscrit de Dieppe[7]. Partisan de la thèse de la priorité des Dieppois en matière de Grandes découvertes, Margry fait du voyage des frères Parmentier la preuve d'une invention purement française du principe de « liberté des mers[8] ». Bien que son édition du texte dieppois corrige certaines erreurs de transcription commises par Estancelin, et que les ajouts du manuscrit de la BNF y soient prudemment traités comme des interpolations, elle ne connaît pas la fortune de l'ouvrage de Schefer. Réédité à plusieurs reprises au fil du XXe siècle, ce dernier reste, en dépit de ses imperfections, la référence des romanciers qui s'emparent de la légende des « capitaines-poètes de Jean Ango[9] ».

Nous sommes quant à nous systématiquement reparti du manuscrit de Dieppe, dont nous préparons avec Guillaume Lelièvre une nouvelle édition critique pour les éditions Michel Chandeigne.

---

de persan à l'École des langues orientales, dont il devient le président en 1867. Afin de doter la France de l'équivalent des publications de l'Hakluyt Society, consacrées aux grandes expéditions maritimes britanniques de l'époque moderne, il crée en 1881, sous l'égide de la Société de géographie, une collection intitulée « Recueil de voyages et de documents pour servir à l'histoire de la géographie depuis le XIIIe jusqu'à la fin du XVIe siècle ». Outre la chronique de Crignon, il y fait paraître les récits des voyages au Proche-Orient de Gabriel d'Aramon (1887) et de Bertrandon de la Broquière (1892). Pour une analyse détaillée des éditions successives des manuscrits de Dieppe et de la BNF au fil du XIXe siècle, cf. M. WINTROUB, *The Voyage of Thought...*, *op. cit.*, p. 249-256.

7. Pierre MARGRY, « Journal d'une navigation des Dieppois dans les mers orientales sous François Ier », *Bulletin de la Société normande de géographie*, 1883, 5, p. 168-184, 233-248 et 321-339.

8. ID., *Les Navigations françaises...*, *op. cit.*, p. 221.

9. Jean-Michel BARRAULT, *« Le Sacre » et « La Pensée », 1529. De Dieppe à Sumatra. Les capitaines-poètes de Jean Ango ouvrent la route des Indes fabuleuses*, Paris, Seghers, 1989.

Abréviations des documents d'archives

ADLA : Archives départementales de la Loire-Atlantique (Nantes)
ADSM : Archives départementales de la Seine-Maritime (Rouen)
RVD : Registre des recettes et dépenses de la vicomté de Dieppe
AGI : Archivo general de Indias (Séville)
Contad. : Contaduría
Pat. : Patronato
Indif. : Indiferente General
AMD : Archives municipales de Dieppe (Médiathèque Jean Renoir)
FAL : Fonds ancien et local
Lang. : cotation Langlois
RA : Registre des actes de l'Hôtel de Ville
AMR : Archives municipales de Rouen
AMH : Archives municipales du Havre
FA : Fonds ancien
AN : Archives nationales (Paris)
MC : Minutier central
ANTT : Arquivo nacional da Torre do Tombo (Lisbonne)
CC : Corpo cronológico
PT : Registres paroissiaux
BNF : Bibliothèque nationale de France (Paris)
Ars. : bibliothèque de l'Arsenal
Ms. Fr. : manuscrits français
NAF : Nouvelles acquisitions françaises
NAL : Nouvelles acquisitions latines

Sources des cartes

Page 17 : CARTE 1. ***La Haute-Normandie au début du XVIe siècle*** : d'après Jules SION, *Les Paysans de la Normandie orientale...*, *op. cit.*, p. 2-7 ; André PLAISSE, « Les forêts de la Haute-Normandie à la fin du Moyen-Âge », *Études normandes*, 1966, 190, p. 3 ; AMD, FAL, carte 07_27 (XVIIe siècle) ; A. VALENCIENNES, *Histoire naturelle du hareng...*, *op. cit.*, p. 94, 128 et 141-142.

Page 133 : CARTE 2. ***Dieppe au début du XVIe siècle*** : d'après Guillaume TIEULLIER, *Plan et description de la ville de Dieppe...*, *op. cit.* ; « Plan perspectif, dit d'Asseline » (musée de Dieppe, Plans 727, c. 1682) ; AMD, FAL, cartes 07_64 (XVIe siècle) et 07_31 (XVIIe siècle) ; Jacques GOMBOUST, « Dieppe. La Manche ou mer Britannique » (BNF, GED-633, c. 1650) ; Pierre LARDIN, « Les transformations de la ville de Dieppe... », art. cit.

Page 243 : CARTE 3. ***La navigation des frères Parmentier (1529-1530)*** : d'après les indications de Pierre Crignon et Jean-Michel BARRAULT, *« Le Sacre » et « La Pensée », 1529...*, *op. cit.*, p. 10-11.

Page 248 : CARTE 4. ***La traversée de l'océan Indien*** : d'après les indications de Pierre Crignon et Élie VERNIER et Jacques MILLOT, *Archéologie malgache. Comptoirs musulmans...*, *op. cit.*, p. 9-12.

Page 269 : CARTE 5. ***Sumatra et le monde malais au début du XVIe siècle*** : d'après Jeyamalar KATHIRITHAMBY-WELLS, « The Inderapura Sultanate... », art. cit., et William MARSDEN, *The History of Sumatra...*, *op. cit.*

Page 318 : CARTE 6. ***La côte occidentale de Sumatra au début du XVIe siècle*** : d'après Jeyamalar KATHIRITHAMBY-WELLS, « The Inderapura Sultanate... », art. cit., et William MARSDEN, *The History of Sumatra...*, *op. cit.*

Page 332 : CARTE 7. ***Schéma d'un système politique fluvial à Sumatra*** : d'après Bennet BRONSON, « Exchange at the Upstream and Downstream Ends... », art. cit., et Michel JACQ-HERGOUALC'H, *La Civilisation de ports-entrepôts du Sud Kedah (Malaysia), Ve-XIVe siècle*, Paris, L'Harmattan, 1992, p. 295-300.

Index

Remerciements

Arno Bertina, Guillaume Calafat, Antoine Lilti et Sylvain Venayre ont accepté de relire, de façon aussi amicale qu'attentive, une première version du manuscrit à l'origine de ce livre : qu'ils en soient chaleureusement remerciés.

Luc Daireaux et John Tolan m'ont fourni de précieux conseils bibliographiques : je leur exprime toute ma gratitude, ainsi qu'à Philippe Lardin pour l'envoi *in extremis*, alors que je corrigeais les secondes épreuves du présent texte, de son récent ouvrage sur Dieppe au Moyen-Âge. J'adresse également un grand merci à Patrick Boucheron, Paulin Ismard, Séverine Nikel et Vassili Sztil, qui ont assuré l'édition du manuscrit et m'ont nourri chemin faisant de leurs remarques et de leurs encouragements, ainsi qu'aux archivistes et conservateurs des Archives départementales de la Seine-Maritime de Rouen, des Archives municipales du Havre et du Fonds ancien et local de la médiathèque Jean Renoir de Dieppe, dont la prévenance et la disponibilité ont grandement facilité mes recherches. L'hospitalité de Gilles et Patricia Manneveau, à Rouen, et de Laure et Fares Kilani, au Havre, a rendu plusieurs de mes séjours aussi agréables que productifs : je les en remercie vivement.

J'ai achevé ce travail dans des conditions bien plus difficiles que je ne pouvais l'imaginer : je dois à l'affection et au soutien de mes parents, de ma compagne et de mes enfants d'avoir pu le mener à terme.

Table

RÉALISATION : NORD COMPO À VILLENEUVE-D'ASCQ
IMPRESSION : IMPRIMERIE NORMANDIE ROTO
DÉPÔT LÉGAL : MARS 2024. N° 154531 (2400182)
IMPRIMÉ EN FRANCE